U0873729

全国会计领军人才丛书

Accounting Scholar Leader

会计系列

Accounting

管理会计学

（第4版）

主编 刘运国

中国人民大学出版社

·北京·

图书在版编目（CIP）数据

管理会计学/刘运国主编. --4版. --北京：中国人民大学出版社，2021.12
（全国会计领军人才丛书. 会计系列）
ISBN 978-7-300-30064-1

Ⅰ.①管… Ⅱ.①刘… Ⅲ.①管理会计 Ⅳ.①F234.3

中国版本图书馆CIP数据核字（2021）第250155号

全国会计领军人才丛书·会计系列
管理会计学（第4版）
主编 刘运国
Guanli Kuaijixue

出版发行	中国人民大学出版社		
社　　址	北京中关村大街31号	**邮政编码**	100080
电　　话	010－62511242（总编室）		010－62511770（质管部）
	010－82501766（邮购部）		010－62514148（门市部）
	010－62515195（发行公司）		010－62515275（盗版举报）
网　　址	http://www.crup.com.cn		
经　　销	新华书店		
印　　刷	天津鑫丰华印务有限公司	**版　　次**	2011年8月第1版
开　　本	787 mm×1092 mm　1/16		2021年12月第4版
印　　张	27.25 插页1	**印　　次**	2024年1月第4次印刷
字　　数	598 000	**定　　价**	62.00元

前言

中国人民大学出版社提供的数据显示，本教材出版后得到国内超过100所本科院校师生采用，我们也收到一些问题的反馈。感谢同行师生的厚爱！随着大智移云物（大数据、智能化、移动互联网、云计算、物联网）时代的来临，融合管理学和会计学的管理会计学更加凸显其不可替代性和重要性。我国已经进入建设社会主义现代化国家的新征程，贯彻创新、协调、绿色、开放、共享的新发展理念，实现高质量发展，是新征程上的指导思想，也是首要的关键性任务。现代管理会计在新的历史阶段，帮助企业提升管理水平，实现高质量发展中将发挥更加重要的作用。

本书相比第3版，主要对下列内容进行了补充、完善和修订：

（1）根据习近平新时代中国特色社会主义思想，在每章章首增加了课程思政点。

（2）对每章开篇的引导案例和章末的案例内容进行了检查和部分更新。

（3）对有关例子进行了更新。

（4）根据我国《企业所得税法》的规定，对涉及企业所得税税率的内容，统一修订为企业所得税税率25%，相应修订有关计算数据。

（5）根据最新企业会计准则的相关规定，对涉及企业会计报表的内容，进行了必要更新。

（6）在相关阐述上，强调业务与财务的融合。

（7）对有关的错漏进行了更正，比如例3-1、表3-4等。

（8）对第14章“业绩评价与管理层激励”的案例资料，根据上市公司东江环保股份有限公司的最新披露资料进行了更新、补充和完善。

再次感谢全国同行院校师生和广大读者朋友的厚爱，感谢大家不断指出教材中的错误，提出宝贵的意见和建议，你们的厚爱是对我们的最大鞭策！感谢中山大学本科教学质量工程项目资助。感谢中国人民大学出版社编辑的辛勤劳动和持续努力。尽管我们尽最大努力不断完善该教材，但仍会存在一些错误和需要改进的地方，敬请各位同行和读者批评指正！持续改进永远在路上！作者邮箱为：mnsygliu@mail.sysu.edu.cn。

目录

第1篇　管理会计学基础

第2篇 预测与决策会计

第3篇 执行与控制会计

第 1 篇

管理会计学基础

第1章 组织环境与管理会计

Chapter 1

学习目标

1. 了解与管理会计相关的基础学科。
2. 了解现代管理的含义及其一般过程。
3. 理解企业组织结构与现代管理会计的关系。
4. 理解现代企业会计信息系统的构成及与其他系统的关系。
5. 理解管理会计与财务会计的区别和联系。
6. 了解管理会计与成本会计、公司财务管理的区别和联系。
7. 理解现代管理会计的含义。
8. 了解管理会计信息的多样性及各类组织的管理会计的特点。
9. 理解职业道德对管理会计师的重要性。

课程思政点

1. 社会主义核心价值观与管理会计师职业道德。
2. 以人民为中心与以客户为中心。

引导案例 南航开通国际航线之决策

中国南方航空股份有限公司（以下简称南航），总部设在广州，以蓝色垂直尾翼镶红色木棉花为公司标志，是中国运输飞机最多、航线网络最发达、年客运量最大的航空公司。1997年，南航在纽约和香港同步上市，2003年在上海证券交易所上市。

南航先后联合重组、控股参股多家国内航空公司；在国内首先推出计算机订座、电子客票等业务；引进开发了收益管理系统、运行控制系统、财务管理系统、人力资源系统、货运系统、办公自动化系统等覆盖各流程的信息系统，信息化优势明显；建有国内第一、全球第三的超级货站，以及国内最大的航空配餐中心等设施。

2019年，南航旅客运输量达1.52亿人次，连续41年居中国各航空公司之首，年旅客运输量居亚洲第一位、世界第六位，货邮运输量居世界第八位（资料来源：国际航协）。截至2019年12月，南航运营包括波音787，777，737系列，空客A380，A330，A320系列等型号客货运输飞机超过860架，是全球首批运营空客A380的航空公司。南航每天有3 000多个航班飞往全球40多个国家和地区、224个目的地，航线网络有1 000多条，提供座位数超过50万个。

近年来，南航全力打造广州-北京“双枢纽”，通过新开和优化航线网络，致力于建设两大综合性国际航空枢纽。在广州，南航持续10年稳步建设“广州之路”（Canton Route），服务“一带一路”和粤港澳大湾区。截至2019年末，南航在广州白云机场的通航点达132个，其中国际及地区通航点有51个。南航广州枢纽已成为中国至大洋洲、东南亚的第一门户。广州与国内、东南亚主要城市形成“4小时航空交通圈”，与全球主要城市形成“12小时航空交通圈”。

资料来源：根据南航网站（www.csair.com/cn）和南航2019年报资料改编。

南航的管理者很想知道，新开辟的国际航线的运营是否划算？保本满座率是多少？新购入的超大型客机，如波音787和空客A380，其运行的成本收益如何？飞行多少公里才能保本？此外，南航开发了众多的信息系统，并建立了超级货站、配餐中心等设施，效益如何？如何评价？我们偶尔会碰到折扣很低的机票，有时甚至低至2折，比火车票、汽车票还便宜，为什么？我们可以合理地推断，其实该次航班的满座率已经达到或者超过保本点，继续销售机票，无论以什么价格卖出，都是利润。提供诸如此类的信息是现代管理会计的责任。

现代管理会计学（本书后面对现代管理会计学与现代管理会计不加严格区分，视为同义）是现代管理学和现代会计学相互融合而成的一门新型边缘学科，主要为各类组织的内部管理者提供信息服务。学习现代管理会计学，必须具备高等数学、哲学、经济学、管理学、金融学、会计学，甚至心理学、历史学、社会学和组织行为学等学科的基础。管理会计学的发展变化总是与现代管理学和现代会计学的发展联系在一起。为此，我们要理解现代管理会计学，必须首先理解现代管理学和现代企业（或组织）的会计信息系统。必须明确：什么是管理？谁是管理者？什么是会计信息系统？管理会计信息在现代管理过程中有什么作用？管理会计人员在现代管理过程中担任什么角色？

1.1 现代管理会计的含义及其演进

1.1.1 现代管理会计的含义

关于管理会计的定义，美国会计学会（AAA，1966）在《基本会计理论》中认为：管理会计是利用适当的技术和观念，加工历史和未来的经济信息，以帮助管理人员制定合理的经济目标方案，并协助管理部门达到其经济目标，制定合理的经济决策。

1981年，美国管理会计师协会（IMA）对管理会计的定义为：管理会计是一个对财务信息进行确认、计量、汇总、分析、编制、解释和传递的过程，这些加工过的信息在管理中被用于内部的计划、评价和控制，并保证合理负责地利用企业的各种资源。

1981年，美国全国会计人员协会管理会计实务委员会对管理会计的定义为：管理会计是向管理当局提供用于企业内部计划、评价、控制以及确保企业资源的合理使用和经济管理责任的履行所需财务信息的确认、计量、归集、分析、编报、解释和传递的过程。管理会计还包括为诸如股东、债权人、规则制定机构及税务当局等外部利益相关者编制财务报表。很显然，这是一个广义的管理会计概念。

1988 年，国际会计师联合会（IFAC）将管理会计定义为：管理会计是在一个组织中，对管理当局用于规划、评价和控制的信息（包括财务信息和经营信息）进行确认、计量、积累、分析、处理、解释和传输的过程，以确保资源的合理利用并承担相应的责任。

1997 年，美国著名管理会计学家罗伯特·卡普兰教授等四人对管理会计的定义为：管理会计是一个为组织的员工和各级管理者提供财务和非财务信息的过程。这个过程受组织内部所有人员对信息的需求的驱动，并能引导他们做出各种经营和投资决策。

1997 年，美国管理会计师协会对管理会计做出新的定义：管理会计是提供价值增值，为企业规划设计、计量和管理财务与非财务信息系统的持续改进过程，通过此过程指导管理行动、激励管理行为，支持和创造达到组织战略、战术和经营目标所必需的文化价值。该定义是笔者看到的国际上最权威的机构关于管理会计的最新定义。这一定义至少有如下几点创新：(1) 对现代管理会计的目标有了更深刻的认识。以前，对管理会计目标的认识主要是企业利润的最大化，或者说帮助企业创造利润。该定义认为，管理会计的目标是提供价值增值。利润与价值不是等同的概念，利润大，价值不一定大；利润是一个短期的目标，价值增值则既考虑了短期的利润增加，也考虑了持续的利润增长。(2) 该定义也考虑了非财务信息。(3) 该定义提出了“持续改进”的理念。这是管理会计定义上一个重大的创新。持续改进也是不断创新的动力。一个企业或组织只有持续改进、不断创新，才能降低成本、提高质量，增强自身的核心竞争能力，永葆生机和活力。(4) 该定义讲到“激励管理行为”，这实际上是认识到行为科学将对现代管理会计产生重大影响。(5) 该定义认识到管理会计将为企业或组织的战略服务，从而把现代管理会计引入一个更加广阔的新领域——战略管理会计。(6) 该定义将现代管理会计上升到帮助创建先进的现代组织管理文化，使人们从哲学和文化的高度认识现代管理会计，从而拓宽了我们的思路。(7) 该定义认为现代管理会计是为组织服务的，而不是像过去人们所认为的那样，只有企业（或者更为局限的是制造业）才应用管理会计。现代管理会计可以为所有组织战略、战术和经营目标服务。

我国著名管理会计学家余绪缨教授（1999）认为：管理会计是为企业内部使用者提供管理信息的会计，它为企业内部使用者提供有助于正确进行经营决策和改善经营管理的有关资料，发挥会计信息的内部管理职能。

李天民教授在其 1984 年编著的《管理会计学》一书中认为：管理会计主要是通过一系列专门方法利用财务会计提供的资料及其他资料进行整理、计算、对比和分析，使企业各级管理人员能据以对日常发生的一切经济活动进行规划与控制，并帮助企业领导做出各种决策的一套信息处理系统。

胡玉明教授（2000）认为：21世纪的管理会计应是为企业（组织）核心能力的诊断、分析、培植和提升提供相关信息支持的信息系统。

从上述定义可以看出，管理会计的概念在不断演化。最新观念的基本共识是：管理会计是一个信息系统，它是对内报告会计，它处理的信息不仅包括财务信息，而且包括非财务信息，它使用一系列专门的方法对企业收集到的信息进行加工处理，提供给企业管理者作为决策之用。

传统的管理会计信息是以货币表现的财务信息。但是，目前管理会计信息已经大为扩展，除了包括财务信息外，还包含越来越多的非财务信息。这些非财务信息有客观信息和主观信息之分。客观信息包括运营信息和实物信息，如产品质量方面的信息和生产、时间信息。主观信息包括消费者满意度评价、员工的能力、员工满意度评价和新产品的表现等。

那么，管理会计信息是如何为管理者服务的呢？一个企业需要对其提供的产品和劳务的成本以及盈利情况进行核算，对消费者的满意度进行测量，对各种活动的成本和收益进行计量。要完成这些工作，只能利用管理会计提供的信息。此外，管理会计信息还可以用于测量其各责任单位，如分厂、车间、部门的绩效。对这些部门经济活动的计量不仅直接关系到这些部门自身的利益，还会影响到企业总体战略的实施。企业的员工和各级管理者可以从管理会计信息中获得有关他们表现的信息反馈，进而发现过去工作中的不足，并在以后的工作中加以改进。

总之，一个企业要想取得成功并不断地繁荣发展，必须设计和提供消费者满意的产品和服务，建立高效的分销渠道，开展富有成效的市场营销活动，快速地将产品和服务提供给消费者。尽管管理会计信息不能保证这些至关重要的活动取得成功，但是匮乏和扭曲的管理会计信息将使企业面临严重的困难。高效的管理会计信息系统通过及时准确地提供信息，将为企业带来价值增值。

综上所述，笔者认为，未来的管理会计是内部报告会计，应是以组织所服务的顾客终身价值最大化（战略考虑）为目标，以计算机和网络为主要手段，以财务数据为主要内容，同时结合非财务信息，为组织形成和提升其核心竞争能力提供相关信息支持的管理信息系统。

从目标上看，所有的组织之所以存在，是因为存在它所服务的对象——顾客。工商企业的顾客一般比较清楚，是使用或者享用这个商品或者服务的组织或者个人。非营利组织也有它的顾客：学校的顾客是学生，医院的顾客是患者，政府的顾客是它所服务的公民。组织存在的基础是它有顾客，组织发展的基础是能使它的顾客满意，它的顾客能从该组织中获得价值（包括精神上的价值享受，虽然目前的管理会计由于无法度量而没有包括这方面的内容）。企业（组织）的利润来自哪里？从根本上看，来自满意顾客的回报（或者对价）。所以，以组织所服务的顾客终身价值最大化为目标是现代管理会计长远的战略性的根本目标，这个目标永远不会过时。首先，从中短期的目标来看，管理会计是为帮助一个组织形成和提升其核心竞争能力服务的。其次，计算机技术和网络技术使信息系统发生了根本性变化，因此，从方式上看，现代管理会计不可能离开计算机和网络。再次，从管理会计信息内容上看，虽然现代管理会计已经不仅仅涵盖财务信息，还要结合非财务信息，但是我们仍然认为，管理会计信息的主要内容依然是以货币计量的财务信息，同时要结合非财务信息，否则管理会计就不是会计了。最后，我们认为，现代管理会计仍然是一个信息系统，是现代组织管理信息系统的一个子系统。

1.1.2　管理会计的形成和发展

管理会计的形成和发展大致可以分为两个部分、三个阶段：基础性管理会计部分，其包括两大阶段，即执行性管理会计阶段和决策性管理会计阶段（余绪缨，1999）；高级管理会计部分，即管理会计新发展阶段。

1. 执行性管理会计阶段（20 世纪初到 20 世纪 50 年代）

执行性管理会计阶段是指以泰勒的科学管理学说为基础形成的会计信息系统占主导的时期，时间从 20 世纪初到 20 世纪 50 年代。众所周知，泰勒的科学管理学说的核心是动作研究和时间研究，强调提高生产和工作的效率，要求企业把生产经营中一切可以避免的损失和浪费尽可能降到最低限度。为了实现这个目标，要求在管理上实行“最完善的计算和监督制度”。当时在会计上主要是通过科学地制定标准成本，严格地实行预算控制和差异分析来进行的。这是会计为配合泰勒制的广泛实施，在计算和监督方面取得的重大进展。因此，这个阶段的管理会计的主要内容也是成本会计的内容，主要是标准成本制度、预算控制制度和差异分析制度等。这个阶段的管理会计的主要目标是帮助企业提高生产效率和取得较好的生产效果，尤其是帮助企业解决在生产过程中效率不高的问题。把标准成本和差异分析纳入会计系统，通过缜密的事先计算与事后分析，帮助企业用较少的原材料生产出较多的产品，表现为材料利用率的提高；用较少的工时生产出较多的产品，表现为劳动生产率的提高；用一定的生产设备（生产能力）生产出较多的产品，表现为设备利用率的提高。材料利用率、劳动生产率和设备利用率提高，其综合表现为企业生产成本的降低，结果即创造了低成本的竞争优势，提高了企业的经济效益。这个阶段的历史背景是：短缺经济、卖方市场、供不应求。从 20 世纪初到 20 世纪 50 年代，发生了两次世界大战，世界刚经历过战争创伤，整个社会的物资都非常短缺，企业的产品生产出来以后不愁没有销路，卖方市场占主导地位。企业之间的竞争并不激烈，企业对外部客观经济环境的分析研究并不迫切。因此，企业与外界管理的有关问题在执行性管理会计阶段还没有得到应有的反映。在这个阶段，“把事情做好”是最重要的。在我国，从新中国成立到 1978 年开始经济体制改革，基本上也处于这个阶段。因此，这个阶段我国的管理会计（虽然当时并没有理论上的总结，也还不熟悉“管理会计”这个名词）实务主要是执行性管理会计，并具有自己的特色，如内部银行、班组核算、经济活动分析、流动资金归口分级管理等内容。

2. 决策性管理会计阶段（20 世纪 50—90 年代）

从 20 世纪 50 年代开始，世界各国进入战后期。各主要资本主义国家经济进入恢复和快速增长时期。这个阶段科学技术突飞猛进并大规模应用于生产，生产力极大提高。此外，资本主义企业进一步集中，跨国公司大量涌现，企业规模越来越大，生产经营日趋复杂，企业外部市场环境瞬息万变，竞争更加激烈。市场已经从卖方市场转变为买方市场。在这个阶段，企业管理者需要着眼全局，适时根据外部市场的需求来调整企业的经营策略。因此，在这种全新的经营环境下，企业的盛衰、成败、生产、发展，首先取决于企业采取的方针和决策是否正确，即战略决定成败。如果决策失误，生产了市场不接受的产品，即使效率再高，也不会给企业带来效益，不会创造社会财富，不能增加社会福利，执行得好，只会加速浪费社会资源。因此，过去把人当“机器”的泰勒制不再适合了。于是，以西蒙为代表的决策学派占据了管理学的主导。运筹学和行为科学成果大量应用于管理会计，形成了决策性管理会计。决策性管理会计以服务于提高企业经济效益为核心。它并不排斥执行性管理会计，而是强调在“把事情做对”的前提下，再“把事情做好”。它关注企业内部，更关注企业外部市场的需求，关注顾客需求，提倡“随客户需求而动”。我国从20世纪80年代中期企业放权开始，到1992年党的十四大决定建立社会主义市场经济体制之时，企业的自主权越来越大。我国市场经济体制逐渐成熟和完善，企业间的竞争也越来越激烈。特别是90年代中期以来，我国的管理会计实务也基本上进入了决策性管理会计阶段，但不同行业、不同所有制企业的情况可能存在较大差异。

3. 管理会计新发展阶段（20世纪后期至今）

这个阶段的主要特点是高新技术在企业中的应用，企业自动化程度越来越高，加上以计算机技术为代表的信息技术的广泛应用，知识经济的兴起，全球一体化进程的发展，企业的经营环境发生了巨大变化。传统的管理会计理论方法已不适应企业新环境的要求，从而产生了作业成本会计、经济增加值、平衡计分卡、环境管理会计、人力资源管理会计、战略管理会计、生命周期成本会计等管理会计的新领域。由于本书为本科教材，主要侧重基础管理会计的内容，因此，除了对已经比较成熟的内容（如作业成本会计和战略管理会计等）加以介绍，该领域的其他内容请参考高级管理会计的相关教材。

1.2 现代管理会计与财务会计的区别与联系

1.2.1 管理会计与财务会计的区别

财务会计通过定期提供财务报表为企业外部的有关组织和个人服务，这些组织和个人包括股东、债权人（如银行、债券持有者和信用提供者）、政府部门。财务会计主要向外部使用者提供信息，这些信息只是企业决策执行和经营改善的结果，是一个组织在过去发生的信息。财务会计要受公认会计原则的制约。制定这些准则或影响这些准则制定的部门在美国主要是财务会计准则委员会（FASB）和证券交易委员会（SEC），在中国是财政部及其会计司和财务会计准则委员会等。因此，财务会计要受规则的规范和制约。

相反，管理会计是为组织内部的管理者提供各种信息。企业在设计它们的管理会计信息系统时有很大的灵活性。管理者利用这个灵活设计的系统可以更好地做出有关企业人力、物力、财力资源以及产品、服务、渠道、供应商和消费者的决策。这些来自管理会计信息系统的信息能够帮助企业的员工知道如何做下述事情：(1) 如何找准“正确的事”去做，即帮助企业进行科学的长短期决策。(2) 如何“正确地去做事”，即如何高效地执行与控制。(3) 如何增加企业或组织的价值。

因此，学习管理会计的重点在于如何决策和满足管理者及员工的信息需要。表 1－1 列示了管理会计与财务会计的主要区别。

表 1－1 管理会计与财务会计的区别

项目	财务会计	管理会计
服务对象	企业外部利益相关者，如股东、债权人、税务部门等	企业内部的各级各类管理者
目标	向企业外部组织和个人报告企业过去的业绩；与所有者和债权人保持联系	为员工和管理者提供制定决策的信息；反馈决策实施过程中的信息并进行控制
信息的及时性	以滞后的、历史的信息反映过去（历史学家）	以当前的、面向未来的信息分析过去、控制现在、规划未来（未来学家）
强制性要求	必须遵循法定的公认会计原则或由政府权威当局制定的规则	没有强制性规定，非法定的；为满足企业内部战略和经营管理需要而建立的信息系统
信息类型	仅仅以货币形式表现的财务信息	财务信息；有关生产、技术、供应商、消费者和竞争者的非财务数据；以实物形式表现的非财务信息
信息属性	主要强调可靠性（衍生客观性、可验证性）	主要强调相关性（衍生及时性）
核算范围	总括的、关于整个企业的报告	非综合的、关于分部决策和行动的信息
价值作用	反映价值	增加价值

从表 1－1 可以看出，会计过程应该首先满足企业内部管理目标的需要，设计出适用的管理会计系统（当然这个系统同时要满足对外报告的需要），再将企业内部决策执行的结果总括地提供给外部的利益相关者。这样的过程才是符合逻辑的。事实上，在 19 世纪，在企业所有权和管理控制权尚未分离之前，基本没有发达的证券市场，企业设计会计系统的根本目的就是满足企业制定决策和实施控制的需要，当时的会计基本上都是管理会计。

然而，在过去的一个世纪里，尤其是证券市场诞生以来，由于越来越多的准则和标准的出现，对于会计来说，许多为满足外部利益相关者需要的要求变得十分苛刻。这些要求促使许多企业将注意力集中在编制对外的财务报告上，而不是将精力用于改善为企业内部管理决策和控制提供服务的信息。结果是面对日新月异的技术进步、激烈的市场竞争，在大多数企业中，管理会计系统越来越不适应时代发展的要求。

1.2.2 管理会计与财务会计的联系

虽然管理会计与财务会计在许多方面存在区别，但应该注意的是，它们之间也相互渗透，联系密切，是同源分流的。

1. 许多原始资料相同

管理会计一般不涉及填制凭证和按复式记账法登记账簿的问题，它经常直接应用财务信息的记账、算账和报账的资料进行分析研究；有时根据这些资料进行必要的加工、调整、改制和延伸，再结合其他有关信息进行计算、对比和分析，编制各种管理报表，为改进企业内部经营管理、提高经济效益服务。

2. 对象相同

管理会计与财务会计均为现代会计的重要分支，它们管理的对象都是企业经济活动过程中的资金运动，只是两者的侧重点不同。时间上，财务会计侧重反映和监督企业过去已经发生的经济活动中的资金运动，管理会计侧重规划和控制企业未来和现在经济活动中的资金运动。空间上，财务会计强调反映和监督整个企业经济活动中的资金运动，管理会计则主要通过对各个分部、各个项目决策和未来期间的计划来全面规划和控制企业经济活动中的资金运动，而且十分注重对企业内部各个责任单位经济活动中的资金控制。

3. 目的相同

管理会计和财务会计都要为使用者提供决策有用的信息，这一点两者是一致的。最终目的都是使企业能够获得更多的利润，提高经济效益，增加企业价值。

4. 部分报表相同

管理会计一开始就重视企业现金流量的研究，管理会计的很多内容都基于现金流量的分析，如企业的长短期投资决策项目分析中的现金流分析。利润指标在管理会计中从来就没有现金流量指标重要。近年来，由于盈余操纵越来越严重，国内外纷纷把现金流量作为必须对外公布的信息，把现金流量表作为必须对外公布的基本会计报表。这也充分说明了财务会计与管理会计的一致性，以及在新形势下，财务会计与管理会计逐步走向融合的趋势。

1.2.3 管理会计与成本会计、公司财务管理的区别与联系

成本会计是财务会计和管理会计的桥梁。早期执行性管理会计的基本内容就是成本会计的内容，因此，西方很多管理会计教材也取名为“成本管理会计”，区分并不严格。但是，现在的成本会计实际上包括两部分：一部分是成本计算（成本核算），就是把成本计算出来；另一部分是成本的管理控制，也就是怎样控制和降低成本。严格地说，原来成本会计中成本核算的内容本身是在财务会计中的，其原因在于，财务会计在提供对外财务报告之前必须计算产品的成本，确定损益表中的成本数据和期末资产负债表中产成品存货的价值。否则，无法计算利润，无法编制利润表；无法确定期末产成品存货价值，也无法编制资产负债表。而成本会计中的成本管理控制从一开始就是在管理会计中的。这样成本会计就不存在了。但是实际上，由于有时计算成本很复杂，不同企业的组织形式和复杂程度不同，企业生产工艺特点与管理要求不同，因此计

算起来有很大的不同。成本计算方法有简单的品种法、分批法、分步法，以及辅助部门的成本分配计算方法等。同时，成本的管理控制也很复杂，有时是和工程技术问题及生产与运作管理问题联系在一起的，因此，为了便于学习和讲解，成本会计学就成了会计学专业的一门专业课程。在很多欧美国家大学的商学院中，成本会计属于管理会计的内容，管理会计开设两门课程，一门是管理会计原理，一门是管理会计。前者相当于我们的管理会计，后者相当于我们的成本会计。它们的管理会计本科教材中基本上都有我们成本会计中的成本计算方法，如分批法、分步法的内容。

此外，管理会计与公司财务（或者称财务管理）既有区别，又有联系。管理会计属于会计学科的一个分支，是会计信息系统的一个子系统。信息经济学是现代管理会计学的前沿基础性学科。公司财务则属于以金融经济学为基础的一个学科，财务管理学是企业管理学的一个分支，财务管理是企业管理的一个职能分部。公司财务管理的主要内容是三大块，即筹资、投资、分配。管理会计的内容我们在前面已述，兹不赘述，但是由于财务管理学主要研究的是货币表现的财务信息，因此在企业管理中，财务管理与会计的关系最为密切。于是，财务管理学在内容上与管理会计学存在交叉和重复，如两者都把长期投资决策（资本预算）作为一个重要内容或组成部分。由此我们可以看到，即使在公司财务管理已发展成为商学院的一门重点课程的今天，国内外有会计专业的高校仍把现代管理会计学（或管理会计）作为一门独立的核心专业基础课程。同一内容在不同课程中都有，其实并不矛盾，也不能成为取消某门课程的理由，这就好似爬一座山，从南面爬和从北面爬的过程中都会看见花草树木，但风景仍会截然不同，这有助于增加我们对这座“山”的认识。

1.3　管理会计的职业组织和职业道德

1.3.1　管理会计的职业组织

当前，世界各主要发达国家都有管理会计职业组织，美国会计学会早在 20 世纪 50 年代就成立了管理会计分会，出版了专门的《管理会计研究》杂志。1972 年，美国全国会计人员联合会也成立了管理会计协会，后来成为管理会计师协会（IMA）。英国和加拿大都有特许管理会计师协会。英美都由这些专门的管理会计职业组织来主持执业管理会计师资格考试。在欧美国家，取得注册管理会计师（CMA）资格，要通过严格的职业资格考试。CMA 考试科目一般有 2 门：P1-财务规划、绩效与控制；P2-战略财务管理。2016 年 6 月，我国广东省成立了广东省管理会计师协会，尚无全国性专门的管理会计职业组织。

1.3.2　管理会计师的职业道德要求

管理会计人员的工作性质决定了他们必须了解组织重要的核心信息，因此管理会计人员必须遵守特殊的职业道德标准。美国管理会计师协会颁布了《管理会计师职业道德行为规范》，说明了管理会计师需要遵循的职业道德行为规范（见表1-2）。

表1-2 管理会计师职业道德行为规范

管理会计师有义务对公众、职业组织、所服务的组织以及自身保持最高的道德行为要求。为了实现这些义务，管理会计师协会制定如下管理会计师道德行为准则。无论在国内还是在国外，管理会计师遵守这些准则，都是实现管理会计目标的重要保证。管理会计师既不能允许自己违背这些准则，也不能宽恕其他管理会计师违背这些准则。管理会计师有责任在以下四个方面遵守职业道德规范，同时监督他人遵守。	
能力	1. 通过持续提升自身知识和技能来保持合适的专业胜任能力。 2. 按照相关的法律、规则和技术标准来履行职责。 3. 通过恰当地分析相关和可靠的信息来编制并提供完整、清晰的报告和意见。
保密性	1. 除法律要求或获得授权外，不得披露在工作过程中获得的秘密信息。 2. 告知下属要考虑对工作中所获取信息的保密要求，并监督他们的工作以确保信息得以保密。 3. 禁止亲自或者通过第三方使用或可能使用工作中获得的秘密信息去获取不道德的或非法的利益。
公正性	1. 避免事实上或表面上可能引起的利益冲突，并通知相关各方可能存在的各种潜在的冲突。 2. 禁止从事那些可能会影响正常执行业务的活动。 3. 拒绝接受那些影响或者可能影响其公正的礼品、馈赠和各种款待。 4. 禁止积极或者被动干扰企业合法、符合道德的目标实现。 5. 认识到自身的职业限制并把这种限制告诉相关人员，即使这种不足可能影响做出有责任的判断或者影响其获得成功的业绩。 6. 告知有利与不利的信息以及职业判断或意见。 7. 禁止从事或支持各种有损管理会计职业的行为。
客观性	1. 公正和客观地提供信息。 2. 充分披露那些可合理预见会影响到潜在使用者理解报告、评论和意见的相关信息。

资料来源：Institute of Management Accountants，formerly National Association of Accountants. Statements on Management Accounting：Objectives of Management Accounting，Statement No. 1B. New York，1982.

1.3.3 道德冲突及其解决

一般来说，管理会计人员是为企业内部经营管理服务的，追求的是企业价值的最大化。但是在实际工作中，由于个人和组织有各自的不同利益追求，这些利益追求有时会产生冲突，如管理会计职业组织道德要求与管理会计师所服务的组织的利益要求产生冲突，管理会计人员的个人利益与其所服务的组织的整体利益产生冲突，自己所在部门的利益与组织的整体利益产生冲突，等等。管理会计人员经常面对这些道德冲突，下面通过两个例子来说明。①

【例1-1】

某公司的管理会计师知道该公司的软件部门已经将研发费用资本化，而且知道，如果不允许这些费用资本化，软件部门将会因此出现亏损（内部报告），并可能导致

① 潘飞. 管理会计. 上海：上海财经大学出版社，2003：16-17.

裁员。虽然软件部门的经理一直想证明研发的新产品会在市场上取得成功，却拿不出充分的证据来支持自己的观点，而且曾经的新产品市场销售情况并不好，因此他对部门的前景非常担忧。管理会计师有很多朋友在软件部门工作，希望避免与软件部门经理发生个人冲突。请问：这位管理会计师应该将研发费用资本化还是费用化呢？

因为资本化可以减少软件部门费用支出，改善软件部门业绩，所以软件部门经理倾向资本化。但管理会计师应公正、客观判断，在无充分理由显示达到资本化条件时，这位管理会计师应该将研发费用费用化。

【例 1－2】

一个供应商邀请某家公司的管理会计师去某旅游度假胜地免费度周末，并许诺会提供周到的服务。该供应商参加了公司新产品的招标活动，急于了解公司的内部信息，但是在邀请管理会计师时，并没有向管理会计师说明这一情况。管理会计师担心该供应商会向他询问公司的相关内部信息。请问：这位管理会计师是否应该拒绝邀请？

可以合理预计和推断，如果该管理会计师接受邀请，将会影响其公正执行相关业务，因此，这位管理会计师应该拒绝邀请。

上述例子中，两位管理会计师都面临职业道德的挑战。例 1－1 涉及职业道德准则中要求的能力、客观性和公正性，管理会计师应该要求软件部门经理提供足够的证据来证明新产品是能够成功的，如果部门经理不能提供足够的证据，管理会计师就应该将研发费用费用化。例 1－2 涉及职业道德准则中要求的保密性和公正性。供应商或许并不想询问有关招标问题，但是，该例中所涉及的利益足以引发职业道德冲突，很多公司禁止员工接受免费的好处。表 1－3 归纳了美国管理会计师协会解决道德冲突的指导原则。

表 1－3　解决职业道德冲突的指导原则

在应用职业道德行为规范时，管理会计和财务管理人员可能会遇到如何确定不道德的行为或者如何解决道德冲突的问题。当遇到关键的道德问题时，管理会计师必须遵守权威机构制定的规则。如果这些规则不能解决问题，管理会计师可以考虑下列办法：

（1）与直接上级讨论这些问题，前提是这位上级没有卷入冲突，否则应上报给更高一级的领导。如果问题出现以后仍然没有找到满意的解决办法，也可以把问题上报给更高一级的领导。

（2）如果直接上级是首席执行官或者同级别的领导，可以接受的检查机构包括审计委员会、执行委员会、董事会、信托委员会或股东大会。

（3）与客观公正的建议者（例如美国管理会计师协会道德建议委员会）秘密讨论，以获得对各种可能出现的情况的更好理解。

（4）向自己的律师询问有关道德冲突的法律责任与义务。

（5）如果经过各种尝试，道德冲突依旧存在，且道德冲突发生在关键事项上，管理会计师应该提出辞职并给公司合适的领导提交一份详细的备忘录。辞职以后，该备忘录可以适时地提醒有关冲突的各方。

资料来源：Institute of Management Accountants，formerly National Association of Accountants. Statements on Management Accounting：Objectives of Management Accounting，Statement No. 1B. New York，1982.

1.4 现代企业组织结构与现代管理会计

1.4.1 集权与分权

在规模较大的企业里，企业首席执行官（CEO）既不可能了解企业所有的生产经营活动情况，也不可能为基层经理做出所有的决策。这就产生了集权和分权的问题。集权制就是总部保持更大的决策权力，下级更多的是执行；分权制则是让下级享有更多自由决策的权力。

集权和分权虽然可以看作两种不同的组织结构形式，但实际上是上级与下级在权力分配上的比重和协调问题。采取分权制的企业有一些决策也是交给上级主管做出的，特别是在面对一些不经常发生的和关于企业整体发展的问题时。采取集权制的企业也并不表示不让下级参与决策制定。实际上，在集权制下，下级在某些事务上也拥有一定的灵活性。

集权制的主要优点是便于提高决策效率，对市场做出迅速反应；容易实现目标的一致性；可以避免重复和资源浪费。缺点是容易形成对高层管理者的个人崇拜，形成独裁，导致将来企业高管更替困难，影响企业长远发展。分权制的优点是可以让高层管理者将主要精力集中于重要事务；权力下放，可以充分发挥下属的积极性和主动性，增加下属的工作满足感，便于发现和培养人才；下属拥有一定的决策权，可以减少不必要的上下沟通，并对下属权限内的事情迅速做出反应。缺点是更可能产生与企业整体目标不一致的委托-代理问题。

1.4.2 组织结构

企业组织结构按照不同标准可有不同的分类，比较常见的是直线职能式组织结构和事业部制组织结构。①

1. 直线职能式组织结构

这种组织形式最早由与泰勒同时代的美国管理学家H. 埃默森（H. Emerson）提出，他注意到军队组织中参谋部门的作用，把它引入企业组织并加以运用，建立企业的“参谋”部门，培养“参谋人员”，由他们来协助企业管理者更好地进行管理。

在这类组织结构中，存在两类管理机构：一类是直线指挥机构，如总部、分部、车间、工段和班组等；一类是参谋职能机构，如研发部、人力资源部、财务部、营销部或者售后服务部门等。与此相对应，存在两类管理人员：一类是直线人员，如总经理、分部经理、车间主任、工段长和班组长等；一类是参谋人员，如人力资源部部长、财务部部长、营销部部长等。前者是主体，后者是辅助。企业生产经营的决策权

① 余绪缨. 管理会计学. 北京：中国人民大学出版社，1999：371-373.

主要集中在最高层的直线领导手中。直线职能式的典型组织结构如图 1－1 所示。

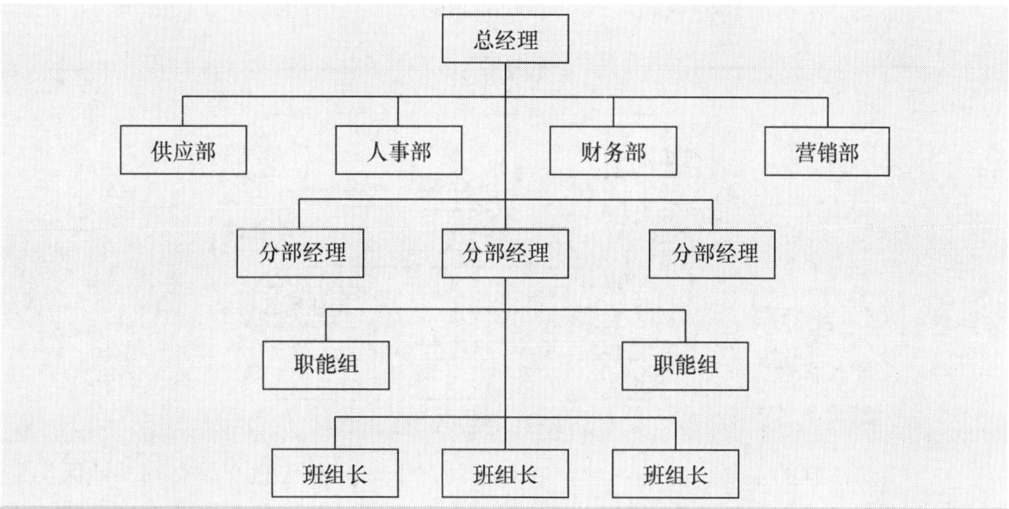

图 1－1　直线职能式组织结构

在这类组织结构中，企业的生产经营活动主要由直线人员统一领导和指挥，他们有权在自己的职责范围内向下级发布命令和指示，并负全面的领导责任。职能部门则设置在各级直线领导之下，分别从事专业管理，是各级直线领导的参谋部。职能部门拟定的计划、方案以及有关指示等，均应由直线领导批准后下达执行，职能部门对下级领导者和下属职能部门无权直接下达命令或者进行指挥，只起提供建议、咨询以及进行业务指导的作用。

直线职能式组织结构的优点是，各个职能部门目标明确，部门主管容易控制和规划。同类专业的员工一起共事，易于相互学习，增长技能。此外，内部资源较为集中，由同一部门员工分享，可减少不必要的重复和浪费。这种结构的缺点是，部门之间的工作协调常会出现困难，导致不同部门各自为政，甚至争夺公司内部资源，因此，整个企业对外部环境的反应会比较迟钝。而且员工较长时间在一个部门工作，往往眼光会变得狭隘，只看到本部门的目标和利益，缺乏整体意识和创新精神。

2. 事业部制组织结构

事业部制是一种分权制的组织结构。这种组织结构把分权管理与独立核算结合在一起，在总公司统一领导下，按照产品、地区或者市场（客户）来划分经营单位（即事业部）。各个事业部实行相对独立的经营和核算，具有从生产到销售的全部职能，是在总公司控制下的利润中心。总公司以各事业部为单位制定利润预算。同时，各个事业部又是产品责任单位和市场责任单位，有自己的产品和独立的市场。事业部制的管理原则可以概括为三个：集中决策、分散经营、协调控制。

事业部可以按照产品、地区或者客户等来划分。按照产品划分事业部是最为常见的形式，例如，美的集团股份有限公司就按照产品划分为空调事业部、电扇事业部、电机事业部、厨具事业部和小家电事业部等。国外像通用汽车公司、福特汽车公司、日本松下电器公司等，也都是按照产品类别来划分事业部的。大型商业企业、银行等一般按照顾客来划分事业部。按照地区来划分事业部是在产品销售区域很广、工厂分散的情况下采取的一种组织形式。事业部制的典型组织结构如图1-2所示。

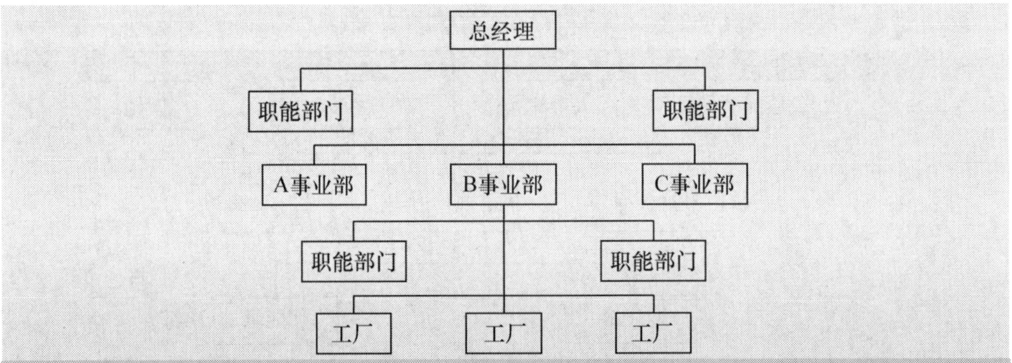

图1-2 事业部制组织结构

事业部制的主要特点是：(1) 在总公司之下，企业按照产品类别、地区类别或者顾客类别设置生产经营事业部；(2) 每个事业部设置各自的执行总经理，每位执行总经理有权进行采购、生产和销售决策，对其事业部的生产经营，包括收入、成本和利润的实现负全部责任；(3) 总公司在重大问题上集中决策，各个事业部独立经营，独立核算，自负盈亏，是利润中心；(4) 各个事业部的盈亏直接影响总公司的盈亏，总公司的利润是各个事业部利润之和，总公司对各个事业部下达利润指标，各个事业部必须保证对总公司下达的利润指标的实现。

1.4.3 现代企业组织结构变化与现代管理会计

在传统的工业经济时代，企业主要靠实现规模经济，提高生产效率（如提高原材料利用率、设备利用率、劳动生产率）来提高企业的经济效益。在当时的技术经济环境下，产生了以标准成本法、变动成本法、责任会计、本-量-利分析为主要内容的基础管理会计。近20年来，伴随着科学技术的巨大进步和社会经济的发展变化，欧美国家的一些大企业进行了一系列改革。在经历了早期的全面质量管理、柔性制造系统和标杆管理等提高生产效率的措施后，近年来改革的重点逐步转移到组织结构方面。其表现为：企业各部门的功能开始融合、交叉，如制造部门可能兼有销售、会计与财务的功能，销售部门兼有市场调查、会计、财务、工程技术的功能等。此外，随着计算机的广泛应用和信息处理能力的日益提高，企业上下级之间、多功能部门之间，以及其与外界环境之间的信息交流变得十分便捷，企业适应环境的应变性和灵活性大大增强。此时，管理会计适应企业组织结构变化，其传统的内容、职能与作用等均发生了变革和创新。

企业经营环境的变化引起了企业组织的变革，组织的变革又引起了管理的变化，从而引起管理会计的创新。环境的变化主要包括：(1) 竞争的变化，如竞争规则的变化。越来越多的国家和地区加入了世界贸易组织（WTO），竞争日益全球化。此外，人们生活水平的提高、顾客需求的不断变化，使竞争更加复杂和激烈。(2) 生产经营技术方面的变化，如越来越多的企业采用电子商务技术、准时制生产系统（JIT）、全面质量管理（TQM）、ISO 9000 系列质量管理体系、柔性制造系统、计算机一体化制造系统等。(3) 信息加工技术方面的变化，如计量技术、沟通交流技术、加工技术、报告与分析技术等。越来越多的企业采用物料需求计划（MRP）与制造资源计划（MRPⅡ）系统、企业资源计划（ERP）、管理信息系统等。许多企业从实践中体会到，成本、时间、质量、速度、创新和知识将成为决定企业成败的关键因素。在今天高度竞争和技术驱动的环境中，限制企业增长和战略成功的稀缺资源不是资本，而是专业化的知识和专长，以及蕴藏在企业中的组织能力。换言之，企业为获得竞争优势，必须从资源分配、管理层次的设置、决策程序和部门之间的关系等多方面对原有组织模式进行改造。尽管企业的组织变革各有侧重，具体方法也不尽相同，但是可以看出，欧美国家大型企业的组织变革已呈现出一种共同的趋势——存在了 60 多年、几乎被大企业普遍采用的事业部制的组织模式正在被一种新型的组织模式取代，这种组织模式称为扁平化的网络组织或 N 形组织。

20 世纪 90 年代以来，以减少企业管理层级、强化分权管理为主要内容的组织形式变革更为剧烈。英国电讯公司的管理层级由 12 层减为 6 层，在 1992 年和 1993 年两年中，该公司解雇了 900 名高级管理人员和 5 000 名中级管理人员；1994 年 3 月，该公司又宣布裁减 35 名年薪在 5 万～10 万英镑的高级主管。美国通用电气公司的管理层级也由 9 层减为 4 层，公司的高级经理从 700 名减少到 400 名，总公司的管理人员由原来的 2 100 人减少到 1 000 人。德国大众汽车制造公司从 1992 年到 1995 年，不仅取消了过去分 6 级的管理层级，而且将管理人员由 1 000 人减少到 800 人。管理学家预测，21 世纪就业机会消失最多的是中层管理人员的职位，这实质上是组织扁平化趋势的必然结果。

与事业部制相比，这种新的组织模式的组织结构单元和单元之间的关系类似于一个网络，所以这种新企业组织称为扁平化网络组织（N 形组织）。从总体上看，它是一个由众多独立的创新经营单位组成的彼此有紧密联系的网络，其主要特点是：

(1) 分散性。它不是几个或几十个大型战略经营单位的结合，而是由为数众多的小规模经营单位构成的企业联合体，这些经营单位具有很大的独立性。这种模式减少了基层单位对企业或对总公司在技术、财务和人力等方面的依赖，基层企业的权力和责任大大增强，可以充分调动和发挥基层员工的主动性、积极性和创造性。这一特征使管理会计信息不仅为少数高层管理者服务，而且为更广泛的基层管理者服务，为整个企业集团服务。

(2) 创新性。这种组织形式的发展所导致的基层企业权力和责任的增大，需要促进基层经理对本单位的经营绩效负责。因此，基层经理从传统的执行者的角色转变为创新活动的主要发起人，为公司创造和追求新的发展机会；中层经理不再完全扮演控制者的角色，反而变成了基层经理的关键资源，辅导和支持基层员工的工作。此时，最高管理层的精力主要集中在驱动创新过程上。创新活动已由过去少数高层管理人员推动转变为企业基层人员的重要职责，遍及企业的各个角落。现代管理会计要为企业的创新提供必要的信息支持。

（3）高效性。在这种组织形式下，行政管理和辅助职能部门被精简，基层有必要的经营自主权，通常采用柔性管理的方式，即通过频繁的纵向沟通，让基层真正了解企业的总体战略目标和战略意图，培养和营造共同的价值观念和企业文化。基层可以自主地根据具体的市场情况组织生产经营活动，快速地对市场变化做出反应。这一特征要求管理会计更加注重实用性，并在实践中不断学习和修正。

（4）协作性。在这种组织形式下，独立的小规模经营单位的资源是有限的，不能像事业部那样自给自足，在生产经营中必须大量依赖与其他单位的广泛合作。这种基层经营单位之间主动的广泛合作，为知识、技能等资源在企业内的转移和企业能力的整合提供了重要渠道。中间管理层在促进经营单位合作的过程中发挥着关键作用。计算机信息系统的不断成熟和普遍使用，将中层管理人员从纵向信息传递的繁重工作中解脱出来，他们可以将主要精力放在横向沟通和资源与能力的整合上。这种横向整合是多元的，有信息交流、人员流动、非正式的人际交往等过程。这一特征迅速提升了管理会计在整个企业价值管理中的地位和作用，管理会计信息开始由内而外，协调和服务于企业集团的整体利益。

总之，随着企业组织结构的扁平化，以及企业内部各层级单位自主权的扩大，很多过去不是管理者的员工成为新的管理者，很多过去不需要管理会计信息的员工现在也需要管理会计信息的支持，而且需要适时的、在线的管理会计信息，由此，现代管理会计将演变为意义更广、内容更为丰富且可以提供适时信息的“组织会计”。

1.5 现代管理会计与公司治理

近几年来，公司治理是非常热门的话题，这与国内外发生的企业会计舞弊丑闻有关。无论是以英美为代表的发达资本主义国家发生的安然事件、世通事件、巴林银行倒闭事件、法国兴业银行事件，还是中国发生的银广夏事件、中海油事件，都让全世界关注公司治理的问题。美国因此在2002年立法，颁布了《萨班斯-奥克斯利法案》。中国也成立了由财政部牵头，国资委、证监会、保监会、银监会、审计署等单位联合组成的内部控制标准委员会来制定有关内部控制规范。由此，内部控制引起了国内外理论界与实务界的高度重视与关注。

那么管理会计与公司治理有什么关系呢？首先，根据已有的文献，公司治理包括内部治理和外部治理，其中最核心的内容是处理所有者与管理者的关系、大股东与中小股东的关系，以及企业内部上下级之间的关系，主要包括股权结构（所有权结构），企业的股东大会、董事会、监事会制度等公司治理制度安排。管理会计作为对内报告会计，本身就融入了企业内部治理，为公司内部治理服务，为企业完善内部治理提供各种相关信息，其中主要是财务信息。

公司治理的理论基础是委托-代理理论和信息不对称理论。企业所有者（股东）与管理层之间存在委托-代理关系和信息不对称；大股东与中小股东之间存在委托-代理关系和信息不对称；公司内部的上下级之间、部门之间也存在委托-代理关系和信息不对称。只要这些委托-代理关系和信息不对称存在，就需要解决激励和管理控制的问题，而现代管理会计就是帮助企业进行管理控制的有效工具。在国外，管理会计也称为决策与控制会计或者管理会计控制系统，这是现代管理会计的应有之义。

具体来看，管理会计中的预算控制就是一个企业内部控制系统的制度安排。另外，管理会计中的业绩评价系统包括责任会计系统、标准成本控制系统、战略业绩评价系统，既是公司的激励制度的安排，也是控制制度的安排。而管理会计中的成本计算和控制问题，是激励制度中业绩评价指标计算的基础，管理会计中的短期经营与长期投资决策，是公司短期和长期决策的理论与方法，是涉及公司短期和长期生存与发展的科学方法体系，且与公司治理密不可分。因此，成本问题是管理会计的基础，同时也是公司治理的基本。成本控制过程也直接体现公司治理的内部控制要求。可以说，现代管理会计是现代公司治理不可或缺的组成部分，是现代公司治理的必要条件和基础。

下面以凯顿汽车销售公司为例，列举企业不同层级的管理者和员工对不同管理会计信息的需求，从而帮助读者了解管理会计信息的多样性。读者应带着以下两个问题来阅读：(1) 在企业的业务中需要什么样的经营信息和财务信息？(2) 处于企业不同层级的员工对管理会计信息的需求有何不同？

案例

管理会计信息的多样性

1. 汽车维修技工对管理会计信息的需求

李明是一名汽车维修技工，负责维修小汽车。他从事许多已经标准化的维修业务，如更换刹车片，安装新的汽车消音装置和排气系统，给汽车换机油和润滑油，更换过滤装置，调整发动机等。由于这些工作已经发展为世界范围内汽车行业规范的、标准化的业务，因此，李明在执行这些标准化的业务时，有标准的维修工时和材料消耗可以参考。

李明希望能评估自己维修业务的效率。只要管理会计信息系统给李明提供完成每项工作实际所花费的工时和实际所耗用的零件及材料，他就能用这些信息与标准工时以及标准的材料消耗量进行比较，确定自己是否达到了标准的工作效率。此外，除了材料消耗量和维修工时，一些维修工作可能要求用特定的设备测试汽车或将特定设备作为维修过程中的特种工具，李明想知道每项维修工作需要特定设备运转的时间。总之，管理会计师负责开发一些关于维修业务的标准人工工时、标准机器工时和标准零部件耗用量的信息。一线员工利用这些标准信息去衡量、监控自己的工作效率、材料利用率和设备利用率水平。

李明在完成维修任务后，要对维修工作进行质量检查，要试车以确认汽车能否正常行驶。如果发现有问题（如零件有误或安装不对），就要替换或重新安装错误的零部件并重新试车，直到汽车能正常行驶。关于维修工作质量的信息（如是否一开始就正确地执行了维修程序），对评估李明的工作绩效是很有价值的。

除了标准的、例行的日常维修任务外，李明通常还需要做一些非标准的工作。例如，当他和车主一开始都不知道机械故障的具体原因时，他可能需要修理不能正常运转的发动机；又如，他可能需要维修在交通事故中严重损坏的汽车。在这两种情况下，李明通常要到需维修的汽车开始试车时才知道全部的维修范围。李明要记录下他实际的维修时间、设备的运转时间，哪些维修设备被使用过，以及零部件和材料的消耗等情况，维修店的经理将利用这些信息来决定这些非标准的维修需要向顾客收取的费用。

作为一线的员工，李明所利用的信息包括他提供服务时材料和日用消耗品的耗用量、人工工时和机器工时耗用量，也包括李明完成的工作量数据，以及他完成的维修工作的类型和数量。此外，还包括质量方面的信息，如一次维修成功无须返修的比例，以及在提供服务或试车时发现的缺陷或失误数量和维修周期（即李明从开始接受维修任务到完成维修任务之间的时间）。

在这样一个简单的层面上，我们能看到各种各样的定量信息对李明的作用，但到目前为止，我们很少看到财务信息的作用，这种情况是一种典型的传统组织。在这类组织里，员工和操作人员直接执行任务。在这种情况下，他们收到关于执行情况的定量信息，但是很少收到关于他们工作的经济效果和财务方面的信息。我们假定，如果能收到反映效果的财务信息，一线员工可能会把他们的工作做得更好。在这里，我们假定，生产或提供劳务的员工主要用定量的业务数据，而不是财务信息来完成他们的日常任务。

除了弄清给李明提供的信息的数量和形式，我们也要理解提供信息的频率。李明的产出是通过连续几天的工作修好的汽车。因此，如果他要去学习怎样更好地工作，并知道存在哪些可以改进的机会，他将需要日常甚至个别的工作汇总信息。假设李明仅仅收到一个包含下列内容的高度浓缩的汇总信息月报：

（1）在维修汽车业务中，总的零部件和材料消耗量；

（2）在维修汽车业务中，当月总的工时耗用水平，并与允许的标准耗用水平相比较的结果；

（3）该月中由失误引起的返修总工时。

李明无法把这些高度浓缩的、滞后的报告与他所从事的维修工作联系起来，所以，这个报告对改进李明的工作业绩将不会有用，正如一名财务经理所说："理解滞后和汇总信息的问题，就好像部门经理是一名投球手，他每秒钟投一个球，但是，我们无法让投球手看到他已经投中多少球。在月末，我们结账时，计算他该月投中的总球数，并与标准数比较，把这一信息报告给投球手，如果总数低于标准数，我们要求投球手解释并鼓励他下次有更好的表现。但应该明白的是，我们无法用这类报告系统培养出世界一流的投球手。"

总之，经营层面的信息将是适时的信息，这意味着这些信息是日常的，或者说，每项工作之后可以让一线员工及时知道实际与标准或与历史业绩之间的任何差距。

2. 某业务（服务）部门的经理对管理会计信息的需求

张健是凯顿汽车销售公司服务部的经理，他负责监督管理服务部门20多位技术维修工人，与客户进行维修业务沟通，并将修好的汽车返回给客户的业务代表。

张健需要服务部资源消耗的信息，因为只要维修技工上班，每天工作了8小时，就要付给他8小时的工资。张健要比较技工的实际维修工时与得到的报酬工时，这些数据有助于他确定当前是否还有剩余的维修能力，该部门是否已满负荷运转等。若有效的工作持续低于其能力（以致技工们经常空闲，无事可做），张健就要考虑减小服务部门的规模（裁员）；若该部门持续满负荷工作，他就要思考是否需要另外补充资源，如招聘新的技工，或将部分业务外包。

通过计量维修工作资源消耗来评估技工的工作效率，张健要比较每项工作所消耗的人工工时、机器工时和材料，并与标准数据比较。他要确定哪位技工的工作效率高，哪位技工耗用了更多的资源。他还要监控技工们的工作质量和工作效率，明确哪项工作或哪位技工产生了失误，发生了返工，引起了顾客抱怨等。关于工作质量和工作效率的信息将指导他注意哪位技工需要进一步的学习和培训，以便他们能以更少的失误、更高的效率完成工作。通过确认最高质量和最高效率的技工，他可以利用这些信息鼓励其他效率较低的、产生了较多失误的同事积累知识和经验。

除了对生产能力耗用、效率和工作质量的监控外，张健还可能需要该服务部门总的盈利能力的信息，他将收到反映服务部盈亏情况的月报或周报。除了这些汇总的报告，他可能需要一份更为详细的根据其所提供的服务的种类出具的盈利能力报告。如消声器维修、发动机调整、换油、更换刹车片等。为了准备这份报告，管理会计师必须能够将服务部总的费用分配到每种服务的成本中去。然后，张健根据每种服务提供的收入核算其盈利能力。他可以利用该份报告的盈利能力信息去修订每种服务的价格，选择适合的服务产品组合。例如，他可能会考虑，将有些业务采用外协的方式，以便更有效率地完成，而不是事事都在部门内部完成。他也可以制定相应的鼓励政策，以便吸引对本服务部最有盈利潜力的维修业务。如果某种业务是亏损的，他可能需要与技术工人一起研究，以便以更低的成本去完成这些工作。

当顾客通过以旧换新的方式购买新车时，需要评估旧车的维修成本进而估算旧车的现值。这些成本信息也有助于张健对是否允许技工获得更多的设备去完成他们的工作做出决策。总之，张健将利用每种维修业务的工作成本信息去执行如下决策：

（1）定价；

（2）决定生产组合——哪项维修业务盈利性更强，哪项需要改进；

（3）扩张生产能力——增加服务区域、增加新技工或增加新设备；

（4）收缩生产能力——裁减技工；

（5）利用外部资源（外协）——为了更有效地完成特定的维修工作与当地的维修店协作；

（6）工序改进——学习怎样以更少的缺陷、更少的原材料和备品备件更快地完成维修工作；

（7）监控业绩——评估每个技工的业绩；

（8）投标新的维修业务。

在几乎所有的组织里，由中上层管理人员做出的这些重要的决策都要求准确的管理会计信息以支持他们当前和未来的行动。

3. 公司总经理对管理会计信息的需求

凯胜是凯顿汽车销售公司的总经理。显然，他更关心公司的综合盈利能力，而较少关注和监控日常的经营活动，或每项工作和每辆汽车销售的盈亏。凯胜每月甚至每周都会收到整个企业乃至各部门（新车销售部、旧车销售部、汽车维修与售后服务部以及零部件销售部）的盈利情况报告。该报告要求把总的经营费用合理地分配到各部门。这意味着要决定有多少业务人员、建筑物和设备资源被分配给各部门。

这些信息使凯胜能够监控是否有业务部门盈利降低，提醒他注意盈利能力突然发生变化的原因，如销售量、产出组合、质量和定价方面。凯胜也要将公司的业绩与同行的业绩进行对比，尤其在销售量、运营效率和盈利能力方面。这些信息需求激发了对外部同行，尤其是做得最好的竞争对手或可比组织的信息的需求。这在实务中通常称为标杆管理。

凯胜要掌握财务与经营状况统计数据，以了解组织是否正在创造长期的价值和获取盈利。这些数据包括汽车销售量、业务部门员工的收入、顾客满意度指数和顾客抱怨数量等。

许多汽车公司现在都向近期的汽车买主发送调查问卷表，以评估汽车销售服务的质量。凯胜要不时地通过调查监控其业务记录，确保其发展趋势的正确性。此外，他还要把他的记录与其他同行的记录进行比较，以确定公司的经营活动与竞争对手相比是良好的。他还要测度其市场份额，即公司的汽车销售和服务占当地市场的份额。如果顾客满意度和市场份额正在降低或低于目前竞争对手的水平，凯胜可能需要考虑在广告、销售人员培训、定价和顾客服务等方面加以改进，以重新获得或提高其市场地位。顾客保留（即回头客率）也将是该公司取得长期成功的一个关键因素。

像凯胜这样的高层经营管理人员所使用的资料——产品、服务、顾客的盈利能力、市场机会与竞争威胁、市场份额、顾客忠诚度与顾客满意度、企业的技术创新情况等属于企业战略方面的信息，这些信息对于公司高层管理人员了解情况并指导决策是非常关键的。

资料来源：刘运国．管理会计前沿．北京：清华大学出版社，2003.

复习思考题

1. 什么是现代管理会计？简述现代管理会计的目标、内容、特点。
2. 管理会计的形成和发展经历了哪些主要阶段？
3. 简述管理会计与财务会计的区别和联系。
4. 简述管理会计与成本会计、公司财务管理的主要区别。
5. 现代企业组织结构变化对现代管理会计有什么影响？
6. 简述不同组织、同一组织不同层级的员工对管理会计信息的不同需求。

7. 简述管理会计信息系统在整个组织的管理信息系统、会计信息系统中的地位和作用。

8. 美国管理会计师协会对管理会计师的职业道德规范的要求是什么？结合我国国情阐述如何规范和提高我国管理会计人员的职业道德。

第 2 章

Chapter 2 多元成本分析

学习目标

1. 了解制造成本与非制造成本的含义及区别。
2. 了解产品成本与期间费用的含义及区别。
3. 理解作业、成本动因的含义。
4. 理解相关成本与不相关成本的含义及表现形式。
5. 理解成本性态的含义、变动成本与固定成本的含义及联系。
6. 掌握混合成本的分类及分解方法。

课程思政点

1. 开放、包容、普惠、平衡、共赢、多赢、多元与多元成本。
2. 不忘本来、吸收外来、面向未来与沉没成本和机会成本。

引导案例　沃尔玛的“天天低价”策略

沃尔玛公司（以下简称沃尔玛）由山姆·沃尔顿于 1962 年成立。经过多年发展，沃尔玛已经成为世界上最大的连锁零售企业，多次位列《财富》杂志世界 500 强榜首。沃尔玛致力于通过实体零售店、在线电子商店以及移动设备端等不同平台来帮助世界各地的人们随时随地节省开支，并生活得更好。沃尔玛能够风行世界，其根本原因在于“天天低价，始终如一”的承诺，该承诺绝非一句口号，而是通过严格控制成本实现的。所有的大型连锁超市都采取低价经营策略，沃尔玛的与众不同之处在于，它想尽一切办法从进货渠道、分销方式以及营销费用、行政开支等各方面节省，努力实现其价格比其他商店更便宜的承诺。严格的采购、完善的发货系统和先进的存货管理是促使沃尔玛做到成本最低、价格最便宜的关键因素。其创始人沃尔顿曾说过：“我们重视每一分钱的价值，因为我们服务的宗旨之一就是帮每一名进店购物的顾客省钱（Save Money，Live Better）。每当我们帮顾客省下一块钱，就赢得了顾客的一份信任。”为此，他要求每位采购人员在采购货品时态度要坚决。他告诫公司的采购人员：“你们不是在为商店讨价还价，而是在为顾客讨价还价，我们应该为顾客争取到最好的价格。”

资料来源：根据沃尔玛公司网站（http://www.walmart.cn）资料改编。

要严格控制成本，首先需要了解成本的含义、分类，以及掌握为管理决策服务的成本计量方法。

2.1　多元成本的概念

成本是一项综合反映企业生产经营活动成果的重要经济指标。企业生产什么，生产多少，原材料、燃料和动力的耗费，劳动生产率的高低，批量的大小，以及生产技术和经营管理水平，都会在一定程度上决定或影响成本水平。企业为了提高经济效益，必须重视成本问题的研究和成本的管理。

2.1.1　成本的概念

成本通常是指一个组织为了实现现在或者未来经济利益目标所支付的现金或现金等价物。现金等价物是为取得商品或服务而提供交换的非货币资产。

也就是说，成本是指为了达到某一特定目的所失去或放弃的一项资源（Ronald W. Hilton，2009）。这里所说的"资源"，不仅包括作为生产资料和生活资料的天然资源，还包括经过人类加工的物质资源以及人力资源。"特定目的"是指需要对成本进行单独测量的任何活动，也就是成本对象，例如，一件产品、一项设计、一项服务、一个客户、一个商标、一个部门或者一项工作计划。"失去"是指资源被消耗，例如，材料在生产中被消耗、设备在使用中被磨损等。"放弃"是指资源交给其他企业或个人，例如，用货币支付工资或加工费等。

因某一目的而以特定方法分类和记录的成本数据，可能并不适合另一种用途。为了适应不同目的的不同需要，可以按照不同的分类标准对成本进行分类。例如，成本可按经济用途分为制造成本和非制造成本；按成本与业务量的关系分为变动成本和固定成本；按特定核算对象分为人力资源成本、环境保护成本和质量成本等；按是否可控分为可控成本和不可控成本；按是否与决策相关分为相关成本和不相关成本；等等。在管理会计中，主要关注与企业管理层实施预测、计划、控制和业绩评价的管理职能有关的成本和按成本性态分类的成本。

2.1.2　制造成本与非制造成本

1. 制造成本

制造成本包括直接材料成本、直接人工成本、制造费用三项。

（1）直接材料成本是指能够直接追溯到每个产品，并构成产品实体的材料成本，例如一辆丰田汽车消耗的钢材和轮胎。有些人常常会将原材料和直接材料混淆，认为二者可以互换使用，实际上这两个术语之间存在差异。材料在进入生产过程之前是原材料，在进入生产过程之后，就成了直接材料。

（2）直接工人成本是指能够直接追溯到每个产品的人工成本，包括支付给直接参与生产产品的员工的工资和福利的成本。例如，丰田汽车生产人员的工资、福利。

（3）制造费用是指除直接材料成本和直接人工成本以外的所有制造成本，包括三种类型的成本：间接材料成本、间接人工成本和其他制造费用。间接材料成本是指可以构成产品实体，但是不能直接追溯到特定成本对象的材料成本。例如，丰田汽车组装过程中用到的玻璃胶水和螺丝钉等材料。间接人工成本是指不能直接追溯到特定成本对象的人工成本。例如，丰田汽车装配车间技术人员和管理人员的人工成本、材料仓库保管人员的人工成本。其他制造费用是指既不是材料成本也不是人工成本的所有其他制造费用，包括厂房和设备的折旧费、保险费、公用事业费等以及运营服务部门的成本。

2. 非制造成本

非制造成本包括销售成本和管理成本，它们不构成产品成本。

销售成本包括销售佣金、销售人员工资和销售部门房屋占用的成本。管理成本是指因管理本组织和提供员工支持而发生的成本，包括行政文职人员工资，法律、统计和会计服务成本，以及管理人员办公场所成本等。

有时从概念上区别制造成本与非制造成本很困难。例如，处理工厂工资单的员工的工资是生产成本还是非生产成本？生产副总裁办公室的租金呢？某些成本无法明确分类，公司通常有自己的分类指南。

2.1.3 产品成本与期间费用

费用是指企业在日常活动中发生的、会导致所有者权益减少的、与向所有者分配利润无关的经济利益的总流出。按照传统企业依据费用的发生与产品的关系，可以将费用划分为产品成本和期间费用。产品成本是与产品的生产直接相关的成本，包括产品生产中所耗用的直接材料成本、直接人工成本和制造费用等。按照会计核算的配比原则，将已销售的产品成本及时转入销货成本，以确定产品的销售利润。期间费用是企业经营活动中所发生的主要与该会计期间的销售、经营和管理等活动相关的成本，例如管理费用、销售费用、财务费用等。由于这些费用与产品的生产没有直接关系而与生产经营期间相关，因此根据会计准则，期间费用均列为当期的营业费用，在计算当期营业利润时予以扣除。综上所述，费用是相对于期间发生的支出而言的，成本是属于某个成本对象（在产品、产成品）所消耗的支出，因此，成本也可称为对象化的费用。图2-1展示了产品成本与期间费用的区别。

2.1.4 作业、成本与成本动因

不同类型的成本有不同的表现形式，例如，企业原材料的成本会随着产品生产数量的增加而增加，但机器设备和管理人员的薪酬等成本仍然会保持原来的水平。将产量和成本性态联系起来，虽能从整体上把握成本是如何体现的，但对于管理者进行日

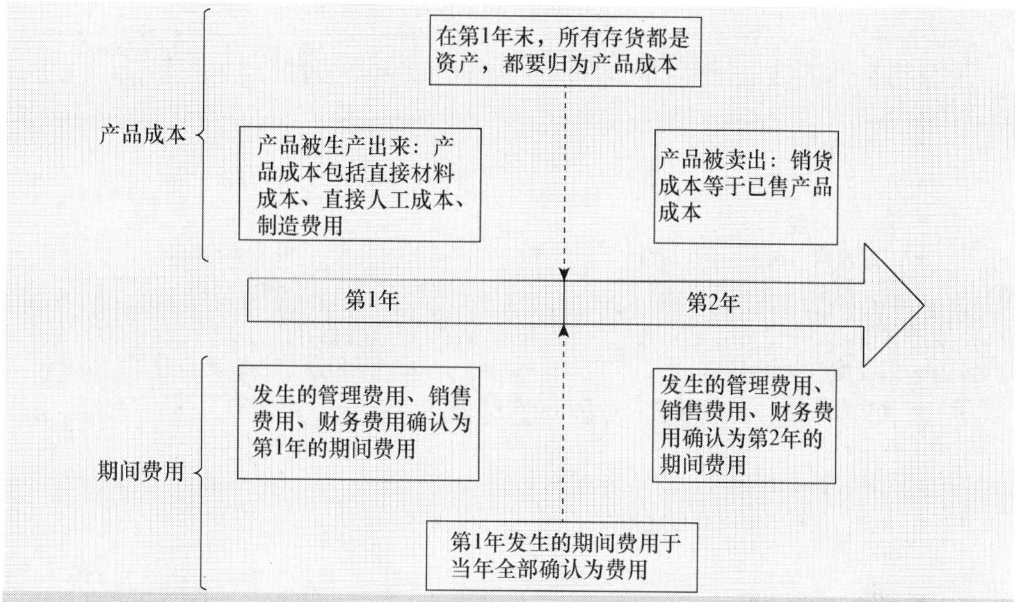

图 2-1　产品成本与期间费用的区别

常成本控制并不能提供有效的帮助。在日常决策中，管理者更多地关注生产产品与提供服务所需要的作业，而不是产品和服务本身。作业成本管理将在后续章节中详细介绍，这里仅做简单的阐述。

作业是指企业生产经营过程中各项独立且相互联系的活动。作业贯穿产品生产经营过程，从产品设计开始，经过物料供应、生产工艺的各个环节，直至产品发运销售。在这一过程中，每个环节、每道工序都可以视为一项作业，如产品设计、订单处理、采购、储存等。产品经理必须了解日常作业是如何影响成本的。因为了解成本对于成本控制非常重要，所以将成本与作业联系起来理解就成为关键所在。产品数量是一个很常用的作业量指标，后续的许多分析如成本性态分析基本围绕作业量展开。因此，该作业量与许多成本存在相关关系。实际上还有许多其他作业量指标，只是该指标更常用。后面不再特别强调作业量。有关作业与作业成本知识请参阅后面的作业成本会计部分。成本动因亦称成本驱动因素，是指导致成本发生的事项或活动，它决定成本的产生，且可作为分配的标准。会计人员能否确认最合适的成本动因，决定了管理者理解成本性态以及控制成本的好坏。表 2-1 举例说明了企业职能区域与成本动因的联系。

表 2-1　企业职能区域与成本动因的联系

企业职能和成本	成本动因
研发	
● 市场调查人员的工资、市场调查的成本	有关新产品提案的数量
● 产品及工艺工程师的工资	提案产品的复杂性
产品、服务和工艺设计	
● 产品及工艺工程师的工资	设计耗用时间
● 电脑辅助设计设备的成本、测试用产品样品的开发成本	每单位产品耗用的部件数量

续表

企业职能和成本	成本动因
生产 ● 工人的工资 ● 管理人员的工资 ● 维修人员的工资 ● 厂房及机器设备折旧、物料 ● 能源费用	 生产工时 监管人数 检修时间 机器运行时间 用电量
市场营销 ● 广告费 ● 营销人员的工资、差旅费、业务招待费	 广告数量 销售额
配送 ● 运输人员的工资 ● 运费（包括车辆折旧与燃料费）	 工作时间 运输货物重量
客户服务 ● 服务人员的工资 ● 物料成本、差旅费	 服务产品的耗用时间 服务访问的次数

2.1.5 变动成本与固定成本

成本按其与产量（一种作业量）这一成本动因之间的关系，可以划分为变动成本和固定成本两大类，固定成本又分为酌量性固定成本和约束性固定成本。这种划分将在本章第2节中详细介绍，并在第3章具体阐述变动成本法，在这里仅就两者的区别做简单阐述。

区分变动成本和固定成本是理解成本性态的关键，判定一种成本是变动成本还是固定成本，要看决定它的成本动因给它带来何种影响。变动成本是随业务量的变动呈正比例变动的那部分成本；相反，固定成本是不受业务量增减变动的影响而保持不变的成本。要区分成本类型，有以下两条原则可用：

（1）将固定成本视为成本总额，不管成本动因作业水平（这里指产量或业务量）如何变化，固定成本总额不变。

（2）将变动成本视为单位成本，不管成本动因作业水平（这里指产量或业务量）如何变化，单位变动成本不变。

值得注意的是，我们提及的固定成本是不随成本动因改变的，但是这条规律有一定的适用范围（即相关范围）。相关范围就是成本动因作业水平的范围，在该范围内，成本与成本动因间的特定关系保持不变。即使在相关范围内，固定成本也只在一定时期内保持固定水平。

2.1.6 相关成本与不相关成本

决策是人类的一种普遍活动。决策是指决策者为了实现某一特定目标，在占有完备资料的基础上，借助科学的理论和方法，进行必要的计算、分析和判断，从若干可供选择的方案中选择并决定采用最优方案的过程。判断方案优劣的经济标准有两个：成本和经济效益。其中，成本是经济效益的重要制约因素。为了使企业的决策更加准确可靠，我们首先必须弄清各种不同成本与决策之间的关系。以与企业决策是否有关为依据，成本主要可分为两大类：相关成本和不相关成本。

1. 相关成本及其表现形式

相关成本是指与特定决策有直接关联的成本。其基本特点是：第一，相关成本是一种未来成本；第二，相关成本是一种有差别的未来成本。第一个特点表明，决策是为未来而做的，与之相联系的成本也只能是未来将发生的成本，而不是也不可能是已发生的历史成本。第二个特点表明，即使是未来成本，也只有可供选择的不同方案之间预期成本额有差别的成本，才是与决策有关的成本。换言之，没有差别的未来成本不是相关成本。

相关成本的形式有很多，诸如边际成本、机会成本、重置成本、付现成本、可避免成本、可延缓成本、专属成本、差量成本等，熟悉并掌握这些成本概念对于企业的决策分析具有重要的意义。

(1) 边际成本是西方经济学中一个重要的分析指标，是指产量增加或减少一个单位所引起的成本变动。从数学上说，它是总成本函数的一阶导数。

假设总成本 TC 随产量 x 的变化关系是：

$$TC(x)=Ax^2+Bx+C \tag{2-1}$$

那么边际成本就应该为：

$$TC'(x)=2Ax+B \tag{2-2}$$

在现有的生产能力尚未得到充分利用之前，只要新增产量的单位售价大于其边际成本，企业就有利可图，即使此时单位售价小于总的平均单位成本。

与边际成本有关的是利润最大化原则。首先必须了解边际收入这个概念。边际收入是指销售量的单位变动所引起的销售总收入的变动数额。

利润最大化原则反映了边际收入和边际成本之间一个十分重要的关系，即当边际收入与边际成本相等或近似相等时，企业从事生产经营所能获得的利润最大，也可以说，此时企业生产（销售）某产品的数量为最佳产量（销量）。

(2) 机会成本是指因选择某一方案而放弃其他方案的潜在收益。机会成本不是通常意义上所说的成本，它不构成企业的实际支出，也不会记入会计账簿，但它表明把资源用于某一方面可能取得的利益，是以放弃用于其他方面可能取得的利益为代价的。从心理学的角度看，人性有个弱点：对自己已经拥有的比没有的资源更不珍惜，因此机会成本常常被忽略。但是，机会成本是决策时必须认真考虑的一个现实因素，只有将落选方案所可能获得的潜在收益作为机会成本计入中选方案的相关总成本，才能全面、合理地评价中选方案的经济效益。

例如，某公司现有设备可以生产 A，B 两种产品，但由于生产能力的限制，只能生产其中一种产品，假定生产A产品可以获利50 000元，生产B产品可以获利37 000元，那么依据利润最大化的原则选择生产A产品时，生产B产品可获得的利润37 000元即为决定生产A产品的机会成本。所以机会成本总是针对具体方案的，离开了被放弃的方案就无从确定。

（3）重置成本是指目前从市场上购置一项原有资产所需支付的成本，也可以称为现时成本或现行成本，它带有现时估计的性质。与重置成本直接对应的概念是账面成本，即一项资产在账簿中所记录的成本。

基于会计信息客观性原则，我国目前财务会计总体上以历史成本作为计量属性。对于流动资产而言，是购置时发生的成本；对于固定资产而言，是购置成本减去累计折旧后的余额，即账面净值。但与财务会计不同，管理会计立足现在、面向未来，更强调会计信息的相关性。

当生产周期长，物价波动较大时，按历史成本核算资产就不能正确反映现行物价水平下的真实成本。例如，某企业库存商品账面单位成本为200元，重置成本为250元。若按历史成本考虑，售价定为230元，认为可获利30元，但是这些商品售出后再依重置成本补进时，反而每件亏损20元。不难看出，重置成本是定价决策中不可忽视的重要因素。

（4）付现成本是指需要在将来或最近期间支付现金的成本，是一种未来成本。付现成本是在某项决策需要付现但又要全面衡量该项决策在经济上是否真正有利时应认真考虑的，在企业资金紧张时更应慎重对待。例如，某企业急需更新设备一台，但是企业资金紧张，银行存款余额为6 000元。A和B两家工厂可提供设备，A厂售价为50 000元，要求一次性付清货款；B厂售价为60 000元，只要求预付4 000元，余款10个月内付清，很显然在这种情况下，该企业选择B厂设备更优，这可以使企业迅速恢复生产，多付的总成本可以通过提前恢复生产而获取的利润得以补偿。

（5）可避免成本是指与特定备选方案相关联的成本，其发生与否取决于与其相关联的备选方案是否被选中。即如果某个备选方案被选中，与其相关联的某项成本就会发生，否则该项成本就不会发生，则该项成本为可避免成本。酌量性固定成本就属此类。例如，利用挖掘潜力、改进劳动组织的办法去替代原先增加人员的方案而节省下来的人工支出，就是可避免成本。与落选方案关联的成本也称为可避免成本。

（6）可延缓成本是指与已经选定但可以延期实施而不会影响大局的某方案相关联的成本。它与可避免成本的不同之处在于，可延缓成本在发生的时间上可以推迟，但将来注定要发生；而可避免成本是否发生，完全取决于决策者。例如，某厂已决定装修厂房，但不一定立刻付诸实施，因为这一方案不立刻实施，对企业目前正常的生产经营影响不大，所以与装修厂房有关的成本可视为可延缓成本。

（7）专属成本是指可以明确归属于某种、某批或某个部门的固定成本。它往往是为了弥补生产能力不足的缺陷，增加有关装置、设备、工具等长期资产而发生的。例如，生产某种零件或某批产品所专用的厂房、机器的折旧费，某种物资的商品保险费等。

（8）差量成本通常指两个备选方案的预期成本之间的差异额，亦称差别成本或差额成本。不同方案的经济效益一般可通过差量成本的计算明显地反映出来。例如，某公司若自制甲零件，预期自制单位成本为 48 元；而若外购，预期单位购价为 52 元。后者与前者比较，有差量成本 4 元，说明自制方案比外购方案优越。

2. 不相关成本及其表现形式

不相关成本是相关成本的反义词，是指与决策没有直接关联的成本。或者说，不相关成本不随决策的改变而改变。不相关成本或是过去已经发生的成本，或是虽未发生，但在各种替代方案下数额相同的成本，对未来决策没有影响，因此在决策分析中可以不予考虑。不相关成本的表现形式主要有沉没成本、不可避免成本、不可延缓成本和共同成本等。

（1）沉没成本是指由过去的决策引起的且已支付的成本。从广义上说，凡是过去已经发生，目前或未来决策无法改变的成本，都是沉没成本。从狭义上说，沉没成本是指过去发生的、在一定情况下无法补偿的成本。例如，假定某企业有一台生产设备，原价为 20 000 元，累计折旧为 18 000 元，账面价值（净值）为 2 000 元就是沉没成本。很明显，沉没成本一经耗费就一去不复返了。但是，从心理角度看，人们常常不会忘记过去的损失与教训，因而，时常会考虑这些不影响未来决策的沉没成本。

沉没成本的特征决定了它与决策不存在相关性，因而，当前决策不必考虑这个因素。虽然在决策中不必考虑沉没成本，但是要注意区分和判别某一成本是不是沉没成本，否则可能导致决策失误。在做固定资产更新决策时要特别注意沉没成本的问题。

（2）不可避免成本是指通过管理决策行为不能改变其数额的成本。约束性固定成本就属此类。企业的生产经营能力和生产组织机构一旦确定，约束性固定成本就不可避免地要发生，其发生的数额也不是企业的短期经营决策所能改变的。此外，企业现有厂房、建筑物等固定资产的年折旧费也属于不可避免成本。

（3）不可延缓成本是相对于可延缓成本而言的，指即使财力有限也必须在企业计划期间发生，否则就会影响企业管理层已选定方案的成本。例如，某企业的旧厂房因暴雨冲击而产生较大裂痕，必须在计划期间内大修，否则会造成严重后果，这笔大修费用就属于不可延缓成本。

（4）共同成本是指那些需要几种、几批产品或有关部门共同分担的固定成本。例如，企业总部的管理人员工资、车间的照明费，以及需要由各种产品共同负担的联合成本等都是共同成本。

以上是在经营决策中常用到的相关成本和不相关成本的表现形式，但并非全部。还需要特别指出的是，将成本划分为相关成本和不相关成本对于企业进行短期经营决策具有十分重要的意义，它可以使企业在决策中避免把精力耗费在收集那些无关紧要的信息和资料上，减少得不偿失的劳动。当然，在实际决策中，我们一定要根据具体情况具体分析，综合利用各种成本进行成本分析，以使管理决策更加科学，更具有说服力。

2.2 成本性态分析

上节介绍了管理会计涉及的部分成本概念。本节集中讨论管理会计学中最重要的一种成本分类，即按成本的性态进行分类。将成本按其性态分类，是变动成本法、本-量-利分析与短期经营决策的先决条件。成本性态也称成本习性，是指成本总额与业务量的数量依存关系。这种关系是客观存在的，是成本的固有性质，故称为性态。按成本性态可将企业的全部成本分为变动成本和固定成本两大类。

2.2.1 变动成本

变动成本是指在一定时期和一定业务量范围内，成本总额随业务量的变动呈正比例变动的那部分成本。变动成本一般包括：直接材料成本，直接人工成本，制造费用中随业务量的变动呈正比例变动的物料用品费、燃料费、动力费，以及按销售量支付的销售佣金、装运费、包装费等。

变动成本的主要特点是：(1) 在一定时期和一定业务量的相关范围内，其成本总额随产量的增减呈正比例增减；(2) 从产品的单位成本来看，它不受业务量变动的影响，其数额始终保持在某一特定的水平不变。

【例2-1】

假设东方制衣公司生产棉布衬衫，生产同一尺码的每件衬衫需1.5米棉布，每米棉布10元。当衬衫产量发生增减时，耗用棉布的总成本随衬衫的产量呈正比例增减。因此，棉布的成本就是生产衬衫的一项变动成本。为了便于建立数学模型，现假定衬衫的产量为 x，每件衬衫的棉布成本（即单位变动成本）为 b，即15元/件，那么棉布的总成本（即该项变动成本总额）为 bx，即 $15x$。它们的关系如表2-2所示。

表2-2 变动成本与产量的关系

衬衫产量（x）（件）	棉布总成本（bx）（元）	每件衬衫的棉布成本（b）（元）
1 000	15 000	15
2 000	30 000	15
3 000	45 000	15
4 000	60 000	15

现要求给出变动成本总额与单位变动成本的性态模型。

变动成本总额与单位变动成本的性态模型如图2-2所示。

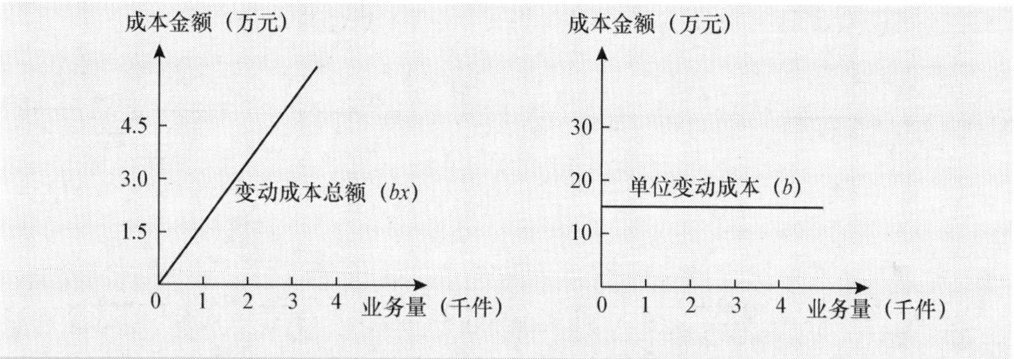

图 2-2　变动成本的性态模型

2.2.2　固定成本

固定成本是指成本总额在一定时期和一定业务量范围内，不受业务量增减变动的影响而保持不变的成本。固定成本一般包括下列内容：房屋设备租赁费、保险费、广告费、按直线法计提的固定资产折旧费、管理人员薪金等。

固定成本的主要特点是：(1) 在一定时期和一定业务量的相关范围内，成本总额不受业务量增减变动的影响；(2) 从单位产品所分摊的固定成本看，它随产量的增减呈反比例变动。

【例 2-2】

东方制衣公司生产棉布衬衫所占用的车间是以租赁的形式向某地产公司租来的，每年付一次租金，租金为每月 3 万元，若衬衫产量每月不超过 5 000 件，就不需要扩大场地面积来放置增加的生产设备。所以当东方制衣公司每月衬衫产量在 5 000 件以内时，租金总成本不随产量的变动而变动，因而生产衬衫的场地租金就是东方制衣公司生产衬衫的一项固定成本。为了便于建立数学模型，现假定衬衫的产量为 x，租金总成本（即该项固定成本总额）为 a，每件衬衫负担的租金成本（即单位固定成本）为 a/x，它们之间的关系如表 2-3 所示。

表 2-3　固定成本与产量的关系

衬衫产量 (x) (件)	租金总成本 (a) (元)	每件衬衫所负担的租金成本 (a/x) (元)
1 000	30 000	30.00
2 000	30 000	15.00
3 000	30 000	10.00
4 000	30 000	7.50

现要求给出固定成本总额与单位固定成本的性态模型。

固定成本总额与单位固定成本的性态模型如图 2-3 所示。

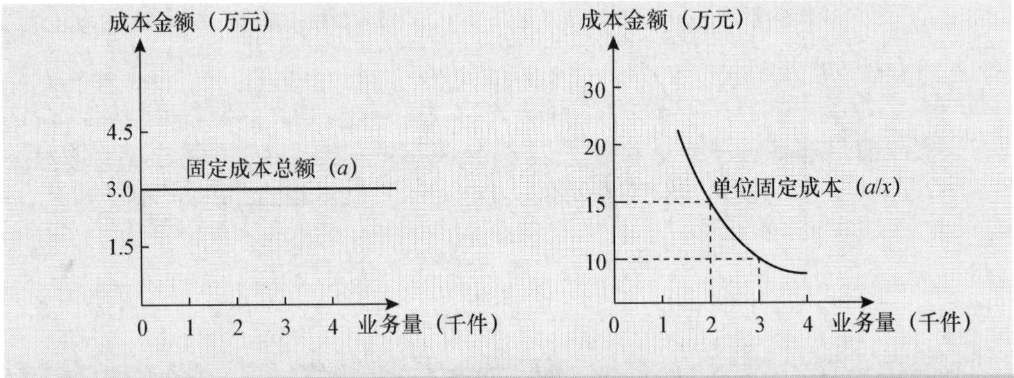

图2-3 固定成本的性态模型

值得注意的是，固定成本还可以进一步分为酌量性固定成本与约束性固定成本两类。

酌量性固定成本是指通过管理层的短期决策行为可以改变其数额的固定成本，如广告费、职工培训费、新产品研发费等。这些费用的开支对企业的业务经营是必要的，可以扩大产品的销路，提高产品的质量，提高员工的素质，增强企业的竞争力，但其支出数额的大小并非绝对不变，一般视企业的具体情况和财务负担能力而定。因此，要降低酌量性固定成本，需要精打细算、厉行节约、杜绝浪费、减少费用支出总额。

约束性固定成本是指管理层的短期决策行为不能改变其数额的固定成本，属于经营能力成本，如保险费、固定设备租金、管理人员薪酬等。约束性固定成本与企业生产经营能力的形成及其正常维护有直接联系，由于企业经营能力一旦形成，与此相联系的成本就很难在短期内改变，亦非企业管理层的短期决策所能改变，因此这部分固定成本称为约束性固定成本。企业可通过经济合理地形成和利用经营能力来降低约束性固定成本。

2.2.3 变动成本和固定成本的相关范围

研究成本性态必须充分考虑相关范围的影响。前面在介绍变动成本和固定成本的定义时，总要加上“在一定时期和一定业务量范围内”这一状语，指的就是相关范围。

1. 变动成本的相关范围

从时间范围看，即使业务量保持不变，随着时间的推移，由于客观条件的变化，如价格波动等原因，单位产品成本也会发生改变。

从业务量范围看，通常当产量较低时，随着产量逐渐增加，材料利用更加充分，大批量采购价格优惠，工人的作业安排更加合理，单位成本逐渐降低。当产量达到一定水平时，继续提高产量，单位成本基本不变，保持在同一水平。但当产量增加到一定水平时，由于需支付工人的加班工资，单位成本反而会逐渐提高。

此外，在一定产量范围内，单位产品人工成本可能不变，但人是有学习能力的，当工人的产量达到一定程度时，工人熟练程度会提高，工作效率也会提高，这样单位产品人工成本可能下降。

2. 固定成本的相关范围

从时间范围看，固定成本在一定的期间内具有固定性。随着时间的推移，任何成本都会发生变化。例如，行政管理费用、管理人员的工资等。

从业务量范围看，固定成本表现为在某一特定的业务量水平内具有固定性。例如，当产量增加幅度较大，以至超出了目前企业的生产能力时，企业就需要添置新设备，因此会引起固定资产折旧费的增加。

变动成本和固定成本的相关范围可以用图 2-4 和图 2-5 表示。

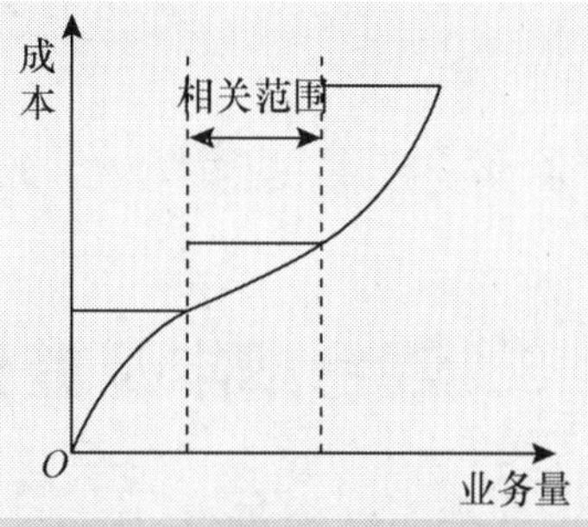

图 2-4　变动成本的相关范围

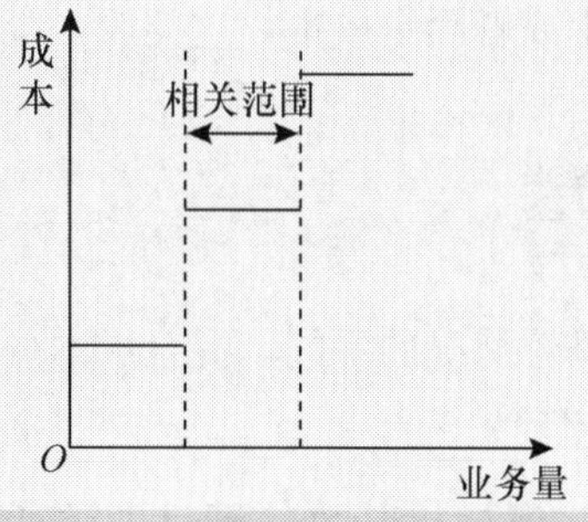

图 2-5　固定成本的相关范围

2.2.4　总成本公式

将企业的全部成本（TC）按性态分为变动成本（VC）和固定成本（FC）两大类后，产品总成本的计算公式可表示为：

$$\begin{aligned}产品总成本&=固定成本+变动成本\\&=固定成本+(单位变动成本\times业务量)\end{aligned} \tag{2-3}$$

假设产品总成本为 y，固定成本总额为 a，单位变动成本为 b，业务量为 x。那么上述总成本的表达式可写成：

$$y=a+bx \tag{2-4}$$

从纯数学的观点来看，上述公式是线性方程式。这个公式很重要，在混合成本分解、预测分析、决策分析和编制弹性预算时，都要用它来进行定量分析。成本性态分析这一思想将贯穿本书后面的重要章节，是管理会计理论与方法的基础。总成本、固定成本和变动成本三者之间的关系可用图 2-6 表示。

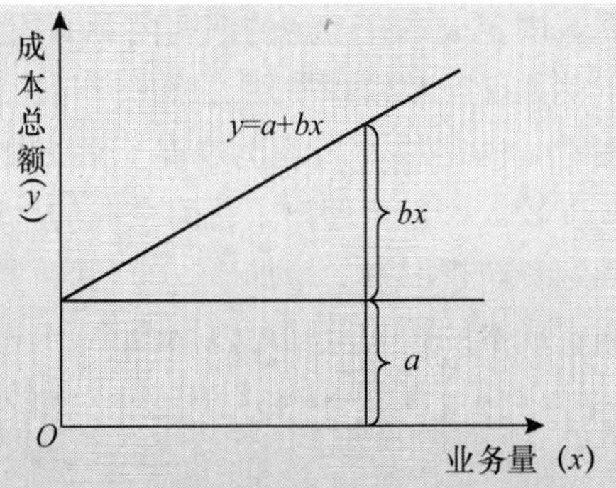

图 2-6 总成本、固定成本和变动成本的关系

2.3 混合成本及其分解

在实际工作中，往往有很多成本同时兼有变动成本和固定成本的性质，不能简单地将其全部归入变动成本或者固定成本，这类成本统称为混合成本。

2.3.1 混合成本的分类

根据成本项目发生具体情况的不同，混合成本可以分为以下两种主要类型。

1. 半变动成本

半变动成本是指在一定初始基数的基础上随产量的变动呈正比例变动的成本。这类成本的特点是：它通常有一个初始量（即基数），一般不变，类似于固定成本；在这个基础上，随着产量增加，成本也呈正比例增加，这一部分又类似于变动成本。

这种类型的混合成本较为普遍。机器设备的维护修理费、公用事业服务费（如水、电等费用）及销售人员的薪金大多属于这类成本。这些费用中的固定部分，代表为提供服务所必需的、基本的最低支出部分（不管当期是否使用或使用多少都必须支付）；其变动部分则属于随着服务的实际耗用量而增长的部分（即根据实际耗用量乘以单位成本计算的部分）。企业的电话费用就是由按固定数额计收的月租费和按通话时间及计费标准计算的通话费用两部分组成的。半变动成本与业务量的关系如图 2-7 所示。

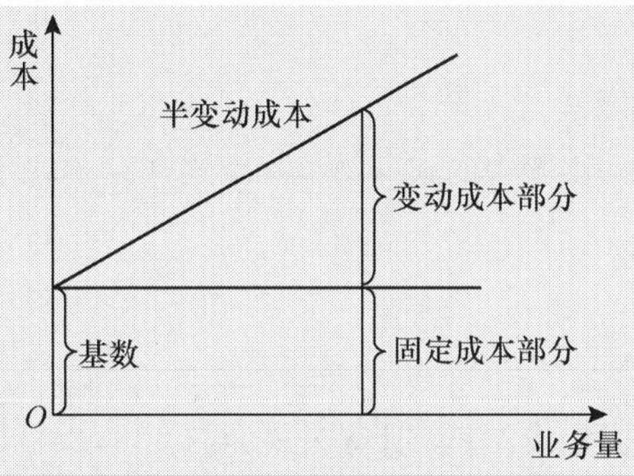

图 2-7　半变动成本与业务量的关系

2. 半固定成本

半固定成本又称阶梯式成本。这类混合成本在一定业务量范围内其发生额是固定的，当业务量超过一定限额时，其发生额就突然跳跃到一个新的水平，然后在业务量增长的一定限度内，其发生额保持不变，直到实现另一个新的跳跃为止。例如，现实生活中检验员、化验员的工资，以及受班次影响的动力费、整车运输费等项目，其成本模式就是如此。半固定成本与业务量的关系如图 2-8 所示。

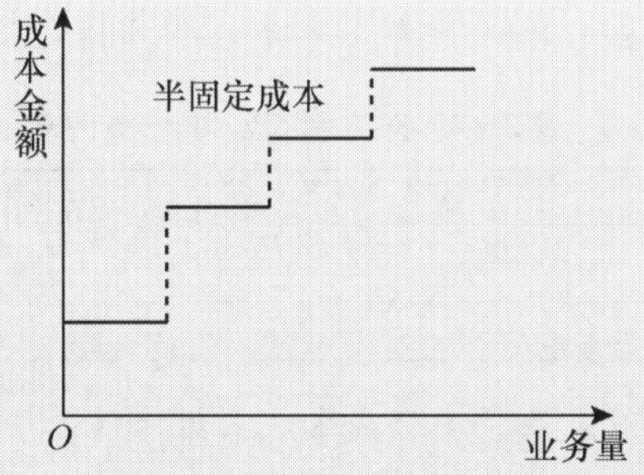

图 2-8　半固定成本与业务量的关系

2.3.2　混合成本的分解

管理会计为了规划与控制企业的经济活动，必须先把全部成本划分为变动成本与固定成本两类。因此，对于混合成本必须采用一定的方法，将其中的变动成本和固定成本分解出来，这就是混合成本的分解。

混合成本的分解方法很多，下面介绍几种主要的分解方法。

1. 高低点法

高低点法是对混合成本进行分解的一种简单方法。这种方法是指从过去一定时期以及相关范围内的业务量和成本的记录资料中，选出业务量的最高点和最低点以及相应的成本最高点和最低点，然后据以分解出混合成本中的变动成本和固定成本。

高低点法的具体步骤是：

第一步，在一定时期内的有关资料中，找出最高点业务量及其对应的成本 (x_1, y_1) 和最低点业务量及其对应的成本 (x_2, y_2)，即

$$\begin{cases} y_1 = a + bx_1 & (2-5) \\ y_2 = a + bx_2 & (2-6) \end{cases}$$

第二步，用上一步骤中的式（2-5）减式（2-6），计算单位变动成本 b，计算公式为：

$$b = \frac{\Delta y}{\Delta x} = \frac{y_1 - y_2}{x_1 - x_2} \tag{2-7}$$

第三步，计算固定成本 a，计算公式为：

$$a = y_1 - bx_1$$

或

$$a = y_2 - bx_2 \tag{2-8}$$

第四步，获得一般成本性态模型如下：

$$y = a + bx$$

【例2-3】

假定东方制衣公司20××年上半年6个月的机器维修保养费数据如表2-4所示。

表2-4 东方制衣公司1—6月机器维修保养费

项目	1月	2月	3月	4月	5月	6月
业务量 x（小时）	8	7	10	6	14	11
机器维修保养费 y（元）	260	225	300	200	400	315

现要求采用高低点法将混合成本机器维修保养费分解为变动成本和固定成本。

首先，根据上半年机器维修保养费的历史资料，找出最高业务量与最低业务量及其对应的成本数据，如表2-5所示。

表2-5 最高点与最低点业务量及其对应的成本

项目	最高点（5月）	最低点（4月）
业务量 x（小时）	14	6
机器维修保养费 y（元）	400	200

由表2-5可得

$$b = \frac{\Delta y}{\Delta x} = \frac{y_1 - y_2}{x_1 - x_2} = \frac{400 - 200}{14 - 6} = 25(\text{元/小时})$$

将 b 值代入 $a = y_1 - bx_1$，可求得 $a = 50$(元)。

通过以上计算可知，将东方制衣公司混合成本机器维修保养费进行分解后，其固定成本总额是50元，其余部分就是变动成本总额。所以，混合成本机器维修保养费的直线方程为：

$$y = 50 + 25x$$

要注意的是，虽然高低点法比较简单，但采用这种方法进行混合成本分解时，由于只依靠两组数据，因此选用的历史成本数据应确实能代表该项业务活动的正常情况，不得含有任何不正常情况下的成本因素。此外，通过高低点法分解求得的成本公式只适用于相关范围内的情况，否则计算的结果将是不准确的。

2. 散布图法

散布图法是一种目测法，即把过去一定期间内混合成本的历史数据逐一在坐标图上标明，一般以横轴代表业务量（x），纵轴代表混合成本（y）。这样，各个历史成本数据就形成若干成本点分布在坐标图上，通过目测，在各个成本点之间画一条反映成本变动的平均趋势直线，并确定混合成本中的固定成本和变动成本。

【例 2-4】

仍沿用例 2-3 所举的东方制衣公司 20××年上半年 6 个月的机器维修保养费数据，现要求采用散布图法对混合成本加以分解。

首先，根据东方制衣公司上半年 6 个月机器维修保养费的历史数据，在坐标图上标出 6 个成本点（见图 2-9）。

其次，通过目测，在 6 个成本点之间画一条反映混合成本的平均变动趋势直线，并要求直线与直线上下两边各成本点的直线距离之和尽可能相等，以使拟合程度较好。该线在纵轴上的截距就是机器维修保养费的固定成本部分，即图 2-9 中的 a=60 元。

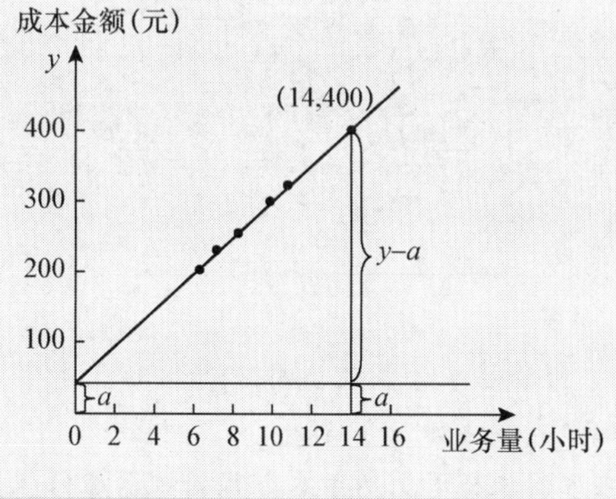

图 2-9　机器维修保养费的散布图

将 a=60 元代入混合成本计算公式 $y=a+bx$ 中（用直线上点的坐标值（14，400）），可求得 b 值为：

$$b=\frac{y-a}{x}=\frac{400-60}{14}=24.29(\text{元/小时})$$

根据上面的计算，可得机器维修保养费混合成本的直线方程为：

$$y=60+24.29x$$

3. 回归直线法

采用回归直线法进行分解时，也需要若干组观测数据，但与散布图法不同的是：它是利用计算来代替目测，确定 a 和 b 的值以及直线方程式。通过目测来画直线，画出的直线可能有很多条，很难确定哪一条较为准确。从数学的角度来说，可应用最小二乘法原理，确定一条与全部观测值的误差平方和最小的直线，这条直线即回归直线。

回归系数 a 和 b 可以采用下述方法得到。

根据已知混合成本 y 和业务量 x 的各组观测值，建立回归直线联立方程组：

$$y_i = a + bx_i,\ i = 1,2,\cdots,n \tag{2-9}$$

两边求和，得

$$\sum y = na + b\sum x \tag{2-10}$$

式（2-9）两边均乘以业务量 x_i，得

$$x_i y_i = a x_i + b x_i^2 \tag{2-11}$$

两边求和，得

$$\sum xy = a\sum x + b\sum x^2 \tag{2-12}$$

解由式（2-10）和式（2-12）组成的联立方程组，可同时求得 a 和 b，计算结果如下：

$$b = \frac{n\sum xy - \sum x\sum y}{n\sum x^2 - \left(\sum x\right)^2} \tag{2-13}$$

$$a = \frac{\sum y - b\sum x}{n} \tag{2-14}$$

【例2-5】

仍沿用例2-3所举的东方制衣公司20××年上半年6个月的机器维修保养费数据，现要求采用回归直线法加以分解。

首先，根据东方制衣公司上半年6个月的机器维修保养费资料，计算出求 a 和 b 的值所需要的有关数据，如表2-6所示。

表2-6 计算表

月份	业务量（x）（小时）	维修保养费（y）（元）	xy	x^2
1	8	260	2 080	64
2	7	225	1 575	49
3	10	300	3 000	100

续表

月份	业务量（x）（小时）	维修保养费（y）（元）	xy	x^2
4	6	200	1 200	36
5	14	400	5 600	196
6	11	315	3 465	121
合计	$\sum x=56$	$\sum y=1\,700$	$\sum xy=16\,920$	$\sum x^2=566$

将上面计算表中的合计数代入式（2－13）与式（2－14），分别确定 b 与 a 的值：

$$b=\frac{n\sum xy-\sum x\sum y}{n\sum x^2-(\sum x)^2}=\frac{6\times 16\,920-56\times 1\,700}{6\times 566-56^2}=24.31(\text{元})$$

$$a=\frac{\sum y-b\sum x}{n}=\frac{1\,700-24.31\times 56}{6}=56.44(\text{元})$$

由上可知，机器维修保养费混合成本的直线方程为：

$$y=56.44+24.31x$$

总之，在以上三种数学分解方法中，高低点法最简单，但要求混合成本的变动部分与业务量基本上保持正比例关系；散布图法通过目测画线，使用方便，容易理解，但准确性较差；回归直线法利用误差平方和最小的原理，最为准确，但人工计算量较大，可利用计算机辅助完成。

4. 工程分析法

工程分析法是根据成本应该是什么而并非成本现在是什么来确定成本性态的，它需要对产品和服务所需的原料、供给、劳动力、支持服务和设备有一个系统的分析。只要组织有类似的成本经验，分析师就能成功地对产品和服务进行工程分析。原因在于计量是以与产品和服务直接相关的工作人员的信息为基础的。除了实际经验，分析师还能根据样本实验、会计和行业工程文献、竞争者的经验和管理咨询者的建议来了解并分析成本。根据这些信息，成本分析师就能确定未来成本将是怎样的。如果成本分析师经验丰富，且了解该组织的作业活动，那么由他们所预测的工程成本将十分可靠且对管理决策很有帮助。工程分析法的缺点是耗资大且不及时。

5. 账户分析法

账户分析法的使用者是从会计系统中寻求成本性态信息的。最简单的账户分析法是选择一个合理的成本动因，并将与该成本动因相关的各账户分为变动成本和固定成本，然后根据各个账户余额来估计成本动因作业活动的单位变动成本或期间固定成本。

最后还要指出，混合成本的分解除上面提到的五种主要方法外，还有合同确认法、技术测定法等。其中，合同确认法根据与对方供应单位签订合同所规定的计价方法来确定哪些属于固定成本，哪些属于变动成本；技术测定法则根据生产过程中消耗量的技术测定来划分固定成本和变动成本。

节俭从来就不是大问题，却需要大本领才能做得彻底，做得不留遗憾。特别是对于当今零售行业来说，在利润微薄的同时还要快速扩张，不实行低成本运营就难以生存，可谓成本决定存亡。下面以百安居为例，具体介绍企业如何控制成本。读者应带着这样的问题来阅读：百安居在控制成本过程中，运用了本章介绍的哪些多元成本知识？

案例

百安居：理解成本术语

百安居是经营多年的装饰建材零售企业。1999 年 6 月 18 日，百安居的第一家中国内地连锁店——上海沪太店开业。2001 年 8 月，百安居在上海创办二层店模式的旗舰店——上海杨浦店。百安居杨浦店集居家灵感、美化生活于一体，丰富了商品的种类，并帮助消费者轻松创造舒适、引以为豪的家。2009 年 3 月 20 日，百安居新一代旗舰店普陀店全新亮相。普陀店是百安居实施 T 计划后新开的第一家门店，致力于为广大消费者提供更为丰富且更为合适的时尚产品、全面升级的服务，以及一站式的全方位家居解决方案。百安居普陀店遵循并强调以顾客为中心的理念，根据产品、服务、保障进行市场定位，不断提供舒适的购物环境与新颖独特的购物体验。经历了快速成长的百安居，凭借其先进的管理经验，在北京、上海、深圳、广州等大中型城市开设了数十家门店。

1. 严格控制营运费用

百安居北京金四季店的一楼卖场偏僻的西南角摆了张小桌子，来访者在有些破旧的登记簿上签字后，穿过狭窄的楼道就可看到百安居总部。与明亮宽敞的卖场相比，办公区显得有几分寒酸。总经理办公室也很简陋，一张 6 人会议桌，毫无档次可言的普通灰白色文件柜。没有老板桌，总经理文东坐的椅子（用“凳子”来描述也可以）和普通员工一样，连扶手都没有，就这几件物品，办公室已显得不宽敞。总经理手中的签字笔只要 1.5 元，是由行政部门按不高于公司的指导价统一采购的——这听上去有些令人惊讶。而他们选用廉价笔的理由是：既然都能写字，为什么要用贵的呢？于是有没有老板桌不是问题，选择廉价笔也理所当然！

正是这种节约的意识，使百安居的营运费用占销售额的百分比远低于同行。以百安居北京金四季店为例，北京另一家营业面积同样为 2 万平方米的建材超市，销售额只有百安居北京金四季店的 1/2，营运费用却比金四季店高出一倍。

2. 灵活的费用标准

在多年的国内经营活动中，百安居随时收集各地数据，并据此形成各种费用在不同情况下的不同标准，包括核心城市、二线城市；单层店、二层店等不同参考体系。而且在已有的控制体系中，当标准与实际情况进行比较时，任何有助于降低成本的差异都能够及时用来作为更正的依据。

以百安居营运成本中的人事成本为例，他们对人事成本控制的是总量，特别是员工数量，而对员工的个人收入不加限制，简单地说，人力配置项目与人均利润息息相关。

2万多平方米的卖场只有230多名员工，平均每100平方米配置1名员工。顾客所看到的店员由三部分人员组成——固定员工、供应商派来的促销员、负责配送和收银的部分小时工，不同人员在衣着的颜色和标识上会有区别。此外，临时工占员工总数的20%～30%，目前主要在部分配送和收银岗位上使用。人员配置的调整，首先要以部门、全店、全国人力效率（每小时的销售额）的对比为主来考虑，其次考虑商店的具体情况（如卖场形状、面积、现货比例等）。人员的配置主要包括与销售相关的部门以及支持部门。

在此后的运营过程中，会根据实际情况继续对人员配置进行调整，如对销售相关的部门员工配置，会设置以各部门为纵坐标，标准配置、实际配置、建议配置、销售达成、员工效率等项目为横坐标的表格进行分析汇总。而对防损、物业、行政、团购等支持部门，主要采取定岗编制，调整原因则以事实描述为主。

3. 严格的预算控制

“每一项费用都有年度预算和月度计划，财务预算是一项制度，每一笔支出都要有据可依，执行情况会与考核挂钩。”相关负责人说。

员工工资、电费、电工安全鞋、推车修理费……5月的营运报表上记录着137类费用单项。其中，可控费用（人事、水电、包装、耗材等）为84项，不可控费用（固定资产折旧、租金、利息、开办费摊销）为53项。尽管单店日销售额曾突破亿元，营运费用仍被细化到几乎不能再细化的地步。

每个月、每个季度、每一年的决算都会由财务汇总后发到管理者的手中，超支和异常的数据会用红色特别标识，管理者会对报告中的红色部分特别留意，在会议中，相关部门需要对超支的部分做出解释。

4. 成本分析报告

百安居每月、每季、每年都要进行成本分析，并向管理层报告。长期以来，该公司在进行成本性态分析时都按以下程序进行：先对各期总成本按性态进行分类，确定能够明显区分的固定成本总额、变动成本总额，接下来确定混合成本总额，然后对混合成本按高低点法进行分解。下面举例说明该公司采用的分析程序和方法。

已知20××年2月的产销量最低，为100万件，当月总成本为82 500万元，按其性态分类的结果如下：固定成本总额为60 000万元，变动成本总额为10 000万元，其余为混合成本；10月的产销量最高，为200万件，当月总成本为95 000万元。当年企业产销量始终在相关范围内变动。

具体分析步骤与方法如下。

（1）计算2月的混合成本总额。2月的混合成本总额等于当月的总成本扣除当月的固定成本总额（a_1）和变动成本总额（b_1x）后的差额，其结果为：

2月的混合成本＝82 500－60 000－10 000＝12 500(万元)

(2) 确定10月的固定成本总额。根据固定成本所具备的总额不变的特点，可以推断出10月的固定成本等于2月的固定成本，即10月的固定成本总额为60 000万元。

(3) 确定2月的单位变动成本，因为2月的单位变动成本（b_1）等于该月的变动成本除以当月的产销量100万件，则2月的单位变动成本，即b_1为：

$$b_1=\frac{10\,000}{100}=100(\text{元/件})$$

(4) 根据变动成本单位额的不变性和变动成本总额的正比例性的特点，10月的单位变动成本等于2月的单位变动成本（b_1），10月的变动成本总额等于10月的单位变动成本与当月的产销量x的乘积，10月的变动成本总额，即b_1x为：

$$b_1x=100\times 200=20\,000(\text{万元})$$

(5) 推算出10月的混合成本总额：

10月的混合成本总额＝95 000－60 000－20 000＝15 000(万元)

(6) 确定高低点坐标。所确定的高低点分别为（200，15 000）和（100，12 500）。

(7) 计算混合成本中变动部分的单位成本b_2，结果为：

$$b_2=\frac{\Delta y}{\Delta x}=\frac{y_1-y_2}{x_1-x_2}=\frac{15\,000-12\,500}{200-100}=25(\text{元/件})$$

(8) 计算混合成本中的固定部分a_2，结果为：

$$a_2=y_2-b_2x_2=12\,500-25\times 100=10\,000(\text{万元})$$

(9) 据此建立的该公司每个月的混合成本性态模型为：

$$y=10\,000+25x$$

(10) 最终建立的总成本性态模型为：

$$y=(a_1+a_2)+(b_1+b_2)x=(60\,000+10\,000)+(100+25)x=70\,000+125x$$

资料来源：根据中国管理会计网（http://www.chinacma.org）资料改编。

复习思考题

1. 阐述制造成本与非制造成本的区别。
2. 阐述产品成本与期间费用的区别。
3. 有人认为制造成本是产品成本，非制造成本是期间费用，你怎样理解这四个成本术语？
4. 什么是作业成本动因？请举一个例子加以说明。
5. 在决策中为什么要考虑机会成本？

6. 阐述机会成本与沉没成本的区别。

7. 什么是成本性态？成本按其性态如何分类？

8. 阐述变动成本和固定成本的定义。请各举一例。

9. 何谓酌量性固定成本、约束性固定成本？

10. 什么是固定成本和变动成本的相关范围？为什么识别和关注变动成本与固定成本的相关范围极其重要？

11. 混合成本的分解方法主要有哪几种？各自的优缺点是什么？

练习题

1. 以下是某工厂的成本费用项目：

(1) 工厂的公用事业费；

(2) 销售人员用的汽车租金；

(3) 销售人员的招待费；

(4) 机器用的润滑剂；

(5) 工厂安保人员的加班服务津贴；

(6) 机器维修费；

(7) 停工工资。

要求：

将以上项目按制造成本和非制造成本加以区分。

2. 以下是某公司的成本费用项目：

(1) 商品的购买成本；

(2) 广告费；

(3) 组装车间工人的工资；

(4) 销售人员的工资；

(5) 生产设备耗用的电费；

(6) 应付票据的利息；

(7) 营销部门的门店租金。

要求：

将以上项目按产品成本和期间费用加以区分。

3. 以下是某公司的成本费用项目：

(1) 研发费；

(2) 保险费；

(3) 直接人工成本；

(4) 直接材料成本；

(5) 销售经理按销售额计算的佣金；

(6) 外聘顾问的咨询费；

（7）设备折旧费。

要求：

指出以上各项目哪些属于变动成本，哪些属于固定成本。

4. 某公司20××年1月、2月维修部门的维修费用资料如下：

项目	1月	2月
维修时间（小时）	40 000	60 000
维修费用（元）	72 000	90 000

1月的维修费用详细清单如下：

项目	费用（元）
租金（固定）	30 000
维修材料、配件成本（变动）	12 000
工资费用（混合）	30 000
合计	72 000

要求：

（1）计算2月的维修材料、配件成本；

（2）计算2月的工资费用；

（3）计算维修部门的固定费用；

（4）列出维修部门维修费用的方程式。

5. 某企业主要经营A产品，该产品连续10期的产量及总成本资料如下：

期间	产量（件）	总成本（元）
1	25	71 000
2	28	82 000
3	29	83 520
4	30	84 500
5	27	77 750
6	26	74 480
7	28	81 560
8	29	83 230
9	31	84 560
10	26	75 850

要求：

采用高低点法确定固定成本总额以及单位变动成本。

6. 航空公司的经济效益往往会受飞机航班客座利用率的影响。为了提高客座利用率，ABC航空公司采用了多种不同的经营策略。其中一种方法是：如果乘客对乘坐飞机的时间没有具体的要求，在某一段时间的任何一个时点都是可以接受的，航空公司往往采用预约登记、临时安排、价格优惠的策略来吸引顾客。因为乘客只要求航空公司在一段时间内给予安排，而在该时段内的具体时间和班次可由航空公司具体安排，所以ABC航空公司计划通过该方式吸引一部分灵活的客源，并利用这部分客源对各航班的乘客人数进行合理调节。当某一航班的客座利用率不高时，就可根据这些乘客的预约，适当安排乘客乘机，从而使各航班尽量达到满座，提高客座利用率。

要求：

用成本性态分析的原理对ABC航空公司上述经营决策进行分析，并列举在生产生活中对于该原理的类似应用。

第 3 章 变动成本法

Chapter 3

学习目标

1. 理解完全成本法和变动成本法的含义及区别。
2. 掌握完全成本法和变动成本法下利润表的编制。
3. 掌握完全成本法和变动成本法对分期损益的影响。
4. 理解变动成本法的优缺点。
5. 了解变动成本法的应用。

课程思政点

1. 百年未有之大变局与中华民族伟大复兴大局，变动成本与固定成本的相关范围。
2. 推动式生产系统及完全成本法下虚盈原因分析。

引导案例　华达工艺的分部业绩报告疑惑

华达工艺制品有限公司于 20×0 年成立，该公司一贯重质量，守信用，在同行中经营业绩及管理较好。最近，公司决定实行全员责任制，寻求更佳的效益。企业根据三年来的实际成本资料，制定了较详尽的费用控制方法。但是当企业宣告业绩考核报告后，甲部门负责人非常疑惑。原来甲部门专门生产甲类工艺制品，乙部门专门生产乙类工艺制品。甲部门 20×6 年销售不景气，产品大量积压，贷款不断增加，资金频频告急，20×7 年该部门积极努力，一方面适当生产，另一方面想方设法广开渠道，扩大销售，减少库存，但业绩考核报告上反映的利润 20×7 年比 20×6 年有所下降。乙部门情况则相反，20×7 年市场不景气，销售量相比 20×6 年有所下降，但年度业绩考核报告上几项经济指标除资金外都比上年好。

资料来源：根据浦江华达工艺制品有限公司网站资料改写。

为什么销售量上升利润反而下降，销售量下降利润反而上升？作为一名管理会计人员，你认为这种现象出现的原因可能是什么？

3.1 完全成本法与变动成本法

3.1.1 完全成本法

在介绍变动成本法之前，先介绍一种传统的成本计算方法——完全成本法，也称吸收成本法。在这种方法下，产品成本包括直接材料、直接人工、变动制造费用、固定制造费用，将非生产成本（如销售费用、管理费用等）作为期间费用进行处理，不计入产品成本。这样，在产品出售前，制造费用（包括固定和变动）以存货的形式反映在资产负债表中；待产品销售后，再将存货成本转入销货成本，与销售收入进行配比，确认损益并反映在利润表上。完全成本法的核算流程如图3-1所示。因此，在完全成本法下，在某个会计期间内，只要产品的生产量大于销售量，就必然会有一部分固定制造费用保留在存货成本中。

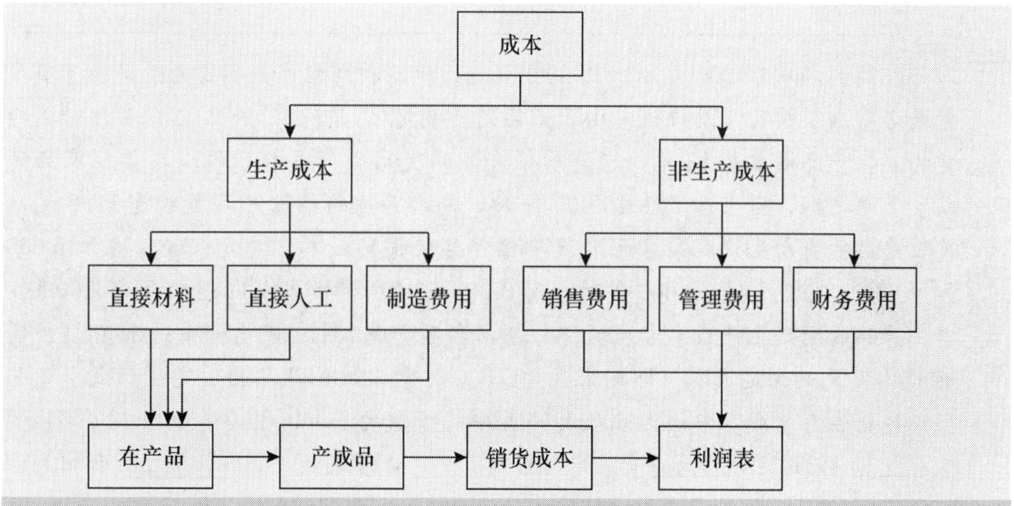

图3-1 完全成本法的核算流程

在当前会计实务中，无论国内还是国外，一些权威机构，如美国财务会计准则委员会（FASB）、国际会计准则委员会（IASB），以及我国财政部，都不允许用变动成本法来计算和反映企业的财务状况、经营业绩。对会计要素的确认、计量和报告，按企业会计准则的规定只能采用完全成本法。下面举例说明固定制造费用“盘存化”带来的后果。

【例3-1】

假设单位产品的销售价格是20元；单位产品的直接材料、直接人工和变动制造费用是8元；固定制造费用是48 000元；发生的销售费用是20 000元，管理费用是20 000元，财务费用是5 000元，假设3项期间费用均为固定费用。现要求：当销售量均是10 000件（假设无期初存货）时，在完全成本法下计算生产12 000件产品与生产15 000件产品各自的利润。

在完全成本法下其税前利润的计算如表3-1所示。

表3-1 在相同销售量、不同产量情况下的完全成本法 单位：元

项目	产量12 000件	产量15 000件
1. 营业收入	200 000（10 000×20）	200 000（10 000×20）
2. 减：营业成本		
期初存货成本	0	0
加：变动生产成本	96 000（12 000×8）	120 000（15 000×8）
固定制造费用	48 000（12 000×4）	48 000（15 000×3.2）
减：期末存货成本	24 000（2 000×12）	56 000（5 000×11.2）
营业成本小计	120 000	112 000
3. 营业毛利	80 000	88 000
4. 减：期间费用		
销售费用	20 000	20 000
管理费用	20 000	20 000
财务费用	5 000	5 000
期间费用小计	45 000	45 000
5. 税前利润	35 000	43 000

税前利润从35 000元增加到43 000元。税前利润增加并不是由于进行了有效的经营或者增加了销售，而仅仅是由于产品的产量变化。当生产产品12 000件时，期末存货的单位产品成本是12元，它是单位产品的变动生产成本8元以及单位产品的固定成本4元之和；当生产产品15 000件时，期末存货的单位产品成本是11.2元，它是单位产品的变动生产成本8元以及单位产品的固定成本3.2元（48 000÷15 000）之和。显然，当产量是12 000件时，有8 000元的固定成本（即期末存货2 000件乘以单位产品的固定生产成本4元所得）包括在存货成本中；而当产量是15 000件时，则有16 000元的固定成本（即期末存货5 000件乘以单位产品的固定生产成本3.2元所得）包括在存货成本中。因此从利润表中将多出的8 000元（16 000—8 000）的固定生产成本向后递延，作为存货成本转移到了资产负债表上，使得计算出的税前利润多了8 000元。可见，这种成本的递延现象必然会使税前利润增加。

正因为在完全成本法下，即使销售数量不变，管理人员也能根据不同的产量任意调整税前利润的数值，为了避免产量变动给税前利润的确定带来影响，应该采用另一种成本计算方法，即变动成本法。

3.1.2 变动成本法

变动成本法也称直接成本法、边际成本法。在这种方法下，产品成本只包括直接材料、直接人工和变动制造费用，即变动生产成本。变动生产成本随生产量的变化呈正比例变化，因此计入产品成本，随着产品的流动而流动。随着产品的对外出售，其变动生产成本作为销货成本进入利润表，尚未销售的产品以存货项目在资产负债表中列示。固定制造费用和非生产成本全部当作期间费用，作为边际贡献（销售额与变动

生产成本的差额）的扣除项目。其理由是：固定制造费用是为企业提供一定的生产经营条件，以便保持生产能力，并使它处于准备状态而发生的成本。在一定业务范围内，它们与产品的实际产量没有直接联系，既不会由于产量的提高而增加，也不会因产量的下降而减少。它们实质上是与会计期间相联系所发生的费用，故不应递延到下一个会计期间，而应在费用发生的当期全部列入利润表，作为本期边际贡献的扣除项目。变动成本法的核算流程如图3－2所示。

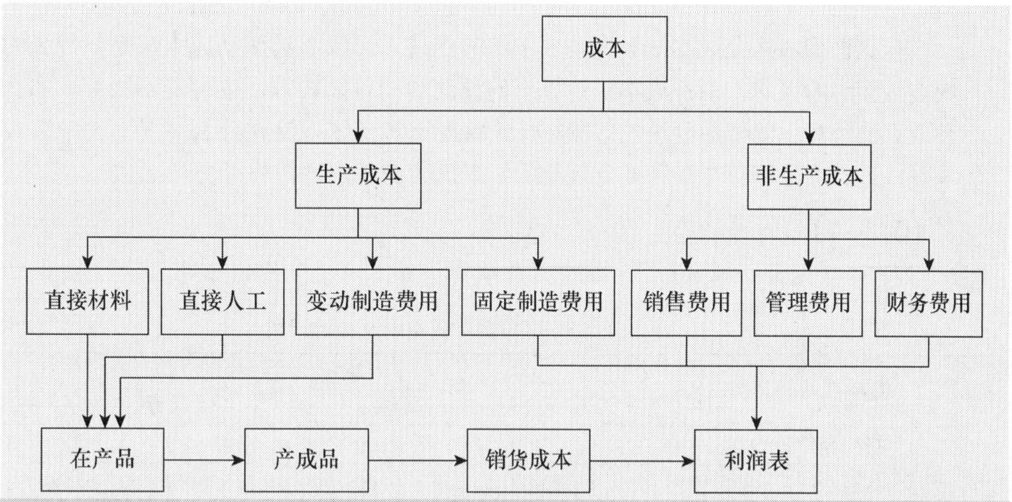

图3－2 变动成本法的核算流程

尽管变动成本法不符合会计准则的规范要求，不能用来编制对外反映的财务会计报表，但它在企业的内部管理上，包括经营决策、资本决策、目标控制和经营业绩的分析等方面都起着重要作用。

下面沿用例3－1说明在这种方法下税前利润的计算。当销售量均为10 000件，产量分别为12 000件与15 000件时，在变动成本法下其税前利润的计算如表3－2所示。

表3－2 在相同销售量、不同产量情况下变动成本法 单位：元

项目	产量12 000件	产量15 000件
1. 营业收入	200 000（10 000×20）	200 000（10 000×20）
2. 减：变动生产成本		
期初存货成本	0	0
加：变动生产成本	96 000（12 000×8）	120 000（15 000×8）
减：期末存货成本	16 000（2 000×8）	40 000（5 000×8）
变动生产成本小计	80 000	80 000
3. 边际贡献	120 000	120 000
4. 减：期间费用		
固定制造费用	48 000	48 000
管理费用	20 000	20 000
销售费用	20 000	20 000
财务费用	5 000	5 000
期间费用小计	93 000	93 000
5. 税前利润	27 000	27 000

上述例子说明，不论产量是多少，48 000元的固定制造费用都作为该会计期间的期间费用从边际贡献中扣除，而不递延到期末存货成本中，因而不同产量下税前利润相同。

3.2 变动成本法和完全成本法对分期损益的影响

根据前面对完全成本法和变动成本法的阐述，可以看出变动成本法是与传统的完全成本法相对的概念。两种成本法计算出的税前利润可能相等，也可能不相等。那么，两种成本法计算出的税前利润的差额在什么情况下等于零，又在什么情况下大于零或小于零呢？这其中是否存在某种变化规律呢？下面我们举例进行分析。

【例3-2】

表3-3是某企业连续10年有关产销量、成本以及售价的资料。

表3-3 产销量、成本以及售价资料 单位：元

项目		期间									
		一	二	三	四	五	六	七	八	九	十
1. 产销量与存货量（件）	期初存货量 Q_1	0	0	1 000	1 000	1 500	1 250	1 250	1 000	1 000	1 500
	本期生产量 x_1	2 000	2 000	2 000	3 000	2 000	4 000	2 000	3 000	4 000	2 500
	本期销售量 x_2	2 000	1 000	2 000	2 500	2 250	4 000	2 250	3 000	3 500	4 000
	期末存货量 Q_2	0	1 000	1 000	1 500	1 250	1 250	1 000	1 000	1 500	0
2. 成本和销售单价水平		单位变动成本 $b_1=8$ 元 单位变动非生产成本 $b_2=0.2$ 元 每期固定制造费用 $a_1=10\ 000$ 元 每期固定销售及管理费用 $a_2=4\ 000$ 元 产品销售单价 $p=20$ 元									
3. 生产成本（$y_1=a_1+b_1x_1$）		26 000	26 000	26 000	34 000	26 000	42 000	26 000	34 000	42 000	30 000
4. 销售及管理费用（$y_2=a_2+b_2x_2$）		4 400	4 200	4 400	4 500	4 450	4 800	4 450	4 600	4 700	4 800
5. 营业收入（px_2）		40 000	20 000	40 000	50 000	45 000	80 000	45 000	60 000	70 000	80 000

现要求据此按两种成本法编制利润表（为简化计算，假设存货采用先进先出法计价），并根据表3-3和新编制的利润表编制综合计算分析表。

根据资料编制的利润表如表3-4所示。根据表3-3和表3-4编制的综合计算分析表如表3-5所示。

表3-4 利润表 单位：元

项目	期间									
	一	二	三	四	五	六	七	八	九	十
完全成本法										
1. 营业收入（px_2）	40 000	20 000	40 000	50 000	45 000	80 000	45 000	60 000	70 000	80 000

续表

项目	期间									
	一	二	三	四	五	六	七	八	九	十
2. 减：营业成本										
期初存货成本	0	0	13 000	13 000	17 000	16 250	13 125	13 000	11 333	15 750
加：本期生产成本	26 000	26 000	26 000	34 000	26 000	42 000	26 000	34 000	42 000	30 000
减：期末存货成本	0	13 000	13 000	17 000	16 250	13 125	13 000	11 333	15 750	0
营业成本小计	26 000	13 000	26 000	30 000	26 750	45 125	26 125	35 667	37 583	45 750
3. 营业毛利	14 000	7 000	14 000	20 000	18 250	34 875	18 875	24 333	32 417	34 250
4. 减：营业费用	4 400	4 200	4 400	4 500	4 450	4 800	4 450	4 600	4 700	4 800
5. 税前利润	9 600	2 800	9 600	15 500	13 800	30 075	14 425	19 733	27 717	29 450
变动成本法										
1. 营业收入（px_2）	40 000	20 000	40 000	50 000	45 000	80 000	45 000	60 000	70 000	80 000
2. 减：变动生产成本（b_1x_2）	16 000	8 000	16 000	20 000	18 000	32 000	18 000	24 000	28 000	32 000
变动非生产成本（b_2x_2）	400	200	400	500	450	800	450	600	700	800
3. 边际贡献	23 600	11 800	23 600	29 500	26 550	47 200	26 550	35 400	41 300	47 200
4. 减：期间费用										
固定制造费用（a_1）	10 000	10 000	10 000	10 000	10 000	10 000	10 000	10 000	10 000	10 000
固定销售及管理费用	4 000	4 000	4 000	4 000	4 000	4 000	4 000	4 000	4 000	4 000
期间费用小计	14 000	14 000	14 000	14 000	14 000	14 000	14 000	14 000	14 000	14 000
5. 税前利润	9 600	−2 200	9 600	15 500	12 550	33 200	12 550	21 400	27 300	33 200

表 3-5 综合计算分析表

项目		期间									
		一	二	三	四	五	六	七	八	九	十
产销量（件）	生产量	2 000	2 000	2 000	3 000	2 000	4 000	2 000	3 000	4 000	2 500
	销售量	2 000	1 000	2 000	2 500	2 250	4 000	2 250	3 000	3 500	4 000
	平衡关系	平衡	产＞销	平衡	产＞销	产＜销	平衡	产＜销	平衡	产＞销	产＜销
利润（元）	完全成本法	9 600	2 800	9 600	15 500	13 800	30 075	14 425	19 733	27 717	29 450
	变动成本法	9 600	−2 200	9 600	15 500	12 550	33 200	12 550	21 400	27 300	33 200
	差额	0	5 000	0	0	1 250	−3 125	1 875	−1 667	417	−3 750
存货与利润差额的关系（元）	期末存货单位固定制造费用	5.0	5.0	5.0	3.3	5.0	2.5	5.0	3.3	2.5	4.0
	期末存货量（件）	0	1 000	1 000	1 500	1 250	1 250	1 000	1 000	1 500	0
	期末存货吸收的固定制造费用	0	5 000	5 000	5 000	6 250	3 125	5 000	3 333	3 750	0
	期初存货单位固定制造费用	0	5.0	5.0	5.0	3.3	5.0	2.5	5.0	3.3	2.5
	期初存货量（件）	0	0	1 000	1 000	1 500	1 250	1 250	1 000	1 000	1 500
	期初存货吸收的固定制造费用	0	0	5 000	5 000	5 000	6 250	3 125	5 000	3 333	3 750
	存货吸收、释放的固定制造费用差额	0	5 000	0	0	1 250	−3 125	1 875	−1 667	417	−3 750

从按两种成本法编制的利润表（见表3-4）中可以看出：即使各期成本水平、价格和存货计价方法等都不变，两种成本法计算出的税前利润差异也既可能为零，又可能小于零或大于零。下面分析两种成本法下各期税前利润差额形成的原因：

（1）在第一期，由于期初存货和期末存货均为零，不存在完全成本法存货释放或吸收固定制造费用的问题，因此，两种成本法记入当期利润表的固定制造费用都是10 000元，两者当期的税前利润没有差异。

（2）在第二期，变动成本法将当期发生的10 000元固定制造费用全部记入利润表，而完全成本法下只有5 000元的固定制造费用记入当期利润表，比变动成本法少了5 000元，原因是1 000件期末存货吸收了5 000元固定制造费用，并结转到第三期；第二期期初存货为零，没有释放出固定制造费用，这导致该期完全成本法确定的税前利润比变动成本法确定的多了5 000元（等于两种成本法分别确定的税前利润2 800元与−2 200元的差额）。同理，在第五、七、九期，完全成本法下期末存货吸收的固定制造费用大于期初存货释放的固定制造费用，导致完全成本法确定的税前利润大于当期变动成本法确定的税前利润。

（3）在第三期，变动成本法记入利润表的固定制造费用仍为本期发生额10 000元，而按完全成本法计算的期初存货成本中释放了5 000元由第二期带来的固定制造费用，加上本期发生的10 000元固定制造费用，再减去被期末存货吸收的5 000元固定制造费用，最终使完全成本法记入当期利润表的固定制造费用也达到10 000元。这导致两种成本法确定的当期的营业利润相等。同理，在第四期，完全成本法下期末存货吸收的固定制造费用等于期初存货释放的固定制造费用，导致完全成本法确定的税前利润等于当期变动成本法确定的税前利润。

（4）在第六期、第八期和第十期，完全成本法下期末存货吸收的固定制造费用小于其期初存货释放的固定制造费用，导致完全成本法确定的税前利润小于当期变动成本法确定的税前利润。

通过以上分析可知：两种成本法下各期税前利润出现差异的根本原因在于两种成本法在确定记入当期利润表的固定制造费用时出现了差异。这种差异又具体表现为完全成本法下期末存货吸收的固定制造费用与期初存货释放的固定制造费用之间的差异。因为在变动成本法下，记入当期利润表的是当期发生的全部固定制造费用；而在完全成本法下，记入当期利润表的固定制造费用的数额，不仅受到当期发生的全部固定制造费用水平的影响，而且受到期末存货和期初存货水平的影响。在其他条件不变的前提下，只要某期完全成本法下期末存货吸收的固定制造费用与期初存货释放固定制造费用不同，就会使两种成本法确定的当期税前利润不相同。

我们可以用以下公式来证明两种成本法分期税前利润差额与期末存货吸收的固定制造费用和期初存货释放的固定制造费用的差额之间的关系：

$$\begin{matrix}\text{完全成本法记入当期}\\\text{利润表的固定制造费用}\end{matrix}=\begin{matrix}\text{期初存货释放的}\\\text{固定制造费用}\end{matrix}+\begin{matrix}\text{本期发生的}\\\text{固定制造费用}\end{matrix}-\begin{matrix}\text{期末存货吸收的}\\\text{固定制造费用}\end{matrix}\tag{3-1}$$

$$\text{变动成本法记入当期利润表的固定制造费用} = \text{本期发生的固定制造费用} \quad (3-2)$$

$$\text{两种成本法记入当期利润表中固定制造费用的差额} = \text{式}(3-1) - \text{式}(3-2)$$

$$= \text{完全成本法下期初存货释放的固定制造费用} - \text{完全成本法下期末存货吸收的固定制造费用} \quad (3-3)$$

$$\text{完全成本法计算的税前利润} - \text{变动成本法计算的税前利润}$$

$$= \text{期末存货中含的固定成本（固定制造费用）} - \text{期初存货中含的固定成本（固定制造费用）} \quad (3-4)$$

通过分析式（3-3），可以得出以下结论：

（1）当完全成本法下期末存货吸收的固定制造费用等于期初存货释放的固定制造费用时，完全成本法下与变动成本法下的当期税前利润相等。

（2）当完全成本法下期末存货吸收的固定制造费用大于期初存货释放的固定制造费用时，完全成本法下的税前利润大于变动成本法下的税前利润。

（3）当完全成本法下期末存货吸收的固定制造费用小于期初存货释放的固定制造费用时，完全成本法下的税前利润小于变动成本法下的税前利润。

再结合式（3-3）和表 3-3、表 3-4、表 3-5，可以发现当存在以下特殊条件时，可得出如下结论：

（1）当期末存货量不为零，而期初存货量为零（如第二期）时，完全成本法确定的税前利润大于变动成本法确定的税前利润。

（2）当期末存货量为零，而期初存货量不为零（如第十期）时，完全成本法确定的税前利润小于变动成本法确定的税前利润。

（3）当期末、期初存货量均为零，即产销绝对平衡（如第一期）时，两种成本法确定的税前利润相等。

（4）当期末、期初存货量均不为零，而它们的单位固定生产成本相等时，两种成本法所确定的税前利润之间的差额取决于期末存货量和期初存货量的产销平衡关系：

1）当期末存货量和期初存货量相等（即产销相对平衡）时，两种成本法确定的税前利润相等。

2）当期末存货量大于期初存货量（即产大于销）时，完全成本法确定的税前利润大于变动成本法确定的税前利润。

3）当期末存货量小于期初存货量（即产小于销）时，完全成本法确定的税前利润小于变动成本法确定的税前利润。

由此可见，期末存货量和期初存货量之间的数量关系（产销平衡关系）与两种成本法下的税前利润的差额之间，只有在特定条件下才有一定的规律可循。

需要注意的是，在上面的分析中，我们假设存货是先进先出的，也就是对成本流动进行了假设。不同的成本流动假设对期末存货定价也会产生影响，从而影响两种方法确定的税前利润的差异。

从长期来看，两种方法确定的税前利润总额是相等的，因为从长期来看，企业的各种成本无论是变动成本还是固定成本，都将计入各期费用，两种方法对税前利润的影响只是体现在税前利润在各期的分布有所不同，但长期利润总额相等。

3.3 变动成本法的优缺点与应用

3.3.1 变动成本法与完全成本法的对比

为了深刻认识变动成本法的优缺点，有必要先将变动成本法与完全成本法进行简单对比：

（1）前提不同。变动成本法首先要进行成本性态分析，将全部成本划分为变动成本和固定成本；完全成本法首先要把全部成本按其发生的领域或经济用途划分为生产成本和非生产成本。

（2）产品成本及期间费用的构成不同。在变动成本法下的产品成本只包括变动生产成本，固定制造费用和非生产成本则作为期间费用处理；而在完全成本法下的产品成本包括全部生产成本，期间费用只包括非生产成本。

（3）销货成本和存货成本的确定不同。在变动成本法下，固定制造费用作为期间费用直接记入当期利润表，不可能转化为存货成本或销货成本；而在完全成本法下，固定制造费用计入产品成本，并要在存货和销货之间进行分配，一部分固定制造费用作为销货成本记入当期利润表，另一部分则被期末存货吸收递延到下期，这也是完全成本法又称为吸收成本法的原因。

（4）损益确定程序不同。在变动成本法下，营业收入首先要减去销售产品的变动成本计算出边际贡献，再从边际贡献中扣除固定制造费用和销售及管理费用计算出当期税前利润；而在完全成本法下，营业收入先减去营业成本计算出营业毛利，再从营业毛利中扣除销售及管理费用计算出当期税前利润。

（5）提供信息的目的不同。变动成本法主要是为了满足企业经营预测与决策、加强内部控制的要求；而完全成本法主要是为了满足对外提供报表的需要。

3.3.2 变动成本法的优点

变动成本法的诞生突破了传统狭隘的成本观念，为强化企业的内部经营管理和正确进行有关经营管理的决策创造了良好的条件。该方法的优点可归纳为以下几点：

（1）提供有用的管理信息，为企业预测前景、规划未来、做出正确决策服务。采用变动成本法求得的单位变动成本、边际贡献及其有关信息，对管理层相当有用。它们揭示了业务量与成本变动的内在规律，找出了生产、销售、成本和利润之间的依存关系，提供了各种产品的盈利能力等重要信息。这些信息能帮助管理层进行盈亏平衡分析和目标利润分析，做出短期经营决策和编制弹性预算等，为企业预测前景、规划未来、做出正确决策服务。

（2）变动成本法能够揭示利润与业务量之间的正常关系，有利于企业重视销售工作。如前所述，变动成本法能够如实地反映利润与销售量之间的正常关系，使利润真正成为反映企业经营状况的晴雨表，促使企业管理者重视市场销售，认真研究市场动态，实现以销定产，防止盲目生产带来的产品大量积压等问题，提高企业的经济效益。

（3）便于分清各部门的经济责任，有利于成本控制与业绩评价。一般来说，变动生产成本的高低最能反映出生产部门和供应部门的工作业绩。例如，在直接材料、直接人工和变动制造费用方面如果节约或超支，会立即从产品的变动生产成本指标上反映出来，它们可以通过制定标准成本和建立弹性预算进行日常控制。固定制造费用的高低一般不由生产部门控制，通常应由管理部门负责，管理部门可以通过制定费用预算的办法进行控制。这样不仅有利于进行科学的成本分析，采用正确的方法进行成本控制，还能对各部门、各单位的工作业绩做出恰当的评价。

（4）简化成本计算，便于加强日常管理。采用变动成本法，把固定制造费用列作期间费用，从边际贡献中扣除，可以省去许多间接费用的分配。这不仅可以大大简化产品成本的计算工作，避免间接费用分摊中的主观随意性，而且可以让会计人员从繁重的事后核算工作中解脱出来，将工作重点向事前预测、事中控制方面转移。

3.3.3　变动成本法的缺点

（1）不符合传统的成本概念。按照财务会计的成本概念，成本是为了特定目的已经发生的、以货币计量的价值牺牲。按照这种成本概念，产品成本就应该包括变动成本，也包括固定制造费用。而变动成本法不符合这一传统的成本概念，无法用于对外提供财务报表和纳税申报。因此，变动成本法所提供的信息只能为企业内部管理服务。

（2）不能适应长期决策的需要。长期决策主要决定企业的生产能力和经营规模问题。变动成本法以成本的性态分析为基础，成本的性态分析以相关范围为前提，即假定在当前的生产经营规模范围内，单位变动成本和固定成本保持不变。但从长期来看，由于技术进步和通货膨胀等因素的影响，单位变动成本和固定成本总额很难固定不变，因此变动成本法有时难以适应诸如增加或减少生产能力、扩大或缩小经营规模等长期经营决策的需要。

（3）改变成本计算方法可能会影响有关方面的利益。在改用变动成本法时，一般要降低存货的计价，这样就会减少当期的利润，从而减少所得税的上缴和投资者的投资收益。这是妨碍变动成本法应用的现实原因。

（4）在新的技术、经济条件下，变动成本法的适用性受到一定的影响。在新的技术、经济条件下，企业的生产方式发生了重大的变化，准时制生产系统（JIT）的采用力求产品实现“零存货”，自然就消除了完全成本法下利润变动与销量变动的脱节，因为完全成本法与变动成本法的利润差异正是基于期末存货及其包含的固定制造费用的变化。因此在JIT生产方式下，用完全成本法和变动成本法呈报的利润应该是一致的。

尽管变动成本法有一定的局限性，但它在加强企业内部经营管理方面的重要作用是毋庸置疑的，因此变动成本法的应用仍很广泛。

3.3.4 变动成本法的应用

从以上的论述中可以看到，完全成本法和变动成本法各有其优缺点，或者说，各有其适用性和局限性。同时，在某种意义上，两者的优缺点正好又是互反的。如完全成本法适用于编制对外财务报表，变动成本法却不适合；前者无法提供企业经营管理需要的各种有用信息，不利于企业的短期决策，而后者正好可以提供这些信息，有利于短期决策。因此，两者既不互相排斥，也不可能相互取代。

再从企业会计的职能来看，一方面要通过灵活多样的方法和途径，为企业内部的经营管理提供决策、规划、控制等诸多方面的有用信息；另一方面要通过定期提供财务报表，供企业外部的投资人、债权人和其他财务报表使用者使用。所以，为了满足这两方面的需要，既不能用一种成本计算方法取代另一种成本计算方法，也不能设立两种并行不悖的成本计算体系，而只能建立以一种计算方法为基础的统一成本核算体系。

下面具体介绍变动成本法的应用程序。

（1）将日常核算建立在变动成本法的基础之上。首先，以成本性态分析为基础，将发生的制造费用项目划分为固定制造费用和变动制造费用两类，为在不同的账户中分别核算变动成本和固定制造费用奠定基础；其次，对在产品和产成品均按变动成本核算，同时取消“制造费用”账户，另设“变动制造费用”和“固定制造费用”两个账户，分别核算生产过程中发生的各种变动制造费用和固定制造费用。其他账户按会计制度的要求进行设置。同时，按照变动成本法计算税前利润指标。

（2）期末调整。期末，将“固定制造费用”科目的本期发生额按本期在产品、已销产品和期末库存产品的数量比例进行分配和结转，使生产成本、销货成本和期末库存产品都按完全成本法反映，以满足期末编制会计报表的需要。

20世纪30年代，美国的会计从业人员发现了一种反常的现象：当公司的产品销售数量增长时，利润反而下降。正是出于对这一现象的反思，人们发现了完全成本法在决策过程中的缺陷：刺激企业过度生产。为了弥补这一缺陷，以获取更多相关的决策信息，变动成本法应运而生。下面我们通过一个例子来再现这一现象。

案例

变动成本法产生的背景

某企业生产一种产品，销售单价为20元，单位变动成本为8元，固定制造费用为42 000元/年。最近连续3年的销售量均为6 000件，产量分别为6 000件、7 000

件、5 000 件。销售及管理费用为 10 000 元/年。

如果采用完全成本法，固定成本要分摊到产品中。因各年的产量不同，单位产品分摊的固定成本数额不同，由此单位产品成本不同，其计算结果为：

第一年单位产品成本＝8＋(42 000÷6 000)＝15(元)

第二年单位产品成本＝8＋(42 000÷7 000)＝14(元)

第三年单位产品成本＝8＋(42 000÷5 000)＝16.4(元)

这 3 年的比较利润表如表 3－6 所示。从中可以看出，3 年的销售量相同，但是利润波动很大。

表 3－6 比较利润表

单位：元

项目	第一年	第二年	第三年	合计
产量（件）	6 000	7 000	5 000	18 000
本期生产成本（固定制造费用＋产量×单位变动成本）	90 000	98 000	82 000	270 000
单位产品成本	15	14	16.4	
期初存货（件）	0	0	1 000	
期初存货成本	0	0	14 000	
期末存货（件）	0	1 000	0	
期末存货成本	0	14 000	0	
销售数量（件）	6 000	6 000	6 000	18 000
销售收入	120 000	120 000	120 000	360 000
减：营业成本（期初存货成本＋本期生产成本－期末存货成本）	90 000	84 000	96 000	270 000
营业毛利	30 000	36 000	24 000	90 000
减：销售及管理费用	10 000	10 000	10 000	30 000
税前利润	20 000	26 000	14 000	60 000

为什么每年销量相同，利润却不同呢？各期销售单价未变，销售收入相同，利润波动显然是成本波动造成的。在成本支出水平稳定的情况下，销量相同时，各年变动成本总额也应相同，不同的只是已销产品所负担的固定制造费用。按照完全成本法，固定制造费用要计入产品成本，其中已销产品的成本转为当期费用，从销售收入中抵减，未销产品的成本作为存货成本列为资产。在本案例中，第一年发生的 42 000 元固定制造费用，全部随产品销售转化成了当期费用。第二年，产量大于销量，形成期末 1 000 件存货，当期发生的固定制造费用有 6 000 元（42 000÷7 000×1 000）滞留在存货中，随销售转化成当期费用的只有 36 000 元（42 000－6 000），由此导致第二年利润增加了 6 000 元。第三年，销量大于产量，不仅当年生产的产品全部销售，而且销售了年初的存货 1 000 件。这就是说，不仅当年进入产品成本的 42 000 元固定制造费用已全部转化成当期费用，年初存货成本中的 6 000 元固定制造费用也已转化成当期费用。从第三期的销售收入中抵减的固定制造费用是 48 000 元（42 000＋6 000），比第一年多 6 000 元，比第二年多 12 000 元。结论是：尽管 3 年每年的销售量相同，单

位产品售价相同，每年固定制造费用总额相同，单位变动成本相同，但是，由于每年从销售收入中抵减的固定制造费用不同，因此各年利润不同。

在完全成本法下，更让人难以理解的是：销售量增加，单价不变，利润却下降了。在本案例中，如果第一年生产6 000件产品，销售4 200件；第二年生产4 200件，销售6 000件，其他条件不变，每年实现销售收入和税前利润的情况如表3-7所示。

表3-7 每年实现销售收入和税前利润的情况 单位：元

项目	第一年	第二年
产量（件）	6 000	4 200
本期生产成本（固定制造费用＋产量×单位变动成本）	90 000	75 600
单位产品成本	15	18
期初存货（件）	0	1 800
期初存货成本	0	27 000
期末存货（件）	1 800	0
期末存货成本	27 000	0
销售数量（件）	4 200	6 000
销售收入	84 000	120 000
减：营业成本（期初存货成本＋本期生产成本－期末存货成本）	63 000	102 600
营业毛利	21 000	17 400
减：销售及管理费用	10 000	10 000
税前利润	11 000	7 400

表3-7中的数据表明，虽然第二年销售量增加了1 800件（6 000－4 200），但是利润比第一年降低了3 600元（11 000－7 400）。

为什么会出现这种情况呢？这是因为第一年生产6 000件，单位产品成本为15元，其中变动成本为8元，单位固定制造费用为7元。当年销售4 200件，期末库存1 800件。这就是说，当年发生的42 000元固定制造费用只有29 400元（4 200×7）随产品销售转化成当期费用，从当年的销售收入中抵减了；另外12 600元（1 800×7）作为期末存货成本的一部分转为资产了。第二年生产4 200件，销售6 000件，不仅销售了当年生产的4 200件，而且销售了期初存货1 800件。这就是说，随着当年销售转为费用的固定制造费用，不仅包括当年的42 000元，而且包括期初存货中的12 600元，共计54 600元，比上年增加25 200元（54 600－29 400）。销售增加了1 800元，边际贡献增加了21 600元（单价为20元，单位变动成本为8元，单位边际贡献为12元，销售量增加1 800件，边际贡献总额增加21 600元），结果全部被增加的固定制造费用抵销了，造成利润比上年减少3 600元，正好是25 200元与21 600元的差额。

按照完全成本法确定的利润不仅受销量和成本水平的影响，而且受产量的影响，这既不符合经济学原理，也不易理解，尤其不易被销售人员理解。本案例充分说明了这一点。销售人员努力扩大产品销售市场，使销售量在上一年的基础上增长了42.86%（1 800÷4 200×100%），却导致企业的利润下降了3 600元，的确令人费解。与此相似的情况是，企业为了完成或超额完成当年的利润目标，通过增加产量即可实现，而无论销售量是否增加。

资料来源：Robert S. Kaplan，Atkinson，Banker and Mark Young. Management Accounting (3e). New York：McGraw-Hill Professional，2001.

复习思考题

1. 什么是完全成本法？什么是变动成本法？
2. 完全成本法和变动成本法有何不同？
3. 完全成本法和变动成本法对税前利润的计算有何不同？
4. 如何理解不同成本方法下税前利润的差异？
5. 变动成本法有何优点？有何局限性？
6. 在实务中，如何应用变动成本法？

练习题

1. 假设某公司只生产一种产品A，20×1到20×3年三年的销量均为2 000件，各年的产量分别为2 000件、2 200件和1 800件。A产品的单位售价为400元；管理费用和销售费用均为固定成本，两项费用之和各年均为80 000元；产品的单位变动成本（包括直接材料、直接人工和变动制造费用）为200元；固定制造费用为30 000元。存货的计价采用先进先出法。

要求：

不考虑销售税金，请根据上述资料，分别采用完全成本法和变动成本法计算各年的税前利润。

2. 某企业生产一种产品，第一年、第二年的生产量分别为170 000件和140 000件，销售量分别为140 000件和160 000件，存货的计价采用先进先出法。每件产品的售价为5元，生产成本资料如下：每件产品变动生产成本为3元，其中包括直接材料1.30元，直接人工1.50元，变动制造费用0.20元；固定制造费用每年发生额均为150 000元。变动销售及管理费用之和为销售收入的5%，固定销售及管理费用之和为65 000元，两年均未发生财务费用。

要求：

（1）分别按完全成本法和变动成本法计算并确定第一年和第二年的税前利润。

（2）具体说明第一年和第二年分别按两种成本计算方法确定的税前利润产生差异的原因。

3. 某公司按变动成本法核算的20×1年1月产品成本的资料如下（该公司采用先进先出法计价）：单位产品成本为50元，本期固定制造费用为30 000元，期初存货数量为500件，本期完工产品6 000件，本期销售产品5 500件，销售价格为100元/件，销售及管理费用之和为45 000元，已知上期产品单位固定生产成本为5元。

要求：

(1) 计算完全成本法下的期末存货成本。

(2) 计算完全成本法下的本期营业利润。

4. 以下是一家化工厂所生产的一种化学物品的基本资料：

原材料及其他变动成本	60元/千克
固定制造费用	900 000元/月
售价	100元/千克

20×1年5月报告的销售量比4月多14 000千克，产品经理据此判断5月的利润将会比4月多，估计会增长560 000元。但将4月和5月的财务结果相互比较，产品经理发现该产品5月的利润竟然比4月的340 000元下降了100 000元，只有240 000元，产品经理对此深感不解。

该工厂采用完全成本法核算，把固定制造费用根据生产数量每月按30 000千克来分摊。所有分摊过低或过高的固定制造费用会在当月的利润表中调整。另外，4月的期初存货为10 000千克，当月生产34 000千克，对外销售22 000千克。5月期末存货为12 000千克。

要求：

(1) 把该产品4月和5月的生产、销售及存货量列示出来，并利用这些数字计算出该工厂4月和5月的利润。

(2) 解释利润减少100 000元与经理预期利润增加560 000元之间相差660 000元的原因。

5. 假定某公司专门生产A产品，原设计生产能力为每年1 000台，但由于市场竞争激烈，过去两年，每年只能生产和销售500台。市场销售价为每台2 500元，而该公司的单位产品成本为2 600元，详细资料如下：

单位变动生产成本	1 000元
固定制造费用	800 000元
固定销售与管理费用	250 000元

该公司已连续两年亏损，去年亏损300 000元；若今年不能扭亏为盈，公司势必要停产，形势严峻。

销售部门经理认为，问题的关键在于每台产品2 600元的制造成本太高，但由于竞争的关系，公司不能提高售价，只能以2 500元的价格每年销售500台。因此，公司的出路只能是请生产部门的工程技术人员想方设法改造工艺，减少消耗，降低制造成本。

生产部门经理提出，问题的关键在于设计的生产能力只用了一半，如能充分利用生产能力，就可使单位固定成本降低，单位产品成本自然会下降。对策是要销售人员千方百计地去开展促销活动，如能每年售出1 000台，就一定能扭亏为盈。

总会计师则认为公司目前编制利润表的方法——完全成本法，为公司提供了一条扭亏为盈的“捷径”：充分利用公司自身的生产能力，一年生产1 000台A产品。虽然在市场上只能销售一半，但公司可将固定成本的半数转入存货成本。这样即使不增加销售量，也能在利润表上“扭亏为盈”。

要求：

(1) 根据上述资料，按变动成本法编制该公司去年的利润表。

(2) 根据总会计师的建议，按完全成本法计算该公司的税前利润，并对该建议做出评价。

(3) 判断生产部门经理和销售部门经理的意见是否正确，并做出评价。

第4章 本-量-利分析

Chapter 4

学习目标

1. 掌握本-量-利分析中的关键因素。
2. 掌握本-量-利分析的基本假设和基本公式。
3. 掌握盈亏平衡点的含义和计算方法。
4. 理解安全边际指标、盈亏平衡作用指标的含义和计算方法。
5. 理解不同因素的变化对盈亏平衡点的影响。
6. 掌握用图表法进行本-量-利分析。
7. 理解敏感性分析的方法及意义。
8. 了解突破假设条件下的本-量-利分析。

课程思政点

1. 供给侧结构性改革、三去一补一降与企业经营杠杆。
2. 短缺经济与量本利。
3. 过剩经济与价本利。

引导案例　XM的卫星业务为何失败?

过多的固定成本对于一个企业而言可能并非好事。曾经的卫星广播业巨头——XM卫星广播公司（XM Satellite Radio Co.，Ltd.）对此有深刻的体会。

XM卫星广播公司（简称XM）成立于1992年6月6日，最初名为美国移动广播公司(American Mobile Radio Corporation)，1998年10月12日改为现名，1997年3月10日获得FCC颁发的数字音频广播服务牌照。

2001年初，为了开展卫星广播业务，XM花费超过10亿美元购买广播牌照、发射两颗卫星并进行技术改进。在开始经营后，XM又投入数十亿美元用于其他诸如编程、卫星传输、研发之类的固定支出项目。与此形成鲜明对比的是，XM的变动成本很小，仅包括版税、客户服务成本等。事实上，XM的卫星广播业务开创了一种高经营杠杆的业务模式，即在支出结构中包含很大比例的固定成本支出。因此，XM盈利的唯一途径就是积聚大量的用户以及出售广告。

很快，这一高经营杠杆业务模式的弊端就显现出来了。2002年，Sirius卫星广播公司

（简称 Sirius）进入市场并提供与 XM 几乎相同的服务，即向全美国用户提供 100 多个音乐和谈话类节目频道的收视服务，并收取月租费。与 XM 一样，Sirius 也将盈利的希望寄托在用户的增长和广告销售上。

XM 还面临着其他潜在的竞争者，传统广播业务仍然占有大量的市场份额。而且在 XM 和 Sirius 起步的同时，苹果公司也推出了它的第一款 iPod 数字音乐播放器。显然，苹果公司的播放器业务比卫星广播拥有更低的经营杠杆，即更少的固定成本支出和更多的变动成本，这使得 iPod 在很低的销售量下也能实现盈利。

为了应对众多的竞争者，XM 开始将大量资金投向独家节目。XM 花 6.5 亿美元买下了美国职业棒球大联盟的独家卫星转播权，又支付给奥普拉·温弗瑞 5 500 万美元用于在 XM 开办节目。Sirius 则花 5 亿美元买断国家橄榄球比赛的转播权。

然而巨额的支出并未获得应有的回报。到 2006 年，尽管已经有 800 万名用户，但 XM 从未实现盈利。观察家甚至预言 XM 和 Sirius 永远不可能收回它们的巨额固定支出。

2007 年，在成本和市场空间的双重压力下，XM 同意与 Sirius 合并。正如一位观察家所说，这是一次“为了阻止我们继续烧钱”的合并。

资料来源：根据哈佛商学院案例“XM Satellite Radio”（No. 9-504-009）改编。

究竟是什么造成了 XM 的失败？XM 的卫星广播业务与传统广播业务及苹果的 iPod 业务在支出结构上有何不同？作为 XM 的管理者，如何才能确定公司业务盈利所要达到的最低用户数量？如何在销售价格、变动成本等因素发生变化时，将这些变化的影响反映到目标利润上？这些都是本章所涉及的内容。成本、业务量和利润是管理会计定量分析中最常用的三大指标。通过成本-业务量-利润分析（简称本-量-利分析），企业管理者可以将这三个指标联系起来，从而为企业科学地进行决策、规划和控制提供重要的信息。本-量-利分析是管理会计的重要方法，在企业管理会计实务中有广泛的用途。

4.1 本-量-利分析概述

4.1.1 本-量-利分析的含义及作用

本-量-利分析（CVP）是在成本性态分析和变动成本法的基础上，进一步研究销售数量、价格、成本与利润之间的数量依存关系的一种分析方法。它以数量化的模型、图形来揭示成本、业务量与利润等变量之间的关系，为会计预测、决策、规划和控制提供必要的财务信息。

本-量-利分析是管理会计的基本方法之一，应用很广泛。它可以帮助企业寻找增加收入、降低成本的措施，也是企业进行决策、规划和控制的重要工具。与经营风险相联系，可以促使企业降低风险；与预测技术相结合，可以帮助企业进行盈亏平衡预测、确保目标利润实现的业务量预测；与决策融为一体，可以帮助企业进行生产决策、定价决策和投资不确定性分析。企业还可以将其用于全面预算、成本控制和绩效评价。

4.1.2 本-量-利分析的基本原理

1. 本-量-利分析的基本假设

要使运用本-量-利分析得到的信息具有管理决策价值，必须尽量符合本-量-利分析的前提或其基本假设，主要包括：

（1）假定企业的全部成本都能够划分为固定成本和变动成本两部分。在成本性态分析的基础上，假定在分析的范围内，变动成本随销售量的变化呈正比例变化，单位变动成本保持不变，固定成本总额在销售量的相关范围内保持不变。

（2）相关范围及线性关系假定。假定在相关范围内，单价、单位变动成本、固定成本总额均为常数。我们假定在一定时期内，业务量总是在保持成本水平和单价水平不变的范围内变化，那么固定成本总额和单位变动成本的不变性在相关范围内就能得以保证，成本函数表现为线性方程 $y=a+bx$ 的形式；同样，在相关范围内，单价也不因销售业务量的变化而变化，销售收入函数也表现为线性方程的形式。

（3）产销平衡和品种结构（销售组合）稳定。假定在只安排生产一种产品的情况下，生产出来的产品总是可以找到市场，即产销平衡（产量等于销量）；如果生产多种产品，那么产品总销售额变化时，各种产品的销售额占全部产品总销售额的比重应保持不变。

（4）变动成本法的假定。假定产品成本按变动成本法进行计算，产品成本只包含变动生产成本，所有固定性成本（包括固定性销售费用、固定性管理费用等）均作为期间费用处理。

（5）目标利润的假定。本-量-利分析的目标之一是实现利润的最大化，西方管理会计学本-量-利分析中的利润共有营业利润、息税前利润、利润总额和净利润四种。本书中除特殊说明外，本-量-利分析中的利润均指营业利润。

2. 本-量-利分析的基本等式

本-量-利分析研究的是销售数量、价格、成本与利润各因素之间的数量依存关系，根据上述假定，本-量-利分析的基本公式可表示为：

营业利润＝销售收入－总成本
＝单价×销量－(固定成本＋变动成本)
＝单价×销量－(固定成本＋单位变动成本×销量)
＝单价×销量－单位变动成本×销量－固定成本
＝(单价－单位变动成本)×销量－固定成本

即 $$OI=(SP-VC)\cdot Q-FC \tag{4-1}$$

式中，OI 为利润；SP 为单价；VC 为单位变动成本；Q 为销量；FC 为固定成本。

这个等式是本-量-利分析的基础，公式中共有5个变量，已知其中任意4个变量的值，就可以求出剩下的一个变量的值。

3. 本-量-利分析的基本内容

本-量-利分析包括盈亏平衡分析、保利分析、敏感性分析和本-量-利分析的扩展四部分，前两部分分别对有关因素变动对盈亏平衡点及保利点的影响做了相应的介绍。下面将对本-量-利分析的具体内容做相关介绍。

4.2 盈亏平衡分析

盈亏平衡分析是本-量-利分析的基础，其基本内容是分析并确定产品的盈亏平衡点，从而确定企业的安全程度，以及有关因素对盈亏平衡点的影响。

4.2.1 盈亏平衡分析的基本概念和意义

盈亏平衡又称保本，是指企业在一定时期内收支相等，损益平衡，不盈不亏，利润为零。

盈亏平衡点也叫保本点、盈亏临界点等，是指企业达到盈亏平衡状态的业务量。盈亏平衡点有两种表现形式，一种是盈亏平衡点的销售量，一种是盈亏平衡点的销售额。计算和确定盈亏平衡点，能帮助管理人员控制和分析销售量与利润的关系，即企业要盈利，其产销量必须达到和超过盈亏平衡点。确定盈亏平衡点的方法主要有公式法、图解法。

盈亏平衡分析也叫保本分析、损益平衡分析、两平分析、够本分析等，是本-量-利分析的一项重要内容。盈亏平衡分析就是当企业恰好处于盈亏平衡状态时，研究其本-量-利关系的一种定量分析方法。在实践中，很多人将它与本-量-利分析相提并论，但严格来说，它研究的只是本-量-利分析的一种特殊情形。

4.2.2 用公式法确定盈亏平衡点

1. 基本等式法

由本-量-利分析的基本等式可以确定盈亏平衡点，就是计算当企业的利润为零时销售额或销售量的数值。

由 $OI=(SP-VC)\cdot Q-FC$，令 $OI=0$，得

$$(SP-VC)\cdot Q_{BEP}-FC=0$$

$$Q_{BEP}=\frac{FC}{SP-VC} \tag{4-2}$$

式中，Q_{BEP} 为盈亏平衡销售量，其他符号含义同前。

若盈亏平衡点以销售额的形式表示，就需要在盈亏平衡销售量的基础上乘以单价，用公式表示为：

$$S_{BEP}=SP\times Q_{BEP}=\frac{SP\cdot FC}{SP-VC}\tag{4-3}$$

式中，S_{BEP} 为盈亏平衡销售额，其他符号含义同前。

当企业的产品有多个品种时，基本等式法不适用，因为不同产品的销售量无法直接相加。

【例 4-1】

某企业生产一种产品，单价为 5 元，单位变动成本为 3.5 元，当月固定成本为 2 500 元。现要求计算盈亏平衡点。

用本-量-利分析的基本等式法求解。

盈亏平衡销售量为：

$$Q_{BEP}=\frac{FC}{SP-VC}=2\,500/(5-3.5)=1\,667(\text{件})$$

盈亏平衡销售额为：

$$S_{BEP}=\frac{SP\cdot FC}{SP-VC}=(5\times 2\,500)/(5-3.5)=8\,333(\text{元})$$

2. 边际贡献法

(1) 单一产品下的边际贡献法。若用单位边际贡献表示单价与单位变动成本的差额，边际贡献表示销售收入与变动成本的差额，将基本公式变形，这时盈亏平衡点的计算公式也可以表示为：

$$Q_{BEP}=\frac{FC}{SP-VC}=\frac{FC}{m}\tag{4-4}$$

式中，m 为单位边际贡献，其他符号含义同前。

于是，盈亏平衡销售量等于固定成本与单位边际贡献的比值。

此时盈亏平衡销售额的计算公式可以表示为：

$$S_{BEP}=\frac{SP\cdot FC}{SP-VC}=\frac{SP\cdot FC}{m}=\frac{FC}{\frac{m}{SP}}=\frac{FC}{mr}\tag{4-5}$$

式中，S_{BEP} 为盈亏平衡销售额；mr 为边际贡献率（其值为单位边际贡献与单价的比值，也等于边际贡献与销售收入的比值）；其他符号含义同前。

于是，盈亏平衡销售额等于固定成本与边际贡献率的比值。

利用单位边际贡献和边际贡献率的概念可以简化盈亏平衡点的计算。

【例4-2】

沿用上例的资料，现要求用边际贡献的有关概念求解。

单位边际贡献为：

$$m=SP-VC=5-3.5=1.5(\text{元})$$

边际贡献率为：

$$mr=m/SP=1.5/5=0.3$$

盈亏平衡销售量为：

$$\begin{aligned}Q_{BEP}&=\frac{FC}{m}\\&=2\,500/1.5\\&=1\,667(\text{件})\end{aligned}$$

盈亏平衡销售额为：

$$\begin{aligned}S_{BEP}&=\frac{FC}{mr}\\&=2\,500/0.3\\&=8\,333(\text{元})\end{aligned}$$

采用不同的方法，得到的盈亏平衡销售量和盈亏平衡销售额是一致的。

与边际贡献率密切相关的另一重要指标是变动成本率，又称补偿率。该指标反映的是变动成本占销售收入的百分比，公式为：

$$VCR=TVC/S \tag{4-6}$$

式中，VCR 为变动成本率；TVC 为变动成本总额；S 为销售收入。

显然，边际贡献率与变动成本率之间的关系为：

$$\text{边际贡献率}+\text{变动成本率}=1 \tag{4-7}$$

除了单位边际贡献，还有一个重要指标是单位限制资源的边际贡献。这一指标对进行资源有限制情况下的短期经营决策非常重要。

$$\text{单位限制资源的边际贡献}=\frac{\text{某产品的单位边际贡献}}{\text{该单位产品限制资源的消耗量}} \tag{4-8}$$

该指标在经营决策中的具体应用将在“短期经营决策”部分详细讨论。

（2）多品种下的边际贡献法。对多个品种采用边际贡献法时，由于采用变动成本法，不需要在各种产品之间分配固定成本。由于每个产品的边际贡献率不同，这时应采用综合边际贡献率，此时的盈亏平衡销售额也是综合盈亏平衡销售额。因此，关键在于综合边际贡献率的计算，用公式表示为：

$$\text{综合边际贡献率}=\frac{\text{所有产品的边际贡献总额}}{\text{所有产品的销售收入总额}}$$

$$=\frac{\sum(\text{该产品的销售额}\times\text{该产品的边际贡献率})}{\text{所有产品的销售收入总额}}$$

$$=\sum(\text{该产品的销售百分比}\times\text{该产品的边际贡献率}) \quad (4-9)$$

$$\text{综合盈亏平衡销售额}=\frac{\text{固定成本总额}}{\text{综合边际贡献率}} \quad (4-10)$$

若要具体求某种产品的盈亏平衡销售额，先求出该产品的销售百分比，然后乘以综合盈亏平衡销售额即可。

$$\text{某种产品的销售百分比}=\frac{\text{该产品的销售额}}{\text{所有产品的销售额}}\times 100\% \quad (4-11)$$

$$\begin{matrix}\text{某种产品的}\\\text{盈亏平衡销售额}\end{matrix}=\begin{matrix}\text{综合盈亏}\\\text{平衡销售额}\end{matrix}\times\begin{matrix}\text{某种产品的}\\\text{销售百分比}\end{matrix} \quad (4-12)$$

用求得的具体的盈亏平衡销售额除以该产品的单价，就得到该产品的盈亏平衡销售量：

$$\begin{matrix}\text{某种产品的}\\\text{盈亏平衡销售量}\end{matrix}=\frac{\text{该产品的盈亏平衡销售额}}{\text{该产品的单价}} \quad (4-13)$$

综上所述，在已知多品种下每一品种的单价、销售量、单位变动成本及整体固定成本的前提下，多品种条件下盈亏平衡分析的具体步骤如下：

第一步，计算各种产品的单位边际贡献和边际贡献率。

$$m_i=SP_i-VC_i$$
$$mr_i=m_i/SP_i$$

第二步，计算各种产品的销售额 S_i。

$$S_i=SP_i\times Q_i$$

第三步，计算各产品销售额占总销售额的权重 w_i。

$$w_i=S_i/S$$

第四步，计算综合边际贡献率 mr'。

$$mr'=\sum_{i=1}^{n}(w_i\times mr_i)$$

第五步，计算综合盈亏平衡销售额 S'_{BEP}。

$$S'_{BEP}=FC/mr'$$

第六步，计算某产品的盈亏平衡销售额 S_{BEP_i}。

$$S_{BEP_i}=S'_{BEP}\times w_i$$

第七步，计算某产品的盈亏平衡销售量 Q_{BEP_i}。

$$Q_{BEP_i}=S_{BEP_i}/SP_i$$

【例4-3】

某企业计划生产A，B，C三种产品，固定成本总额为16 000元，它们的销售量、销售单价、单位变动成本资料如表4-1所示。

表4-1　三种产品的销售量、销售单价、单位变动成本资料

项目	A产品	B产品	C产品
预计销售量（件）	1 600	2 000	2 500
销售单价（元）	30	25	14
单位变动成本（元）	25	18	10

要求：

(1) 计算企业计划期内的综合边际贡献率、综合盈亏平衡销售额。

(2) 计算B产品的盈亏平衡销售额和盈亏平衡销售量。

根据已知条件，可以直接求出各种产品的单位边际贡献、边际贡献率、销售额、销售百分比，利用多品种盈亏平衡点的公式，就可以求出综合盈亏平衡点。计算结果如表4-2所示。

表4-2　计算结果

项目	A产品	B产品	C产品	合计
销售额（元）	48 000	50 000	35 000	133 000
销售百分比（%）	36.09	37.59	26.32	100
单位边际贡献（元）	5	7	4	—
边际贡献率（%）	16.67	28	28.57	—

(1) $$\text{综合边际贡献率}=\frac{\text{所有产品边际贡献总额}}{\text{所有产品的销售收入总额}}$$

$$=\frac{1\,600\times5+2\,000\times7+2\,500\times4}{133\,000}$$

$$=24.06\%$$

或 $$\text{综合边际贡献率}=\sum(\text{该产品的销售百分比}\times\text{该产品的边际贡献率})$$

$$=36.09\%\times16.67\%+37.59\%\times28\%+26.32\%\times28.57\%$$

$$=24.06\%$$

$$\text{综合盈亏平衡销售额}=\frac{\text{固定成本总额}}{\text{综合边际贡献率}}$$

$$=\frac{16\,000}{24.06\%}$$

$$=66\,500(\text{元})$$

(2) B产品的盈亏平衡销售额＝综合盈亏平衡销售额×B产品的销售百分比

$$=66\,500\times37.59\%$$

$$\approx25\,000(\text{元})$$

$$B产品的盈亏平衡销售量 = B产品的盈亏平衡销售额/B产品的销售单价 = 25\,000/25 = 1\,000(件)$$

4.2.3 用图解法确定盈亏平衡点

本-量-利分析是建立在成本性态分析以及相关范围和线性的假定基础上的，因此，可以用坐标图绘制销售收入线和成本线，确定盈亏平衡点。标准式本-量-利关系分析图如图4-1所示。

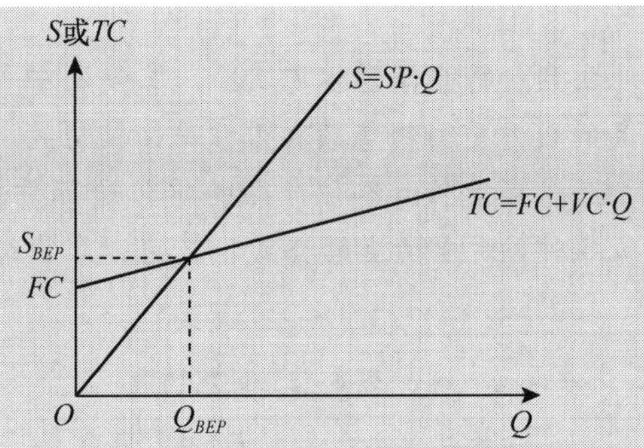

图4-1 标准式本-量-利关系分析图

图4-1中，横轴为销售量Q，纵轴为销售收入或总成本（S或TC），销售收入曲线为S，总成本曲线为TC，由前面基本公式法对盈亏平衡点的分析，不难理解两条曲线的交点对应的横坐标和纵坐标，分别为盈亏平衡销售量和盈亏平衡销售额。Q_{BEP}为盈亏平衡销售量，SP为销售价格，VC为单位变动成本，FC为固定成本，S_{BEP}为盈亏平衡销售额。

图解法简单明了，直观形象，但绘图时的误差较大，确定的盈亏平衡点不够精确。

图解法只能用于单一品种的盈亏平衡点的确定，不能确定多品种下的盈亏平衡点，因为多品种下的销售价格、单位变动成本都不止一个，只有在产品组合不变的情况下，采用一定的数学处理方法，将销售价格和单位变动成本加权得到一个综合加权值，才可以进行图解，但比较麻烦。所以，图解法一般不用于多品种的分析。

除了这种标准式本-量-利关系分析图之外，还有金额式、贡献式、利润-业务量式的本-量-利关系分析图（见图4-2、图4-3、图4-4）。这些关系分析图分别适用于不同的情况。

1. 金额式本-量-利关系分析图（见图4-2）

图4-2中，横轴、纵轴均为销售收入（S），销售收入曲线为S，总成本曲线为TC，mr为边际贡献率，S_{BEP}为盈亏平衡销售额。金额式本-量-利关系分析图的特点是横轴为销售收入，主要用于多品种条件下的本-量-利分析。

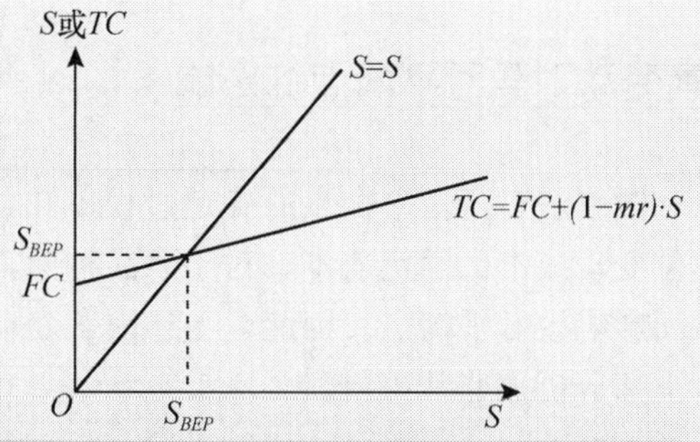

图 4-2　金额式本-量-利关系分析图

2. 贡献式本-量-利关系分析图（见图 4-3）

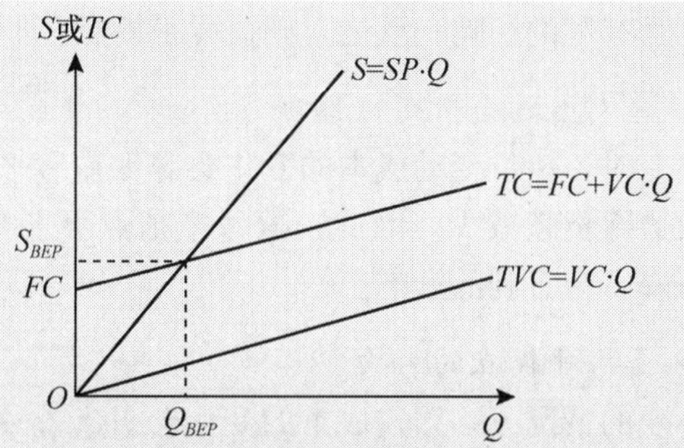

图 4-3　贡献式本-量-利关系分析图

图 4-3 中，*TVC* 为变动成本曲线，贡献式本-量-利关系分析图的特点是将变动成本单独列示，能直观地反映利润、固定成本、边际贡献之间的关系，突出了边际贡献。

3. 利润-业务量式本-量-利关系分析图（见图 4-4）

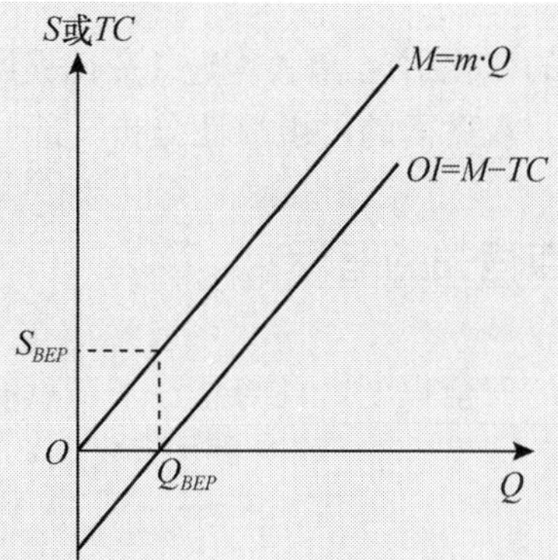

图 4-4　利润-业务量式本-量-利关系分析图

图 4-4 中，*M* 为边际贡献线，*OI* 为利润线，*m* 为单位边际贡献。利润线与横轴的交点为盈亏平衡点。该图能清晰反映业务量变化对利润的影响，具有简明的优点。

4.2.4 有关因素变动对盈亏平衡点的影响

由基本公式法和图解法对盈亏平衡点的确定过程可知，影响盈亏平衡点的因素主要有销售单价、单位变动成本、固定成本。对于多品种而言，品种的结构也会影响综合边际贡献率，从而影响盈亏平衡点。因此，上述因素变动会引起盈亏平衡点发生怎样的变化，对盈亏平衡分析也非常重要。

1. 销售单价对盈亏平衡点的影响

由基本公式 $Q_{BEP}=\frac{FC}{SP-VC}$ 可知，当其他条件不变时，产品销售单价的变化会导致盈亏平衡点的反向变化。销售单价上升，销售收入和边际贡献都会增加，因此，盈亏平衡点会下降，为有利的影响；反之，则盈亏平衡点会上升，为不利的影响。

2. 单位变动成本对盈亏平衡点的影响

当其他条件不变时，单位变动成本的变化会导致盈亏平衡点的同向变化。单位变动成本增加将导致边际贡献减少，因此，盈亏平衡点会上升，为不利的影响；反之，则盈亏平衡点会下降，为有利的影响。

3. 固定成本对盈亏平衡点的影响

在其他条件不变的情况下，固定成本的变化会引起盈亏平衡点的同向变化。固定成本总额的变化不会引起销售收入和边际贡献的变化，但固定成本增加需要更多的边际贡献来补偿，因此，盈亏平衡点会上升，为不利的影响；反之，则盈亏平衡点会下降，为有利的影响。

4. 品种结构对盈亏平衡点的影响

在其他条件不变的情况下，当边际贡献较高的产品的销售百分比增加时，综合边际贡献率提高，因此，盈亏平衡点会下降，为有利的影响；反之，则盈亏平衡点会上升，为不利的影响。

至于这些单一因素的变化引起盈亏平衡点变化程度的确定，以及多个因素同时变化对盈亏平衡点的影响，在后面的“敏感性分析”部分会做专门的讲解。

4.2.5 与盈亏平衡点有关的指标

用来评价企业经营的安全程度，且与盈亏平衡点有关的指标有安全边际指标和盈亏平衡作业率指标。

1. 安全边际指标

企业在计算盈亏平衡点的基础上，还要确定企业的安全程度，即确定安全边际指标。安全边际指标有相对数和绝对数，分别为安全边际和安全边际率。

安全边际是实际或预计的销售量（额）与企业盈亏平衡销售量（额）之间的差额，安全边际率等于安全边际除以实际或预计的销售量（额）。

$$\text{安全边际量}=\text{实际或预计的销售量}-\text{盈亏平衡销售量} \quad (4-14)$$

$$\text{安全边际额}=\text{实际或预计的销售额}-\text{盈亏平衡销售额} \quad (4-15)$$

$$\text{安全边际率}=\frac{\text{安全边际量}}{\text{实际或预计的销售量}}\times 100\% \quad (4-16)$$

$$\text{安全边际率}=\frac{\text{安全边际额}}{\text{实际或预计的销售额}}\times 100\% \quad (4-17)$$

为何是实际或预计的销售量或销售额？因为管理会计的任务是控制现在和规划未来。于是，根据应用职能的不同，既可能使用现在发生的实际数量，也可能使用将来可能发生的预计数量。

安全边际和安全边际率都是正指标，越大越好，一般认为，安全边际率在10%以下时，就很危险；在40%以上时，就很安全。

实际上，超过盈亏平衡点的安全边际提供的边际贡献就是利润。因此，利用安全边际和安全边际率的概念，利润与销售利润率的基本等式可以转化为：

$$\text{利润}=\text{安全边际量}\times\text{单位边际贡献}=\text{安全边际额}\times\text{边际贡献率}$$

$$\text{销售利润率}=\text{利润}/\text{销售额}=\text{安全边际率}\times\text{边际贡献率}$$

因此，安全边际率和边际贡献率是决定企业销售利润率的重要指标。

2. 盈亏平衡作业率指标

盈亏平衡作业率指标是安全边际的反指标，是指盈亏平衡销售量（额）占实际或预计的销售量（额）的百分比，又称为危险率。其计算公式为：

$$\text{盈亏平衡作业率}=\frac{\text{盈亏平衡销售量}}{\text{实际或预计的销售量}}\times 100\% \quad (4-18)$$

$$\text{盈亏平衡作业率}=\frac{\text{盈亏平衡销售额}}{\text{实际或预计的销售额}}\times 100\% \quad (4-19)$$

盈亏平衡作业率是反指标，越小说明企业的经营越安全。

盈亏平衡作业率和安全边际率存在以下关系：

$$\text{盈亏平衡作业率}+\text{安全边际率}=1 \quad (4-20)$$

【例4-4】

企业预计年销售量为30 000件，每件售价为2元，单位变动成本为1.6元，计划期固定成本为10 000元。现要求计算企业计划期内有关的安全边际指标、销售利润率和盈亏平衡作业率指标。

$$\begin{aligned}\text{盈亏平衡销售量}&=\frac{\text{固定成本}}{\text{单位边际贡献}}\\&=\frac{10\,000}{2-1.6}\\&=25\,000(\text{件})\end{aligned}$$

安全边际量＝实际或预计的销售量－盈亏平衡销售量

$=30\,000-25\,000$

$=5\,000$（件）

$$边际贡献率=\frac{单位边际贡献}{售价}$$

$$=\frac{2-1.6}{2}$$

$=20\%$

$$安全边际率=\frac{安全边际量}{实际或预计的销售量}\times100\%$$

$$=\frac{5\,000}{30\,000}\times100\%$$

$=16.7\%$

销售利润率＝安全边际率×边际贡献率

$=16.7\%\times20\%$

$=3.34\%$

盈亏平衡作业率＝1－安全边际率

$=1-16.7\%$

$=83.3\%$

4.3 保利分析

保利分析是在盈亏平衡分析的基础上，对销售量、成本、利润三者之间的关系做进一步分析和研究。

4.3.1 保利分析的意义和方法

盈亏平衡分析是以企业利润为零、不盈不亏为前提的，然而，企业不但要盈亏平衡，还要有盈利，否则就无法生存和发展。保利分析可以用于企业的目标利润预测。保利分析就是在盈利条件下的本-量-利分析，一般不考虑在亏损条件下的本-量-利分析，因为亏损属于非正常情况，且亏损是盈利的反面，盈利条件下本-量-利分析的模型和方法同样适用于亏损的情况。

实际中，销售量、成本、利润之间的关系很复杂，为简化研究，在分析一个因素时，一般均假定其他因素是确定的或不变的。它们之间的关系可由本-量-利分析的基本公式推出，此时的利润为目标利润，另外，还可以用图解法表示本-量-利之间的关系。

4.3.2 保利点的确定方法

保利点就是在单价和成本水平一定的情况下，为确保实现预先制定的目标利润，而必须达到的销售量和销售额的总称。

本-量-利分析的基本公式为：

$$营业利润=销量\times(单价-单位变动成本)-固定成本$$

即 $$OI=(SP-VC)\cdot Q-FC$$

当营业利润为目标利润时，保利量的计算公式可以表示为：

$$保利量=\frac{固定成本+目标利润}{单价-单位变动成本}=\frac{固定成本+目标利润}{单位边际贡献}$$

即 $$Q=\frac{TP+FC}{SP-VC}=\frac{TP+FC}{m} \tag{4-21}$$

保利额是在保利量的基础上乘以单价得到的，用公式表示为：

$$保利额=\frac{固定成本+目标利润}{单价-单位变动成本}\times单价=\frac{固定成本+目标利润}{边际贡献率}$$

即 $$S=\frac{TP+FC}{mr} \tag{4-22}$$

式中，TP 为目标利润；Q 为保利量；S 为保利额；SP 为单价；VC 为单位变动成本；FC 为固定成本；m 为单位边际贡献；mr 为边际贡献率。

与盈亏平衡分析一样，基本公式也不能用于多品种的保利分析，对于多品种的保利分析，边际贡献率应为产品的综合边际贡献率。

【例4-5】

某企业预计下月A产品的目标利润为10 000元，每件售价为8元，单位变动成本为6元，该月其固定成本为2 000元。要求计算该月的保利点。

$$\begin{aligned}保利量&=\frac{固定成本+目标利润}{单价-单位变动成本}\\&=(2\,000+10\,000)/(8-6)\\&=6\,000(件)\end{aligned}$$

$$\begin{aligned}保利额&=保利量\times单价\\&=6\,000\times8\\&=48\,000(元)\end{aligned}$$

公式中的目标利润采用的是税前利润的形式，如果企业的目标利润采用的是税后利润的形式，就需将税后利润转为税前利润，再代入公式中计算。用税后利润除以（1－所得税税率）即为税前利润。

4.3.3 有关因素变动对保利点的影响

保利点的计算公式只是在盈亏平衡点的计算公式上多加了一个目标利润，所以，影响盈亏平衡点的因素也会影响保利点，且影响因素的相关分析也一样。具体而言，包括销售单价、单位变动成本、固定成本、品种结构的影响，且影响的大小、方向与前述有关因素对盈亏平衡点的影响分析完全相同。当然，目标利润肯定会影响保利点，目标利润越高，相应需要补偿的边际贡献越大，保利点越高。

4.3.4 根据目标利润预测销售价格

1. 单一品种条件下确定销售价格

单一品种条件下，当销售量确定时，我们也可以根据本-量-利分析的基本公式推导出实现目标利润所需的销售价格。计算公式为：

$$\text{销售价格}=\frac{\text{目标利润}+\text{固定成本总额}+\text{单位变动成本}\times\text{销售量}}{\text{销售量}}$$

即

$$SP=\frac{TP+FC+VC\times Q}{Q} \qquad (4-23)$$

【例4-6】

沿用上例的资料，已知企业预计的销售量为5 000件。现要求计算企业实现目标利润的最低销售价格。

$$\text{最低销售价格}=\frac{10\,000+2\,000+6\times 5\,000}{5\,000}=8.4(\text{元})$$

2. 多品种条件下确定销售价格

多品种条件下，要根据目标利润确定销售价格，首先确定每种产品的边际贡献和销售量，当知道其他品种的边际贡献后，可以根据下面的公式计算某一品种的销售价格：

$$\begin{matrix}\text{某种产品}\\\text{销售价格}\end{matrix}=\frac{\begin{matrix}\text{目标}\\\text{利润}\end{matrix}+\begin{matrix}\text{固定成本}\\\text{总额}\end{matrix}-\begin{matrix}\text{其他产品}\\\text{边际贡献总额}\end{matrix}}{\text{销售量}}+\begin{matrix}\text{该产品单位}\\\text{变动成本}\end{matrix} \qquad (4-24)$$

【例4-7】

沿用例4-5的资料，已知企业生产的其他产品边际贡献总额为5 000元。现要求计算该产品使企业实现目标利润的最低销售价格。

$$\text{该种产品最低销售价格}=\frac{10\,000+2\,000-5\,000}{5\,000}+6=7.4(\text{元})$$

4.4　敏感性分析

了解影响盈亏平衡点和保利点的因素后，我们知道这些因素的变化均会导致保利点的变化，但相关因素的变动会导致保利点和盈亏平衡点发生多大程度的变化？这就是敏感性分析的内容。

4.4.1　敏感性分析的含义与目的

敏感性分析是一种分析技术，它不仅用于本-量-利分析，还用于考察有关参数变化对决策的影响。假设分析是与敏感性分析相近的一个概念，它考察一个因素变化对结果的影响。例如，当销售额仅是计划的90％利润将变为多少是假设分析，它仅仅研究销售量变化时利润的变化程度；销售量变化到什么程度利润将为负则是敏感性分析，它研究的是销售量如何变化就会导致利润由正转为负。本-量-利分析中的敏感性分析主要研究和分析有关参数发生多大变化会使盈利转为亏损、各参数变化对利润的影响程度，以及参数变化时，如何通过销售量的调整保证原目标利润的实现。

敏感性分析能够帮助经营者了解各个参数的影响大小，可以使经营者决定应对哪些参数进行重点控制，当这些参数发生变化后，能及时采取措施，调整企业的计划，将经营活动控制在最有利的状态下。

4.4.2　盈亏平衡点的敏感性分析

盈亏平衡点的敏感性分析是指使盈利转为亏损的有关参数的变动程度。

利润由单价、单位变动成本、产销量和固定成本决定。其他条件不变，只有一个因素变动，当利润为零时即为变动因素的临界值（极值）。

【例4-8】

某企业只生产一种产品，单价为4.5元，单位变动成本为3元，预计固定成本为75 000元，预计产销量为80 000件。问：该企业要盈利，相关的参数应在哪个范围内变化？

当参数不变时，企业预计的利润为：

$$\begin{aligned} OI &= (SP-VC)\cdot Q-FC \\ &= (4.5-3)\times 80\,000-75\,000 \\ &= 45\,000(\text{元}) \end{aligned}$$

当 $OI=0$ 时，单价的最小值为：

$$SP=\frac{FC}{Q}+VC$$

$$=75\,000/80\,000+3$$
$$=3.937\,5(\text{元})$$

单位变动成本的最大值为：

$$VC=SP-\frac{FC}{Q}$$
$$=4.5-75\,000/80\,000$$
$$=3.562\,5(\text{元})$$

固定成本的最大值为：

$$FC=(SP-VC)\cdot Q$$
$$=(4.5-3)\times 80\,000$$
$$=120\,000(\text{元})$$

销售量的最小值（盈亏平衡点）为：

$$Q=\frac{FC}{SP-VC}$$
$$=75\,000/(4.5-3)$$
$$=50\,000(\text{件})$$

通过以上分析可知，只要控制了有关因素的变化范围，就可以保证企业不发生亏损。

4.4.3 保利点的敏感性分析

保利点的敏感性分析是指参数变化对利润的影响程度。

利润对参数变化的敏感程度可以用敏感系数衡量，它是利润变化百分比与参数变化百分比的比值。计算公式为：

敏感系数=利润变化百分比/参数变化百分比　　(4-25)

敏感系数越大，说明利润对该参数越敏感，即该参数微小幅度的变动将会引起利润更大幅度的变动，因此，应对该参数进行重点控制；反之，控制程度应降低。一般敏感系数的绝对值大于1即为敏感性高的因素，敏感系数的绝对值小于1则为敏感性低的因素。

为了帮助大家更好地掌握保利点的敏感性分析，我们在这里介绍一种单一品种的分析模型。首先，设定如下参数：R 代表利润变动率；R_x 代表产销量变动率；R_p 代表价格变动率；R_a 代表固定成本变动率；R_b 代表变动成本变动率；K_p 代表单价变动对利润变动的影响倍数（$K_p=R/R_p$）；K_b 代表变动成本对利润变动的影响倍数（$K_b=R/R_b$）；K_x 代表产销量变动对利润变动的影响倍数（$K_x=R/R_x$）；K_a 代表固定成本变动对利润变动的影响倍数（$K_a=R/R_a$）。

根据本-量-利分析的基本等式 $OI=(SP-VC)\cdot Q-FC$ 进行计算。

(1) 若单价从 SP 变化至 SP_1，则

$$R_p=(SP_1-SP)/SP,\ OI_1=(SP_1-VC)\cdot Q-FC$$
$$R=(OI_1-OI)/OI=(SP_1-SP)Q/OI$$
$$=R_p\cdot SP\cdot Q/OI$$

得
$$K_p=R/R_p=SP\cdot Q/OI \tag{4-26}$$

(2) 若单位变动成本从 VC 变动至 VC_1，则

$$R_b=(VC_1-VC)/VC,\ OI_1=(SP-VC_1)\cdot Q-FC$$
$$R=(OI_1-OI)/OI=-(VC_1-VC)Q/OI$$
$$=-R_b\cdot VC\cdot Q/OI$$

得
$$K_b=R/R_b=-VC\cdot Q/OI \tag{4-27}$$

(3) 若产销量从 Q 变动至 Q_1，则

$$R_x=(Q_1-Q)/Q,\ OI_1=(SP-VC)\cdot Q_1-FC$$
$$R=(OI_1-OI)/OI=(SP-VC)(Q_1-Q)/OI$$
$$=R_x\cdot (SP-VC)\cdot Q/OI$$

得
$$K_x=R/R_x=(SP-VC)\cdot Q/OI \tag{4-28}$$

(4) 若固定成本从 FC 变动至 FC_1，则

$$R_a=(FC_1-FC)/FC,\ OI_1=(SP-VC)\cdot Q-FC_1$$
$$R=(OI_1-OI)/OI=-(FC_1-FC)/OI$$
$$=-R_a\cdot FC/OI$$

得
$$K_a=R/R_a=-FC/OI=-[(SP-VC)Q-OI]/OI=-(K_x-1) \tag{4-29}$$

(5) 若上述因素都发生变化，则

$$OI_1=(SP_1-VC_1)\cdot Q_1-FC_1$$
$$\begin{aligned}OI_1-OI&=(SP_1\cdot Q_1-SP\cdot Q)-(VC_1\cdot Q_1-VC\cdot Q)-(FC_1-FC)\\&=[(SP_1\cdot Q_1-SP\cdot Q_1)+(SP\cdot Q_1-SP\cdot Q)]\\&\quad-[(VC_1\cdot Q_1-VC\cdot Q_1)+(VC\cdot Q_1-VC\cdot Q)]-(FC_1-FC)\\&=[(SP_1-SP)Q_1+SP(Q_1-Q)]-[(VC_1-VC)Q_1+VC(Q_1-Q)]\\&\quad-(FC_1-FC)\\&=[R_p\cdot SP\cdot Q(1+R_x)+SP\cdot Q\cdot R_x]-[R_b\cdot VC\cdot Q(1+R_x)\\&\quad+VC\cdot Q\cdot R_x]-R_a\cdot FC\\&=(R_p+R_x+R_p\cdot R_x)SP\cdot Q-(R_b+R_x+R_b\cdot R_x)VC\cdot Q-R_a\cdot FC\end{aligned}$$
$$\begin{aligned}R&=(R_p+R_x+R_p\cdot R_x)SP\cdot Q/OI-(R_b+R_x+R_b\cdot R_x)VC\cdot Q/OI\\&\quad-R_a\cdot FC/OI\\&=K_p\cdot R_p(1+R_x)+K_p\cdot R_x+K_b\cdot R_b(1+R_x)+K_b\cdot R_x+R_a\cdot K_a\\&=K_p\cdot R_p(1+R_x)+K_b\cdot R_b(1+R_x)+(K_p+K_b)\cdot R_x+K_a\cdot R_a\\&=K_p\cdot R_p(1+R_x)+K_b\cdot R_b(1+R_x)+K_x\cdot R_x+K_a\cdot R_a\end{aligned} \tag{4-30}$$

【例4-9】

星辰制品厂生产一种产品，预计单位售价为10元，单位变动成本为6元，产销量为100万件，固定成本总额为200万元，预计销售利润为200万元。现制品厂拟推行一套新的管理系统，该系统的使用将使计划期产销量增加5%，单位变动成本降低2%，但会增加固定成本10万元，且新系统刚开始推行，会导致产品品质的轻微下降，预计售价会降低4%。现要求：

（1）分析若产销量、单位变动成本、固定成本、单位售价中仅一项发生上述变化，其他条件不变，利润如何变动。

（2）分析若所有因素均发生上述变化，利润如何变动。

首先计算K系列影响系数：

$$K_p = SP \cdot Q/OI = 10\times 100/200 = 5$$
$$K_b = -VC \cdot Q/OI = -6\times 100/200 = -3$$
$$K_x = (SP - VC)\cdot Q/OI = K_p + K_b = 2$$
$$K_a = -FC/OI = -1$$

根据前述分析模型，分析如下。

（1）单一因素变化。

1）价格变动时：

$$R = K_p R_p = 5\times(-4\%) = -20\%$$

所以价格变动将使利润减少20%。

2）单位变动成本变动时：

$$R = K_b R_b = -3\times(-2\%) = 6\%$$

所以单位成本变动会使利润增加6%。

3）产销量变动时：

$$R = K_x R_x = 2\times 5\% = 10\%$$

所以产销量变动会使利润增加10%。

4）固定成本变动时：

$$R = K_a R_a = -1\times(10/200) = -5\%$$

所以固定成本变动会使利润降低5%。

（2）所有因素均发生变化时：

$$\begin{aligned} R &= K_p R_p(1+R_x) + K_b R_b(1+R_x) + K_x R_x + K_a R_a \\ &= 5\times(-4\%)\times(1+5\%) - 3\times(-2\%)\times(1+5\%) + 2\times 5\% - 1\times 5\% \\ &= -9.7\% \end{aligned}$$

所以实施新管理系统后，几种因素均发生变化会使利润减少9.7%。

通过上例分析可知，单位售价的敏感系数最高，为5；其次是变动成本，敏感系数绝对值为3；销售量再次，敏感系数为2；固定成本的敏感最低，敏感系数绝对值为1。

从上面的分析中我们看到，销售量的敏感系数为2，大于1，也就是说，星辰制品厂销售量1%的变动会引起利润2%的变动。这种企业利润的变化率超过企业销售量变化率的现象称为经营杠杆。实际上，固定成本的存在是产生经营杠杆的原因。经营杠杆的大小用经营杠杆系数衡量，计算公式为：

$$经营杠杆系数=\frac{边际贡献}{营业利润} \tag{4-31}$$

经营杠杆系数越大，经营风险越大，利润对固定成本越敏感。业务量的增加不会改变固定成本总额，但会使单位固定成本降低，从而提高单位产品利润，使利润增长率大于业务量增长率。

敏感系数实际上是弹性的概念，企业在面对不同的销售量时，敏感系数是不同的。但在同一点，某个因素的敏感系数是不变的，因此在一个固定的点上，可以根据敏感系数，分析当因素变动不同的百分比时利润相应的变动程度，从而对影响利润的因素进行更好的控制。

案例

本-量-利分析在书店经营中的运用

面对大型书城和在线图书销售网站的激烈竞争，中小书店早已没有当年有书不愁卖，销售迅速增长的好时光。如何选择适销对路的图书品种，库存复本既保证不缺货又不过多地占用资金，销售折扣既要能吸引读者又要有利润，诸多经营中的问题让书店老板颇费心思。如何精打细算，在书店的经营活动中保持盈利？基于成本分析的本-量-利分析法可能是一个不错的经营决策依据。

王老板在苏州拥有4家中小型书店，面积均在200平方米左右，分别由4个门店经理负责其日常进销存等相关经营管理。王老板负责资金中心，统一管理4个门店的经营资金，并统一安排从批发市场和出版社进货、结算。王老板对各门店收取管理费并实行经营利润考核。

现在王老板遇到的问题是：观前街分店的经营情况不理想。由于该分店上交现金较少，王老板能感觉出该店经营情况不佳，但他不知道如何判断其是否盈利，怎样科学地制定该店店长的利润目标，如何指导分店经理提高经营绩效。这些问题一直困扰着王老板。王老板在中山大学读会计学的儿子王新给他出了主意。王新决定运用本-量-利分析的方法对书店的经营情况进行分析，找出改进书店经营的方法。于是他让下属几家门店的经理送来了书店的账本，A书店的销售-成本一览表如表4-3所示。

表4-3 A书店销售-成本一览表

单位：元

时间	销售额	销售册数	当月总成本	平均销售单价
20×7年5月	253 180	17 633	267 991	14.36
20×7年6月	414 493	31 161	420 808	13.30
20×7年7月	491 634	44 260	448 316	11.11
20×7年8月	195 205	16 695	270 059	11.69
20×7年9月	223 867	18 119	264 623	12.36
20×7年10月	252 321	18 357	290 757	13.75
20×7年11月	408 148	28 331	390 964	14.41
20×7年12月	362 314	27 282	366 462	13.28
20×8年1月	465 125	41 282	445 626	11.27
20×8年2月	340 431	27 038	349 188	12.59
20×8年3月	286 612	22 617	318 992	12.67
20×8年4月	316 830	23 914	354 481	13.25
20×8年5月	296 036	22 654	353 175	13.07
20×8年6月	614 974	53 824	549 626	11.43
20×8年7月	423 878	41 248	423 611	10.28
20×8年8月	263 021	21 067	323 688	12.48
20×8年9月	231 942	14 256	294 131	16.27
20×8年10月	259 518	20 287	303 664	12.79
20×8年11月	524 380	42 049	475 091	12.47
20×8年12月	425 908	37 603	416 903	11.33

拿到账本后，王新首先要做的是通过成本性态分析将所有成本分为固定成本和变动成本两大类。他首先想到了账户分析法，一般来说，书店的变动成本包括进货成本等，固定成本则包括房租、货架、人员工资、水电费等。通过分类归集这两类成本，就可以得到准确的成本构成。

不过王新很快发现这一方法行不通，因为下属门店的账簿不规范，科目不齐全。虽然可以得到每月的总成本，但无法将其划分成固定成本和变动成本。王新又想到了另一种方法：线性回归法。

由于书店在经营过程中销售的产品多种多样，因此图书定价不一，销售折扣也可能不同。但分析的目的是为未来的经营决策提供依据，为了在可对比的基础上得出能有效指导书店经营的结论，王新需要修改平均销售单价数据并调整销售册数，保证数据前后一致。

通过运用Excel分析，王新对每个月销售图书的平均单价再次计算平均值，在平均销售单价的基础上调整销售册数（销售额/平均销售单价），得到表4-4中的销量-成本构成数据，并进行总成本对销售量的线性回归，如图4-5所示。

表 4-4　A 书店销售-成本一览表（调整后）　　单位：元

时间	销售额	调整销售册数	当月总成本	平均销售单价
20×7 年 5 月	253 180	19 924	267 991	12.71
20×7 年 6 月	414 493	32 619	420 808	12.71
20×7 年 7 月	491 634	38 690	448 316	12.71
20×7 年 8 月	195 205	15 362	270 059	12.71
20×7 年 9 月	223 867	17 618	264 623	12.71
20×7 年 10 月	252 321	19 857	290 757	12.71
20×7 年 11 月	408 148	32 120	390 964	12.71
20×7 年 12 月	362 314	28 513	366 462	12.71
20×8 年 1 月	465 125	36 604	445 626	12.71
20×8 年 2 月	340 431	26 791	349 188	12.71
20×8 年 3 月	286 612	22 555	318 992	12.71
20×8 年 4 月	316 830	24 933	354 481	12.71
20×8 年 5 月	296 036	23 297	353 175	12.71
20×8 年 6 月	614 974	48 396	549 626	12.71
20×8 年 7 月	423 878	33 358	423 611	12.71
20×8 年 8 月	263 021	20 699	323 688	12.71
20×8 年 9 月	231 942	18 253	294 131	12.71
20×8 年 10 月	259 518	20 423	303 664	12.71
20×8 年 11 月	524 380	41 267	475 091	12.71
20×8 年 12 月	425 908	33 518	416 903	12.71

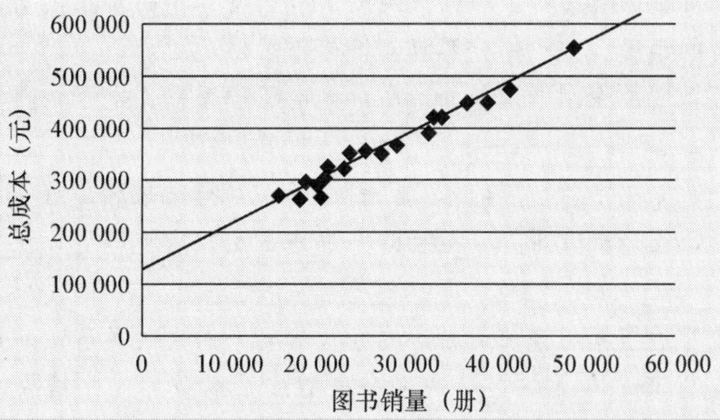

图 4-5　总成本对销售量的线性回归

根据以上数据，王新计算出书店每月固定成本为 128 754 元，单位变动成本为 8.567 2 元。

1. 盈亏平衡分析

由前述分析得到的成本构成和平均单价，根据本-量-利分析的基本公式，即

营业利润＝销量×(单价－单位变动成本)－固定成本

设公式中的营业利润为0，王新算出盈亏平衡销售量为31 079册。

2. 保利分析

根据保本点的销售量分析20×8年的销售历史数据，王新发现只有1月、6月、7月、11月、12月的销售实现了盈利，年度销售完成后净亏损近16万元。在上网查了门店经营的相关资料后，王新和王老板都觉得下一年1月的目标利润应该定在3万元。令营业利润等于3万元，王新算出保利点的销售量为38 320册。

3. 敏感性分析

为了进一步分析各指标对利润的影响程度，王新用20×8年12月的销售数据进行测算，结果如表4-5所示。

表4-5 测算结果

利润 P（元）	销售单价 p（元）	销售册数 x（册）	固定成本 a（元）	单位变动成本 b（元）	利润变化	变化说明
10 003.82	12.707	33 518	128 754.00	8.567 2	0	原始值
14 260.60	12.834	33 518	128 754.00	8.567 2	42.55%	p 变化1%
11 390.65	12.707	33 853	128 754.00	8.567 2	13.86%	x 变化1%
11 291.36	12.707	33 518	127 466.46	8.567 2	12.87%	a 变化1%
12 876.31	12.707	33 518	128 754.00	8.481 5	28.71%	b 变化1%

很明显，在书店的利润影响分析中，图书的平均销售单价对书店的利润影响最大。因此王新对王老板说，在增加书店利润的措施中，建议书店适当考虑增加高码洋图书销售量或降低销售折扣以提高平均销售单价，以便较大幅度地增加书店利润。具体措施为：在进货品种上增加旅游、时尚、休闲类图片多的中高价位图书，减少生活类、教辅类低价位图书品种。在同一类别图书中增加中高价位的引进图书，以此刺激中高价位图书的销售。由于部分客户对价格不敏感，对旅游、纪念类图书可以按原价销售。另外可以增加除图书以外的产品，如电子学习机、电子词典等高利润、高价位产品的销售。

至此，王新完成了对书店的本-量-利分析，并把结果和建议交给了王老板。看过儿子的分析后，王老板觉得儿子王新的办法还是比较有道理的，于是决定在观前街分店试行。

试行3个月后核算，观前街分店的经营状况果然大为改善。从以前每月亏损2万余元转变为盈利35 786元，上交的现金也增加了很多。对此结果，王老板感到很满意，决定在其他分店也开始推行儿子王新的建议。

资料来源：http://www.ybask.com/lunwen/jingji/201001/215190.html.

复习思考题

1. 什么是本-量-利分析？它的基本原理是什么？

2. 本-量-利分析有哪些基本假设?
3. 什么是盈亏平衡点?如何用公式法和图解法计算盈亏平衡点?
4. 影响盈亏平衡点的因素有哪些?如何影响?
5. 什么是安全边际率?
6. 什么是盈亏平衡作业率?
7. 什么是保利点?如何计算保利点?
8. 何为敏感性分析?它有何作用?如何进行敏感性分析?
9. 当品种结构改变时如何进行本-量-利分析?
10. 产销不平衡时如何进行本-量-利分析?

练习题

1. A企业只生产单一产品，该产品单位售价为75元，单位变动成本为45元，固定成本总额为60 000元，预计生产量和销售量均为5 000件。

要求：

(1) 计算盈亏平衡点销售量和盈亏平衡作业率。

(2) 计算安全边际及安全边际率。

2. 已知甲公司分别生产A，B，C三种产品，计划产销量分别为60 000件、60 000件和40 000件，企业固定成本总额为576 000元，单位产品相关资料如下：

项目	产品A	产品B	产品C
单价（元）	15	9	9
单位变动成本（元）	9	6	4.5
单位边际贡献（元）	6	3	4.5

要求：

(1) 计算甲公司三种产品的盈亏平衡点销售额和销售量。

(2) 假设三种商品的销售总额不变，但销售收入之比变为3∶4∶3，计算该情况下三种商品的盈亏平衡点销售额。

3. 太和实业生产一种汽车底盘，其销售和相关成本信息如下：

销售数量（套）	1 600
销售单价（元）	5 000
单位变动成本（元）	3 000
当月固定成本（元）	3 000 000

要求：

计算太和实业的安全边际量和安全边际率，并评价太和实业该产品销售的风险如何。

4. 请填写下列表格中括号内的项目。

产品	单价	单位变动成本	单位边际贡献	销售量	固定成本	营业利润	边际贡献率	变动成本率
A	10	6	（ ）	1 000	2 500	（ ）	（ ）	（ ）
B	（ ）	（ ）	4	2 000	（ ）	−100	（ ）	80
C	40	（ ）	2	（ ）	300	100	（ ）	（ ）

5. 某企业当月销售及成本信息如下：

销售数量（套）	3 500
销售单价（元）	2 500
单位变动成本（元）	2 000
固定成本（元）	1 500 000

要求：

（1）计算该企业的单位边际贡献和边际贡献率。

（2）计算该企业的经营杠杆系数。

（3）销售部门预测当价格降低到2 400元时，销售量会增加到4 000件，计算企业新的盈亏平衡销售水平，并判断企业是否应当降价。

6. 曙光机械厂今年计划生产和销售塑料模具1 000件，每件售价为20 000元，单位变动成本为12 000元，全年固定成本总额为5 000 000元，实现利润3 000 000元。

要求：

根据上述资料，回答下列问题。

（1）其他因素不变，若销售量上升10%，利润增加的百分比是多少？

（2）其他因素不变，若价格上升10%，利润增加的百分比是多少？

（3）其他因素不变，若单位变动成本下降10%，利润增加的百分比是多少？

（4）其他因素不变，若固定成本总额下降10%，利润增加的百分比是多少？

（5）曙光机械厂应重点关注哪个指标？

7. 某公司生产丙产品，单位售价为10元，单位变动成本为7.5元，固定成本总额为20 000元，预计实现销售量10 000件，预计实现利润5 000元。

要求：

（1）计算各产品的敏感系数。

（2）若固定成本增加5%，要维持利润总额不变，销售额应增加多少？

8. 大亨玩具厂当期计划生产A，B，C三种玩具，售价分别为20元、15元、10元，单位变动成本分别为12元、9元、5元，计划销售量分别为5 000件、2 000件、3 000件。三种玩具均通过同一生产线生产，固定成本总额为40 000元。

要求：

（1）计算三种玩具的综合边际贡献率。

（2）计算三种玩具的盈亏平衡销售额。

（3）当固定成本总额上升50%后，计算三种玩具的盈亏平衡销售量。

（4）在第（3）问的条件下，若目标利润为50 000元，计算三种玩具的销售量。

第 5 章 Chapter 5 作业成本会计

学习目标

1. 理解传统成本系统的缺陷和作业成本系统产生的背景。
2. 理解作业成本法的特点。
3. 了解如何进行作业分析和作业成本动因分析。
4. 掌握如何运用作业成本法计算成本对象的成本。
5. 了解作业成本法适用的条件。
6. 掌握如何使用作业成本系统进行作业管理。
7. 评估实施作业成本系统的成本和收益。

课程思政点

1. 智能制造与制造业降成本。
2. 作业成本管理与作业链、价值链、供应链、产业链的重构。
3. 不增值作业分析与消除浪费。

引导案例 厦门三德兴公司的成本困惑

厦门三德兴公司是一家生产硅橡胶按键的制造企业，主要为遥控器、普通电话、移动电话、计算器和电脑等电器设备制造按键。公司有 30 多年的发展历史，每年生产产品约 6 000 种，每月生产产品型号 300 多个，每月总产量多达 2 000 万件，月产值为 1 500 万元，员工约 1 700 人。企业的生产特点是品种多，数量大，成本不易精确核算。

近年来，公司经营越来越艰难，业绩持续下降。一方面，硅橡胶按键行业的竞争者增多，永发、旭日等企业纷纷加入；另一方面，由于通信电子设备的价格下降，硅橡胶按键产品的价格也不断下降，1994 年硅橡胶按键价格下跌了近 20%。硅橡胶按键行业已经变为买方市场。特别是 1997 年亚洲金融风暴造成整个硅橡胶按键市场需求量的大幅下降，硅橡胶按键生产商之间的竞争变得异常激烈，产品价格一跌再跌，已经基本处于产品成本的边缘，稍不注意就会亏本。此时，成本核算问题就凸显出来了。

公司主要采用传统成本法进行核算，即首先将直接人工和直接材料等计入产品的生产成本，然后将各项间接资源的耗费归集到“制造费用”账户，再以直接人工作为分配基础对整个制造过程进行成本分配。各产品当月分配到的制造成本，再除以当月生产的产品数量，从中可以得到产品的单位制造成本，将单位制造成本与直接材料和直接人工相加即得到产品的单位生产总成本。企业简单地将产品的单位总成本与产品单价进行比较，计算出产品的盈亏水平。

然而，硅橡胶按键早已从单纯的生产过程转向生产和经营过程。一方面，生产过程复杂化，厦门三德兴公司每月生产的产品型号多达数百个，且经常变化，每月不同，消耗物料达上千种，工时或机器台时在各生产车间很难精确界定，已经无法按照传统成本法对每个产品分别进行合理、准确的成本核算，也无法为企业生产决策提供准确的成本数据；另一方面，企业中的行政管理、技术研究、后勤保障、采购供应、营销推广和公关宣传等非生产性活动大大增加，此类活动发生的成本在总成本中所占的比重不断提高，且此类成本在传统成本法下同样难以进行合理的分配。如此一来，以直接人工为基础来分配间接制造费用和非生产成本的传统成本法变得不适用，公司急需找到其他更为合理的成本核算和成本管理方法。

资料来源：屈成鹰，沈艺峰．作业成本法：厦门三德兴公司应用的实地研究．财务与会计，2001（4）．

5.1 新制造环境对传统成本计算方法的冲击

5.1.1 以作业为基础计算产品或服务的成本

当代高新科技的蓬勃发展，尤其是在现代制造技术方面，如数控机床、智能机器人、电脑辅助设计和制造、柔性制造系统以及电脑整合制造的广泛使用，为生产经营管理进行革命性的变革提供了技术上的可能。为了有效地运用当代高科技的优势，以适应顾客个性化的需求，进而实现现代企业经营目标，企业管理思想发生了深刻的变化，形成了新的企业观。

这种新的企业观就是把企业看作为最终满足顾客需要而设计的一系列作业的集合体，形成一个由此及彼、由内到外的作业链。每完成一项作业要消耗一定的资源，而作业的产出又将一定的价值转移到下一项作业，按此逐步推移，直到最终把产品提供给企业外部的顾客，以满足他们的需要。最终的产出（包括产品和服务），作为企业内部一系列作业的集合体，凝聚了在各个作业上形成而最终转移给顾客的价值。因此，作业链同时表现为价值链；作业的推移也表现为价值在企业内部的逐步积累与转移，最终形成转移给企业外部顾客的总价值。从顾客那里收回转移给他们的价值，形成企业的收入。收入补偿各有关作业所消耗资源的价值之和后的余额，便成为从转移给顾客的价值中获得的利润。在企业的生产经营实践中，并不是所有的作业都可以增加顾客的价值。有些作业可以增加顾客的价值，称为增值作业；有些则不能增加顾客的价值，称为非增值作业。企业管理应索本求源，尽可能消除非增值作业，对增值作业也要尽可能提高其运作的效率，减少它们所消耗的资源，并尽可能提高可从顾客那里收回的价值。企业管理深入到作业层面，形成了“以作业为基础的管理”（简称作业管理），是继被誉为“科学管理之父”的泰勒于20世纪初创立“科学管理学说”以来，在企业管理上又一新的重大突破（余绪缨，2000）。它将“作业”作为企业管理的起点和核心，比传统地将“产品”作为企业管理的核心，在层次上大大地深化，这标志着企业管理历史上一个重大的革命性变革。这种管理革命提出了以作业为核心计算产品或服务成本的客观要求，成本计算方法的革新势在必行。

5.1.2 更加重视间接费用的合理分配

在高新技术环境下，企业的自动化程度提高，因此可以及时满足顾客多样化、个性化、小批量的商品需求。随着企业生产方式的变化，机器设备的价值越来越高，机器设备的维护费用、折旧费用也越来越高，加上高新技术环境维持费等间接费用的增加，造成了产品成本结构的重大变化，直接人工成本所占比例大大降低，而间接费用所占比例大幅上升。70年前，间接费用仅仅为直接人工成本的50%～60%，而今天大多数公司的间接费用为直接人工成本的400%～500%；以往直接人工成本占产品成本的40%～50%，而今天该比例不到10%，甚至仅为3%～5%。在这样的成本结构下，再沿用忽视正确分配间接费用的传统成本计算方法，就容易出现成本高估或低估。产品成本高估是指某产品虽耗用了相对较少的资源但报告的成本相对较高；产品成本低估是指某产品虽耗用了相对较多的资源但报告的成本相对较低。企业若低估产品成本，则可能接受表面上盈利而实际上亏本的业务；若高估产品成本，则会有被竞争者抢占其市场的风险，因为这些产品的成本实际上低于报告给管理层的数字，使企业丧失降低销售价格以阻止竞争者进入其市场并仍能获利的机会。

5.1.3 发展多种基础分配间接费用的方法势在必行

传统成本计算方法下，常用一个全厂范围的费用分配率，或者分部门的一系列的部门费用分配率来解决间接费用分配问题，这就是间接费用单一分配基础制度。在此制度下，制造费用按共同的基础及比率分配于各种产品。经常使用的分配基础包括生产的直接人工工时、直接人工工资、机器工时、产品产量、材料成本或主要成本、计划成本等。这种分配率的合理性取决于制造费用是否与上述分配基础相关，其中主要是与生产数量相关。虽然传统做法部分地满足了与生产数量有关的制造费用的分配，但是，在现代制造过程中，许多制造费用并不单一地与生产数量相关，一些在高新技术制造环境下很重要的制造费用（如机器调整准备费用）并不受生产数量或其连带指标的影响。而且，单一基础分配间接费用的方法往往造成成本信息的失真，因为它忽视了发生这些间接费用有多种原因，而各种产品生产受各种原因的影响是不同的。由此，必须改为按多种基础来分配各相关间接费用。

在传统的劳动密集型生产模式下，一般是手工生产或半机械化半自动化生产，此时，人工对生产环境起主导作用。这时，人工工时、人工工资或者机器工时表现出了与产品制造成本的因果关系，因此通常用它们来分配间接费用；在技术密集型或资金密集型高自动化生产模式下，机器设备往往对生产环境起主导作用，这时，机器工时与产品制造成本有最明显的因果关系。而且，在后一种生产模式下，往往会发生更多的辅助性的间接费用，如机器调整准备费用，这些费用的发生往往有其他的根本原因。

5.1.4 准时制的产生使传统成本计算方法越来越不适应

准时制生产系统（JIT）是20世纪70年代日本丰田公司生产系统首创，随后在西方经济发达国家也得到广泛应用的一种新的生产系统。准时制生产系统与传统生产系统的主要区别在于：传统生产系统是一种由前向后推动式的生产系统，该系统由原材料仓库向第一个程序供应原材料，把它们加工成在产品、半成品，转入第一道生产程序的在产品、半成品仓库，然后由第一道生产程序的在产品、半成品仓库向第二道生产程序供应在产品、半成品，由它们继续进行深加工，如此由前向后推移，直至最终完成全部生产程序，转入产成品仓库等待对外发运销售。由此可见，传统的推动式的生产系统中，前面的生产程序居于主导地位，后面的生产程序只是被动地接受前一道生产程序转移下来的加工对象。推行这种生产系统，在生产经营的各个环节存在大量的原材料、在产品、半成品库存，从而增加成本，造成浪费，降低了企业竞争力。新的准时制生产系统则与此相反，它采取的是由后向前拉动式的生产系统。在此生产模式下，企业以顾客订货所提出的有关产品数量、质量和交货时间等特定要求作为组织生产的基本出发点，即以最终满足顾客需要为起点，由后向前进行逐步推移，来全面安排生产任务（美国著名个人电脑生产商戴尔公司即采用了该种生产经营模式）；前一道生产程序只能严格按照后一道生产程序所要求的有关在产品、半成品的数量、质量和交货时间来组织生产，前一道生产程序生产什么、生产多少、质量要求和交货时间只能根据后一道生产程序提出的具体要求来进行。这一新的生产系统之所以称为准时制生产系统，是因为它要求原材料、外购零部件的供应能“准时”到达生产现场，直接交付使用，而无须建立原材料、外购零部件仓库储备；生产的各环节紧密协调配合，生产的前阶段按生产的后阶段进一步加工的要求，保质保量地生产在产品、产成品，并“准时”地送达后一加工阶段直接投入生产，而无须建立在产品、半成品库存储备；在销售阶段，生产出来的产品能保质保量地适应顾客的需要，并按照顾客的要求，“准时”地送到顾客手中，而无须建立产成品库存储备。由此可见，准时制生产系统要求整个企业生产经营的各环节能像钟表一样相互协调、准确无误地运转，达到尽可能高的效率和效益。

准时制要求成本计算要揭示与生产成本有关的成本动因。而这一点恰恰是传统成本计算方法力所不能及的。为此，发展以成本动因为核心的成本计算方法，已成为新的生产技术环境对成本计算方法改革的一种迫切要求。作业成本计算方法应运而生，它围绕生产经营作业，揭示成本发生的真实原因，并按各产品、劳务、作业耗用资源的事实，合理地分配成本，从而提供比较真实地反映产品、劳务、作业成本的信息。作业成本计算方法以分析作业（作业的成本与成本动因）为核心，重点在于改进和设计作业和流程，从而有效地控制和降低成本。

5.2　作业成本计算

5.2.1　相关的基本概念

1. 作业和作业链

作业就是企业为提供一定量的产品或劳务所消耗的人力、技术、原材料、方法和环境等的集合体。作业成本法将“作业”视为基本的成本对象，以作业成本作为将成本分配给其他成本对象（产品、服务或顾客）的基础，其运用原理如图5-1所示。

图5-1　作业成本法运用原理

在作业会计中，对“作业”可从不同的角度进行分类。下面是几种有代表性的分类。

(1) 杰夫·米勒（Jeff Miller）和汤姆·沃尔曼（Tom Vollman）这两位现代制造过程的研究者将作业分为如下四类：

1) 逻辑性作业。逻辑性作业是指订购、执行和确保材料移动的作业。忙于逻辑性作业的人员包括间接场地巡视工人以及从事接收、运输、数据登记、电子计算机处理的人员和会计人员。

2) 平衡性作业。平衡性作业是指将原材料、人工和机器的供应与需求配比的作业。采购、材料计划、生产控制、预测和计划的人员执行平衡性作业。

3) 质量作业。质量作业是指确保生产和规范一致的作业。质量控制、间接工程技术、采购等人员从事质量作业。

4) 变化作业。变化作业是指使生产信息现代化的作业。涉及计划、程序规范标准和材料清单制定的人员以及质量工程师从事变化作业。

(2) 按成本层次分类。罗宾·库珀（Robin Cooper）将作业分为以下四类：

1) 单位作业。单位作业是指使单位产品受益的作业，如机器的折旧及动力等。这种作业的成本与产品产量成比例变化。

2) 批别作业。批别作业是指使一批产品受益的作业，如对每批产品的检查、机器准备、原材料处理、订单处理等。这种作业的成本与产品的批数成正比例变动。

3) 品种作业。品种作业是指使某个品种的产品都受益的作业，如对一种产品编制数控规划、材料清单。这种作业的成本与产品产量及批数无关，但与产品品种数成正比例变动。

4) 工序作业。它是计算加工成本的基础。

5) 顾客作业。在库珀作业分类的基础上，彼得·B. 特尼（Peter B. Turney）又提出了顾客作业。顾客作业是指为特定顾客服务的作业，如为顾客提供技术服务的作业。

（3）按成本可归属性分类。特尼认为，若是小型公司，作业可分为两类：

1）成本对象作业。成本对象作业是指使产品或顾客受益的作业。为顾客提供技术服务是一个典型的成本对象作业。

2）维持性作业。维持性作业是指使某个部门或机构受益的作业，它与产品的种类和某种产品的多少无关。

（4）按成本性质分类。詹姆斯·A. 布里姆森（James A. Burimson）将作业分成三种情况：

1）重复作业和不重复作业。前者是以连续性为基础的，在作业会计系统内不断地维持投入、产出和处理过程的作业；后者是一次性作业，主要用于一次性工程项目。

2）初级作业和二级作业。前者是指一个部门或一个组织单位的基本职责，如工程部门的初级作业是产品设计和制造；后者是辅助组织作业，如辅助整个组织或组织中某个部门的二级作业，包括行政管理、监督、训练、秘书工作等。

3）必需的作业和酌量性作业。前者是一个组织必不可少的作业，后者是可以根据管理者的判断进行选择的作业。

通过从不同角度对作业进行分类，可以发现，现代企业实际上就是一个为了满足顾客需要而建立的一系列前后有序的作业集合体，这个有序的集合体称为作业链。

（5）按引起作业活动的动因类型来划分，一般而言，我们可以将这些作业划分为如下四类：

1）实物量作业。这一作业活动最终表现为一定的实物数量，比如生产的产品数量或提供的劳务量。在这一作业活动中，资源的消耗与所生产的产品或提供的劳务数量成一定比例关系。成本动因一般可用人工工时、机器工时或材料数量、产品数量来表示。

2）批次作业。在许多辅助生产部门中，作业活动的数量（如设备调整次数、取得订单的次数等）往往与批数有很大关系。与实物量作业相比，批次作业的资源消耗与产品或劳务数量没有直接关系，而是取决于作业的次数。在传统成本法下，往往将批次作业所发生的费用视为固定成本，这是因为从成本性态的角度去理解，它与实物量并不构成比例关系。但不可否认，如果将每一批次作为一个计量单位，则批次作业的资源消耗也是一种变动成本，因为批次越多，所发生的成本就越多。

3）产品辅助作业。产品辅助作业是直接为产品生产或劳务提供服务的作业活动。如新产品开发、设计、设备检验等。

4）客户辅助作业。客户辅助作业的目的是将产品或劳务提供给客户，这一作业与产品数量没有直接关系，如市场调研、售后服务、广告宣传等。

2. 价值链

价值链是分析企业竞争优势的根本，它与服务及顾客需求的作业链密切相关。按照作业会计的原理，产品消耗作业，作业消耗资源，作业转移的同时伴随着价值的转移，最终产品是全部作业的集合，同时表现为全部作业的价值集合。因此可以说，作业链的形成过程也就是价值链的形成过程。改进作业必须分析企业的价值链。

价值链分析是作业管理的关键，它的目标是发现和消除对企业价值链没有贡献的作业（如根据准时制的要求安排生产和采购计划，消除存货积压），提高其他部门的工作成效（如改善顾客服务质量，提高反馈速度等），这为作业成本管理明确了努力的方向。

3. 成本动因

（1）成本动因理论。卡普兰（Kaplan）和库珀批评传统成本计算系统仅仅分配了间接成本，却没有着眼于这些成本究竟从何而来。他们认为，作业成本法要把间接成本与隐藏其后的推动力联系起来。这种隐藏在间接成本之后的推动力就是他们所称的成本动因。

成本动因是决定成本产生及其量的大小的根本原因。成本行为由成本动因支配。要把间接成本分配到各产品中，首先要了解成本行为，以便识别出真正的成本驱动因素。按照这种观点，对短期变动成本应该利用数量相关成本驱动因素，如直接人工工时、机器工时、直接材料成本等。但是，对于长期变动成本中的绝大部分，采用数量相关的成本动因是不合适的，因为这些成本由各种各样更复杂的因素驱动，而并非由简单的数量因素驱动。许多成本的变动并非由产量变动引起，而是由生产的产品品种范围决定。如果仅是产量发生变动而生产的产品品种范围不变，则长期变动成本也相对不变，但若产量不变，生产的产品品种范围发生变动，则辅助部门的成本将随之变动。

因此，用数量相关的成本驱动因素把辅助部门的成本分配到各产品中，计算出的产品成本势必发生扭曲。事实上，产量低的产品对某些辅助部门的需求并不一定低。按数量成本驱动因素分配间接成本的结果只能是：产量高的产品负担的间接成本将超过其实际耗费，产量低的产品则情况相反。产生这种情况的根本原因在于：许多间接成本是由各种活动驱动的，这些活动主要表现为各辅助部门提供的某种产品所需要的活动量与该产品产量并不成比例，有时会相差很大。一般来说，越是具有专门用途的低产量产品，从长期看，其间接成本越会增加，在数量基础分配体系下，这些增加的单位成本中的大部分要由那些产量高、发展平衡和连续生产的产品来负担，从而造成成本信息的扭曲，甚至导致企业管理层在产品决策上的失误。

从上述内容不难看出，成本驱动因素可划分为两类：第一类是数量相关成本驱动因素，或称数量基础成本驱动因素，它们导致短期变动成本的发生，因此也是短期变动成本的分配基础；第二类是作业量或事项基础成本驱动因素，它们导致长期变动成本的发生，因此也应成为长期变动成本的分配基础。

至于作业量基础成本驱动因素的具体内容，卡普兰和库珀认为就是各辅助部门所从事的各种活动，主要包括以下四种：1）各种产品的生产批次，它驱动生产计划制定、产品检验、材料管理和设备调试等成本的发生；2）接收货物订单的数量，它驱动收货部门成本的发生；3）发送货物订单的数量，它驱动发货部门的成本；4）采购、供应和顾客的订单数量，它们驱动与原材料库存、在产品和产成品库存有关的成本。除以上四种外，卡普兰和库珀正在尝试的其他成本驱动因素还包括每月工程变动指令的平均数、原材料供应商数量、平均单位产品的零部件数、目前能满足其要求的客户数。

成本动因理论的提出完善了流行已久的成本会计中的成本性态理论。过去人们按照成本与产量之间的变动关系，将成本区分为变动成本与固定成本两类，所有半变动成本最终也要分解划归为变动成本或固定成本。卡普兰和库珀认为，应当将变动成本进一步区分为短期变动成本和长期变动成本。其中，短期变动成本即指原来意义上的变动成本，这些成本以数量为基础，并与产品产量成比例变动；长期变动成本则是以作业量为基础，并随作业量的变动而变动。例如，生产计划制定成本主要是由每种产品的生产批次引发的，在大量生产的情况下，生产计划制定成本的高低将取决于有多少生产批次需要制定计划，而并非取决于有多少数量单位的产品要生产。由此可知，决定成本高低的不是数量基础——产量的多少，而是作业量基础——需要制定计划的生产批次。需要说明的是，作业量的变化与长期变动成本的变动并不是同步的，两者之间往往存在一个时间差，也就是说，本期活动量的增减并不一定会引起本期的长期变动成本的相应变化，其影响可能要到下期或更长一段时间之后才能显现。而这一点恰恰是长期变动成本与短期变动成本之间的区别所在。正是由于长期变动成本的这一特点，在传统成本计算系统中，通常把这部分成本视为固定成本。在作业量基础成本系统中，固定成本仅指那些在一个既定时期内不随任何作业量的变动而变动的成本。库珀教授在1987年进行研究所取得的证据表明，这种固定成本在全部制造成本中只占较小的比例。

（2）成本动因的三大模式。成本动因与相应成本之间是否存在因果关系，这是确认成本动因的基本前提。否则，就不能确认相应的作业单元与作业中心，无法进行作业成本计算。成本动因与相应成本的因果关系大致有以下三种模式：

1）成本与成本动因之间存在实物关系。例如，以产品产量作为材料成本动因，就是实物关系。显然，产量增减与材料成本之间存在正相关的增减关系。

2）合同协议决定因果关系。若某公司就使用一条北京至上海浦东的电话专线与通信公司进行谈判。对此，通信公司提出三种方案：第一，电话使用费为每分钟2元，这样这条专线的电话费就成为与通话时间相关的变动成本；第二，每月租金为7 000元，则这条专线的电话费就是与通话时间长短无关的固定成本；第三，每月基本租金为4 000元，另外电话使用费为每分钟1元，使这条专线的电话费成为一种包括4 000元固定成本和随通话时间长短同比例增减的每分钟1元的变动成本，从而决定了不同的通话时间单位通话成本不等。同一事项三种方案，成本动因就不一样，企业成本动因究竟怎样，取决于企业在上述三种方案中选择哪种方案。在这里，合同协议决定了成本动因的因果关系。

3）经营逻辑体现因果关系。例如，一个由多部件组成的产品会比由少部件组成的简单产品，发生更多的设计成本。

然而，并不能轻易把两个变量之间的高度相关性或联系解释为两者存在因果关系。A和B两个变量之间的高度相关性仅仅表明两个变量同时变动。A可能引起B的变动，B也可能引起A的变动，A和B可能相互作用，又或者两者都受到第三个变量的影响，又或者两者之间的相互关系可能出于偶然。高度相关并不能保证有因果关系。

例如，一般情况下，产量越大，发生的材料成本和人工成本就越高。材料成本和人工成本高度相关，但并不互为因果。因此，在确定成本动因时，应正确把握并运用确立成本因果关系的基本原则。

成本动因是引起成本的决定性因素，是导致成本发生的根本原因。由于远离生产等原因，成本动因不容易发现。例如，以规模或范围表示的报酬率的增加或减少、生产或经营过程复杂程度的增加。某些成本动因可能引起其他作业成本的变动。

（3）成本动因按其在作业成本会计中的作用分类。

1）资源动因。按照作业成本会计规则，作业量的多少决定资源的消耗量，资源消耗量的高低与最终的产品量没有直接的关系。资源消耗量与作业量的这种关系称作资源动因。资源动因作为一种分配基础，反映了作业中心对资源的耗费情况，是将资源成本分配到作业中心的标准。在分配资源的过程中，由于资源是一项一项地分配到作业的，因此产生了作业成本要素。将每个作业成本要素相加就形成了作业成本库。通过对成本要素和成本库的分析，可以揭示哪些资源需要减少，哪些资源需要重新配置，最终确定如何改进和降低作业成本。

2）作业动因。作业动因作为成本动因的一种形式，是将作业中心的成本分配到成本对象（产品或劳务、顾客）中的标准，也是资源消耗与最终产出沟通的中介。通过实际分析，可以提示哪些作业是多余的，应如何改进，如何降低作业的成本。

（4）成本动因按其性质分类。

1）积极性成本动因。积极性成本动因是指能够产生收入、产品或利润的作业的动因，如销售订单、生产通知单等。

2）消极性成本动因。消极性成本动因是指引起不必要的工作和利润减少的作业的动因，如重复运送产品等。

（5）根据现在西方大多数学者的看法，成本动因大致可以分为三大类型，包括业务动因、持续动因和强度动因。

1）业务动因。它包括生产准备次数、取得订单数量以及设备调试次数等。业务动因假设不同的生产对象具有相同的耗费性质，即执行每次作业的成本（包括耗用的时间和单位时间耗用的资源）相等，它们的差别仅仅在于批次。

业务动因的计量成本最低，但准确性最差。对于大多数作业而言，由于每一批次所发生的成本差别不大，可以采用这一动因。对于差别较大的作业，就不能采用这一方法，而应寻求更加准确的动因。

2）持续动因。持续动因表示每一项作业耗用的时间，它运用于不同性质产出具有完全不同的耗费的作业。例如，A产品属于简单产品生产，调试一次只需1小时，而B产品属于复杂产品生产，调试一次需要5小时。持续动因多以小时作为计量单位，如调试时间、生产准备时间以及直接人工工时等。

与业务动因相比，持续动因更加准确，但计量成本更高。因为业务动因只需计量次数多少，而持续动因还要计量每次的时间耗费，所以究竟应该选用业务动因还是持续动因，同样离不开成本效益原则的考量。

3）强度动因。对于有些作业活动而言，即使采用持续动因可能也不够准确。强度动因是在某些特殊情况下，将作业执行中实际耗用的全部资源单独归集，并将该项单独归集的作业成本直接计入某一特定产品。例如，一些较为复杂的产品生产，调试一次需要特定时间以及特定技能的人员及其设备。持续动因假设每一单位时间的资源耗费是相同的，强度动因却认为不同生产的单位时间耗费有较大差异。在这种情况下，作业成本可以直接归集于产品或劳务。

强度动因是最准确的一种方法，但计量成本最高。这一方法需采用分批成本计算法的思路，将每一特定订单所耗用的资源单独归集。一般这一方法适用于那些较为复杂而价值较大的作业活动。

从理论上讲，任何一项作业活动都可以在以上三大作业动因中任意选择，例如，对现行产品生产进行工程改造作业，我们可以进行如下选择。

第一种选择：每次改造所耗费的成本。（假定每次改造的成本耗费是完全相同的。）

第二种选择：改造的单位时间所耗费的成本。（假定尽管每次改造所耗费的时间不同，但单位时间的耗费是相同的。）

第三种选择：每次改造实际耗费的成本。（假定每次工程变化的时间耗用及单位时间所耗的资源是不同的。）

同样，就销售作业而言，我们计算作业耗费也存在三种选择。

第一种选择：每一客户的成本。（假定所有客户耗费相同。）

第二种选择：每一客户单位时间成本。（假定每一客户所耗费时间不同，但单位时间的耗费相同。）

第三种选择：每一客户实际成本。（假定每一客户所耗费时间不同，单位时间所耗费的成本也不同。）

成本动因的选择具有一定的主观随意性，它是准确性与计量成本的一种权衡。一般来说，作业划分得越细，动因数量就越多，成本计算也就越准确，但计量成本就越高。作业成本动因的选择是作业成本计算的中心环节。这一选择有时代价很高。因为客户与产品在不断变化，而它们所涉及的作业又不完全相同，所以选择带有共性的作业成本动因就显得特别重要。从西方的统计资料来看，一个企业的作业成本系统一般选择30～50个成本动因，大致可以满足成本计算的要求，也能够在大部分企业的信息系统中运用。

4. 成本库

成本库是由同质的成本动因组成的成本费用，应对库内同质费用的耗用水平负责。

5. 作业成本观

作业成本观是一个二维的观念，它包括成本分配观和过程分析观，如图5-2所示。

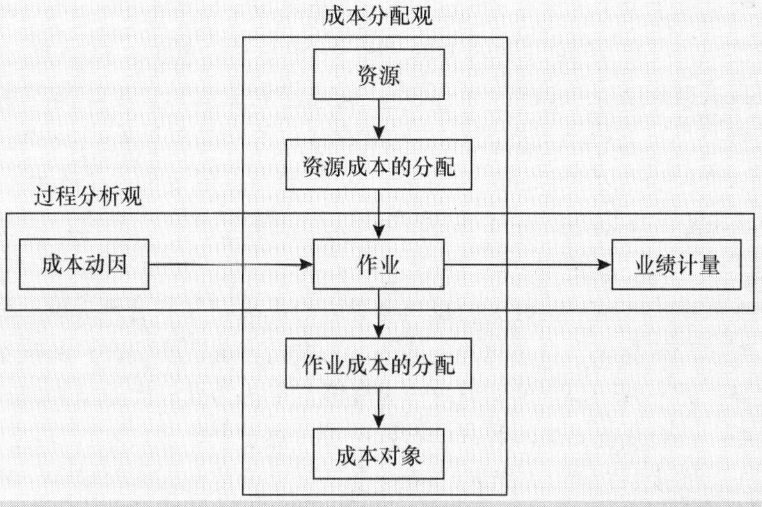

图5-2 作业成本观

图5-2的垂直部分反映了成本分配观。它说明成本对象引起作业需求，而作业需求又引起资源的需求。这是成本分配的资源流动。成本分配观的成本流动却恰好相反，它从资源到作业，而后从作业到成本对象（产品、服务或顾客）。成本分配观从成本流动与资源流动两个侧面全面地提供有关资源、作业和成本对象的信息。图5-2的水平部分反映了过程分析观。它为企业提供有关何种原因引起作业（成本动因），以及作业完成得如何（业绩计量）的信息。企业利用这些信息，可以改进作业链，提高从企业外部顾客获得的价值。作业成本法从纵横两个侧面为企业改进作业链、减少作业耗费、提高作业的效益提供信息。

5.2.2 作业成本计算的含义及本质

作业成本计算（简称ABC）是通过对作业进行动态的追踪反映、计量作业和成本对象的成本，评价作业业绩和资源利用情况的方法。由于它是以资源流动为线索，以资源耗用的因果关系为成本分配的依据，因此大大拓展了成本核算的范围，改进了成本分配方法，优化了业绩评价尺度，提供了比较准确的成本信息，更好地满足了各方面对成本会计信息的需求。

作业成本计算贯穿企业生产经营管理的始终，通过对所有作业活动进行追踪、动态反映，更好地发挥其在决策、计划和控制中的作用，促进企业生产经营管理水平的不断提升。因此，作业成本计算不仅是先进的成本计算方法，同时也是实现成本计算与成本管理控制相结合的有效的全面成本管理控制制度。它和传统成本计算方法不同，从以“产出”为中心转移到以“作业”为中心，通过对作业成本的确认、计量，为尽可能消除非增值作业、改进增值作业及时提供有用信息，从而促使有关的损失、浪费降到最低限度。

作业成本计算与传统成本计算最大的不同在于它不是就成本论成本，而是把着眼点放在成本发生的前因后果上。从前因看，成本是由作业引起的，形成一个作业的必要性如何？从后果看，作业的执行以至完成，实际耗费了多少资源？这些资源的耗费能对产品最终提供给顾客的价值做出多大的贡献？对所有这些问题做出分析，可以有效促进企业改进产品设计，提高作业完成的效率和质量水平，在各环节减少浪费并尽可能降低资源消耗，寻求最有利的产品和顾客以及相应最有利的投资方向，从而使企业不断改进，企业生产经营整个价值链的水平不断提高。所以作业成本计算提供的动态信息可以促使作业管理把重点放在产品设计等基本环节的改进和提高上。

作业成本法的重点是解决间接制造费用的正确归集和合理分配问题。从成本的构成看，在生产智能化、自动化的条件下，一方面，制造费用在产品成本中所占的比重大大提高；另一方面，它的构成内容也逐渐复杂。为此，无论从提高产品成本计算的正确性看，还是从提高成本控制的有效性看，都要求作业成本计算把工作重点放在制造费用上，实现制造费用核算的革命性变革。在传统的成本计算中，产品成本除直接材料、直接人工外，其余的都归入制造费用；对归集起来的混杂的制造费用，采用单一的分配标准，按各产品所用的直接人工工时或机器工时的比例进行分配，形成了各种产品应负担的制造费用份额。这样做的结果往往是：生产量大、技术并不很复杂（不是很精密）的产品成本偏高，而生产量较小、技术比较复杂（比较精密）的产品成本偏低，形成不同产品之间成本的严重扭曲。这导致成本指标不能如实反映不同产品耗费的基本面貌。而以作业成本法取代传统的成本计算法，就能够较好地解决这一问题。解决问题的基本途径是：缩小制造费用的分配范围，由全厂统一分配改为由若干成本库分别分配，即按引起制造费用发生的多种成本动因进行分配。作业成本法通过分别设置多样化的成本库并按多样化的成本动因进行制造费用分配，使成本计算，特别是比重日趋增长的制造费用按产品对象化的过程大大明细化，从而使成本的可归属性大大提高。与此同时，在采用准时制生产系统的条件下，由于要求在供、产、销各环节实现“零库存”，按照作业成本计算所确定的“产品成本”，同时也就是这一期间所发生的“期间费用”，使产品成本和期间费用趋于一致，成为一种非累积性的成本计算。与传统的受期初、期末存货成本结转影响的累积性的成本计算相比，这是成本计算的一个重大转变。作为一种明细化的非累积性成本信息系统，作业成本计算可区分不同产品，对所有作业活动进行动态反映，自始至终追踪其现金流入与流出的全过程。这样，可使管理上经常全面地掌握不同产品在不同时期的现金流量，为正确计量与考评各经营项目、单位、个人业绩提供了十分有用的成本信息。

此外，作业成本计算一方面把资源的消耗（成本）和作业联系起来，进而把作业和产品联系起来；另一方面，把企业内部系列作业提供给顾客的积累的价值和企业的收入（顾客的认同价值）联系起来。顾客认同价值综合反映了企业产品、劳务对顾客需要的满足程度。作业成本计算完整、正确地描述提供给顾客的最终价值的形成过程（由价值链体现）和各种资源耗用的真实过程与数量（体现在作业链中），这种系统信息可以促进企业生产经营的各环节协调一致，共同为实现企业的经营目标做出最大的贡献。

5.2.3　作业成本计算的一般过程

1．分析与确认作业

如前所述，作业是一个组织为达到其组织目标而开展的具体活动。在此，我们以典型的社会组织——企业为主要对象。在企业中，作业就是为提供一定量的产品或劳务消耗人、财、物、信息等的活动。C. T. 亨格瑞（C. T. Horngren）认为，作业可定义为不论制成品的特性是什么，均须重复执行的标准化方法和技巧。作业一词泛指某类活动。

（1）作业的分类。如前所述，在实务中比较多的是采用罗宾·库珀的分类，将作业分为单位作业、批次作业、品种作业、顾客作业和维持性作业。

（2）寻找作业的方法。寻找作业的方法主要有业务职能活动分解法、过程定位法、价值链分析法和作业流程图法。

1）业务职能活动分解法。按作业成本计算目标和重要性原则来分解。作业成本计算目标不同，分解作业的要求不同。若要制定价格策略和生产发展战略，就应准确地确定各产品的成本及获利能力，为此，要求作业的定义较为广泛，对作业分解得十分细致。如果仅要求找出非增值作业，以有效地降低现有成本，则只需分析特定活动的真实成本，作业的定义较为狭窄，分解作业就不要很细致。重要性原则要求规模大的活动划分作业要细致，规模小的活动划分作业可相对粗略。

2）过程定位法。找出生产经营阶段的不同作业，按这些作业的不同地位及作用，分别确认为过程作业、支援作业、产品线作业等。过程定位，即根据作业是直接随某一特定产品被确认为加工作业，还是取而代之被分类为加工辅助作业、组织和设施辅助作业、顾客/市场辅助作业、产品/产品线作业来进行定位。这个过程也称为产品成本的层次分解。

3）价值链分析法。价值链分析法是把企业职能的每个部分看作基本的和有价值的因素。如前所述，作为扩展价值链的组织如图 5－3 所示。

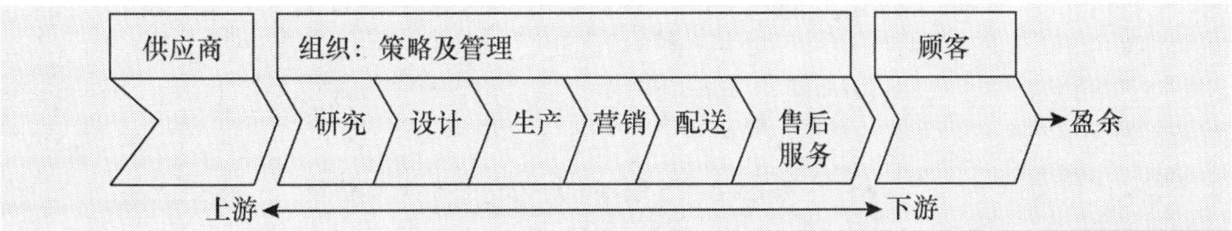

图 5－3　作为扩展价值链的组织

扩展的价值链强调上游各方（如供应商）和下游各方（如顾客）是总体价值链分析的基本组成部分。“优先考虑顾客的满意程度”强调对价值链各方总体把握的重要性。

价值链分析具有多种功能。首先，它能找出无效或低效的作业，从而为改善企业成本、提高企业竞争能力提供有用的分析工具。其次，它能协调企业内部各项活动，使之按成本最小、收益最大的原则进行，创造企业的竞争优势。再次，对比同行的价值链，可以发现价值链的异同，重新配置优化企业的价值链，从而改变企业的成本构成，树立新的经营理念，在激烈的市场竞争中扬长避短，立于不败之地。最后，价值链分析为企业控制成本驱动因素提供了可靠依据。价值链分析提供了控制成本驱动因素的主要领域：第一，控制规模。通过兼并、增加产品品种、扩大市场等方式可以降低成本，但必须保持各作业在创造价值上的平衡，否则一项作业价值提高，可能会导致另一些作业价值减少，最终降低企业总体价值。第二，控制学习效应。学习效应是指随着个体、群体或组织某方面经验的增加，相应的单位成本会下降。保护并促进学习效应是提高企业竞争力的关键，尤其是确保企业学习效应不外流，更是当前商业竞争制胜的诀窍。第三，控制联系。改善企业内部与外部各项作业的联系，缩短作业间衔接时间，减少各作业滞留资源数量，提高各作业的效率，能有效地降低总体成本。第四，控制时机。对各种作业，只有准确把握衔接的时机，才能取得高附加价值。

4）作业流程图法。作业分析试图描述企业所做的一切，即时间、资源等是如何消耗的，作业的投入和产出各是多少。但是，作业不一定正好与组织的传统职能部门一致。有时作业是跨部门的；有时，一个部门就完成好几项作业。因此，可借助作业流程图来构造作业体系。

现以普通制造业公司为例，说明作业流程图分析法的基本做法。一个普通制造业公司的作业流程图如图5-4所示。

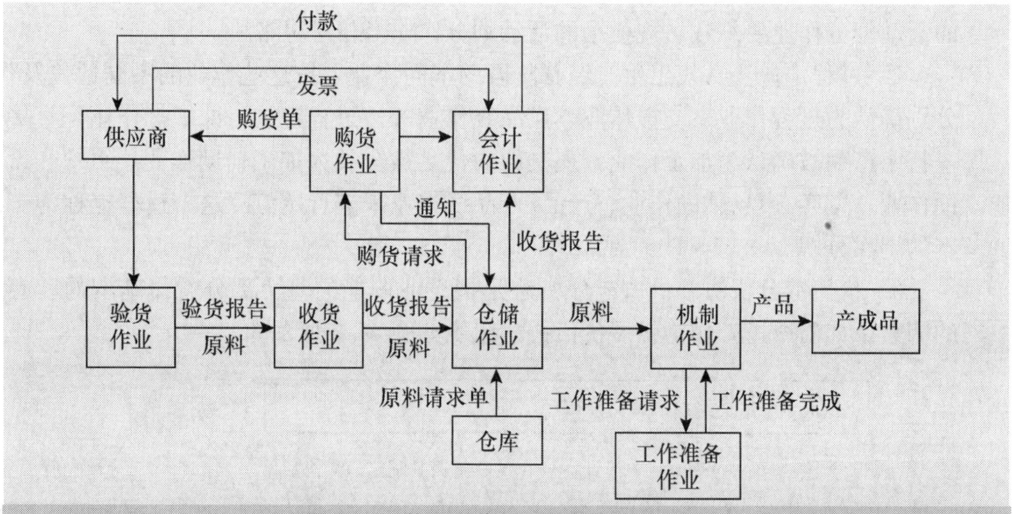

图5-4　普通制造业公司的作业流程图

图5-4清楚地描绘了购货、验货、收货、会计、机制、工作准备等作业是怎样进行的以及它们之间的相互联系。

很多时候，一项作业带动另一项作业的执行。从图中可以看出，系统的起点是仓库，它向仓储作业发出原料请求单。若还有原料，即将原料送往机制作业，如现在无原料，就要向购货作业发出购货请求，购货作业向供应商发出购货单，再把购货单副件送往验货作业。验货中心检查货物的质量和规格后，把收到的原料连同验货报告送往收货作业，收货作业清点完货物，把原料连同收货报告送往仓储作业。如果仓储管理人员接收了货物（送来的货物也可能因损坏而被拒收），所需要的原料立即被送往机制作业加工。同时，向会计作业送去收货报告，用作付款凭据（如果货物没有损坏）。有时机制作业会发出工作准备请求，工作准备作业收到请求后，即进行工作准备，一旦机制作业完成，加工的产品就被送往产成品库（终点）。

（3）建立作业中心。作业中心是构成经营过程的各种作业的集合。当一个职能部门被分解为多项作业时，作业中心显得特别有用，这个系统的主要目标是正确反映经营过程的成本。例如，企业想了解经营过程中为取得所需的原材料、元件、间接材料和外加工服务而发生的成本。为确定这些成本，职能部门（例如采购部、材料处理部、运输部、收货部、检验部、应付账款部和质量控制部）将被分解为包括与其努力相关的所确认的四种经营过程在内的各种作业。每一职能部门的作业将加入每个经营过程的作业中心以获得满意的成本信息。

这表明，作业成本计算以作业为核算对象，成本的归集不再像传统成本法那样按环节或空间进行，而是按成本动因自始至终一贯到底，即以作业中心归集成本。这样，成本性态和责任成本概念就被赋予了新的含义。

（4）成本的重新分类。依据新的作业成本理念，企业成本将被重新分为两大类：材料成本和作业成本。材料成本是指明显与某一特定产品或劳务相关，并且非常容易追溯到特定的产品或劳务的成本。这类成本在传统的成本计算中一般当作直接成本处理，其正确性不受成本分配方法的影响，这种处理方式在作业成本会计中将得以保留。作业成本是发生在组织内部的为完成或辅助作业所涉及的转换成本，这些成本将包括全部的人工和追加的福利费用以及在传统成本会计系统中被当作制造费用处理的其他成本。

作业成本计算对成本组成的新见解如图5-5所示。

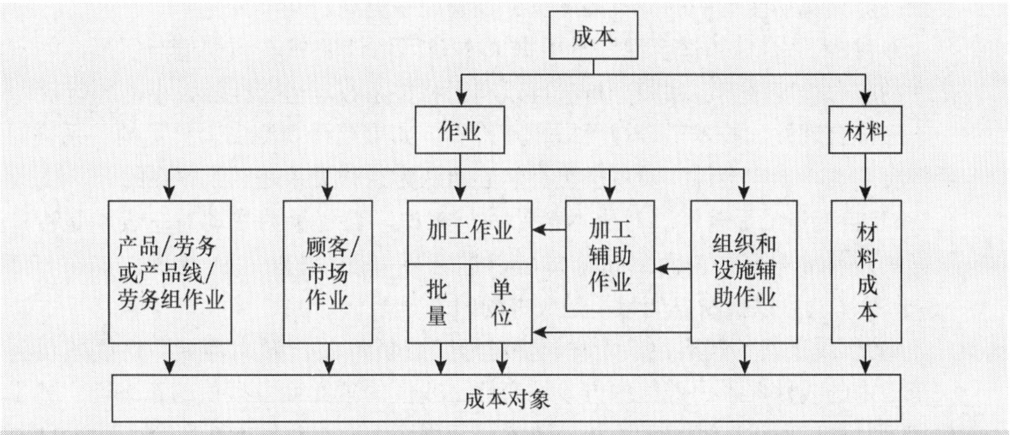

图5-5 作业成本计算对成本组成的新见解

材料成本可以直接追溯到产品或劳务，其产量指标即耗用量指标驱动了成本。作业成本可以追溯至作业，作业动因导致成本发生。每一作业累积的成本最终将追溯至每一产品、劳务或其他作业，这成为作业成本计算的主要内容。

将组织和设施辅助作业成本追溯至产品或劳务是否合适，取决于不同的情况和信息的使用。在大多数部门中，由于这些类型的作业与组织内发生的其他作业无关，因此当观察组织的产品或劳务的任一特定子集的成本时，将这些作业排队是合适的。

在加工支援作业上累积的成本可以追溯至包含使辅助作业成为必要成本动因的加工作业。机器作业的设备维修、操作房的维护辅助、焊接作业的工程辅助或支援全组织的人力资源可以通过诸如机器工时、操作的数量、新焊接操作的数量或雇员的人数等成本动因进行追溯。

最有代表性的成本动因通过采用每一种产品或服务作业的消耗量将加工作业成本追溯到产品或劳务，要牢记：有些作业是辅助每一批量的产品，有些作业则是辅助每一个单位的产品。

也可以选择动因将累积在各种顾客/市场、产品/劳务或产品线/劳务组作业上的成本追溯至企业的某些产品和劳务的子集，即这些产品或劳务使得成本成为必要。单个作业会有多个成本动因，在这种情况下，必须决定是选择最有代表性的成本动因来追溯作业的全部成本还是将单个作业进一步细分以满足多个成本动因的需要。

2. 分析与确认成本动因

（1）确定成本动因关系的原则。选择成本动因，首先要满足相关性和可计量性。

1）相关性。成本动因要与它所对应的成本库的作业成本相关。

2）可计量性。成本动因一定要可以计量，比如机器工时、人工工时、批次、检验次数等。

如果通过回归模型来找成本动因，则因变量是成本，自变量是成本动因。使用回归分析得出正确结论，必须遵循以下原则：

1）经济合理性。如前所述，因变量与自变量之间的基本关系应具有经济意义，并与管理人员和会计人员的直觉相吻合。例如，通用汽车公司灯具部的管理人员认为复杂的灯具比功能单一的灯具的测试和检查成本更高。

2）技术适合性。适合性计量根据成本动因估计的成本预期值与实际成本观测值之间的吻合程度做出。回归分析法可以利用相关系数对适合性的大小进行计量。

经济合理性和技术适合性可以相互检验。如果统计观测资料显示的关系同时具备经济合理性，成本会计人员就会更有信心地认为这种关系是客观存在的。

3）自变量的显著性。对成本会计人员来说，自变量的变动对总成本是否产生显著影响是非常重要的。而回归分析可以进行显著性检验，即 t 检验。如果 t 值很小（小于 2），就可以推断自变量不是成本动因。

4）假设条件的现实性。为此，要对回归分析的假设做出检验，这些假设包括相关范围内的线性关系、残值的方差不变性、残值的独立性及残值的正态性。如果统计模型满足这些假设，使用者可从简单的回归程序中得到对成本性态令人满意的估计。

成本动因是回归模型中满足上述原则的自变量。借助回归分析，以历史资料为基础，可以确定成本动因。管理人员和会计师必须在利用不同自变量建立的不同的成本因果关系中进行选择。例如，第一个成本动因可能用机器工时作为自变量；第二个成本动因的自变量可能是直接人工工时；第三个成本动因则可能兼用这两个自变量。

管理人员要利用上述原则对这些不同的成本动因进行选择。其中，经济合理性和技术适合性尤为重要。

（2）分析成本动因层次。成本动因层次表明不同水平的成本动因（如件数、次数、批数等）对成本的影响。正确认识成本动因层次，可以确定关键作业，从而建立作业中心，有的放矢地实施作业成本计算。一般，企业成本动因可分为四个层次：1）企业运行成本，即无法分配到特定的产品或劳务，支持整个组织运作所消耗的资源。期间费用的大部分就属于这类成本。2）单位产出成本，即单位产品或劳务所消耗的资源，属于混合成本。3）批数成本，即一组产品或劳务而不是单位产品或劳务所消耗的资源，如设备调整成本、订货成本、材料处理成本等，这些成本受调试次数、交货次数、处理批数的影响，而不受设备使用时间、订货总额、处理数量的影响。4）产品维持成本，即为支持特定的产品或劳务而消耗的资源，它不能追溯到产品的单位个数或批数，其成本动因极其复杂。对成本动因进行层次分析的结果如表5-1所示。

表5-1 成本动因层次分析

项目	第一层	第二层	第三层	第四层
成本	企业运行成本	单位产出成本	批数成本	产品维持成本
会计处理	计入 当期损益	计入 产品或劳务	计入 特定作业	计入 特定产品或劳务

结合上面介绍的成本动因层次与价值链分析理论，列出价值链中不同经营活动的重要成本动因，如表5-2所示。

表5-2 经营活动的重要成本动因

公司不同职能	成本动因举例
研发	计划的数量 计划所费的工时 计划的技术复杂性
产品、劳务及过程的设计	产品的数量 产品零部件数量 设计的时间
生产	生产的数量 生产步骤或阶段 技术变化指令次数 直接制造人工工时
销售	广告次数 销售人员 销售数额
配送	配送产品数量 顾客规模配送 产品的重量 配送的距离

续表

公司不同职能	成本动因举例
顾客服务	服务电话次数 服务产品数目 产品服务时间 服务调研次数
策略与管理	董事会成员数 政府新条例数目 法定工作时间

上述活动中，有的成本动因是单位产出成本动因（如生产或发货数量）；有的是批数成本动因（如设备调试或服务要求的次数），还有的是产品维持成本动因（如技术变化指令次数），另一些则可能既有单位产出成本动因特性，又有批数成本动因特性。这些成本动因有些可依据会计制度计量，有些则属于非财务度量，是无法依据现行会计制度计量的。作业成本会计的产生为弥补传统会计制度的不足开辟了一条新路。

3. 确定资源动因，建立作业成本库明细账

资源动因揭示了资源耗费分配给不同作业的基础，是建立作业成本及其明细账的依据。下面以甲制造公司为例来分析如何确定资源动因，并建立作业成本明细账。

甲制造公司有关数据如表 5－3 所示。

表 5－3　甲制造公司有关数据

作业	资源动因数×资源动因分配率	分配给作业成本库的资源（元）
仓储	100 000 立方米×6 元	600 000
购货	900 000 元×10/30	300 000
收货	900 000 元×9/30	270 000
验货	900 000 元×5/30	150 000
会计	900 000 元×6/30	180 000
机制	3 320 000 元×0.90	2 988 000
生产准备	3 320 000 元×0.10	332 000
作业成本库成本合计		4 820 000

对上述资料按资源动因归类如图 5－6 所示。

在图 5－6 中，仓储作业的资源动因是存货体积，共有 100 000 立方米，每立方米是 6 元，所以仓储作业耗费的服务资源是 600 000 元（100 000×6），剩下 900 000 元的服务资源需分配给购货、收货、验货、会计作业，这几项作业的资源动因是员工人数（总人数为 30），其中购货 10 人、收货 9 人、验货 5 人、会计 6 人。每项作业按人数分得各自耗费的服务资源。

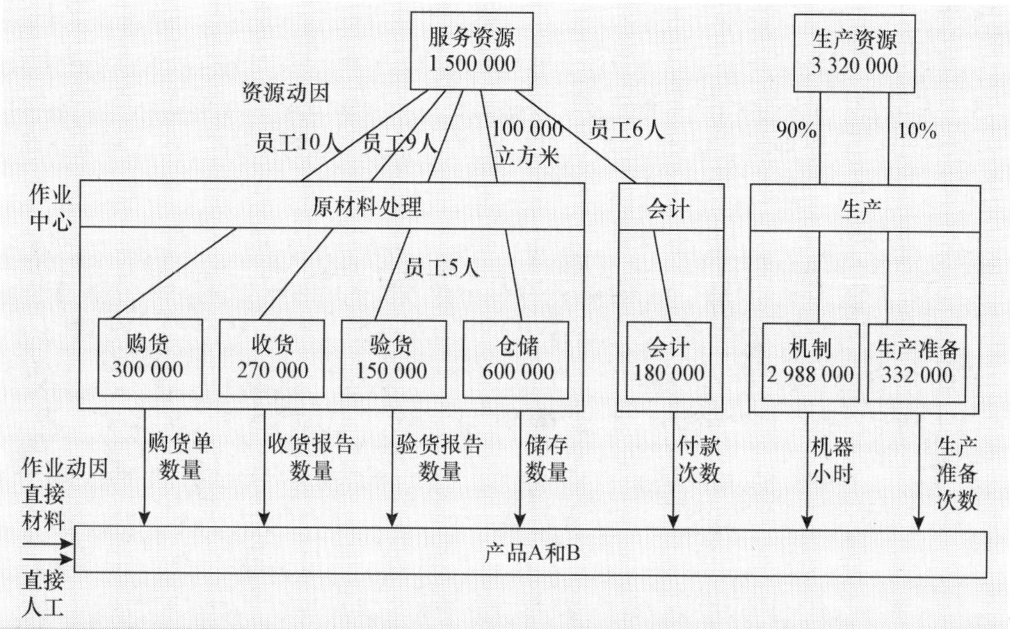

图5-6 按资源动因归类

总数为3 320 000元的生产资源耗费需分配给机制和生产准备两项作业。经过大量的分析，项目组决定将其中的90%（2 988 000元）分给机制作业，10%（332 000元）分给生产准备作业。

4. 确定作业动因，并将作业成本库的成本分配至成本计算对象

一旦将资源耗费分配给作业成本库后，就可以开始确定作业动因，作业动因经常是作业流程图中一项作业的产出。例如，购货作业的主要产出是购货单，所以购货单数量就是购货作业成本库的作业动因，如果一件有数百个部件的产品比一件只有两三个部件的产品需要处理更多的购货单，它就应该分得更多的购货成本。若购货作业有一项投入和三项产出，这时就应找出其中最主要、最基本的产出作为作业动因。在这里，假定是购货单，依据在于购货作业履行的主要职能就是发出购货单。

确定作业动因应注意以下两个问题：（1）如果一项作业有多项产出，就应分析是否应当把这项作业分解成几项更小的有自己特定产出的作业。如果这项作业功能十分明确，不能再分解，就应如前所述，找到最主要的产出作为作业动因。（2）如果两项或两项以上的作业含有相同的基本产出，应该将它们整合为一项作业，组成作业中心，把几个作业成本库归入一个成本中心。如图5-6所示，把购货、收货、验货、仓储几项作业归入原材料处理作业中心，把机制和生产准备两项作业归入生产作业中心。把相关作业成本归入作业中心，能更详细地了解组织及其运作。

在作业成本计算中，应按作业中心设置作业成本明细账。这样，各成本明细账代表的是它所在的中心执行的作业。将归集起来的投入成本或资源分配到各成本明细账中，实质上就是要确认每个作业中心的资源耗用量。在这一过程中，作业量的多少决

定资源的耗用量，资源耗用量的高低与最终产出量没有直接关系。这种资源消耗量与作业量的关系称作资源动因，是接下来按成本动因分配成本的基础。成本归集到作业中心后，应按成本动因作业量来分配作业成本，总的规则是产出量的多少决定作业的耗用量，这种作业消耗量与企业产出量的关系称为作业动因。上述过程如图5－7所示。

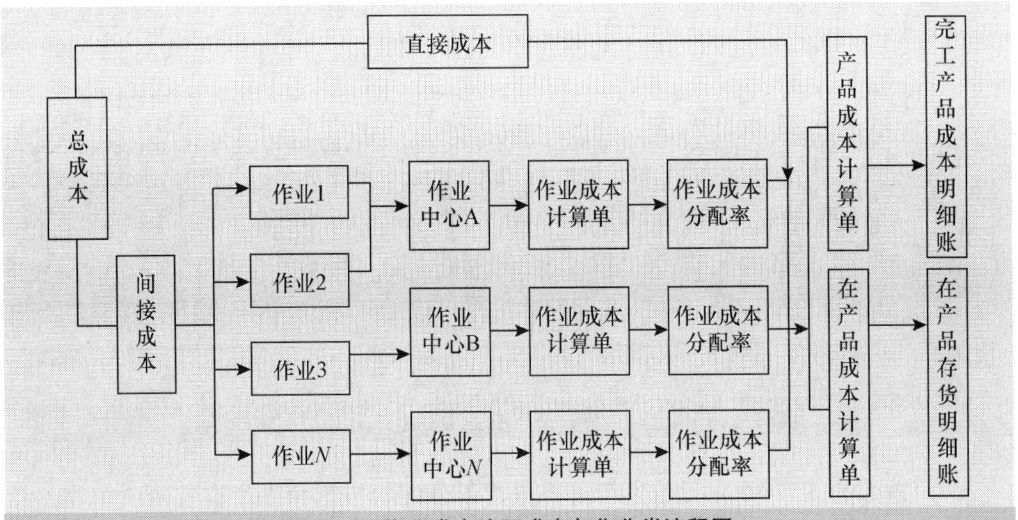

图5－7 作业成本法下成本归集分类流程图

下面以上述甲制造公司为例，说明作业成本的计算。

除了上述资料外，各作业的作业动因量资料如表5－4所示。

表5－4 作业成本与作业动因量

作业	作业成本库成本	作业动因数量			分配率
		产品A	产品B	合计	
购货	300 000	4 000	1 000	5 000	60元/购货单
收货	270 000	2 500	500	3 000	90元/收货报告
验货	150 000	2 500	500	3 000	50元/验货报告
仓储	600 000	20 000	10 000	30 000	20元/储存件
会计	180 000	1 500	1 000	2 500	72元/付款次
机制	2 988 000	1 000	2 000	3 000	996元/机器工时
生产准备	332 000	90	10	100	3 320元/生产准备次

$$分配率=\frac{作业成本库总成本}{总作业动因数}$$

将作业成本库的成本分配到成本计算对象（产品A和产品B）的成本计算单如表5－5和表5－6所示。

表 5-5　成本计算单（产品 A）

作业成本库	分配率	产品 A（50 000 单位）		
		作业动因数量	作业成本	单位作业成本
购货	60 元/购货单	4 000	240 000	4.80
收货	90 元/收货报告	2 500	225 000	4.50
验货	50 元/验货报告	2 500	125 000	2.50
仓储	20 元/储存件	20 000	400 000	8.00
会计	72 元/付款次	1 500	108 000	2.16
机制	996 元/机器工时	1 000	996 000	19.92
生产准备	3 320 元/生产准备次	90	298 800	5.98
作业成本合计			2 392 800	
每单位作业成本				47.86
每单位直接材料				60.00
每单位直接人工				24.00
单位成本				131.86

表 5-6　成本计算单（产品 B）

作业成本库	分配率	产品 B（100 000 单位）		
		作业动因数量	作业成本	单位作业成本
购货	60 元/购货单	1 000	60 000	0.60
收货	90 元/收货报告	500	45 000	0.45
验货	50 元/验货报告	500	25 000	0.25
仓储	20 元/储存件	10 000	200 000	2.00
会计	72 元/付款次	1 000	72 000	0.72
机制	996 元/机器工时	2 000	1 992 000	19.92
生产准备	3 320 元/生产准备次	10	33 200	0.33
作业成本合计			2 427 200	
每单位作业成本				24.27
每单位直接材料				50.00
每单位直接人工				24
单位成本				98.27

从表 5-5 和表 5-6 中可以看出，产品 A 比产品 B 更复杂，所以 A 从作业成本库分得的成本也较多。这说明，用作业成本法计算的产品成本比较准确地反映了企业产品真实资源消耗的信息。

5.3　作业成本管理

5.3.1　作业管理与作业成本管理的含义

如前所述，作业成本计算本身具有成本分配观和过程分析观两种观点。具体来说，成本分配观首先要确定实物的消耗量；其次是确定生产经营过程消耗了何种资源。耗用资源就会发生成本，一旦明确了资源的消耗形态，就可以直接追踪资源消耗的全过程，从根本上对成本进行控制，支持生产经营的持续改善。过程分析观承认多层次作业，既强调在一个过程中作业的相对独立性，又强调作业的链接关系。在过程分析的基础上，作业管理得以实现。

作业管理就是将企业看作由顾客需求驱动的一系列作业组合而成的作业集合体，努力提高增加顾客价值的作业效率，消除或遏制不增加顾客价值的作业，实现企业生产经营的持续改善。作业管理的基本管理思想是：以顾客链为导向，以作业链（即价值链）为中心，对企业的作业流程进行彻底的改造，强调协调企业内外部顾客的关系，从企业整体出发，协调各部门、各环节的关系，要求企业物资供应、生产和销售等环节的各项作业形成连续、同步的作业流程，消除作业链中一切不能增加价值的作业，使企业处于持续改善状态，促进企业整体价值链的优化，增强企业的竞争优势。因此，作业管理与其说是一项管理工作，不如说是不断改进和完善企业作业链-价值链的过程。作业管理除了涉及作业成本管理外，还涉及诸如生产周期、质量管理、灵活性、柔性和顾客服务等非成本方面，而这些超出了本书的范围，在此我们主要讨论作业成本管理的问题。

作业成本管理是应用作业成本计算提供的信息，从成本的角度，合理安排产品或劳务的销售组合，寻找改变作业和生产流程、改善和提高生产效率的机会。作业成本管理主要从成本方面来优化企业的作业链和价值链，是作业管理的中介，是作业管理的核心。不增加顾客价值的作业是非增值作业，由非增值作业引发的成本是非增值作业成本。作业成本管理就是要努力找到非增值作业成本并努力消除或将之降到最低。作业成本管理一般包括确认和分析作业、作业链-价值链分析和成本动因分析、业绩评价以及报告非增值作业成本四个步骤。作业分析又包括辨别不必要或非增值的作业；对重点增值作业进行分析；将作业与先进水平比较；分析作业之间的联系。下面主要论述价值链分析并探讨降低作业成本的主要方法。

5.3.2 识别增值作业与非增值作业

增值作业与非增值作业是站在顾客角度划分的。最终增加顾客价值的作业是增值作业，否则就是非增值作业。在一个企业中，区别增值作业和非增值作业的标准就是这项作业的发生是否有利于增加顾客的价值，或者说增加顾客的效用。作业管理的核心就是识别出不增加顾客价值的作业，从而找到可以改进的地方。在一个制造企业中，一般来说，以下类型的作业都是非增值作业：等待加工作业、材料或者在产品堆积作业、产品或者在产品在企业内部迂回运送作业、废品清理作业、次品处理作业、返工作业、无效率重复某工序作业、由于订单信息不准确造成没有准确送达需要再次送达的无效率作业等。

5.3.3 作业成本的价值链分析

1. 企业生产经营过程的价值链

为了便于价值链分析，需树立横向的组织观点，从产品投入开始，直到产品和顾客见面为止。这样，企业生产经营过程由为特定顾客或市场生产产品的一系列作业组成。实施价值链分析，关键是根据其对公司竞争优势的贡献大小来区分价值作业。例如，如果订货对于公司与顾客很重要，订货作业就应该属于营销领域。总之，虽然每一个企业都存在技术、产品设计、制造过程、营销、顾客服务等一般过程，但不同的行业的价值链构成是不同的，有的长一些，有的短一些。如纯商业性的公司就不存在生产制造活动。每一类活动的重要性也不同。批发商认为进货物流和发货物流最重要；而对于一般制造企业而言，质量和服务是最重要的。为了实现企业价值链内部优化和整体优化的目标，必须从企业实际出发，分析企业特定的价值链构成及相应的竞争力，通过比较达到提高企业价值的目的。

2. 确定产品或劳务总成本的构成

价值链分析的下一步是追溯或分配成本和评估各价值生产过程。尽管企业还保存有内部报表和成本会计信息，但这种信息根本不能适应作业成本及价值链分析的要求。企业不得不将数据重新分类，或者利用成本研究来分配成本和评估各价值生产过程。

估算每个价值生产作业的完全成本，通常涉及作业生产能力或实际生产能力的完全利用。企业管理者和设备销售商往往能较正确地估算出生产能力。如果生产能力估算差距较大，企业要分析最终成本，以评估不同生产能力分析的敏感度。一旦成本发生偏离实际的变化，企业应该为更真实的长期能力估算收集更多的信息。

3. 识别各价值生产过程的成本动因

企业价值链分析的下一步是识别各价值生产过程的成本因素。通过了解影响成本的因素，企业可以在其成本改进的初期就指明首先推行的项目。为了确定其相关成本优势，企业也应该了解竞争者的成本因素。

4. 识别各价值生产过程的中间环节

单一的价值作业是不连续的，但也不是完全独立的。同一条价值链中的大多数作业相互依赖。公司一定不要忽略互相依赖的作业之间的价值链联系，因为它们很可能会影响到总成本。例如，一个价值链过程的成本改进程序可以降低或增加另外过程中的成本和（或）收入。在价值链中，将一个过程中的货物和服务运送到另一个过程，会增加成本；而减少这种运送则会降低购货、开发票以及其他登记成本。

5. 鉴定获得相关成本优势的机遇

许多企业实行全面成本降低（如每个部门都降低10%），由于没有战略性地降低成本，这类企业的努力常以失败而告终。这种全面成本降低法往往会误导一些重要问题。关键在于并不是要提高不重要作业的效率，而是要更好地满足顾客的需求。

利用价值链分析法，企业不再简单地全面削减成本，而是在各价值生产过程中降低成本，提高效率。例如，某公司可能要降低各价值生产过程的投入费用，如工资、采购以及自制还是外购零部件的选择。降低过程投入费用经常是指降低工资，将生产转移到劳动力成本较低的国家。供应商在与企业签订长期合同时，可能愿意降低价格。企业可利用合作伙伴关系，在成本、质量、时间、交货以及技术方面取得优势。

一些过程可以提供比其他过程更多的机会。为了最大限度地降低成本，公司应该优化其价值创造过程。

开展成本价值链分析可以大幅降低成本。例如，数年来，美国运输公司为达到其收入目标，依靠减少员工来降低经营成本。但是，这种减少是很有限的，该公司不得不寻找与人力资源无关的领域。因此，它从三种途径着手重新设计其经营方式，即成本再设计（使用更有效的加工过程或减少操作阶段）、结构再设计（使用更少的设备），以及战略再设计（要求工作完成方式的根本改变）。这些措施合在一起大大降低了成本。

5.3.4 降低作业成本的主要方法

1. 作业消除

作业消除就是消除非增值作业，即先确定非增值作业，进而采取有效措施予以消除。例如，将原材料从集中保管的仓库搬运到生产部门，将某部门生产的零部件搬运到下一个生产部门都是非增值作业。如果条件许可，将原材料供应商的交货方式改为直接送达原材料使用部门，将功能性的工厂布局转变为单元制造式布局，就可以缩短运输距离，减少甚至消除非增值作业。

2. 作业选择

作业选择就是尽可能列举各项可行的作业并从中选择最佳作业。不同的策略经常产生不同的作业，例如，不同的产品销售策略会产生不同的销售作业，而作业引发成本，因此，不同的产品销售策略引发不同的作业及成本。在其他条件不变的情况下，选择作业成本最低的销售策略，可以降低成本。

3. 作业减低

作业减低就是改善必要作业的效率或者改善在短期内无法消除的非增值作业，例如，减少整备次数就可以改善整备作业及其成本。世界著名机车制造商哈雷-戴维森（Harley-Davidson）就通过作业减低方式减少了75%的机器整备作业，从而降低了成本。

4. 作业转换

作业转换就是把非增值作业转换为增值作业。比如，海底捞火锅把顾客等待这项非增值作业转化为向顾客提供服务享受的增值作业。

5. 作业分享

作业分享就是利用规模经济效应提高必要作业的效率，即增加成本动因的数量但不增加作业成本，这样可以降低单位作业成本及分摊于产品的成本。例如，新产品在设计时如果考虑到充分利用现有其他产品使用的零件，就可以免除新产品零件的设计作业，从而降低新产品的生产成本。

总之，作业成本法已经发展成为以作业为核心、成本分配观和过程分析观二维导向、作业成本计算与作业管理相结合的全面成本管理制度。

5.4 作业成本计算应用举例

AST公司生产三种电子产品，分别是产品X，Y，Z。产品X是三种产品中工艺最简单的一种，公司每年销售10 000件；产品Y工艺相对复杂一些，公司每年销售20 000件，在三种产品中销量最高；产品Z工艺最为复杂，公司每年销售4 000件。公司设有一个生产车间，主要工序包括零部件排序准备、自动插件、手工插件、压焊、技术冲洗及烘干、质量检测和包装。原材料和零部件均外购。AST公司一直采用传统成本法计算产品成本。①

5.4.1 采用传统成本法

（1）公司有关的成本资料如表5-7所示。

表5-7 公司成本资料

项目	产品X	产品Y	产品Z	合计
产量（件）	10 000	20 000	4 000	
直接材料（元）	500 000	1 800 000	80 000	2 380 000
直接人工（元）	580 000	1 600 000	160 000	2 340 000
制造费用（元）				3 894 000
年直接人工工时（小时）	30 000	80 000	8 000	118 000

（2）在传统成本法下，AST公司以年直接人工工时为基础分配制造费用的结果如表5-8所示。

表5-8 制造费用分配

项目	产品X	产品Y	产品Z	合计
年直接人工工时（小时）	30 000	80 000	8 000	118 000
分配率	3 894 000/118 000=33			
制造费用（元）	990 000	2 640 000	264 000	3 894 000

（3）采用传统成本法计算的产品成本资料如表5-9所示。

表5-9 传统成本法计算的产品成本资料

项目	产品X	产品Y	产品Z
直接材料（元）	500 000	1 800 000	80 000
直接人工（元）	580 000	1 600 000	160 000
制造费用（元）	990 000	2 640 000	264 000
合计（元）	2 070 000	6 040 000	504 000
产量（件）	10 000	20 000	4 000
单位产品成本（元）	207	302	126

① 杨天赐．作业成本法及其作用．经济活页文选（会计版）．北京：中国财政经济出版社，2000（7）：18-24.

5.4.2 公司的定价策略及产品销售方面的困境

1. 公司的定价策略

公司采用成本加成定价法作为定价策略，按照单位产品成本的125%设定目标售价，如表5-10所示。

表5-10 成本加成定价法 单位：元

项目	产品X	产品Y	产品Z
单位产品成本	207	302	126
目标售价（单位产品成本×125%）	258.75	377.50	157.50
实际售价	258.75	328	250

2. 产品销售方面的困境

近几年，公司在产品销售方面出现了一些问题。产品X按照目标售价正常出售。但来自外国公司的竞争迫使公司将产品Y的售价降低到328元，远远低于目标售价377.50元。产品Z的售价定于157.50元时，公司收到的订单数量非常多，超过其生产能力，因此公司将产品Z的售价提高到250元。即使在250元这一价格下，公司收到的订单也很多，其他公司在产品Z的市场上无力与该公司竞争。上述情况表明，产品X的销售及盈利状况正常，产品Z是一种高盈利低产量的优势产品，而产品Y是公司的主要产品，年销售量最高，但现在实际售价造成巨额亏损，因此产品Y成为公司管理人员关注的焦点。在分析过程中，管理人员（尤其是营销人员）对传统成本法提供的成本资料的正确性产生了怀疑。他们决定使用作业成本法重新计算产品成本。

5.4.3 采用作业成本法

（1）管理人员经过分析，认定公司发生的主要作业并将其划分为几个同质作业成本库，然后将制造费用归集到各作业成本库中。归集的结果如表5-11所示。

表5-11 制造费用归集

制造费用	金额（元）
装配	1 212 600
材料采购	200 000
物料处理	600 000
启动准备	3 000
质量控制	421 000
产品包装	250 000
工程处理	700 000
管理	507 400
合计	3 894 000

（2）管理人员认定各作业成本库的成本动因并计算单位作业成本，如表 5－12、表 5－13 所示。

表 5－12 成本动因认定

制造费用	成本动因	作业量			
		产品 X	产品 Y	产品 Z	合计
装配	机器工时（小时）	10 000	25 000	8 000	43 000
材料采购	订单数量（份）	1 200	4 800	14 000	20 000
物料处理	材料移动（次数）	700	3 000	6 300	10 000
启动准备	准备次数（次数）	1 000	4 000	10 000	15 000
质量控制	检验工时（小时）	4 000	8 000	8 000	20 000
产品包装	包装次数（次）	400	3 000	6 600	10 000
工程处理	工程处理时间（小时）	10 000	18 000	12 000	40 000
管理	直接人工（小时）	30 000	80 000	8 000	118 000

表 5－13 单位作业成本计算

制造费用	成本动因	年制造费用（元）	年作业量	单位作业成本（元）
装配	机器工时（小时）	1 212 600	43 000	28.2
材料采购	订单数量（份）	200 000	20 000	10
物料处理	材料移动（次数）	600 000	10 000	60
启动准备	准备次数（次数）	3 000	15 000	0.2
质量控制	检验工时（小时）	421 000	20 000	21.05
产品包装	包装次数（次）	250 000	10 000	25
工程处理	工程处理时间（小时）	700 000	40 000	17.5
管理	直接人工（小时）	507 400	118 000	4.3

（3）将作业成本库的制造费用按单位作业成本分摊到各产品，其结果如表 5－14 所示。

表 5－14 制造费用分摊

制造费用	单位作业成本（元）	产品 X		产品 Y		产品 Z	
		作业量	作业成本（元）	作业量	作业成本（元）	作业量	作业成本（元）
装配	28.2	10 000	282 000	25 000	705 000	8 000	225 600
材料采购	10	1 200	12 000	4 800	48 000	14 000	140 000
物料处理	60	700	42 000	3 000	180 000	6 300	378 000
启动准备	0.2	1 000	200	4 000	800	10 000	2 000
质量控制	21.05	4 000	84 200	8 000	168 400	8 000	168 400
产品包装	25	400	10 000	3 000	75 000	6 600	165 000
工程处理	17.5	10 000	175 000	18 000	315 000	12 000	210 000
管理	4.3	30 000	129 000	80 000	344 000	8 000	34 400
合计			734 400		1 836 200		1 323 400

（4）经过重新计算，得到的产品成本资料如表 5－15 所示。

表 5-15 产品成本资料 单位：元

项目	产品 X	产品 Y	产品 Z
直接材料	500 000	1 800 000	80 000
直接人工	580 000	1 600 000	160 000
装配	282 000	705 000	225 600
材料采购	12 000	48 000	140 000
物料处理	42 000	180 000	378 000
启动准备	200	800	2 000
质量控制	84 200	168 400	168 400
产品包装	10 000	75 000	165 000
工程处理	175 000	315 000	210 000
管理	129 000	344 000	34 400
合计	1 814 400	5 236 200	1 563 400
产量（件）	10 000	20 000	4 000
单位产品成本	181.44	261.81	390.85

5.4.4 问题的解决

采用作业成本法取得的产品成本资料令人吃惊。产品 X 和产品 Y 在作业成本法下的产品成本都远远低于传统成本法下的产品成本，这为公司目前在产品 Y 销售方面遇到的困境提供了很好的解释。这两种成本计算方法计算产品成本的结果如表 5-16 所示。

表 5-16 两种成本计算方法的比较 单位：元

	产品 X	产品 Y	产品 Z
产品成本（传统成本法）	207.00	302.00	126.00
产品成本（作业成本法）	181.44	261.81	390.85
目标售价（传统成本法下的产品成本×125%）	258.75	377.50	157.50
目标售价（作业成本法下的产品成本×125%）	226.80	327.26	488.56
实际售价	258.75	328.00	250.00

由表 5-16 可知，根据作业成本法计算的产品成本，产品 Y 的目标售价是 327.26 元，公司原定的 377.50 元的目标售价显然是不合理的。公司现有的 328 元的实际售价与目标售价基本吻合。产品 X 的实际售价 258.75 元高于重新确定的目标售价 226.80 元，是一种高盈利的产品。产品 Z 在传统成本法下的产品成本显然被低估了，公司制定的目标售价过低，导致实际售价 250 元低于作业成本法计算得到的产品成本

390.85 元。这也是以 250 元价格销售产品 Z 订单仍很多的原因。如果产品 Z 的售价不能提高或产品成本不能降低，公司应考虑放弃生产产品 Z。

AST 公司的管理人员利用作业成本法取得比传统成本法更为准确的产品成本信息，对公司的定价策略及时进行调整，提高了公司的经济效益。

案例

珠江电力公司开单部实施的作业成本会计

珠江电力公司（以下简称 PPC 公司）是一家公用事业公司，其开单部（以下简称 BD）为两类主要客户——居民和商业客户提供账户查询和账单打印服务。目前，开单部服务的账户有 120 000 个居民账户和 20 000 个商业账户。

有两个因素影响 PPC 公司的获利能力：首先，电力行业的放松管制导致竞争加剧，收费更低，所以 PPC 公司必须找到降低经营成本的办法；其次，由于大规模房产开发和购物中心的建设，PPC 公司所在地区电力需求将上升。市场部估计下一年居民客户的需求将上升约 50%，商业客户的需求将上升 10%。由于 BD 目前已满负荷运转，它需要设法扩大营运能力，以满足预期增加的需求。一个地方劳务公司提出以具有吸引力的价格（相对目前成本）接管 BD 的职能。劳务公司的方案是：按每居民户 3.5 元以及每商业户 8.5 元的价格提供 BD 的全部职能。我们可以看到，PPC 公司的管理者面临着战略和经营的双重决策。为了做出更全面的决策，PPC 公司的管理者需要对每一居民户和每一商业户的成本做出准确的估计。

图 5－8 和表 5－17 描绘了居民户和商业户（成本计算对象）及用于维持 BD 的资源。与 BD 有关的成本都是间接成本——因为它们不能以经济上可行的方法明确唯一地确认客户类型。BD 采用传统的成本系统，以两类客户账户查询次数为基础分配所有间接辅助成本。图 5－8 表明，上月 BD 所用资源成本为 565 340 元。这个成本系统十分简单。先将所有的成本都“捆”在一起，然后按照各类型客户的查询次数进行分配。BD 当月收到 23 000 次账户查询，所以每次查询成本是 24.58 元（565 340/23 000），其中 18 000 次是居民账户查询，占查询总量的 78.26%，因此居民账户承担 78.26% 的辅助成本，而商业账户承担 21.74% 的辅助成本。居民户和商业户每个账户成本分别是 3.69 元和 6.15 元。假设你是 BD 的经理，并且知道不同准确度的商业账单需要的开单人工不同，居民账单则没有区别，然而 BD 分配 78.26% 的成本到居民客户。对此你有什么感想呢？

根据传统成本系统提供的信息，BD 的管理层会倾向于接受让劳务公司承担所有的居民户服务的方案，因为很显然，这样每一账户可以节省大约 0.19 元（3.69－3.50），而 BD 将继续为商业户提供服务，因为它可节约成本 2.35 元（8.50－6.15），比劳务公司的投标价低。然而管理层知道，因为商业户的复杂性，其实际消耗的辅助资源远远高于 21.74%。例如，除了前面提到的审核工作以外，商业账户的平均每份账单有 50 行或两页纸，而居民账户只有 12 行或 1 页纸。

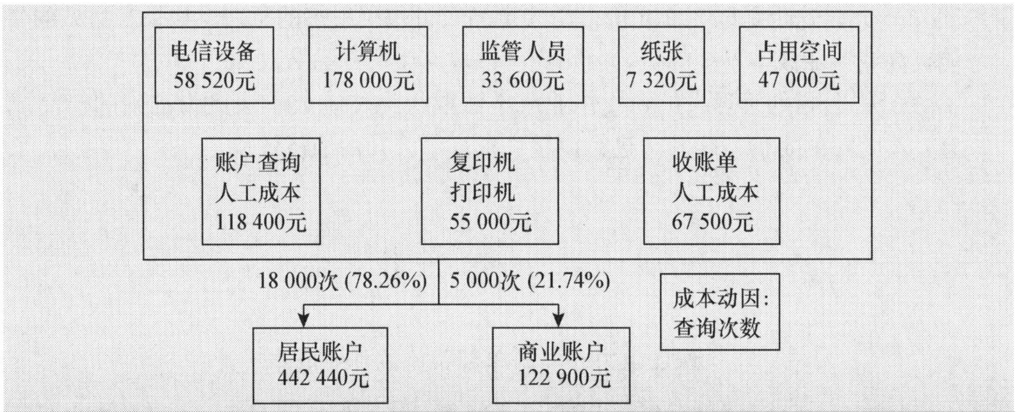

图5-8 珠江电力公司开单部门传统成本系统

表5-17 珠江电力公司开单部传统成本系统成本计算表 金额单位：元

客户	成本/查询次数 565 340/23 000	查询次数	总成本	账户数	成本/账户
居民户	24.58	18 000	442 440	120 000	3.69
商业户	24.58	5 000	122 900	20 000	6.15

管理层也考虑到客户查询产生的通信（和辅助人工）等作业，因为从客户的角度来说，这些作业消耗成本又不给PPC公司的服务增加价值。但是，管理层希望在制定影响PPC公司获利能力的重要决策之前，更全面地了解BD的主要作业的相互关系及其成本。于是公司决定采用作业成本法对BD进行研究。以下是研究情况的描述和结果。

一个由BD的管理人员和PPC公司的首席财务官组成的小组经过三个步骤完成了作业成本研究。

第一步，确定项目范围、成本对象、主要作业、资源及相关成本动因。管理层及时制定了研究目标：(1) 确定BD每类客户单位账户的成本，从而支持将劳务公司的外部资源考虑在内的战略决策；(2) 开发一个能提高管理层对开单部主要作业的理解的成本系统，以支持经营成本控制。该项目研究小组决定采用多阶段的作业成本系统，因为他们希望了解资源与作业之间的相互联系，并通过与有关人员会谈确定作业和相关成本动因，如表5-18所示。

BD的四个主要作业是账户开单、单据审核、账户查询和通信，表5-18中列示了主要的作业及成本动因。

表5-18 作业和相关成本动因

作业	成本动因
账户开单	行数
单据审核	账户数
账户查询	人工小时数
通信	发信数量

第二步，建立一个描述作业流程、资源及其相互关系的流程图。任何作业分析的一个重要步骤是确认关键作业和所耗资源的相互关系，这主要通过访问关键人员来完成。一旦作业与资源之间的关系确定，流程图（见图 5－9）就可描绘出来，它直观地反映了开单部的经营情况。管理小组首先把重点放在理解经营过程上，直到理解经营中关键的相互关系之后才考虑成本。

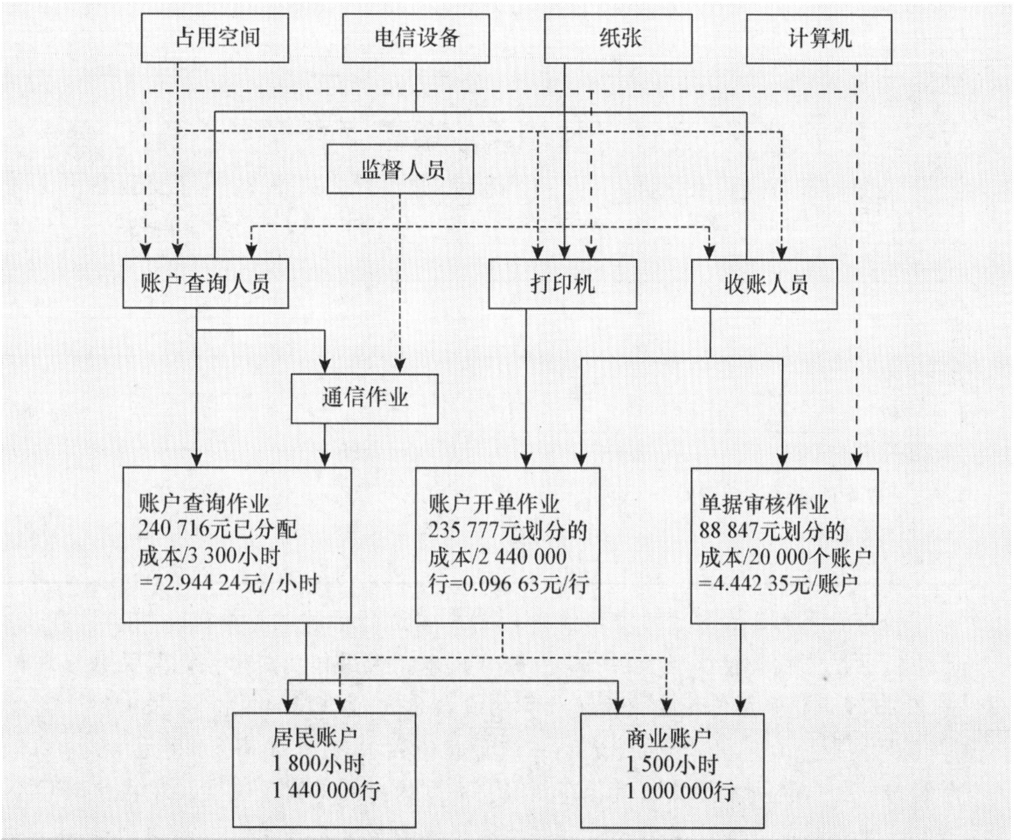

图 5－9　开单部作业流程图

我们来看居民账户。如图 5－9 所示，两项关键作业支持这些账户：账户查询和账户开单。账户查询作业消耗账户查询人工小时。账户查询人员使用电信和计算机资源，占用空间并受到监督。有时通信是查询的必然结果（一项作业产生对另一项作业的需求），这一作业中的人员有需要加以监督的账户查询人员和检查签字的监督人员。账户开单作业由开单员使用打印机来完成，打印机占用空间，消耗纸张和计算机资源；开单员也占用空间，使用电信并受到监督。居民账户相对简单，单据审核资源的占用可忽略。

第三步，计算和解释新的作业信息。收集完所有需要的财务和经营数据后，就可以得到新的作业信息了。表 5－19 显示了三种主要作业的可追溯成本以及成本动因单位数。请注意：表 5－19 中的全部可追溯成本为 565 340 元（240 716＋235 777＋88 847），等于图 5－8 中的全部间接成本。对每一类客户来说，单位账户作业成本可通过表 5－19 的计算来确定。

表5-19　作业成本研究的重要结果　　金额单位：元

动因成本			
项目	可追溯成本（见图5-9）	成本动因单位数（见图5-9）	单位成本动因的成本
作业（动因）	（1）	（2）	（3）
账户查询	240 716	3 300 小时	72.944 24
账户开单	235 777	2 440 000 行	0.096 63
单据审核	88 847	20 000 个	4.442 35

每类账户成本					
项目	单位成本动因的成本	居民账户		商业账户	
		成本动因单位数	成本	成本动因单位数	成本
账户查询	72.944 24	1 800 小时	131 300	1 500 小时	109 416
账户开单	0.096 63	1 440 000 行	139 147	1 000 000 行	96 630
单据审核	4.442 35			20 000 个	88 847
总成本			270 447		294 893
账户数			120 000 个		20 000 个
每账户成本			2.25		14.74
表5-17中传统成本系统下的每账户成本			3.69		6.15

检查表5-19的最后两项，注意传统成本法高估了业务量较高的居民账户成本，严重低估了业务量较低但复杂的商业账户成本。采用作业成本法，居民账户单位成本是2.25元，比采用传统成本系统计算的成本3.69元低1.44元（或39%）。商业账户单位成本是14.74元，比传统成本系统计算的成本6.15元高8.59元（或者140%）。管理者认为传统成本核算法低估商业账户成本的想法得到了证实。现在，PPC公司管理层有更精确的成本信息用于计划和决策。我们再来看开单部，考虑到劳务公司的建议，你会支持哪个决策呢？

公司进行作业成本研究时，结果是相同的，即当只采用一个基于业务量的成本动因时，程序简单、业务量较大的成本对象的成本被高估。在BD，这一基于业务量的成本动因是查询次数。哪一个系统更有意义，是仅以查询次数为基础将所有辅助成本分配给各类客户的传统成本系统，还是确认关键作业并根据每一关键作业的成本动因的消耗量分配成本的作业成本系统呢？对PPC公司来说，新的作业成本系统的可能收益显然要大于运行和维护的成本。但是，成本效益原则的权衡必须具体情况具体分析。

作业成本系统可以将许多间接成本转变为直接成本，即对既定成本对象可明确确认的成本，同时将价值链中非生产性职能的未分配成本转变为间接成本。作业和成本动因的恰当选择，使得管理者将成本更好地追溯到成本对象。由于与传统的成本系统相比作业成本系统将更多的成本划分为直接成本，而且作业与资源之间有更明显的因果关系，因此管理者更相信作业成本系统报告的产品和服务成本的准确性。

作业成本系统比传统成本系统更复杂，价格更高，所以不是所有公司都适合采用这一系统。但是，无论是制造业企业还是非制造业企业，甚至很多服务业企业和非营利组织，都出于各种原因采纳作业成本系统。具有下列特征的企业可能更应考虑采用作业成本系统：

(1) 激烈的竞争导致毛利率下降。企业也许知道它们的全部毛利，但是通常不能准确知道每一产品或服务的毛利。某些产品盈利，某些产品亏损，但究竟是哪些产品呢？要想回答这一问题，必须知道准确的成本。

(2) 经营复杂性增加，引起产品和服务类型及客户类型日益多样化。因此，企业拥有资源的消耗也因产品和客户的不同而有所不同。

(3) 新兴生产技术使间接成本的比例增加，即间接成本在当今世界级生产环境中更加重要。在许多行业，直接人工被自动化设备取代，间接成本有时超过总成本的50%。

(4) 技术的飞速发展缩短了产品的生命周期。因此，发现成本计算错误之后，企业没有时间做出价格或成本调整。

(5) 不正确的成本确定引起的错误决策。例如，过高估计产品成本而失去投标机会，低估产品成本而产生的隐性损失及无法查明不具有成本效益的作业等。拥有正确成本核算的企业，比不拥有正确成本核算的企业具有更大的竞争力。

(6) 计算机技术降低了开发和运行跟踪许多作业成本系统的成本。

(7) 企业内部其他部门都不约而同地感觉本企业计算的产品成本可能不正确。例如，销售部门或者研发部门的人员可能都感觉到本企业产品成本可能计算得不正确。很有可能他们的直觉是对的，这提供了需要改变传统成本系统的信号。

资料来源：结合广州珠江电厂网站资料和 Robert S. Kaplan，Atkinson，Banker and Mark Young，Management Accounting (3e) 中的案例改编。

复习思考题

1. 传统成本系统在高新技术制造环境下有何缺陷？
2. 什么是作业成本系统？
3. 作业成本法产生的背景和原因是什么？
4. 如何划分作业？如何确定成本动因？
5. 作业成本法应用的条件是什么？
6. 什么是作业管理？
7. 什么是增值作业？什么是非增值作业？如何进行作业管理？
8. 我国应用作业成本法的前景如何？
9. 某零售公司的财务经理提出一项30万元的拨款申请，用于建立作业成本系统，但这一提案很快遭到反对。一位高级副总经理对该提案提出反对意见时说：“如果可能，我宁愿将这30万元花在一些顾客看得见或者感受得到的事务上，例如，改善我们的货架或者商店布置。在一个只是我们一厢情愿的会计信息系统上花费30万元，对顾客有什么用处?”作为该公司的财务经理，你在遇到这样的事情时应如何处理?

练习题

1. 广州东江餐馆确认了其员工执行的如下作业：(1) 摆放桌椅；(2) 引导顾客；(3) 点菜；(4) 烹饪食品；(5) 点甜点；(6) 上菜和甜点；(7) 出示账单并收款；(8) 清理桌面。

要求：

(1) 对于以上作业中的每一项，解释在所服务的餐桌数量和顾客数中，哪一个是更好的成本动因。

(2) 假如仅仅使用两种成本动因之一分配成本，可能产生什么样的结果?

2. 广发公司共生产4种产品，其有关成本数据如下：

广发公司生产4种产品的有关成本数据

产品	年产量（件）	单位材料消耗（元）	单位直接人工（元）	单位机器工时（小时）
A	10	6	5	2
B	100	3.6	0.4	0.3
C	20	9	2	5
D	90	20	1	2

除上述成本数据外，这些产品每年的投入消耗量如下：

4种产品每年的投入消耗量　　金额单位：元

产品	启动数	订单数	加工次数	备件数	料耗	人工	机器费用
A	1	1	1	1	60	50	20
B	3	3	3	1	360	40	30
C	1	1	1	1	180	40	100
D	3	3	3	1	1 800	90	180
所耗单位	8	8	8	4	2 400	220	330
金额	960	1 000	200	2 000	240	2 200	3 300

上表金额合计为9 900元，可以归集为制造费用。该企业间接费用一般按机器工时进行分配。

要求：

(1) 按照传统成本法求各产品的单位成本和总成本。

(2) 按照作业成本法求各产品的单位成本和总成本。

3. 香江公司专门生产各种型号的椅子。该公司成本核算采用作业成本法，并把整个生产流程分为三个作业中心，即物料处理、剪切和安装作业中心。其 20×7 年预算资料如下：

香江公司 20×7 年预算资料

金额单位：元

作业中心	20×7 年预算费用（元）	作业成本动因	分配比率
物料处理	200 000	零件数量	0.25
剪切	2 000 000	零件数量	2.50
安装	2 000 000	直接人工工时	25.00

20×7 年 3 月，该公司生产了 A，B 两种型号的椅子。有关两种产品的资料如下：

A，B 两种产品的资料

产品	数量（把）	直接材料成本（元）	零件个数（个）	直接人工工时（小时）
A	5 000	600 000	100 000	7 500
B	100	25 000	3 500	500

A，B 产品的直接人工工资率都是每小时 20 元，假设没有期初、期末存货。

要求：

(1) 计算 20×7 年 3 月 A，B 两种产品的总成本及单位成本。

(2) 假设研发费用、售后服务费用都分摊到每种产品。A，B 两种产品 20×7 年分摊到的单位成本如下：

A，B 两种产品 20×7 年分摊到的单位成本

单位：元

产品	研发费用	售后服务费用
A	60	110
B	146	236

用作业成本法计算 20×7 年 3 月 A，B 两种产品的总成本及单位成本（包括生产过程、研究与开发费用和售后服务费用）。

4. 华联超市应用作业成本法核算其 3 个系列产品：食品、服装、家电。20×7 年这 3 个系列产品的销售收入、销售成本、营业成本及有关作业中心的资料如下：

华联超市 20×7 年 3 个系列产品的有关资料

项目	食品	服装	家电
财务数据			
销售收入（元）	38 000	47 000	35 000
销售成本（元）	11 400	14 100	100 500
营业成本（元）			
作业中心（成本）			
订购（订单数）	30	25	13
运输（运输次数）	98	36	28
上架（小时）	183	166	24
客户服务（销售件数）	15 500	20 500	7 900

要求：

（1）利用传统成本法（各产品系列的营业成本按照订货成本的30%提取），计算各系列产品的盈利能力。

（2）利用作业成本法（订货成本，每份订单为100元；运输费用，每次运输费为80元；上架费，每小时为20元；客户服务成本，每销售件数为0.2元），计算各系列产品的盈利能力。

5. 参照图5-9列示的珠江电力公司的资料，一些进行增值成本分析的企业将非增值作业细分为两类：不可避免的和可避免的。例如，一项非增值但不可避免的作业是为开单据而建立的计算机系统，一项非增值却可避免的作业是监控电话查询。大部分非增值可避免的作业应被消除，非增值不可避免的作业则通过不断的技术改进来削减。

要求：

对以下每项资源和作业，指出是增值的（VA）、非增值不可避免的（NVA-E），还是非增值可避免的（NVA-D）；在分类的基础上，再指出控制每类资源和作业成本的适当管理措施。

资源或作业
电信
纸
计算机
监管者
账户查询业务
收账人工费用

6. 从知网以及《会计研究》《财会通讯》《财务与会计》《会计之友》《中国管理会计》《管理会计研究》等理论和实务专业杂志网站，查询并选择一篇关于企业应用作业成本系统的文章，阅读后写一篇500字左右的总结。

要求：

总结中应包括如下内容。

（1）企业名称（如果有）；

（2）企业所在的行业；

（3）对作业成本系统和作业管理的特殊运用；

（4）估算企业能从此项应用中获得的利益；

（5）实施过程中遇到的困难。

第 2 篇

预测与决策会计

第 6 章

Chapter 6 经营预测分析

学习目标

1. 了解经营预测分析的基本概念、目的、一般程序及基本内容。
2. 理解经营预测与短期经营决策、长期投资决策以及预算的联系及其重要性。
3. 掌握定量和定性两类预测分析方法的特征和关系。
4. 掌握销售预测分析的具体方法和适用条件。
5. 掌握成本预测分析的具体方法和适用条件。
6. 掌握利润预测分析的具体方法和适用条件以及经营杠杆系数在利润预测分析中的应用方法。
7. 掌握资金需要量预测的具体方法和适用条件。
8. 了解销售预测与成本预测、利润预测、资金需要量预测的关系。

课程思政点

1. 凡事预则立，不预则废。
2. 不忘本来、吸收外来、面向未来；用已知推测未知；用过去数据预测未来。

引导案例　华鸿公司的变革措施

华鸿科技有限公司（以下简称华鸿公司）的主营业务为生产销售U盘。该公司是1999年成立的高科技公司。截至20×6年底，该公司U盘生产设备的最大年生产能力为15万件。该公司20×6年实现销售量13.26万件。产品的销售价格为每件150元，单位变动成本为每件50元，固定成本为400 000元。

该公司20×2年至20×6年的销售资料如表6-1所示。

表6-1　华鸿公司历年销售量　　单位：万件

年份	20×2	20×3	20×4	20×5	20×6
销售量	8.58	9.36	11.25	13.48	13.26

20×6年底，在公司的经营发展大会上，经过全厂管理人员以及全体员工的充分讨论，公司对U盘的生产提出了几项变革措施：(1) 改变原材料的采购厂家，每件产品可节约8元的原材料费用；(2) 提高U盘的质量，估计每件产品需增加成本2元；(3) 精简

工厂办公室人员12人，全年可减少开支8.25万元；(4) 采取技术革新，在现有设备条件下精简一线工人20人，全年可减少开支4.5万元。

提出变革措施后，华鸿公司开始预测20×7年公司的利润情况，以便为下一步的生产经营做好准备。按照本-量-利分析原理进行利润预测计算，就必须先预测出20×7年公司的预计销售量是多少，预计成本是多少，从而得出预计利润。如此一来就涉及以下几个问题：

(1) 用什么方法才能使预计的数据最贴近实际？

(2) 除了用本-量-利分析方法进行预测，是否还有其他方法更能体现企业的经营目标，进而确定目标成本？

(3) 上述四种措施分别对利润有多大的影响？

另外，公司对于是否更换原材料供应商等短期经营决策、是否投资新设备等长期投资决策，均需要用到预测得出的相关收入以及费用的数据。公司在随后进行的全面预算编制工作中也需要用到这些数据。

资料来源：编者根据实地调研资料改编。

财会人员根据过去和现在的财务会计资料以及其他资料，运用科学的方法对未来可能发生的销售、成本、利润、资金需要量等财务数据所进行的推测、估算和预计称为财务预测。财务预测的目的在于加强财务和会计工作的科学性、预见性，为提高企业经济效益服务。财务预测是财务决策的前提，也是财务计划、预算和财务控制的基础。本章所述及的财务预测是基于经营层面的财务预测（即经营预测），包括销售预测、成本预测、利润预测和资金需要量预测四项基本内容。本章以销售预测为切入点，慢慢展开对经营预测分析各种方法的详细介绍，本章的内容将为你解答引导案例中的问题。

6.1 销售预测

凡事预则立，不预则废。预测是指根据过去和现在的有关资料，采用特定的计量和分析方法，对目前尚未发生的事件进行推断。人们可以根据预测研究未来、规划未来，并做出相应的决策和设计出相应的行动方案，因此，预测越来越受到人们的重视。预测的程序一般包括：明确预测目标，收集有关资料，建立预测模型，选定预测方法，开展实地预测，分析预测误差，应用预测结果。

6.1.1 销售预测概述

销售预测是指在对过去和现在的销售资料进行分析、判断的基础上，对企业某种产品在未来一定时期和区域内的销售量及其变化趋势做出的科学判断、预计和测算。在市场经济条件下，企业的生存取决于市场对企业的接纳程度，取决于企业能否生产出适销对路、质量合格、满足市场需求的产品，市场决定着企业的生存和发展。在"以销定产"的模式下，销售预测对企业正确进行经营决策、投资决策，提高经济效益具有重要意义，它可以为企业生产经营提供可靠的信息和数据，使企业能按社会的需要组织生产，提高企业的竞争能力，防止因信息不对称而盲目生产，造成积压滞销和损失浪费。通过销售预测，可以了解国内外市场供求状况和发展趋势，使企业的生产经营决策更切合实际。

影响销售的因素很多，彼此间的关系也很复杂，主要包括国民经济的发展规律及速度、国家有关政策法令制度的变化、人口增长的速度、社会的消费水平、相关产品销售量的变化等因素。做好销售预测要求我们掌握大量的市场信息，综合考虑各种影响因素，并且恰当地运用分析方法。销售预测按预测的性质可分为定性预测和定量预测，按预测的时间可分为短期、中期和长期预测。本节主要介绍销售量预测、销售状态预测和市场占有率预测等常用的预测方法。

6.1.2 销售量预测

销售量预测是指根据某种产品的历史销售资料和其他有关数据，对其在未来一定期间内的销售变动趋势进行科学的判断和预计，以确定该种产品的销售量期望值。常用的预测方法如下。

1. 定性预测方法

(1) 统计调查法。

1) 全面调查。全面调查是对涉及同一产品的所有销售对象进行逐一了解，综合整理后，探明该产品在未来一定期间内销售量的增减变动趋势。

2) 重点调查。重点调查是通过对有关产品在某些重点销售单位历史销售情况的调查，综合分析后，基本上掌握未来一定期间内产品销售量变动的总体情况。

3) 抽样调查。抽样调查是按照随机原则，从有关产品的总体中抽出某个组成部分进行调查，分析推断后，测算出有关产品的需求总量。抽样调查的具体方法一般包括随机抽样、机械抽样、分类抽样和整群抽样等。

(2) 专业人员评定法。

1) 经理评定法。经理评定法是由企业负责产品推销业务的有关经理人员，根据他们所拥有的学识和长期在销售工作中积累起来的丰富经验，对其所掌握的历史销售资料进行分析评价后，对有关产品未来期间内的销售量变动趋势做出判断。

2) 销售人员意见综合法。此法是由专门从事产品日常推销活动的有关工作人员，根据他们对其所在销售区域各种产品历史销售情况的了解，提出有关产品在未来一定期间内增减变动的个人意见，然后归纳汇总，推算出产品需求总量。

3) 德尔菲法。德尔菲法又称专家意见法。它是利用一个专家小组的集体智慧，通过预测机构向有关专家逐次寄送调查表，由有关专家根据自己的业务专长和对预测对象的深入了解，对表中提出的问题逐次发表个人意见，多次反馈和整理后，收敛推断出有关产品在未来一定期间内的销售量变动趋势。该法的工作程序大致如下：

a. 提出要求，明确预测目标，书面通知选定的专家。由预测小组根据预测对象和内容，向各位专家提供有关资料并提出征询要求。

b. 专家接到通知后，根据自己掌握的资料和数据，对研究对象的未来发展趋势提出自己的预测及其依据和理由，书面答复预测单位。

c. 预测小组将收到的第一轮专家意见加以归纳整理，列出各种不同预测结果和相应的依据与理由，然后寄给各位专家，做第二轮征询。

d. 专家接到汇总意见后，就各种预测意见及其依据和理由进行分析，提出自己修改的预测意见及其根据。如此反复征询、归纳和修改，直到意见基本一致为止。

e. 预测小组针对调查结果，整理出书面意见和报告。

使用德尔菲法，参与的专家经过选择，人数不宜太多或太少，一般为10～20人，这些预测大多具有连续性长期观察的特点，一般适用于长期预测。

（3）其他方法。

1）主观概率法。有关人员、专家凭经验和自己的主观认识，对某种事件出现的可能性做出某种估计，然后将各方面的估计加以综合分析，从而得出销售预测值的方法。

2）市场因子法。市场因子是指在产品销售市场中客观存在的、能对某种产品引发实际需求的有关因素。该法通过对影响某种产品市场需求变动的有关因素进行分析、测算，推断出该产品在未来一定期间内的市场容量。

3）用户期望法。用户期望法又称用户意见法，它通过对用户（消费者）进行直接的调查、征询，了解他们的购买计划，以此推算某产品在未来一定期间内的销售量。

2. 定量预测方法

（1）趋势预测分析法。

1）算术平均预测法。此法是对某产品在过去若干期间的实际销售量进行简单平均计算，以其平均值作为该产品未来期间内销售量预测值的一种预测方法。其计算公式如下：

$$\bar{x}=\frac{\sum_{i=1}^{n}x_i}{n} \tag{6-1}$$

式中，$\bar{x}$ 为平均数；n 为期数；x_i 为第 i 期销售量。

要注意的是，此法的假设前提为未来的发展是过去某段时期历史的延续。如果产品的销售额或销售量在此若干历史期间内呈现出某种特定的变化趋势（如上升或下降趋势），则不能简单地采用此法。

【例6-1】

天星公司去年每月销售额如表6-2所示。

表6-2 天星公司去年每月销售额 单位：万元

月份	1月	2月	3月	4月	5月	6月	7月	8月	9月	10月	11月	12月
销售额	10	12	13	16	19	23	26	30	28	18	16	14

现要求用算术平均预测法预测今年 1 月的销售额。

$$\bar{x}=\frac{10+12+13+16+19+23+26+30+28+18+16+14}{12}$$
$$=18.75(\text{万元})$$

即今年 1 月的预测销售额为 18.75 万元。

2）一次移动平均法。此法对某产品过去若干期间的实际销售量分段（即按连续且与未来期间相关的若干期间）进行平均计算，以其平均值作为该产品未来期间销售量预测值的一种预测方法。其计算公式如下：

$$M_{i+1}=\frac{x_i+x_{i-1}+\cdots+x_{i-m+1}}{m} \tag{6-2}$$

式中，M_{i+1} 为移动平均数；m 为分段期间数。

同理，此法的假设前提为未来的发展是过去某段时期历史的延续。如果产品的销售额或销售量在此若干为历史期间内呈现出某种特定的变化趋势，则也不能简单地采用此法。

【例 6－2】

沿用上例的资料。现要求用移动平均法预测今年 1 月的销售额。

假设近 3 个月销售额与下期预测值有关，则 $m=3$。

$$M_{13}=\frac{x_{12}+x_{11}+x_{10}}{3}$$
$$=\frac{14+16+18}{3}=16(\text{万元})$$

即今年 1 月的销售额预测值为 16 万元。

3）加权平均预测法。这种方法是算术平均预测法或一次移动平均法的改进，它根据各个实际历史数值与预测值的相关程度分别规定不同的权数，关系密切的权数就大些，关系不密切的权数就小些，然后进行加权平均，以求得预测值。其计算公式如下：

$$\bar{y}=\sum_{i=1}^{n}w_ix_i\Big/\sum_{i=1}^{n}w_i,\ i=1,2,\cdots,n \tag{6-3}$$

（可取 $\sum\limits_{i=1}^{n}w_i=1$，此时 $\bar{y}=\sum\limits_{i=1}^{n}w_ix_i$，$i=1$，2，…，$n$）

式中，$\bar{y}$ 为加权平均数；x_i 为第 i 个历史数值；w_i 为第 i 个历史数值的权数；n 为历史数值的个数。

如何分别为实际历史数值规定适当的权数是运用此法进行销售量预测的关键。例如，当实际历史数值呈现递增或递减的趋势时，就有必要将最近几期数值的权数规定得大些，使预测值尽量符合这种趋势。

【例6-3】

沿用例6-1的资料。假设10月、11月和12月的权数分别为0.2，0.3和0.5。现要求用加权平均预测法预测今年1月的销售额。

$$\begin{aligned}\bar{y}&=\sum_{i=1}^{n}w_i x_i\\&=0.2\times18+0.3\times16+0.5\times14=15.4(\text{万元})\end{aligned}$$

即今年1月的销售额预测值为15.4万元。

4）变动趋势平均法。此法是指以最近若干时期的平均值为基础来计算预期值的一种方法。它在移动平均法计算 n 期时间序列移动平均值的基础上，进一步计算趋势值的移动平均值，最后利用特定基期销售量移动平均值和趋势值移动平均值来预测未来销售量。其计算公式为：

$$\text{预测销售量}=\frac{\text{基期销售量}}{\text{移动平均值}}+\frac{\text{基期趋势值}}{\text{移动平均值}}\times\frac{\text{基期与预测期的}}{\text{时间间隔}}\qquad(6-4)$$

$$\text{某期的趋势值}=\text{该期销售量移动平均值}-\text{上期销售量移动平均值}\qquad(6-5)$$

$$\text{基期趋势值移动平均值}=\frac{\text{最后一个移动期趋势值之和}}{\text{趋势值移动的期数}}\qquad(6-6)$$

变动趋势平均法的特点就在于没有特定假设的模式，而只是通过移动平均，从而提供比随机系列更为平滑的趋势系列。

【例6-4】

三星公司经营某产品，20×0年全年12个月的实际销售量如表6-3所示。

表6-3 三星公司某产品实际销售量 单位：万件

月份	实际销售量
1	10
2	11
3	13
4	15
5	14
6	12
7	16
8	17
9	19
10	22
11	20
12	21

现要求按变动趋势平均法预测该产品20×1年1月的销售量。

具体方法如表6-4所示。表中，离20×1年1月最近的三期趋势平均值（1.4万件）在20×0年9月。其间距4个月，所以该产品20×1年1月的销售量预测值为：

$$18.8+4\times1.4=24.4(\text{万件})$$

表6-4　变动趋势平均法分析表　　单位：万件

月份	实际销售量	五期销售平均值	变动趋势	三期趋势平均值
1	10	—	—	—
2	11	—	—	—
3	13	12.6	—	—
4	15	13	0.4	—
5	14	14	1	0.73
6	12	14.8	0.8	0.87
7	16	15.6	0.8	1.07
8	17	17.2	1.6	1.33
9	19	18.8	1.6	1.4
10	22	19.8	1	—
11	20	—	—	—
12	21	—	—	—

该产品20×1年1月的销售量预测值也可按下式计算：

$$19.8+3\times1.4=24(\text{万件})$$

式中，19.8万件是离20×1年1月最近的五期销售平均值，具体时间在20×0年10月，它与预测期相距只有3个月。

5）指数平滑法。此法是在加权平均法的基础上发展起来的一种方法。它将历史资料用平滑系数作为权数来预测销售量。要求按具体情况确定平滑系数的大小以使预测准确。其计算公式如下：

$$F_t=aA_{t-1}+(1-a)F_{t-1} \tag{6-7}$$

式中，F_t 为指数平滑预测值；A_{t-1} 为基期实际销售量；F_{t-1} 为基期销售量预测值；a 为平滑系数。

【例6-5】

沿用上例的资料。现要求用指数平滑法预测20×1年1月的销售量。

将表6-3中的有关数据按指数平滑法的要求进行加工（设 $a=0.3$，20×0年1月的销售量预测值为9.5万件），其结果如表6-5所示。表6-5的计算结果表明，在指数平滑法下，某产品20×1年1月的销售量预测值应为19.20万件。

表6-5　指数平滑法分析表　　单位：万件

月份	A_{t-1}	$0.3\times A_{t-1}$	$(1-0.3)\times F_{t-1}$	F_t
1	10	—	—	9.5
2	11	3.0	6.65	9.65
3	13	3.3	6.76	10.06
4	15	3.9	7.04	10.94

续表

月份	A_{t-1}	$0.3\times A_{t-1}$	$(1-0.3)\times F_{t-1}$	F_t
5	14	4.5	7.66	12.16
6	12	4.2	8.51	12.71
7	16	3.6	8.90	12.50
8	17	4.8	8.75	13.55
9	19	5.1	9.49	14.59
10	22	5.7	10.21	15.91
11	20	6.6	11.14	17.74
12	21	6.0	12.42	18.42
20×1年1月	—	6.3	12.90	19.20

在运用指数平滑法预测销售量的过程中，若预测值与实际值相差较大，可适当增大平滑系数 a 的值，以相应强化近期实际销售量对预测的影响；反之，则适当减小平滑系数 a 的值。平滑系数 a 的取值在 0 与 1 之间，即 $0\leqslant a\leqslant 1$。

（2）因果预测分析法。产品销售量的影响因素有很多，既有企业内部因素，也有企业外部因素；既有客观因素，也有主观因素。在这些因素中，有的对销售量具有决定性作用。因果预测分析法把这些因素看作“因”，把销售量看作“果”，进而找出销售量（因变量）与相关因素（自变量）之间的函数关系，最后利用此函数对销售量进行预测。

该类方法中最常用的是回归分析法，它根据某一时间序列的历史数据，利用数学模型，求出一条反映该时间序列变动趋势的直线或曲线（面），使该趋势线（面）上各点到时间序列实际线上的各对应点之间的偏差平方和最小，然后在所求趋势线的延长线上确定该时间序列未来发展的预测值。用其对销售量进行实地预测时，一般有直线趋势法、二次曲线趋势法、指数曲线趋势法和多元回归法四种。

1）直线趋势法。该法又称一元线性回归法，它是根据过去一定时期的历史资料，假定销售量的影响因素只有一个，确定可以反映销售量增减变动趋势的一条直线（直线方程为 $y=a+bx$），并将此直线加以延伸，进而求出某产品销售量预测值的一种预测方法。

根据直线趋势方程 $y=a+bx$，利用最小二乘法，可求得标准方程组：

$$\begin{cases}\sum y=na+b\sum x \\ \sum xy=a\sum x+b\sum x^2\end{cases} \qquad (6-8)$$

又根据以上标准方程组，可确定直线趋势方程中 a 和 b 的值，即

$$a=\frac{\sum y-b\sum x}{n}$$

$$b=\frac{n\sum xy-\sum x\sum y}{n\sum x^2-(\sum x)^2}$$

【例6-6】

某公司经营某种产品，20×0年至20×6年的实际销售量如表6-6所示。

表6-6 某公司20×0年至20×6年实际销售量 单位：万元

年份	实际销售量
20×0	14
20×1	17
20×2	18
20×3	21
20×4	25
20×5	26
20×6	28

现要求用直线趋势法预测该产品20×7年的销售量。

首先，按直线趋势法的基本要求，对有关资料进行加工，结果如表6-7所示。

表6-7 直线趋势法预测计算表

年份	x	y	xy	x^2
20×0	1	14	14	1
20×1	2	17	34	4
20×2	3	18	54	9
20×3	4	21	84	16
20×4	5	25	125	25
20×5	6	26	156	36
20×6	7	28	196	49
$n=7$	$\sum x=28$	$\sum y=149$	$\sum xy=663$	$\sum x^2=140$

然后，我们可以求得

$$b=\frac{7\times663-28\times149}{7\times140-28\times28}=2.4$$

$$a=\frac{149-2.4\times28}{7}=11.7$$

即可得预测模型为：

$$y=11.7+2.4x$$

最后，对于20×7年，$x=8$，则按该模型可求出预测值结果为：

$$y=11.7+2.4\times8=30.9\text{(万元)}$$

实际工作中，为简化计算，可将标准方程组中的公共项$\sum x$加以适当处理，即令$\sum x=0$，将$x=0$置于资料期中间，取资料期间隔为1(若资料期为偶数，则可将$x=-1$，$x=+1$置于资料期中间，取资料期间隔为2)。这时，该法可称为修正的时间序列回归分析法。

2）二次曲线趋势法。该法是根据过去若干期间销售量的实际资料，假定销售量的影响因素只有一个，确定一条可以反映销售量增减变动趋势的二次曲线（曲线方程为 $y=a+bx+cx^2$），并将此曲线加以延伸，进而求出某产品销售量预测值的一种预测方法。

根据二次曲线方程 $y=a+bx+cx^2$，利用最小二乘法，可求得标准方程组：

$$\begin{cases}\sum y = na + b\sum x + c\sum x^2 \\ \sum xy = a\sum x + b\sum x^2 + c\sum x^3 \\ \sum x^2 y = a\sum x^2 + b\sum x^3 + c\sum x^4\end{cases} \tag{6-9}$$

为简化计算，令 $\sum x=0$，$\sum x^3=0$，即将 $x=0$（n 为奇数时）置于资料期中间，这样上述标准方程组简化为：

$$\begin{cases}\sum y = na + c\sum x^2 \\ \sum xy = b\sum x^2 \\ \sum x^2 y = a\sum x^2 + c\sum x^4\end{cases} \tag{6-10}$$

从而确定 a，b，c 的值。

【例6-7】

某公司经营某产品，连续9年的实际销售资料如表6-8所示。

表6-8　某公司连续9年的实际销售量　　单位：件

年次	实际销售量
第1年	5 000
第2年	20 000
第3年	50 000
第4年	100 000
第5年	80 000
第6年	110 000
第7年	90 000
第8年	80 000
第9年	120 000

现要求用二次曲线趋势法预测该产品第10年的销售量。

先按二次曲线趋势法的要求，对表6-8进行加工，结果如表6-9所示。

表6-9　二次曲线趋势法预测分析表　　单位：件

n	y	x	x^2	x^3	x^4	xy	x^2y
1	5 000	−4	16	−64	256	−20 000	80 000
2	20 000	−3	9	−27	81	−60 000	180 000

续表

n	**y**	**x**	**x^2**	**x^3**	**x^4**	**xy**	**x^2y**
3	50 000	−2	4	−8	16	−100 000	200 000
4	100 000	−1	1	−1	1	−100 000	100 000
5	80 000	0	0	0	0	0	0
6	110 000	1	1	1	1	110 000	110 000
7	90 000	2	4	8	16	180 000	360 000
8	80 000	3	9	27	81	240 000	720 000
9	120 000	4	16	64	256	480 000	1920 000
n=9	$\sum y=655\ 000$	$\sum x=0$	$\sum x^2=60$	$\sum x^3=0$	$\sum x^4=708$	$\sum xy=$ 730 000	$\sum x^2y=$ 3 670 000

再将表6-9中的有关数据代入简化方程组，得

$$\begin{cases}655\ 000=9a+60c\\730\ 000=60b\\3\ 670\ 000=60a+708c\end{cases}\Rightarrow\begin{cases}a=87\ 858\\b=12\ 166.7\\c=-2\ 262\end{cases}$$

可得二次曲线方程为：

$$y=87\ 858+12\ 166.7x-2\ 262\ x^2$$

对于第10年，$x=5$，则根据所确定的二次曲线方程，第10年的销售量预测值为：

$$y=87\ 858+12\ 166.7\times5-2\ 262\times5^2=92\ 142(\text{件})$$

3）指数曲线趋势法。该法也称为对数直线分析法。它是根据过去若干期间销售量的实际资料，确定一条可以反映销售量变化的指数曲线（指数曲线方程为 $y=ab^x$，其变换后的对数直线方程为 $\lg y=\lg a+x\lg b$），并将此曲线加以延伸，进而求出某产品销售量预测值的一种预测方法。该方法适用于销售量大致按比率变动的情况。

根据对数直线趋势方程 $\lg y=\lg a+x\lg b$，利用最小二乘法，可求得标准方程组：

$$\begin{cases}\sum\lg y=n\lg a+\lg b\sum x\\\sum(x\lg y)=\lg a\sum x+\lg b\sum x^2\end{cases}\tag{6-11}$$

为了简化计算，同理，令 $\sum x=0$，将 $x=0$（n 为奇数时）置于资料期中间，上述标准方程组可简化为：

$$\begin{cases}\sum\lg y=n\lg a\\\sum(x\lg y)=\lg b\sum x^2\end{cases}\Rightarrow\begin{cases}\lg a=\dfrac{\sum\lg y}{n}\\\lg b=\dfrac{\sum(x\lg y)}{\sum x^2}\end{cases}\tag{6-12}$$

【例6-8】

星天公司经营某产品，2×10年至2×20年的实际销售量如表6-10所示。

表6-10 星天公司2×10年至2×20年的实际销售量 单位：件

年份	实际销售量
2×10	60 000
2×11	84 000
2×12	114 000
2×13	166 000
2×14	230 000
2×15	320 000
2×16	448 000
2×17	620 000
2×18	892 000
2×19	1 202 000
2×20	1 686 000

现要求用指数曲线趋势法预测该产品2×21年的销售量。

先按指数曲线趋势法的要求，对表6-10进行加工，结果如表6-11所示。

表6-11 指数曲线趋势法分析表 单位：件

n	y	$\lg y$	x	$x\lg y$	x^2
2×10	60 000	4.778 2	−5	−23.891 0	25
2×11	84 000	4.924 3	−4	−19.697 2	16
2×12	114 000	5.056 9	−3	−15.170 7	9
2×13	166 000	5.220 1	−2	−10.440 2	4
2×14	230 000	5.361 7	−1	−5.361 7	1
2×15	320 000	5.505 1	0	0	0
2×16	448 000	5.651 3	1	5.651 3	1
2×17	620 000	5.792 4	2	11.584 8	4
2×18	892 000	5.950 4	3	17.851 2	9
2×19	1 202 000	6.079 9	4	24.319 6	16
2×20	1 686 000	6.226 9	5	30.134 5	25
$n=11$	$\sum y=5\,822\,000$	$\sum \lg y=60.547\,2$	$\sum x=0$	$\sum x\lg y=15.980\,6$	$\sum x^2=110$

将有关数据代入关于$\lg a$，$\lg b$的计算公式中：

$$\begin{cases}\lg a=\dfrac{60.547\,2}{11}=5.504\,3\\ \lg b=\dfrac{15.980\,6}{110}=0.145\,3\end{cases}$$

可得对数直线方程为：

$$\lg y=5.504\,3+0.145\,3x$$

2×21 年销售量预测值的对数为：

$$\lg y=5.5043+0.1453\times 6=6.3761 \quad (x=6)$$

查表，$\lg y=6.3761$ 的反对数是 2 377 388，即 $y=2\,377\,388$，也就是说，2×21 年的销售量预测值为 2 377 388 件。

4）多元回归法。一元线性回归法的使用前提是假定销售量的主要决定因素仅有一个。在实际生产经营活动中，影响销售量的因素很多，一元线性回归法对此并不适用。在这种情况下，则必须考虑采用多个自变量，建立多元回归方程来进行预测（方程为 $y=a+b_1x_1+b_2x_2+b_3x_3+\cdots+b_nx_n$）。

根据趋势方程 $y=a+b_1x_1+b_2x_2+b_3x_3+\cdots+b_nx_n$，利用最小二乘法，可确定 a 和 b_1，b_2，b_3，…，b_n 的值。例如，如果影响销售量的因素有两个，可根据二元线性回归方程 $y=a+b_1x_1+b_2x_2$ 和实际观测数据建立决定回归直线的联立方程。求解 a，b_1，b_2 的标准方程组如下：

$$\begin{cases}\sum y=na+b_1\sum x_1+b_2\sum x_2\\ \sum x_1y=a\sum x_1+b_1\sum x_1^2+b_2\sum x_1x_2\\ \sum x_2y=a\sum x_2+b_1\sum x_1x_2+b_2\sum x_2^2\end{cases} \tag{6-13}$$

将观测数据代入方程组，便可求出 a，b_1，b_2 的值。然后代入二元线性回归方程，即可预测下一期的销售量。

当影响销售量的因素多于两个，即自变量的个数多于两个时，计算比较复杂，可以借助统计工具求解有关参数的值。

6.1.3 销售状态预测和市场占有率预测

1. 销售状态预测

销售状态预测是指根据某种产品现在所处的特定销售状态，经计量、测算大体上确定该产品的变动趋向，预计它在未来某一特定期间可能出现的销售状态。销售状态预测通常是借助马尔可夫预测法进行的。该法根据目前的变量状况，结合概率来推算有关变量今后将如何变化。由于马尔可夫预测法具有无后效性，即某过程在时刻 t_0 所处状态已知的条件下，该过程在 t（$t>t_0$）时刻所处状态只与最近的 t_0 时刻的状态有关，因此这种预测方法不需要连续不断的历史观察数据，只要有最近的资料就可预测未来。下面举例说明。

【例 6-9】

某公司经营某种产品，通常有畅销和滞销两种销售状态。经调查发现，该产品在某月处于畅销状态时，下个月继续保持畅销的概率为 0.8，由畅销转为滞销的概率为 0.2；而在某月处于滞销状态时，下个月继续停留在滞销状态的概率为 0.7，由滞销转为畅销的概率为 0.3。该产品现处于畅销状态。现要求用马尔可夫预测法，预测该产品今后半年各月的销售状态。

首先计算该产品今后各月的状态概率，因该产品现处于畅销状态，故其初始状态向量 $t(0)=(1\quad 0)$，则该产品今后半年内各月的状态概率为：

$$t(0)=(1\quad 0)$$

$$t(1)=t(0)p=(1\quad 0)\begin{pmatrix}0.8 & 0.2\\ 0.3 & 0.7\end{pmatrix}=(0.8\quad 0.2)$$

$$t(2)=t(1)p=(0.8\quad 0.2)\begin{pmatrix}0.8 & 0.2\\ 0.3 & 0.7\end{pmatrix}=(0.7\quad 0.3)$$

$$t(3)=t(2)p=(0.7\quad 0.3)\begin{pmatrix}0.8 & 0.2\\ 0.3 & 0.7\end{pmatrix}=(0.65\quad 0.35)$$

$$t(4)=t(3)p=(0.65\quad 0.35)\begin{pmatrix}0.8 & 0.2\\ 0.3 & 0.7\end{pmatrix}=(0.625\quad 0.375)$$

$$t(5)=t(4)p=(0.625\quad 0.375)\begin{pmatrix}0.8 & 0.2\\ 0.3 & 0.7\end{pmatrix}=(0.612\,5\quad 0.387\,5)$$

$$t(6)=t(5)p=(0.612\,5\quad 0.387\,5)\begin{pmatrix}0.8 & 0.2\\ 0.3 & 0.7\end{pmatrix}=(0.606\,25\quad 0.393\,75)$$

编制各月状态概率表，如表 6－12 所示。

表 6－12　各月状态概率

状态	0	1	2	3	4	5	6
畅销	1	0.8	0.7	0.65	0.625	0.612 5	0.606 25
滞销	0	0.2	0.3	0.35	0.375	0.387 5	0.393 75

2. 市场占有率预测

市场占有率是指企业经营的某种产品在一定期间内的销售量占市场同类产品销售量的比例。市场占有率预测又称销路预测，它可在一定程度上预测企业有关产品的市场地位和竞争能力。市场占有率预测一般借助马尔可夫预测法进行。

【例 6－10】

甲、乙、丙三个企业分别经销 A，B，C 三种品牌的同种商品，由于竞争，顾客经常转换所购该种商品的品牌，经查知，某年 7 月该商品销售量的初始分布及品牌转换情况如表 6－13 所示。

表 6－13　该商品 7 月销售量的初始分布及品牌转换情况

品牌	月初顾客		品牌转换情况						月末顾客	
	数量	所占份额	新增			流失			数量	所占份额
			自 A	自 B	自 C	至 A	至 B	至 C		
A	5 000	50%	0	300	100	0	500	1 000	3 900	39%
B	3 000	30%	500	0	100	300	0	300	3 000	30%
C	2 000	20%	1 000	300	0	100	100	0	3 100	31%
合计	10 000	100%							10 000	100%

现要求用马尔可夫预测法预测8月A，B，C三种品牌的市场占有率。

先计算转移概率。转移概率是指某一品牌原有的顾客在一定时期内转为购买另一品牌商品的顾客数量占原有顾客数量之比。7月品牌转换概率如表6-14所示。

表6-14　7月品牌转换概率

	A	B	C
A	$\frac{3\,500}{5\,000}=0.7$	$\frac{500}{5\,000}=0.1$	$\frac{1\,000}{5\,000}=0.2$
B	$\frac{300}{3\,000}=0.1$	$\frac{2\,400}{3\,000}=0.8$	$\frac{300}{3\,000}=0.1$
C	$\frac{100}{2\,000}=0.05$	$\frac{100}{2\,000}=0.05$	$\frac{1\,800}{2\,000}=0.9$

上述转换概率可列成矩阵M：

$$M=\begin{bmatrix} P_{11} & P_{12} & \cdots & P_{1N} \\ P_{21} & P_{22} & \cdots & P_{2N} \\ \vdots & \vdots & & \vdots \\ P_{N1} & P_{N2} & \cdots & P_{NN} \end{bmatrix}$$

上述矩阵具有以下性质：

(1) $P_{ij}\geqslant 0$，i，$j=1$，2，…，N；

(2) $\sum_{j=1}^{N} P_{ij}=1$，$i=1$，2，…，N。

式中，P_{ij}为转移概率。

假定转换概率不变，预测8月A，B，C三种品牌的市场占有率可用如下公式计算：

$$(P_1^n \quad P_2^n \quad \cdots \quad P_N^n)=(P_1^0 \quad P_2^0 \quad \cdots \quad P_N^0)\begin{bmatrix} P_{11} & P_{12} & \cdots & P_{1N} \\ P_{21} & P_{22} & \cdots & P_{2N} \\ \vdots & \vdots & & \vdots \\ P_{N1} & P_{N2} & \cdots & P_{NN} \end{bmatrix}^n \tag{6-14}$$

式中，P_N^n为市场占有率；P_{ij}为转移概率；n为相邻期数（0为初始状态）；N为初始预测因子数目。

利用上式可预测三种品牌的市场占有率如下：

$$\begin{aligned}(P_1^1 \quad P_2^1 \quad P_3^1)&=(0.5 \quad 0.3 \quad 0.2)\begin{bmatrix} 0.7 & 0.1 & 0.2 \\ 0.1 & 0.8 & 0.1 \\ 0.05 & 0.05 & 0.9 \end{bmatrix}\\ &=(0.39 \quad 0.30 \quad 0.31)\end{aligned}$$

即8月A，B，C三种品牌的市场占有率分别为39%，30%和31%。

预测相邻1期市场占有率变化的过程称为1阶马尔可夫过程，预测相邻n期市场占有率变化的过程则称为n阶马尔可夫过程。由于市场情况复杂，影响因素较多，一般认为马尔可夫预测对短期经营预测效果较为理想。

3. 用产品生命周期法预测

产品生命周期法是利用产品销售量在不同产品生命周期阶段的变化趋势进行销售量预测的方法。它一般作为前述各种定性、定量分析方法的重要补充。因为前几种方法均假设将来是过去发展趋势的延续，而事实上产品的销售量随着产品生命周期而有所变化，所以通过此法，可对前述几种方法在预测中的偏差进行纠正。

产品销售量在产品生命周期各阶段的发展趋势一般有如下规律：

（1）萌芽期：新产品刚投入市场，消费者尚未熟悉产品，销售量不大。

（2）成长期：产品已被广大消费者接受，由小批生产、销售转为成批生产、销售，销售量迅速增加。

（3）成熟期：产品进入大批量生产和畅销阶段，前期销售量稳定增加，后期增加开始减慢，并趋于减少。

（4）衰退期：产品逐步被淘汰，销售量急剧减少。

运用该法首先要判断产品处于哪一个发展期（通常用销售增长率来判断），这一时期能延续多久，然后预测今后若干年内的销售变化情况。一般来说，销售增长率在萌芽期不稳定，成长期最大（通常在10%以上），成熟期一开始趋于稳定而后出现下降（但仍大于零），衰退期则小于零。

【例6-11】

某企业在20×8年对其生产的某一新产品试销一年。有关数据表明20×9年外地从本地区订购该产品4 300台，本地区从外地订购该产品3 000台。现要求用产品生命周期分析法预测该厂20×9年的销售量。

经过调查，确定该产品的试销期为一年，一年后（即20×9年）即开始步入成熟期。预测此阶段产品销售增长率为6%，该企业的市场占有率为60%。截至20×8年末，该类产品在本地区已有15 000名客户。则20×9年本企业预测销售量的计算如下：

$$\text{本地区在20×9年对该产品的需求量}=15\,000\times(1+6\%)=15\,900(\text{台})$$

$$\begin{aligned}\begin{matrix}\text{20×9年本企业}\\\text{预测销售量}\end{matrix}&=\left(\begin{matrix}\text{本期本地区}\\\text{需求量}\end{matrix}+\begin{matrix}\text{本期外地}\\\text{需求量}\end{matrix}-\begin{matrix}\text{本期外地}\\\text{供给量}\end{matrix}\right)\times\begin{matrix}\text{本企业市场}\\\text{占有率}\end{matrix}\\&=(15\,900+4\,300-3\,000)\times60\%\\&=10\,320(\text{台})\end{aligned}$$

6.2 成本预测

6.2.1 成本预测概述

成本预测是指在编制成本预算之前，根据企业的经营目标，在调查研究的基础上，掌握有关数据，对将来生产产品或提供劳务的成本进行预计和测算，并确定目标成本、预计成本水平和变动趋势的一种管理活动。它可为成本计划提供依据，也是有计划地降低产品成本和提高经济效益的重要手段。当前，国际市场和国内市场千变万化，企业竞争十分激烈，企业想在复杂多变的环境中求得生存和发展，就必须改善经营管理，提高企业素质，增强竞争能力。这就给会计工作者提出了新的要求，会计工作不能再像过去那样停留在烦琐的成本计算和事后的成本分析上。也就是说，成本管理不能仅仅反映实际生产耗费和分析成本升降的原因，更重要的是着眼于未来，争取在经济活动事前进行成本控制。要做到这一点，就要先进行事前的成本预测，做好成本的规划，据此制定出目标成本，尽量避免在事中和事后出现超标浪费。因此，成本预测是控制和降低成本、提高经济效益的重要途径。

一般来说，成本预测主要包括成本变动趋势预测和目标成本预测。成本预测的程序主要分为以下几个步骤：

（1）确定成本的预测对象和预测期限。

（2）收集和分析历史数据。

（3）建立预测模型。

（4）分析评价。

（5）修正预测数值并确定目标成本。

6.2.2　成本变动趋势预测

成本变动趋势预测是指根据成本的历史数据，按照成本的性态并运用数学的方法，来预测计划年度可能实现的成本水平。成本变动趋势预测是成本预测的重要内容。要做好成本预测，首先就应做好成本变动趋势预测，以便掌握成本增减变动的基本规律。预测成本变动趋势的具体方法有很多，这里只介绍常用的高低点法和线性回归分析法。

1. 高低点法

高低点法指以成本性态为基础，根据成本分为固定成本和变动成本这一特点及成本的历史数据，将某一时期的最高业务量和最低业务量的成本进行对比，从而确定成本预测方程式。预测总成本的方程式为：

$$y=a+bx \tag{6-15}$$

式中，y 为总成本；a 为固定成本总额；b 为单位变动成本；x 为产品产量。

a 和 b 的值可用以下公式计算得出：

$$b=(y_H-y_L)/(x_H-x_L)$$

$$a=y_H-bx_H=y_L-bx_L$$

式中，y_H 为高点成本；x_H 为高点业务量；y_L 为低点成本；x_L 为低点业务量。

【例 6-12】

某公司生产甲产品。连续 6 年的成本资料如表 6-15 所示。

表 6-15　某公司连续 6 年的成本资料

年份	总产量（千件）	总成本（万元）
2×15	48	50
2×16	53	54
2×17	55	56
2×18	68	64
2×19	90	85
2×20	116	104

现要求用高低点法预测该公司甲产品 2×21 年产量为 13.5 万件时的成本总额。

首先根据表 6-15 找出高点和低点，计算求得：

$$b=(y_H-y_L)/(x_H-x_L)$$
$$=(1\,040\,000-500\,000)/(116\,000-48\,000)$$
$$=7.94(\text{元/件})$$
$$a=1\,040\,000-7.94\times116\,000$$
$$=118\,960(\text{元})$$

故预测成本总额为：

$$y=a+bx$$
$$=118\,960+7.94\times135\,000$$
$$=1\,190\,860(\text{元})$$

高低点法是一种简便的预测方法，但由于仅使用了个别成本资料，难以精确反映成本变动的趋势。

2. 线性回归分析法

线性回归分析法和前面所述直线趋势法的原理相同，它是根据若干期的产量、成本及其相互间的回归关系，确定成本预测回归方程式，寻求其变化规律的一种成本预测方法。根据影响成本因素的多少，线性回归分析法又分为一元线性回归分析法和多元线性回归分析法。线性回归分析法适用范围较广，对于各期成本波动较大的情况也能适用，预测结果也较科学。这里只重点介绍一元线性回归法。

一元线性回归法比较简单，它是在影响成本的因素只有一个的条件下，根据若干时期的成本资料，按最小二乘法原理，分析确定能反映成本变动趋势的直线（$y=a+bx$），以测算计划期成本的方法。具体计算过程如下。

（1）计算相关系数 r。相关系数是反映成本额 y 与产量 x 之间线性关联程度的一个量，其绝对值在 0 与 1 之间。相关系数绝对值越接近 1，表明线性关联程度越高；而趋近于 0，则表示无线性关系，不能用线性回归法预测。其计算公式如下：

$$r=\frac{n\sum xy-\sum x\sum y}{\sqrt{\left[n\sum x^2-\left(\sum x\right)^2\right]\left[n\sum y^2-\left(\sum y\right)^2\right]}} \tag{6-16}$$

（2）计算回归系数 a 和 b。a 和 b 是一元线性回归方程中的待定回归系数，其计算公式如下：

$$b=\frac{n\sum xy-\sum x\sum y}{n\sum x^2-\left(\sum x\right)^2} \tag{6-17}$$

$$a=\frac{\sum y-b\sum x}{n} \tag{6-18}$$

（3）预测计划期成本额。

【例 6-13】

沿用上例的资料。现要求用一元线性回归分析法预测计划期产量为 13.5 万件时的成本总额。

首先根据表 6-15 中的数据，计算所需项目，计算结果如表 6-16 所示。

表 6-16　一元线性回归分析预测表

n	x（万件）	y（万元）	xy	x^2	y^2
1	4.8	50	240	23.04	2 500
2	5.3	54	286.2	28.09	2 916
3	5.5	56	308	30.25	3 136
4	6.8	64	435.2	46.24	4 096
5	9	85	765	81	7 225
6	11.6	104	1206.4	134.56	10 816
$n=6$	$\sum x=43$	$\sum y=413$	$\sum xy=3\,240.8$	$\sum x^2=343.18$	$\sum y^2=30\,689$

$$r=(6\times3\,240.8-43\times413)/\sqrt{(6\times343.18-43^2)(6\times30\,689-413^2)}=0.999$$

计算出的相关系数接近 1，表明成本与产量线性关系密切。

回归系数计算结果如下：

$$b=(6\times3\,240.8-43\times413)/(6\times343.18-43^2)=8.02$$

$$a=(413-8.02\times43)/6=11.36(\text{万元})$$

于是，我们可预测产量为 13.5 万件时的成本额为：

$$y=11.36+8.02\times13.5=119.63(\text{万元})$$

如果影响成本的因素有两个，可根据二元线性回归方程 $y=a+b_1x_1+b_2x_2$ 和实际观测数据建立决定回归直线的联立方程。求出 a，b_1，b_2 的值，然后代入二元线性回归方程，即可预测下一期的成本。求解 a，b_1，b_2 的标准方程组如下：

$$\begin{cases}\sum y=na+b_1\sum x_1+b_2\sum x_2\\ \sum x_1y=a\sum x_1+b_1\sum x_1^2+b_2\sum x_1x_2\\ \sum x_2y=a\sum x_2+b_1\sum x_1x_2+b_2\sum x_2^2\end{cases} \tag{6-19}$$

将观测数据代入方程组，便可求出 a，b_1，b_2 的值。如果影响成本的因素有多个，便可根据多元回归法预测。如果成本与变量之间的关系不是直线而是曲线，则应用非线性回归预测法进行预测。

6.2.3 目标成本预测

目标成本是为实现目标利润所应达到的成本水平或应控制的成本限额。它是企业在生产经营活动中某一时期要求实现的管理目标。确定目标成本，是为了控制生产经营过程中的活劳动消耗和物化劳动消耗，降低产品成本，实现企业的目标利润。制定目标成本一般是在综合考察未来一定期间内有关产品的品种、数量、价格和目标利润等因素的基础上进行的。其计算方法一般有如下几种：

（1）根据目标利润制定目标成本。

目标成本＝预计销售收入－目标利润

（2）根据资金利润率制定目标成本。

目标成本＝预计销售收入－预计资金利润率×平均资金占用额

（3）根据销售利润率制定目标成本。

目标成本＝预计销售收入×(1－销售利润率)

（4）以同行业先进的成本水平作为目标成本。

【例6-14】

某公司经营某种产品，下年度计划产销1 000件，单位售价为200元，其目标利润为60 000元。现要求计算确定下年度该产品的单位目标成本。

$$\text{单位产品目标成本}=\text{单价}-\frac{\text{目标利润}}{\text{预计销量}}$$

$$=200-\frac{60\,000}{1\,000}$$

$$=140(\text{元})$$

即下年度该产品的单位目标成本为140元。

6.3 利润预测

6.3.1 利润预测概述

利润对于企业来说是一个非常重要的经济指标。企业在一定时期内生产经营活动的好坏、管理水平的高低，最后都要在利润这一指标上反映出来。

利润预测是指按照企业经营目标的要求，通过对影响利润变动的成本、产销量等因素的综合分析，测算企业未来一定时期内可能达到的利润水平和变动趋势。科学的利润预测，可使企业根据国内外市场的变化和本企业的生产经营情况及其他有关信息，规划出本企业的最优目标利润，采取积极有效的措施，改善企业的经营管理，实现最大的经济效益。在实际工作中，为了保证达到企业的目标利润，就要做好利润的预测工作。利用本-量-利分析的方法可以预测目标利润，预测实现目标利润的其他指标并分析影响利润的有关因素，从而寻找提高利润的各种有效途径。

6.3.2　目标利润预测

目标利润是指企业在计划期间所要达到的最优化利润指标。目标利润预测是根据企业经营总目标的要求，以市场调查为基础，结合本企业的具体情况，在自下而上广泛听取意见的基础上，使用一定预测技术科学合理地测定目标利润的过程。

企业未来一定期间目标利润一般可按本-量-利之间的关系、销售额增长率、资金利润率和利润增长率等测定，测定方法有如下几种。

（1）本-量-利分析法。该法是在前述成本性态研究和盈亏平衡分析的基础上，根据有关产品成本、产销量与利润的关系，确定计划期间目标利润总额的一种方法。前提是已经知道产品的预计销售价格，并对销售量进行了预测。下面分单一品种与多品种两种情况讨论。

1）单一品种。单一品种情况下，目标利润的计算公式如下：

$$\text{目标利润}=\text{预计销售数量}\times\left(\text{预计单位售价}-\text{预计单位变动成本}\right)-\text{固定成本总额} \qquad (6-20)$$

【例 6－15】

某企业产销一种产品，预计下年度的产销量为 12 000 件，单位变动制造成本为 19 元，单位变动销售及管理费用为 3 元，固定成本总额为 56 000 元，单价为 30 元。现要求计算该企业下年度的目标利润。

$$\begin{aligned}\text{目标利润}&=12\,000\times[30-(19+3)]-56\,000\\&=40\,000(\text{元})\end{aligned}$$

2）多品种。多品种情况下，目标利润的计算公式如下：

$$\text{目标利润}=\text{预计销售收入总额}\times\text{综合边际贡献率}-\text{固定成本总额} \qquad (6-21)$$

式中，综合边际贡献率$=\sum$(某品种边际贡献率×该产品销售额在总销售额中的比重)。

【例 6－16】

某企业生产 A，B，C 三种产品，边际贡献率分别为 40%，30%，20%，在总销售额中各种产品销售比重分别是 20%，50%，30%，预计下年度销售总额为 100 万元，固定成本总额 20 万元。现要求计算该企业下年度的目标利润。

目标利润＝100×(40％×20％＋30％×50％＋20％×30％)－20＝9(万元)

(2) 销售额增长率法。该法是以基期实际销售利润与销售额预计增长率为依据计算目标利润的方法。该法假定利润额与销售额同步增长。该法的前提是：已经对产品在计划期的销售额做出预测，或已对销售额增长率做出预测。其计算公式如下：

目标利润＝基期销售利润×(1＋预计销售额增长率)　　(6－22)

【例6－17】

某公司上年度实际销售利润为14万元，实际销售收入为160万元。假设计划销售额为200万元，即增长率为25％。现要求计算下年度该公司目标利润。

目标利润＝14×(1＋25％)＝17.5(万元)

(3) 资金利润率法。该法是根据企业预定的资金利润率水平，结合基期实际资金占用状况与未来计划投资额来确定目标利润的一种方法。其计算公式如下：

目标利润＝(基期占用资金＋计划投资额)×预定资金利润率　　(6－23)

【例6－18】

某公司上年度实际固定资产平均占用额为240万元，全部流动资金平均占用额为80万元；下年度计划扩大生产规模，拟在年初购置一套价值52万元的新型加工设备投入生产，追加流动资金8万元，预定资金利润率为12％。现要求计算该公司下年度的目标利润。

目标利润＝[(240＋80)＋(52＋8)]×12％＝45.6(万元)

(4) 利润增长率法。利润增长率法是根据企业基期已达到的利润水平，结合过去连续若干年（通常为近3年）利润增长率的变动趋势，以及影响利润的有关因素在未来可能发生的变动等情况，确定一个相应的预计利润增长率，然后确定未来目标利润的一种方法。其计算公式如下：

目标利润＝基期利润×(1＋预计利润增长率)　　(6－24)

【例6－19】

某公司上年度实际利润总额为50万元，根据过去3年盈利情况的分析，确定下年度的预计利润增长率为10％。现要求计算该公司下年度的目标利润。

目标利润＝50×(1＋10％)＝55(万元)

(5) 经营杠杆系数法。经营杠杆系数（DOL）是利润变动率与销售量变动率的比率，亦是基期边际贡献额与利润额的比率。用公式可表示如下：

$$经营杠杆系数=\frac{利润变动率}{销售量变动率}=\frac{\Delta 利润/基期利润}{\Delta 销售量/基期销售量} \quad (6-25)$$

或

$$经营杠杆系数=\frac{(单价-单位变动成本)\times 销售量}{(单价-单位变动成本)\times 销售量-固定成本}=\frac{基期边际贡献额}{利润额} \quad (6-26)$$

由于存在固定成本，经营杠杆系数总是大于1，也就是说，企业利润变动的幅度总是大于企业销量变动的幅度，当销售量增长时，利润以更大的增长率增长；当销售量减少时，利润将会以更大的降低率下降。这种现象即为经营杠杆现象，或称为经营杠杆效应，也称为经营风险。

容易看出，经营杠杆系数存在以下变动规律：

1）在盈利情况下，只要固定成本不等于0，经营杠杆系数恒大于1。

2）在其他条件不变的情况下，销售量与经营杠杆系数的变动方向相反。

3）成本指标的变动方向与经营杠杆系数的变动方向相同。

4）单价的变动方向与经营杠杆系数的变动方向相反。

5）在同一销售量水平上，经营杠杆系数越大，利润变化幅度越大，经营风险就越大。

利用经营杠杆系数可进行目标利润预测，其计算公式如下：

$$目标利润=基期利润\times(1+经营杠杆系数\times销售变动率) \tag{6-27}$$

【例6-20】

某企业20×7年产品边际贡献总额为150万元，利润总额为100万元，预计20×8年销售增长20%。现要求确定该企业20×8年的目标利润。

$$20\times8年的经营杠杆系数=\frac{150}{100}=1.5$$

$$\begin{aligned}目标利润&=100\times(1+1.5\times20\%)\\&=130(万元)\end{aligned}$$

6.4 资金需要量预测

6.4.1 资金需要量预测概述

企业正确地进行经营决策，合理组织经济活动，除了必须进行销售、成本、利润的预测分析，还需要开展资金需要量的预测分析工作。资金是企业生产经营过程中各种物资的货币表现。资金需要量预测是指对企业未来某一时期内需要的资金量所进行的科学预计和判断，它是编制资金预算的必要步骤。科学地做好资金需要量预测，不仅能为企业生产经营活动的正常开展测定相应的资金需要量，而且能为企业制定经营决策、节约资金耗费、提高资金效益创造有利条件。一般而言，资金预测应包括涉及若干年度的长期资金需要量预测和只涉及一个年度的短期资金需要量预测。本节仅从资金增长趋势、资金追加需要量和资金需要总量三个方面来说明短期资金需要量预测的基本方法。

6.4.2 资金增长趋势预测

资金增长趋势预测一般运用回归分析（即最小二乘法）的原理，对过去若干期间销售量和资金量的历史资料进行分析处理，确定反映销售量与资金量之间相互关系的回归曲线，从而可以推算未来期间资金需要量的预测值。这里仅介绍一元线性回归法的应用，具体方法在销售量预测部分已述，在此不再重复。

【例6-21】

某公司生产经营某种产品，现有其连续4年的销售收入和资金需要量资料，如表6-17所示。

表6-17 某公司4年的资金和销售收入资料表 单位：万元

时间	销售收入	资金需要量
第1年	200	150
第2年	250	175
第3年	300	200
第4年	350	225

现要求预测该公司第5年销售收入达400万元时的资金需要量。

运用一元线性回归法确定直线方程为：

$$y=a+bx$$

式中，y 为资金需要量；x 为销售收入。

由表中的数据我们不难得出：$a=50$，$b=0.5$。

已知第5年的销售收入 x 为400万元，得

$$y=50+0.5\times400=250(\text{万元})$$

即第5年的资金需要量为250万元。

6.4.3 资金追加需要量预测

资金追加需要量预测是指根据销售量和资金量的历史资料，以及未来期间销售收入的预计增长情况，推算为实现预期销售目标所必须增加的资金量。资金追加需要量预测的常用方法是销售百分比法。

销售百分比法是根据资金各个项目与销售收入总额之间的依存关系，按照计划期销售额的增长情况来预测需要相应地追加多少资金。它实际上是假定相关资产和负债与销售量比例变化的规律不变，且不相关的资产和负债以及所有者权益均不变，因而企业必须对增加的净资产追加投资。运用此法时必须注意，资产的折旧、摊销应看作资金的来源，因为它们作为费用减少利润，但其是非付现支出。销售百分比法的应用一般按以下几个步骤进行。

（1）分析研究资产负债表各个项目与销售收入总额之间的依存关系。主要包括：

1）资产类项目。周转中的货币资金、应收账款、应收票据和存货等项目，一般都会因销售额的增长而相应增加。而固定资产项目是否要增加，应视基期的固定资产是否已充分利用而定。如未充分利用，则通过进一步挖掘其利用潜力，可生产更多的产品；如果基期对固定资产的利用已达饱和状态，则增加销售需要扩充设备。长期投资、无形资产等项目一般不随销售额的变化而变动。

2）负债及权益类项目。应付账款、应付票据、应交税费等项目，通常会因销售的增长而相应增加；如果企业实行计件工资制，则应付工资项目随生产和销售的增长而相应增加；长期负债及股东权益类项目一般不随销售额的变化而变动。

（2）计算基期的销售百分比。根据基期资产负债表，将与销售额有依存关系的项目，按基期销售收入计算其金额占销售额的百分比。

（3）计算计划期间预计需要追加的资金数量。其计算公式如下：

$$\text{计划期间预计需要追加的资金数量}=\left(\frac{A}{s_0}-\frac{L}{s_0}\right)(s_1-s_0)-D-s_1R(1-d)+M \qquad (6-28)$$

式中，s_0 为基期销售收入总额；s_1 为计划期销售收入总额；$\frac{A}{s_0}$ 为基期随着销售额增加而自动增加的资产类项目占销售额的百分比；$\frac{L}{s_0}$ 为基期随着销售额增加而自动增加的负债类项目占销售额的百分比；D 为预计计划期末折旧提取数额减去预计计划期内固定资产更新改造的资金数额；R 为基期的税后销售利润率；d 为计划期的股利发放率；M 为计划期的新增零星资金需要量。

【例 6-22】

中振公司基期销售收入总额为 250 000 元，获得税后净利润 10 000 元，发放股利 5 000 元，基期厂房设备利用率已达饱和状态，该公司基期期末简略资产负债表如表 6-18 所示。假设该公司计划年度销售收入总额将达到 400 000 元，并仍按基期股利发放率支付股利，预计计划期折旧额为 10 000 元，其中 60%预计用于更新改造，又假定零星资金追加量为 6 000 元。

表 6-18　中振公司基期期末简略资产负债表　　单位：元

资产		负债与所有者权益	
现金	5 000	应付账款	25 000
应收账款	42 500	应交税费	12 500
存货	50 000	长期负债	57 500
固定资产（净值）	75 000	普通股股本	100 000
无形资产	27 500	留存收益	5 000
合计	200 000	合计	200 000

现要求预测计划期间需追加的资金数量。

根据基期期末资产负债表各项目与销售额的依存关系，计算填制按销售百分比反映的资产负债表，如表6-19所示。

表6-19 按销售百分比反映的资产负债表

资产		负债与所有者权益	
现金	2%	应付账款	10%
应收账款	17%	应交税费	5%
存货	20%	长期负债	—
固定资产（净值）	30%	普通股股本	—
无形资产	—	留存收益	—
合计	69%	合计	15%

$$\text{计划期间预计需要追加的资金数量}=\left(\frac{A}{s_0}-\frac{L}{s_0}\right)(s_1-s_0)-D-s_1R(1-d)+M$$
$$=(69\%-15\%)\times(400\,000-250\,000)-10\,000\times(1-60\%)$$
$$-400\,000\times\frac{10\,000}{250\,000}\times\left(1-\frac{5\,000}{10\,000}\right)+6\,000$$
$$=75\,000(\text{元})$$

6.4.4 资金需要总量预测

资金需要总量包括两个部分，即基期实际拥有资金量和下期应追加资金需要量。资金需要总量预测就是根据追加资金需要量预测的基本原理，推算为实现未来一定期间内销售收入目标所需要的全部资金量。其计算公式为：

$$\text{计划期间资金需要总量}=\text{基期期末拥有资金量}+\text{计划期预计追加资金需要量} \qquad (6-29)$$

【例6-23】

沿用上例的资料，假设中振公司基期期末拥有资金200 000元。现要求预测其计划期间资金需要总量。

计划期间资金需要总量=200 000+75 000=275 000(元)

案例

长鸿公司的经营预测

1. 案例背景

长鸿公司是一家以生产某一品种的汽车零配件为主的股份有限公司。2×16年以来，公司财务经理发现，公司对资金需要总量的实际值与公司根据销售额预测的数据十分接近，具体数据如表6-20所示。

表6-20 长鸿公司销售额与资金需求量 单位：万元

项目	2×16年	2×17年	2×18年	2×19年	2×20年
销售额	506.32	526.82	534.85	560.89	580.93
资金需要量（预测）	321.06	330.89	340.65	345.02	360.54
资金需要量（实际）	318.09	333.78	324.59	350.69	355.68

公司2×20年的财务报表如表6-21、表6-22所示。

表6-21 长鸿公司2×20年资产负债表 单位：万元

资产	金额	负债及所有者权益	金额
流动资产：		流动负债：	
货币资金	17.58	短期借款	8.35
交易性金融资产	34.83	应付票据	59.21
应收票据	40.58	应付账款	120.07
应收账款	49.6	应付职工薪酬	0.64
预付款项	0.67	应交税费	1.02
其他应收款	36.7	预收款项	0.17
存货	102.19	其他应付款	6.19
一年内到期的非流动资产	1.08	一年内到期的非流动负债	38.27
其他流动资产	7.24	其他流动负债	25.17
流动资产合计	290.47	流动负债合计	259.09
非流动资产：		非流动负债：	
长期股权投资	145.35	长期借款	185.34
债权投资	35	应付债券	6.24
固定资产	436.74	长期应付款	50.26
在建工程	168.57	其他非流动负债	14.14
无形资产	59.34	非流动负债合计	255.98
递延所得税资产	14.5	负债合计	515.07
其他非流动资产	7.72		
非流动资产合计	867.22	所有者权益（或股东权益）：	
		股本	500
		资本公积	12.04
		盈余公积	124.95
		未分配利润	5.63
		所有者权益（或股东权益）合计	642.62
资产合计	1 157.69	负债及所有者权益（或股东权益）总计	1 157.69

表6-22　长鸿公司2×20年利润表　　单位：万元

项目	金额
一、营业收入	580.93
减：营业成本	428.28
税金及附加	61.08
二、营业利润	91.57
减：资产减值损失	5.27
销售费用	3.48
管理费用	36.29
财务费用	6.28
三、营业利润	40.25
加：营业外收入	15.89
减：营业外支出	3.01
四、利润总额	53.13
减：所得税费用	24.82
五、净利润	28.31

公司产品的销售价格自2×16年以来没有变化。公司并未计划在2×21年改变产品销售价格，销售单价仍为450元/件，且公司预计2×21年的产品成本结构以及其他费用等并无重大变化，因此可认为2×21年公司的销售净利润率与2×20年大致持平。2×21年公司预计提取固定资产折旧190万元，固定资产建设投资额为800万元，并预计零星开支所需要的资金量为10万元。公司的留存收益率为50%。

2. 经营预测分析

(1) 销售预测分析。由于公司销售价格已被假定从2×16年至2×20年未变，则可把预计销售量的方法运用到销售额的预计工作中。从表6-23可以看出公司的销售额随时间推移表现出一定的变化趋势，因此采用直线趋势法进行销售预测。

表6-23　销售预测回归分析计算表　　单位：万元

项目	2×16年	2×17年	2×18年	2×19年	2×20年	$\sum$
x	−2	−1	0	1	2	—
y（销售额）	506.32	526.82	534.85	560.89	580.93	2 709.81
xy	−1 012.64	−526.82	0	560.89	1 161.86	183.29
x^2	4	1	0	1	4	10

根据直线趋势法线性回归方程组计算的结果如下：

$$b=\frac{5\times 183.29-0}{5\times 10-0}=18.329$$

$$a=\frac{2\,709.81-0}{5}=541.962$$

即可得预测模型为：

$$y=541.962+18.329x$$

最后按该模型可求出预测值为：

$$y=541.962+18.329\times 3=596.95(\text{万元})$$

即2×21年预计的销售额为596.95万元。

(2) 利润预测分析。由于2×21年预计公司的销售净利润率与2×20年大致持平，可用此指标进行2×21年利润预测。

$$2\times 20\text{年销售净利润率}=\frac{\text{净利润}}{\text{销售收入总额}}\times 100\%$$

$$=\frac{28.31}{580.93}\times 100\%$$

$$=4.87\%$$

预计2×21年公司净利润=596.95×4.87%=29.07(万元)

(3) 目标成本预测。

$$\text{目标成本}=\text{预计销售收入}\times(1-\text{销售净利润率})$$

$$=596.95\times(1-4.87\%)$$

$$=567.88(\text{万元})$$

$$\text{预计销售量}=\frac{\text{预计销售收入}}{\text{单价}}=\frac{596.95}{450}=1.327(\text{万件})$$

$$\text{单位产品目标成本}=\text{单价}-\frac{\text{目标利润}}{\text{预计销售量}}$$

$$=450-\frac{29.07}{1.327}$$

$$=428(\text{元})$$

(4) 资金需要量预测分析。按销售百分比反映的资产负债表（敏感项目）如表6-24所示。

表6-24 按销售百分比反映的资产负债表

资产	销售百分比	负债及所有者权益	销售百分比
流动资产：		流动负债：	
货币资金	3.03%	短期借款	—
交易性金融资产	—	应付票据	10.19%
应收票据	6.99%	应付账款	20.67%
应收账款	8.54%	应付职工薪酬	—
预付款项	0.12%	应交税费	0.18%
其他应收款	—	预收款项	0.03%
存货	17.59%	其他应付款	—

续表

资产	销售百分比	负债及所有者权益	销售百分比
一年内到期的非流动资产	—	一年内到期的非流动负债	—
其他流动资产	—	其他流动负债	—
流动资产合计	36.27%	流动负债合计	31.07%
		负债合计	31.07%
资产合计	36.27%	负债及所有者权益合计	31.07%

计划期间预计需追加的资金额

$$=\left(\frac{A}{s_0}-\frac{L}{s_0}\right)(s_1-s_0)-D-s_1R(1-d)+M$$

$$=(36.26\%-31.07\%)\times(596.95-580.93)-190+800-596.95\times4.87\%\times50\%+10$$

$$=606.30(万元)$$

资料来源：编者根据湖北长鸿专用汽车有限公司资料改编。

复习思考题

1. 什么是经营预测？经营预测包括哪些内容？
2. 从时间上看，经营预测一般处于哪个时期？它与短期经营决策、长期投资决策以及全面预算的关系是怎样的？
3. 什么是销售预测？如何进行定性和定量的销售量预测？各种方法的适用条件分别是什么？
4. 什么是成本预测？成本预测的步骤有哪些？如何进行目标成本预测？
5. 什么是利润预测？预测目标利润时需要考虑哪些因素？
6. 产生经营杠杆效应的原因是什么？经营杠杆如何衡量？单价、成本、销量与经营杠杆系数之间存在什么关系？
7. 如何进行资金追加需要量预测？
8. 利用销售百分比法进行资金需要量预测的原理是什么？

练习题

1. 某公司上半年各月的实际销售收入如下：

月份	1月	2月	3月	4月	5月	6月
销售额（元）	24 000	23 600	28 000	25 400	26 000	27 000

假定该公司6月的销售金额原预测数为27 800元。

要求：

（1）根据最后3个月的实际资料，试用移动平均法预测今年7月的销售额。

（2）试用直线趋势法预测今年7月的销售额。

（3）试用指数平滑法预测今年7月的销售额（平滑指数为0.6）。

2. 某企业2×20年1—12月的销售额如下：

月份	1月	2月	3月	4月	5月	6月
销售额（万元）	200	220	260	300	280	240
月份	7月	8月	9月	10月	11月	12月
销售额（万元）	320	340	380	440	400	520

要求：

试用变动趋势平均法预测该公司2×21年1月的销售额。（计算销售平均值时选用前后共5期数据，计算趋势平均值时选用前后共3期数据。）

3. 某公司近5年甲产品产量与成本数据如下：

项目	2×16年	2×17年	2×18年	2×19年	2×20年
产量（台）	250	200	300	360	400
总成本（元）	275 000	240 000	315 000	350 000	388 000
固定成本总额（元）	86 000	88 000	90 000	89 000	92 000
单位变动成本（元）	756	760	750	725	740

要求：

若2×21年预计产量为450台，试分别用高低点法、回归分析法预测2×21年甲产品的总成本和单位成本。

4. 某企业连续3年的有关资料如下：

项目	2×18年	2×19年	2×20年
产销量（台）	6 000	6 250	6 000
固定成本总额（元）	30 000	35 000	40 000
单位变动成本（元）	25	30	27.5

已知产品的售价为50元/台。

要求：

（1）2×19年和2×20年的经营杠杆系数分别是多少？

（2）试预测2×21年的经营杠杆系数。

（3）假设2×21年的经营杠杆系数与2×20年的相同，2×21年预计销售量变动率为5%，试预测2×21年的利润变动率和利润额。

5. 某公司生产某种产品40 000件，单位售价为30元，固定成本为全年300 000元，单位变动成本为20元。

要求：

（1）计算该产品全年可获利润额。

（2）若该公司计划明年使该产品的利润提高40%，请预测：

1）要实现以上目标，单位变动成本应控制在什么水平？降低率是多少？

2）若单独控制固定成本，应该减少多少固定成本才能实现目标利润？

3）若只采取提高售价或增加产量的措施，这两个指标各应提高多少才能实现目标利润？

6. 假定某公司上年末简略资产负债表如下。这一年生产能力只利用了70%，实际销售收入总额为1 000 000元，税后净利润为50 000元，并以20 000元发放了股利。若该公司计划今年预计销售收入总额将增至1 200 000元，仍按上年股利支付率发放股利，预计今年末累计折旧额为80 000元，全部用于更新改造现有设备，又假定今年计划新增零星资金需要量为40 000元。

资产负债表

单位：元

资产		负债及所有者权益	
现金	40 000	应付账款	120 000
应收账款	225 000	应交税金	75 000
存货	300 000	长期负债	300 000
长期投资	450 000	普通股股本	550 000
固定资产（净值）	60 000	留存收益	110 000
无形资产	80 000		
合计	1 155 000	合计	1 155 000

要求：

试用销售百分比法预测今年需要追加的资金数额。

第 7 章 Chapter 7 短期经营决策

学习目标

1. 了解短期经营决策的具体步骤。
2. 掌握不同情况下生产决策分析的方法。
3. 掌握通过线性规划进行产品最优组合决策的分析。
4. 掌握确定最佳售价的方法。
5. 掌握多品种短期经营决策的分析方法。

课程思政点

1. 坚持质量第一，效益优先。
2. 坚持绿色低碳可持续发展的生态文明理念与稀缺资源的最佳利用决策。

引导案例　丰田模式下的短期经营决策问题

日本丰田汽车公司创立于 1937 年，距今已有 80 多年的历史，是全球最大的汽车制造商之一。如今，丰田在中国已设立 28 家主要的独资和合资公司。2019 年，在中国的销量达到 162 万辆。

20 世纪 70 年代起，汽车业的生产环境发生了巨大变化。首先，石油危机导致与汽车相关的原材料成本大幅上涨和市场萎缩。其次，消费者对汽车品种多样化的需求增加。面对行业环境的巨变，丰田公司锐意改革，开创了独具特色的“丰田模式”，在利润下滑的汽车行业中独树一帜，取得了骄人的成绩。丰田模式也成为当今管理学界研究的热点。

资料来源：根据丰田中国官方网站（http://www.toyota.com.cn）中的资料改编和杰弗瑞·莱克.丰田模式：精益制造的 14 项管理原则. 北京：机械工业出版社，2016.

丰田模式的核心是准时制生产系统（just-in-time，JIT）。该生产系统通过工艺流程再造等手段实现企业生产各个环节的零库存，从而达到显著降低公司成本的目的。显然，在该生产系统下，短期经营决策变得异常重要，丰田公司的生产主管每天需要处理大量诸如某种零件应生产多少件、分几批生产之类的问题；销售主管则必须在对公司生产能力详细了解的基础上解决是否接受某批订货、某种车型如何定价等问题。如果你是丰田公司高管，该如何解决这些问题呢？短期经营决策是否真的能帮助企业控制成本和提高利润呢？本章将解答你的疑问。

7.1 短期经营决策概述

7.1.1 决策概述

决策（decision making）是企业的一种普遍活动。所谓决策，就是要做选择，是指决策者为了实现某一特定目标，在占有完备资料的基础上，借助科学的理论和方法，进行必要的计算、分析和判断，从若干可供选择的方案中，选择并决定采用最优方案的过程。

欧美国家的管理专家认为“管理的重心在经营，经营的重心在决策”，可见决策在企业的生产经营活动中是一个至关重要的问题。比如生产什么，生产多少，如何定价，存货控制等都必须有正确的决策。它决定着企业能否在激烈的市场竞争中立于不败之地。一般而言，企业决策正确与否的标准主要是能否以较少的消耗取得较大的经济利益。

企业的决策按照时间长短可以分为长期投资决策（也称资本预算决策）和短期经营决策。长期投资决策是指对较长时间内（通常一年以上）的经营问题所进行的决策，例如投资兴建新的项目、固定资产更新改造等决策。长期投资决策往往涉及的时间长、投资额大、投资风险高，因此要考虑资金的时间价值和风险价值因素。该内容将在第8章进行阐述。短期经营决策是指对企业一年以内的经营问题或者在维持当前经营规模的条件下所进行的决策。短期经营决策的主要特点是在既定的规模条件下决定如何有效地进行资源的配置，以获得最大的经济效益，通常不涉及固定资产投资和经营规模的改变，因此，短期经营决策通常是在成本性态分析时提到的“相关范围”内所进行的决策。

决策分析是企业管理过程的核心工作，决策正确与否关系到企业未来发展的成败。对企业的管理层来说，科学合理的决策是企业能够在激烈的竞争环境中生存发展的必要条件。从管理会计的角度，就是要求管理会计人员能够提供对决策过程有用的信息，帮助管理层做出正确的决策。决策过程主要包括以下四个步骤。

1. 明确决策问题和目标

制定决策首先必须明确决策的问题和目标，例如，是否接受某一客户的特殊订单，或者生产何种产品。在一项决策做出之前，必须首先弄清楚该问题。弄清楚该问题以后，就应该对决策的标准进行界定，目标是利润最大化。是尽可能扩大市场的份额，还是使成本最小化？在决策之前，必须清晰界定决策的标准，作为选择最优方案的依据和准绳。

2. 收集相关资料并制定备选方案

明确决策问题之后，应该收集相关资料，了解决策问题的相关数据，并充分考虑现实与可能，设计制定各种可能实现目标的备选方案。备选方案的制定要集思广益，充分考虑各种可能的情况和因素。各备选方案要尽可能详细，以有利于分析各方案的优劣。

3. 对备选方案做出评价，选择最优方案

这一过程需要对各备选方案进行详细的定性和定量分析，从各个方面分析各方案的可行性和优劣。这个过程是正确决策的关键，它要求对各方案的决策标准（例如利润）做出细致的分析，进而通过比较各方案的决策标准，得出最优方案。

4. 决策方案的实施与控制

最优方案选定以后，就要组织实施。在方案的实施过程中，可能会出现不曾预料的新情况，要根据新情况调整和修改原方案。对方案实施过程的监控可以保证决策的顺利实施，同时能够积累经验和数据，为今后的类似决策制定提供指导。

企业决策即从各个备选方案中选出最优方案。判断方案优劣的经济标准有两个：成本和经济效益。而成本又是影响经济效益高低的一个重要制约因素。因此，为了使企业的决策更加准确可靠，我们必须先弄清各种成本同决策之间的关系。

7.1.2 短期经营决策的相关成本与不相关成本

从与企业决策是否相关来看，成本可分为两大类：相关成本和不相关成本。

相关信息必须同时具备两个特点：

第一，相关信息是面向未来的。决策影响的是未来，不是过去。决策依据的信息必须是涉及未来的信息。由于相关信息面向未来事件，管理会计人员必须预测相关成本与效益的数额。预测的方法之一就是利用过去的数据进行分析。因此，对历史数据的分析是为了找到数据之间的适当关系，进而有利于未来进行更为准确的预测。

第二，相关信息在各个备选方案之间应该有所差异。在所有可获取的备选方案中，都发生的那部分成本或者收益对决策不会产生任何影响。例如，在选择生产何种产品的决策中，如果各种产品的固定成本是相同的，固定成本信息就属于无关信息，它并不影响决策过程。合理地选择相关信息是进行决策分析的基础，如果不区分相关信息与无关信息，往往会使信息的收集和加工陷入无序的信息陷阱，分散决策者的注意力，降低决策的效率。

决策的相关信息应该同时具备上述两个特点，这两个特点也是区分相关成本和不相关成本的标准。在决策过程中，区分相关信息与无关信息是管理会计人员的一项重要工作，企业经营的信息涉及面广，方方面面，纷繁复杂。管理者每天要面对大量的信息，如果不能区分出对决策有用的相关信息和无用的无关信息，就可能会落入信息陷阱。一方面，任何管理者的精力都是有限的，无关信息会占用管理者的时间和精力，从而降低决策的效率；另一方面，大量无关信息可能会干扰管理者的决策，甚至造成决策错误。面对大量的信息，管理会计人员需要根据其职业判断，区分哪些信息与决策相关、哪些无关，对于无关信息，应该在决策时予以剔除。

关于相关成本与不相关成本的具体内容及分类请参阅本书2.1.6节中的阐述，在此不再赘述。

7.2 生产决策

生产决策是企业短期经营决策的重要内容，它主要是针对企业短期内（或者当前经营规模范围内）是否生产、生产什么、怎样组织生产等问题进行的相关决策。典型的生产决策包括亏损产品是否需要停产的决策、零部件是自制还是外购的决策、特殊订单是否接受的决策、限制资源如何最有效利用的决策、产品是否进一步深加工的决策等。

7.2.1 生产决策的主要方法

1. 差量分析法

差量分析法是分析备选方案之间的差额收入和差额成本，根据差额利润进行选择的方法。在差量分析中，差额利润等于差额收入减去差额成本。差额收入等于两个方案的相关收入之差，差额成本等于两个方案的相关成本之差。如果差额大于零，则前一个方案优于后一个方案；反之，则后一个方案优于前一个方案。通常可以通过编制差量分析表来计算差额利润的高低。

这种方法在分析过程中，只考虑相关收入和相关成本，对不相关因素不予考虑，因此较为简单明了。但对于两个以上的备选方案，只能两两进行比较，逐次筛选，故比较烦琐。

2. 边际贡献分析法

边际贡献分析法是通过对比各个备选方案的边际贡献额的大小来确定最优方案的方法。边际贡献是销售收入与变动成本的差额。在短期生产决策过程中，固定成本往往稳定不变，因此，直接比较各备选方案边际贡献额的大小就可以做出判断。但当决策涉及追加专属成本时，就无法直接使用边际贡献额大小进行比较，此时，应该使用相关损益指标，某方案的相关损益是指该方案的边际贡献额与专属成本之差，或该方案的相关收入与相关成本之差。哪个方案的相关损益更大，则哪个方案更优。这种相关损益分析法可以看作边际贡献分析法的一种特例。

3. 本-量-利分析法

本-量-利分析法是利用成本、产量和利润之间的依存关系来进行生产决策的方法。利用本-量-利分析的思路和各种分析指标，可以方便地分析和判断各种方案对企业利润的影响程度。

7.2.2　亏损产品是否停产的决策

对于产品多元化的企业而言，通常企业的绝大多数利润都是由几种核心产品所带来的，其他的产品往往提供较少的利润，甚至亏损。对于亏损的产品或者部门，企业是否应该立即停产呢？从短期经营决策的角度，关键是看该产品或者部门能否给企业带来正的边际贡献。

【例7-1】

假定某企业生产甲、乙两种产品，两种产品的相关收益情况如表7-1所示。

表7-1　相关数据资料　　单位：元

项目	甲产品	乙产品	合计
销售收入	10 000	50 000	60 000
变动成本	6 000	30 000	36 000
边际贡献	4 000	20 000	24 000
固定成本	2 000	25 000	27 000
营业利润	2 000	－5 000	－3 000

由于乙产品的营业利润为－5 000元，因此，企业的管理层考虑是否应该停止乙产品的生产。我们可以分析如下：在短期内，即使停产乙产品，固定成本也不会相应降低。如果停产乙产品，则企业的利润将为甲产品的边际贡献4 000元扣除固定成本总额27 000元，利润将下降为－23 000元，反而扩大了亏损。为什么会出现这种现象呢？原因在于乙产品虽然亏损，但是提供的边际贡献仍然为正。乙产品如果继续生产，其边际贡献20 000元能够抵减固定成本20 000元，但是如果停产，则连20 000元的固定成本也无法抵减，造成利润下降。由此可以看出，在短期内，如果企业的亏损产品能够提供正的边际贡献，就不应该立即停产。

7.2.3　零部件自制与外购决策

对于某些企业来说，零部件可以自制，也可以选择向外部供应商购买。例如，汽车生产企业所需要的汽车配件，可以自行生产，也可以向外部的零部件供应商采购。零部件是自制还是外购，从短期经营决策的角度，需要比较两种方案的相关成本，选择成本较低的方案即可。在决策时还需要考虑企业是否有剩余生产能力，如果企业有剩余生产能力，不需要追加设备投资，那么只需要考虑变动成本即可；如果企业没有足够的剩余生产能力，需要追加设备投资，则新增加的专属成本也应该归为相关成本。同时，需要把剩余生产能力的机会成本考虑在内。

【例7-2】

兴达公司是一家越野自行车制造商，每年需要自行车外胎10 000个，市场上采购的成本为每个58元，该公司的车间有能力制造这种外胎，单位外胎的成本资料如表7-2所示。

表7-2　相关成本资料　　单位：元

直接材料	32
直接人工	12
变动制造费用	7
固定制造费用	10
单位零件成本	61

在下列相关情况下，分别做出该自行车外胎应该自制还是外购的决策。

（1）企业现在具有足够的剩余生产能力，且剩余生产能力无法转移，即该车间不制造外胎时，闲置的生产能力无法用于其他方面。

由于有剩余生产能力可以利用，且无法转移，因此零件自制的相关成本仅包含自制的变动成本。

自制的单位变动成本＝32＋12＋7＝51(元)

外购的相关成本＝58(元)

可见，这种外胎应采用自制方案，因为自制方案可比外购方案每年节约成本（58－51)×10 000＝70 000(元)。

（2）企业现在具备足够的剩余生产能力，但剩余生产能力可以转移用于加工自行车内胎，每年可以节省内胎的采购成本20 000元。

若选择自制外胎，则会放弃生产内胎所带来的成本节约20 000元，这可以看作自制外胎的机会成本。相关成本分析如表7-3所示。

表7-3　差异分析表　　单位：元

项目	自制	外购	差量成本
变动成本	510 000	580 000	－70 000
机会成本	20 000		20 000
相关成本合计	530 000	580 000	－50 000

从表7-3中可知，自制成本低于外购成本50 000元，企业应该自制该外胎。

（3）企业目前只有生产5 000个的生产能力，且无法转移，若自制10 000个，则需租入设备一台，月租金为4 000元，这样外胎的生产能力达到13 000个。相关成本分析如表7-4所示。

表7-4　差异分析表　　单位：元

项目	自制	外购	差量成本
变动成本	510 000	580 000	－70 000
专属成本	4 000×12＝48 000		
相关成本合计	558 000	580 000	－22 000

从表7-4中可知，自制外胎的年成本低于外购成本22 000元，企业应该选择自

制该零件。

(4) 条件同 (3)，只是该企业可以结合采用自制和外购两种方式，自制一部分，同时外购一部分。

在这种情况下，企业应先按现有生产能力自制5 000个，因为其成本低于外购成本，超过5 000个的部分，则应比较外购成本与自制成本的高低。对于超过5 000个部分的外胎，如果自制，单位成本为51＋48 000/5 000＝60.6(元)，超过了外购的单位成本，因此，超过部分应该选择外购。这样，企业应该自制5 000个，同时外购5 000个外胎。

在进行自制还是外购的决策时，决策者除了要考虑相关成本因素以外，还要考虑外购产品的质量、送货的及时性、长期供货能力、供货商的新产品研发能力以及原有职工的抱怨程度等因素，在综合考虑各方面因素之后才能进行最后的决策。

7.2.4　特殊订单是否接受的决策

企业往往会面对一些特殊的订货合同，这些订货合同的价格有时会低于市场价格，甚至低于平均单位成本。在决定是否接受这些特殊订货时，总的分析思路是比较该订单所提供的边际贡献能否大于该订单所引起的相关成本。企业管理人员应该根据不同的具体情况做出决策。

(1) 如果追加订货不影响正常销售的完成，即利用剩余生产能力就可以完成追加订货，不需要追加专属成本，而且剩余生产能力无法转移，则只要特殊订单的单价大于该产品的单位变动成本，就可以接受该特殊订单。

(2) 如果该订货要求追加专属成本，其他条件同 (1)，则接受该特殊订单的前提条件应该是：该方案的边际贡献大于追加的专属成本。

(3) 如果相关的剩余生产能力可以转移，其余条件同 (1)，则应该将转移剩余生产能力的可能收益作为追加订货方案的机会成本考虑，当追加订货创造的边际贡献大于机会成本时，可以接受该特殊订单。

(4) 如果追加订货影响正常销售，即剩余生产能力不足以生产全部的追加订货，从而减少正常销售，其余条件同 (1)，则由此减少的正常边际贡献作为追加订货方案的机会成本。当追加订货的边际贡献足以补偿这部分机会成本时，可以接受该特殊订单。

【例7-3】

某企业A产品的生产能力为10 000件，目前的正常订货量为8 000件，销售单价为10元，单位产品的成本为8元，成本构成如表7-5所示 。

表7-5　成本构成资料　　单位：元

直接材料	3
直接人工	2
变动制造费用	1
固定制造费用	2
单位产品成本	8

现有某客户向该企业追加订货，且客户只愿意出价每件7元。四种不同情况如下。

（1）订货2 000件，剩余生产能力无法转移，且追加订货不需要追加专属成本。

（2）订货2 000件，剩余生产能力无法转移，但需要追加一台专用设备，全年需要支付专属成本1 000元。

（3）订货2 500件，剩余生产能力无法转移，也不需要追加专属成本。

（4）订货2 500件，剩余生产能力可以对外出租，获得租金3 000元，另外追加订货需要支付专属成本1 000元。

请分别针对不同的情况，分析企业是否应该接受该订单。

下面我们分别进行分析：

（1）特殊订单的定价为每件7元，单位变动成本为6元（3＋2＋1），因此，接受该订单可以增加边际贡献2 000元，应该接受该订单。

（2）订货可增加边际贡献2 000元，扣除增加的专属成本1 000元，可以增加利润1 000元。因此，应该接受该订单。

（3）接受订单会影响正常的销售，企业的剩余生产能力能够生产2 000件。其余的500件要减少正常的订货量，因此500件正常销售所带来的边际贡献应该作为接受订单的机会成本。订单的2 500件会带来边际贡献额2 500×(7－6)＝2 500(元)，扣除500件的机会成本500×(10－6)＝2 000(元)，增加利润＝2 500－2 000＝500(元)。因此，应该接受该订单。

（4）剩余生产能力的年租金应该作为接受订单的机会成本，因此，接受订单的增量收益计算如表7-6所示。

表7-6 增量收益计算表 单位：元

项目	接受追加订货
增加的相关收入	7×2 500＝17 500
增加的变动成本	6×2 500＝15 000
增加的边际贡献	2 500
减：专属成本	1 000
机会成本（减少的正常销售）	500×(10－6)＝2 000
机会成本（租金收入）	3 000
增量收益	－3 500

接受订单带来的增量收益为－3 500元，显然此时企业不应该接受该订单。

7.2.5 限制资源最佳利用决策

每个企业可能都有自己最紧缺的资源，有的企业最紧缺关键技术人才，有的企业最紧缺关键设备，有的企业最缺资金，有的企业最缺水，有的企业最缺电。最紧缺的资源一般也称瓶颈资源。瓶颈资源无法满足企业的需要，资源有限，就存在一个企业如何安排生产的问题。优先生产哪种产品，才能最大限度地利用瓶颈资源，让企业产生最大的经济效益，这种决策称为限制资源最佳利用决策。限制资源最佳利用决策也是企业在日常生产经营活动中经常会遇到的问题。

这种决策涉及的通常是短期的日常生产经营安排，因此固定成本对决策没有影响，或者影响很小。决策原则是主要考虑如何安排生产才能使企业总边际贡献最大化。下面举例说明。

【例 7-4】

某企业生产两种产品——A 产品和 B 产品，这两种产品的有关数据资料如表 7-7 所示。该企业生产这两种产品时都必须经过一台重要的紧缺机器设备进行加工，该机器设备是该企业的瓶颈资源，即最紧缺资源。该机器设备每月能提供的最大加工时间是 12 000 分钟。根据目前市场情况，该企业每月可生产销售 A 产品 4 000 件，每件 A 产品需要该紧缺机器设备加工 2 分钟；该企业每月可生产销售 B 产品 7 000 件，每件 B 产品需要该紧缺机器设备加工 1 分钟。因此，每月企业生产所需该紧缺机器的加工时间是 7 000＋4 000×2＝15 000（分钟）。目前该机器能提供的加工时间是每月 12 000 分钟，无法完全满足生产需要。请问该企业如何安排生产才能最有效地利用该紧缺机器设备？

表 7-7　两种产品相关数据　　单位：元

	A 产品	B 产品
销售单价	25	30
单位变动成本	10	18
单位边际贡献	15	12
边际贡献率	60%	40%

从表 7-7 可以看出，生产 A 产品的单位边际贡献为 15 元，生产 B 产品的单位边际贡献是 12 元。是否应该先生产 A 产品？

从最有效利用限制资源的角度，我们可以看出，紧缺机器 1 分钟可以生产 1 件 B 产品，创造的边际贡献是 12 元；同样是 1 分钟，用来生产 A 产品，只能生产 0.5 件，创造的边际贡献是 15/2＝7.5(元)，如表 7-8 所示。

表 7-8　单位限制资源边际贡献计算表

	A 产品	B 产品
单位产品边际贡献（元）	15	12
每件产品需要的加工时间（分钟）	2	1
单位限制资源边际贡献（元/分钟）	7.5	12

从最有效利用限制资源的角度看，同样的时间内，优先生产 B 产品效益更高。因此，该企业可以优先安排生产 B 产品，剩余的机器加工资源再用来安排生产 A 产品，

如此应该能产生最大经济效益，如表7-9所示。

表7-9 最有效利用紧缺机器的生产安排

项目	生产安排
B产品的产销量（件）	7 000
B产品对紧缺机器加工时间的需求（分钟）	7 000×1=7 000
每月能提供的紧缺机器加工时间（分钟）	12 000
安排B产品生产后剩余加工时间（分钟）	12 000−7 000=5 000
可用于A产品的机器加工时间（分钟）	5 000
A产品的产量（件）	5 000/2=2 500

如表7-9所示，现在最优的生产安排是优先生产B产品，可生产B产品7 000件，剩余生产能力安排生产A产品，可生产A产品2 500件。在这样的生产安排下，该企业能产生的最大总边际贡献为7 000×12+2 500×15=84 000+37 500=121 500（元）。该类决策最关键的指标是单位限制资源的边际贡献。

7.2.6 产品是否应进一步深加工的决策

有些企业生产的产品既可以直接对外销售，也可以进一步加工后再出售。例如，纺织厂生产的棉纱可以直接出售，也可以进一步加工成坯布出售。牛肉加工企业生产的牛肉可以直接对外销售，也可以进一步加工成火腿肠等产品后出售。此时企业需要对产品是直接出售还是进一步深加工这两种方案进行选择。

在这种决策类型中，进一步深加工前的半成品所发生的成本都是无关的沉没成本。因为无论是否深加工，这些成本都已经发生不能改变。相关成本应该只包括进一步深加工所需的追加成本，相关收入则是加工后出售和直接出售的收入之差。对这类决策通常采用差量分析的方法。

【例7-5】

某企业生产A半成品10 000件，销售单价为50元，单位变动成本为20元，全年固定成本总额为200 000元，若把A半成品进一步加工为产品B，则每件需要追加变动成本20元，产品的销售单价为80元。

（1）企业已经具备进一步加工10 000件A半成品的能力，该生产能力无法转移，且需要追加专属固定成本50 000元（见表7-10）。

表7-10 差量分析表　　单位：元

项目	进一步加工	直接出售	差量
相关收入	80×10 000=800 000	50×10 000=500 000	300 000
相关成本	250 000	0	250 000
其中：变动成本 专属成本	20×10 000=200 000 50 000	0 0	
差额损益			50 000

可见，进一步加工方案会提高收益50 000元，因此企业应该进一步深加工该产品。

(2) 企业只具备进一步加工7 000件A半成品的能力，该能力可用于对外承揽加工业务，预计一年可获得边际贡献75 000元（见表7-11）。

表7-11 差量分析表 单位：元

项目	进一步加工	直接出售	差量
相关收入	80×7 000=560 000	50×7 000=350 000	210 000
相关成本	215 000	0	215 000
其中：变动成本 机会成本	20×7 000=140 000 75 000	0 0	
差额损益			−5 000

从表7-11可以看出，进一步加工会降低收益5 000元，因此企业应该直接出售该产品。

7.3 定价决策

7.3.1 产品定价决策原理

定价决策是企业生产经营活动中一个极为重要的问题，它关系到生产经营活动的全局。价格作为一种重要的竞争工具，在竞争激烈的市场上往往可以作为企业的制胜武器。在市场经济环境中，产品的价格是由供需双方的力量对比决定的。根据微观经济学的分类，按照市场中供应方的力量大小可以将市场分为完全竞争、垄断竞争、寡头垄断和完全垄断四种不同的市场类型。而对不同的市场类型，企业对价格的控制力是不同的。在完全竞争的市场中，市场价格是单个厂商无法左右的，每个厂商只是均衡价格的被动接受者；在垄断竞争和寡头垄断的市场中，厂商可以对价格有一定的影响力；而在完全垄断的市场中，企业可以自主决定产品的价格。因此，对于产品定价决策来说，通常是针对后三种市场类型的产品。

在企业的定价决策过程中，除了借助数学模型等工具外，还要根据企业的实践经验和自身的战略目标进行必要的定性分析，以选择合适的定价策略。严格地说，定价属于企业营销战略的重要组成部分，管理会计人员主要是从成本与价格之间关系的角度为管理者提供对产品定价有用的信息。

7.3.2 产品的基本定价方法

从管理会计的角度，产品定价的基本规则是：从长期来看，销售收入必须足以弥补全部的生产、行政管理和营销成本，并为投资者提供合理的利润，以维持企业的生存和发展。因此，产品的价格应该是在成本的基础上进行一定的加成后得到的。

1. 成本加成定价法

成本加成定价法的基本思路是先计算成本基数，然后在此基础上加上一定的“成数”，通过“成数”获得预期的利润，以此得到产品的目标价格。这里所说的成本基数，既可以是完全成本法下的产品成本，也可以是变动成本法下的变动成本。

（1）完全成本加成法。在完全成本加成法下，成本基数为单位产品的制造成本。以这种制造成本进行加成，加成部分必须能弥补销售以及管理费用等非制造成本，并为企业提供满意的利润。也就是说，加成的内容应该包括非制造成本及合理利润。

【例7-6】

某公司正在研究某新产品的定价问题，该产品预计年产量为10 000件。公司会计部门收集到的有关该产品的预计成本资料如表7-12所示。

表7-12 相关数据资料 单位：元

成本项目	单位产品	总成本
直接材料	6	60 000
直接人工	4	40 000
变动制造费用	3	30 000
固定制造费用	7	70 000
变动销售及管理费用	2	20 000
固定销售及管理费用	1	10 000

假定该公司经过研究确定，在制造成本的基础上加成50%作为这项产品的目标销售价格，则产品的价格计算过程如表7-13所示。

表7-13 目标价格的计算 单位：元

成本项目	单位产品
直接材料	6
直接人工	4
制造费用	10
单位产品制造成本	20
成本加成：制造成本的50%	10
目标销售价格	30

根据表7-13的计算，按照制造成本进行加成定价，目标销售价格为30元。

（2）变动成本加成法。企业采用变动成本加成，成本基数为单位产品的变动成本，加成的部分要求弥补全部的固定成本，并为企业提供满意的利润。此时，在确定加成率时，应该考虑是否涵盖了全部的固定成本和预期利润。

仍以上述公司为例，假设该公司经过研究确定采用变动成本加成法，在变动成本的基础上，加成100%作为该项产品的目标销售价格。计算过程如表7-14所示。

表 7－14 目标价格的计算

单位：元

成本项目	单位产品
直接材料	6
直接人工	4
变动制造费用	3
变动销售及管理费用	2
单位产品变动成本	15
成本加成：变动成本的 100%	15
目标销售价格	30

根据表 7－14 的计算，目标销售价格仍然为 30 元。由此可见，变动成本加成法与完全成本加成法虽然计算的成本基数有所不同，但在思路上是相似的，都认为企业的定价必须弥补全部成本，只是成本基数的不同会引起加成比例的差异。此例中完全成本加成法下的加成率为 50%，变动成本加成率为 100%。

除了使用完全成本加成法和变动成本加成法以外，企业还可以使用标准成本法，即以标准成本作为成本基数，在此基础上进行加成定价。

2. 市场定价法

市场定价法是指对于有活跃市场的产品，可以根据市场价格来定价，或者根据市场上同类或者相似产品的价格来定价。比如广州首次发行交通卡——羊城通卡的时候，对于卡的定价，就参考过香港的八达通卡和上海的交通卡的价格。邯钢经验中的“模拟市场核算”，其核心要义就是对邯钢集团内部的各种消耗和内部转让价格基本都根据同类产品的市场价格来进行定价。市场定价法有利于时刻保持对市场的敏感性及对同行的敏锐性。

3. 新产品的定价方法

新产品的定价一般具有不确定性的特点。由于新产品还没有被消费者了解，因此需求量难以确定。企业对新产品定价时，通常要选择几个地区分别采用不同价格进行试销。通过试销，企业可以收集到有关新产品的市场反应信息，以此确定产品的最终销售价格。

新产品定价一般存在撇脂定价和渗透定价两种策略。

(1) 撇脂定价法在新产品试销初期先定出较高的价格，以后随着市场的逐步扩大，再逐步降低价格。这种策略可以使产品在销售初期获得较高的利润，但是销售初期的暴利往往会引来大量的竞争者，使得后期的竞争异常激烈，高价格很难维持。因此，这是一种短期性的策略，往往适用于产品生命周期较短的产品。例如，苹果智能手机刚进入市场时采用的就是这种定价方法。

(2) 渗透定价法在新产品试销初期以较低的价格进入市场，以期迅速获得市场份额，等到市场地位较为稳固的时候，再逐步提高销售价格，比如小米手机的定价。这种策略在试销初期会减少一部分利润，但是它能有效排除其他企业的竞争，建立长期的市场地位，所以这是一种长期的市场定价策略。

4. 有闲置能力条件下的定价方法

有闲置能力条件下的定价方法是指在企业具有闲置生产能力时，面对市场需求的变化所采用的定价方法。企业参加订货会，或者参加某项投标，往往会遇到较强的竞争对手，虽然每个厂家都希望以高价得标而获得高额利润，但是通常只有报价较低的厂商才能中标。这时管理者为了确保中标，往往以该投标产品的增量成本作为定价基础。当公司存在剩余生产能力时，增量成本即为该批产品的变动成本。这种定价方法虽然定价会较低，但是短期内可以维持企业的正常运营，并维持员工的稳定，还可以抵补一部分固定成本。

在这种情况下，企业产品的价格应该在变动成本与目标价格之间进行选择。

变动成本＝直接材料＋直接人工＋变动制造费用＋变动销售及管理费用

目标价格＝变动成本＋成本加成

成本加成＝固定成本＋预期利润

【例7-7】

某市政府准备建造一个新的游船停泊港，拟向社会公开招标。某船舶运输公司主营各港口间的客运和货运服务，其下属的港口建设部准备参与该项目的竞标。经过会议讨论，公司管理层认为该港口项目对维持该部门的正常运转非常重要，因为港口建设部已经连续几个月处于生产能力以下，大量设备和人员闲置，并且该项目不会妨碍该部门承接其他工程项目。

根据公司会计部门提供的资料，港口建设工程成本估算如下：

直接材料（万元）	1 800
直接人工（万元）	3 000
变动制造费用（万元）	750
变动成本合计（万元）	5 550
固定成本估算（万元）	1 200
总成本估算（万元）	6 750

由于该港口建设部有剩余生产能力，因此只要价格超过该工程的变动成本5 550元，就能弥补一些固定制造费用，并提供边际贡献。可见，当企业有闲置生产能力时，企业的投标价格通常会较低，因为此时只要价格高于变动成本，企业就可以接受。

案例

泰馨服装公司总经理顾凯的忧心事

泰馨服装公司的总经理顾凯最近正因为公司面临的生产能力局限问题而忧心忡忡。

泰馨服装公司是一家专门从事服装生产的公司，生产的产品主要在沃尔玛、家乐福等大型超市销售。该公司在这个行业已经经营 5 年，在广东东莞有一个专门的服装厂。近期市场需求快速上升，订货量急剧增长。为了满足订货需求，顾凯不得不要求工人“三班倒”，这就不可避免地提升了产品成本。同时，公司原有的仓库离工厂较远且储存量不大。加大生产后，常常因库存原材料告罄、新的原材料没有及时送到而使生产流程中断，这也增加了总生产成本。一年下来，尽管公司的销售额提升了 40% 以上，净利润反而比上年减少了 15%。为了解决这一问题，顾凯要求市场副经理赵龙和财务副经理杨菲分别给出一个关于解决目前公司经营困境的方案。很快，两个方案摆在了顾凯的面前。

财务副经理杨菲在方案中首先给出了公司的生产成本数据，杨菲的提议内容如下：

一是自建工厂，扩充产能。顾凯觉得这个提议不好，因为自建工厂投产至少需要 3 年的时间，对解决当前的生产力瓶颈问题没有帮助，而且现在订单增加更像是一种短期现象，3 年后的市场情况究竟怎样很难预测，所以现在自建工厂是“远水解不了近渴”。

二是在工厂附近另租一处场地作为仓库，专门存放产成品。根据杨菲的计算，由于节约了运费，并且增加的库存量消除了生产中断和脱销的可能，每件服装的每期储备成本将由以往的 6 元降到 3 元，而租用仓库每期需要增加固定成本 2 000 元。从前几年的数据来看，每批服装生产的调整准备成本为 500 元，一期生产量为 50 000 件左右，工厂平均每天生产 1 000 件，卖出 640 件。根据这些数据，顾凯利用最优生产批量的决定公式 $Q=\sqrt{2DK/(1-d/P)}$ 确定最优生产批量为 6 804 件，此时每期生产花费总成本为 7 348.5 元，而之前同样在最优生产批量下，每期生产花费总成本为 10 392.3 元。若租用新仓库，则每期生产的成本节约 3 043.8 元，超过了 2 000 元的租金。“看上去这是个不错的提议。”顾凯想，“而且即使将来订单量下降，我们也可以把仓库转租出去从而节约成本。”

三是停止生产纽扣。泰馨服装公司一直自己生产服装上的小部件，现在外购可能比自制更好，因为最近市场上纽扣的价格降幅很大，外购空出的生产能力可以转移到主产品的生产中。根据杨菲提供的数据，该公司自己生产纽扣的单位成本计算结果如表 7-15 所示。

表 7-15　单个纽扣的生产成本　　单位：元

直接材料	直接人工	变动制造费用	固定制造费用	合计
0.06	0.04	0.02	0.02	0.14

外购成本为每个 0.15 元，公司每期需纽扣 30 万个，因此外购的增量成本为 300 000×(0.15−0.14)＝3 000(元)。由于空出的生产能力用于服装的生产，预计可增加利润 1 万元。因此，增量收益为 7 000 元（10 000−3 000）。“这个方案也不错。”顾凯想，“不过外购就意味着要承担更多价格变动的风险，还要再多加考虑。”

最后，杨菲为顾凯提供了一张公司各种服装的成本构成表，如表7-16所示。

表7-16 服装成本构成表

单位：元

项目	男士衬衫	套裙	短裙	女士衬衫	长裤
直接材料					
纺织品	14.40	48.00	32.00	16.00	36.00
其他消耗品	1.60	7.20	4.80	3.20	4.80
合计	16.00	55.20	36.80	19.20	40.80
直接人工					
裁剪	8.00	12.00	8.00	8.00	8.00
缝纫	6.40	14.40	8.00	6.40	8.00
检查	1.20	1.20	1.20	1.20	1.20
包装	0.40	0.40	0.40	0.40	0.40
合计	16.00	28.00	17.60	16.00	17.60
固定成本					
公共支出	0.24	0.24	0.24	0.24	0.24
工厂管理费	0.32	0.32	0.32	0.32	0.32
机器运转	0.16	0.16	0.16	0.16	0.16
机器折旧	0.32	0.32	0.32	0.32	0.32
设备运转	0.32	0.32	0.32	0.32	0.32
设备折旧	0.24	0.24	0.24	0.24	0.24
合计	1.60	1.60	1.60	1.60	1.60
总计	33.60	84.80	56.00	36.80	60.00

注：公司在计划期内计划生产服装5万件，预计发生固定成本8万元，平均分摊给每件服装，所以每件服装分摊固定成本1.6元。

身为市场副经理的赵龙则在方案中向顾凯建议重新安排计划期的产销量。在此之前，公司五种服装的生产比例一直没有变过，赵龙觉得这已经不能再适应当前行业环境的变化。在方案中，赵龙向顾凯提供了公司产品的详细数据，如表7-17、表7-18所示。

表7-17 各服装生产量数据

单位：件

品种	本期计划产量	最小生产量	最大生产量
女士衬衫	15 000	5 000	15 000
长裤	8 000	4 000	9 000
套裙	5 000	2 000	8 000
短裙	10 000	6 000	16 000
男士衬衫	12 000	6 000	14 000
合计	50 000	23 000	62 000

表7-18 各服装的生产成本

单位：元

项目	男士衬衫	套裙	短裙	女士衬衫	长裤
单价	40	121.6	72	64	88
单位变动成本					
纺织品	14.4	48	32	16	36
其他消耗品	1.6	7.2	4.8	3.2	4.8
裁剪	8	12	8	8	8
缝纫	6.4	14.4	8	6.4	8
检查	1.2	1.2	1.2	1.2	1.2
包装	0.4	0.4	0.4	0.4	0.4
变动成本合计	32	83.2	54.4	35.2	58.4
单位边际贡献	8	38.4	17.6	28.8	29.6

因为公司与沃尔玛有长期的供货合同，每期必须为沃尔玛生产一定数量的五种服装，所以这部分生产构成了公司的最小生产量。最大生产量则是销售部门在此基础上预测的计划期内五种商品的最大销售量。

根据上述数据，赵龙认为男士衬衫的边际贡献最低，而本期的计划产量中，男士衬衫的产量是公司生产的五种服装中第二高的，很不合理，所以建议公司减少男士衬衫的生产而增加套裙的生产。这个建议看上去是合理的，不过顾凯记得生产一件套裙要花费的机器工时数是所有产品中最高的。目前的情况是，工厂在东莞可以很容易地雇到工人，而且在采纳杨菲的意见租赁仓库后，材料供应不及时对公司生产造成的威胁也就不存在了，但生产用的机器短期内无法增加。因此，机器工时正是限制公司生产的瓶颈资源。“既然机器工时是瓶颈资源，那么转产机器工时需要量高的套裙可能不是什么好主意。”顾凯想，“不过，是时候重新制定一下我们的生产计划了。”

确定机器工时是瓶颈资源后，顾凯让生产部门送来了五种服装的相关资料，资料显示，公司当期能用的总机器工时为23 800小时，已经全部按计划分配给五种服装，具体分配数据如表7-19所示。

表7-19 各服装生产分配工时

品种	单位产品机器工时（小时）	计划产量（件）	总机器工时（小时）
女士衬衫	0.4	15 000	6 000
长裤	0.5	8 000	4 000
套裙	0.8	5 000	4 000
短裙	0.5	10 000	5 000
男士衬衫	0.4	12 000	4 800
合计		50 000	23 800

结合赵龙之前提供的材料，顾凯算出了每件产品的单位限制资源边际贡献，其结果如表7-20所示。

表7-20 各产品的单位限制资源边际贡献

项目	男士衬衫	套裙	短裙	女士衬衫	长裤
单位边际贡献（元）	8	38.4	17.6	28.8	29.6
单位机器工时（小时）	0.4	0.8	0.5	0.4	0.5
单位限制资源边际贡献（元/小时）	20	48	35.2	72	59.2

根据单位限制资源边际贡献的大小，顾凯给五种产品的生产排出了优先级，依次是女士衬衫、长裤、套裙、短裙、男士衬衫。据此，顾凯重新规划了五种产品的产量，各产品分配的生产工时如表7-21所示。

表7-21 各产品分配的生产工时

品种	必需生产量（件）	必需机器工时（小时）	额外生产量（件）	额外生产所需机器工时（小时）	总机器工时（小时）
女士衬衫	5 000	2 000	10 000	4 000	6 000
长裤	4 000	2 000	5 000	2 500	4 500
套裙	2 000	1 600	6 000	4 800	6 400
短裙	6 000	3 000	3 000	1 500	4 500
男士衬衫	6 000	2 400	0	0	2 400
合计	23 000	11 000	24 000	12 800	23 800

经过顾凯的计算，五种产品按原计划生产能获得的总利润为228万元，若按新计划生产能获得的总利润为241.48万元，每期增加了13.48万元。“立刻就这么办。”顾凯想。

看过两位副经理的方案，顾凯心里对公司下一期的经营有了初步的打算。下一步，他将召开一次专门会议，把心中的想法付诸实施。

资料来源：根据东莞市富豪服装公司公开资料改编。

复习思考题

1. 短期经营决策的基本方法有哪些？
2. 在经营决策中，为何要划分相关成本和不相关成本？
3. 在有关成本概念中，哪些属于相关成本，哪些属于不相关成本？
4. “凡亏损产品就应该停产”的说法是否正确？为什么？
5. “产品的最优售价就是边际收入等于边际成本时的售价”的说法是否正确？为什么？

练习题

1. 某企业的剩余生产能力为人工工时30 000小时，机器工时15 000小时，现在企业只能生产A，B，C三种产品之一，三种产品情况如下。

项目	A产品	B产品	C产品
人工工时（小时）	2	3	3
机器工时（小时）	3	4	6
售价（元）	20	30	40
变动成本（元）	15	20	28
产量（件）	2 000	1 000	2 000

要求：

指出企业的哪种资源为瓶颈资源，并通过计算说明企业该生产哪种产品。

2. 永芳公司生产A，B，C三种产品，它们的收益情况如下。

单位：元

项目	A产品	B产品	C产品
销售收入	5 000	6 000	8 000
生产成本			
直接材料	950	800	1 900
直接人工	800	700	1 000
变动制造费用	600	600	900
固定制造费用	1 600	1 000	1 600
非生产成本			
变动管理费用	550	900	1 200
固定管理费用	1 000	500	800
营业利润	−500	1 500	600

要求：

(1) 假设A产品的生产设备不能转作他用，请做出A产品是否应停产的决策。

(2) 若A产品停产后，其生产设备可全部转移生产D产品，D产品能提供销售收入6 000元，产生变动成本3 000元，但必须追加500元专属成本，请做出A产品是否应停产的决策。

(3) 若A产品停产后，其生产设备可以转租给其他工厂，预计每年可获租金收入3 000元，请做出A产品是否应停产的决策。

3. 企业某产品售价为每只48元，该产品成本函数如下：

$$TC=23\,000+20Q+0.001Q^2$$

要求：

分别做出平均成本最低和总利润最高时的生产数量决策。

4. 某公司生产三种产品，并由同一套生产设备生产。该流程发生的成本为300 000元，公司将此部分成本按销售额分配到各个产品。三种产品可以直接出售，也可以分别做进一步深加工。三种产品的数据如下。

单位：元

产品	生产量（件）	分离点处的销售价格	深加工后的销售价格	深加工的追加成本
A	3 000	10	15	14 000
B	6 000	11.6	16.2	16 000
C	2 000	19.4	21.6	9 000

要求：

(1) 分析进行深加工之前的成本300 000元是否为相关成本。

(2) 判断三种产品中哪种应进行深加工，哪种应立即销售。

5. 某产品按单价10元出售可获得8 000元的边际贡献，边际贡献率为20%，企业最大生产能力为7 000件。

要求：

分别做出下面两种情况下是否应调价的决策。

(1) 将价格调至9元，预计可实现销售9 000件；

(2) 将价格调至12元，预计可实现销售3 000件。

6. 某企业生产A产品，有3种方案可以选择，分别为手工加工、机械加工、自动化设备加工。各方式下变动成本和固定成本各不相同，有关资料如下。

单位：元

加工方案	单位变动成本	固定成本总额
手工加工	8	200
机械加工	6	400
自动化设备加工	4	650

要求：

分析企业应如何在各方案中进行选择。

7. 某企业生产A产品的总生产能力为10 000件，目前正常订货量为8 000件，销售单价为10元，单位产品成本为8元，成本构成如下。

单位：元

项目	单位产品成本构成
直接材料	3
直接人工	2
变动制造费用	1
固定制造费用	2
单位产品成本	8

现有一客户向该企业追加订货，但只愿按每件7元出价。

要求：

(1) 分析若订货量为2 000件，且追加订货无专属成本，该企业是否应接受订货。

(2) 分析若订货量为2 500件，且追加订货无专属成本，该企业是否应接受订货。

(3) 分析若订货量为2 500件，且需追加1 000元专属成本，该企业是否应接受订货。

第 8 章

Chapter 8 长期投资决策

学习目标

1. 掌握货币时间价值和现金流量的确定与计算。

2. 理解长期投资决策的基本方法，了解非贴现方法与贴现方法在长期投资决策中的优缺点。

3. 掌握投资方案的投资回收期和平均报酬率的计算，并说明它们在长期投资决策中的作用。

4. 掌握净现值法、内含报酬率法、现值指数法、等年值法及平均成本等贴现分析方法。

5. 了解敏感性的定义，理解敏感性分析方法。

6. 掌握相关性因素变动的敏感性分析与系统弹性分析方法。

课程思政点

1. 市场在资源配置中起决定性作用，更好地发挥政府作用。

2. 专注主业与适度相关多元化。

引导案例 云赛智联大数据计算中心项目投资决策问题

云赛智联股份有限公司（以下简称云赛智联或公司）于 2020 年 5 月 14 日召开十届二十五次董事会会议，审议《关于子公司投资建设大数据计算中心项目的议案》，由公司董事会批准该投资项目并授权经营层开展实施项目投资相关的各项工作。

1. 对外投资的基本情况

云赛智联是一家以云计算与大数据、行业解决方案及智能化产品为核心业务的专业化信息技术服务企业，其中云计算大数据板块作为云赛智联核心主业之一，近三年业务增长较快，但受限于现有资源。而且数据中心业务是资源性业务，急需建设一个高等级的大数据计算中心。根据公司发展战略及公司控股子公司科技网发展需要，公司拟以全资子公司云赛数海为投资主体，通过增资和内外部融资的方式解决项目建设所需资金，利用现有厂房作为项目建设地点，参照高等级数据中心建设标准，新建第三方大数据计算中心。

2. 项目的可行性分析

（1）项目选址：松江区书海路 349 号园区 1 号厂房，此厂房系云赛智联产权园区与建筑，园区总用地面积为23 780.90平方米，容积率为1∶1，厂房属于2012年竣工的4层标准工业厂房，总体建筑面积为24 848平方米，能满足数据中心建设基本要求，整个数据中心可容纳标准机柜4 000个。

（2）投资预算：总投资为59 880万元，含项目管理费、建筑改造、外市电接入及变配电系统、机房工程、机房设备、不可预见费等。

（3）项目建设进度：计划2021年3月试运行投产。整体进度分为前期准备阶段、设计招标与实施阶段、工程招标与实施阶段、验收与测试认证阶段、试运行与投产阶段。

（4）项目总投资及资金筹措：总投资约为5.988亿元，分三年投入，第一年投入3.759 2亿元，第二年投入1.129 4亿元，第三年投入1.099 4亿元。资金来源为科技网股东方增资以及内外部融资。

（5）投资分析：项目周期包含1年建设期和20年运营期，共21年。项目建成后的运营和财务测算如下。经测算，预计达纲年（2025年）销售收入为4.758亿元、主营利润为9 593万元，本项目投资内部收益率（FIRR）为26.77%；项目投资净现值（FNPV）（按6%的基准收益率测算）为48 574万元；静态投资回收期（含1年建设期）为6.59年。

经可行性分析，该项目内部收益率大于基准收益率，财务净现值大于0，且该项目具有较高的经济价值和投资回报。

3. 项目投资对公司的影响与风险

（1）项目投资对公司的影响。子公司上海南洋万邦软件技术有限公司、北京信诺时代科技发展有限公司正在向云解决方案提供商转型，需要数据中心资源支持；根据大数据支撑平台现状，目前科技网漕河泾徐汇数据中心已经满租，宝山云计算中心二期、宝山大数据中心自投入运行以来，销售情况均良好，急需大数据计算中心资源。

本项目以算力、存储和机柜空间销售为主，项目建成后，可为公司业务拓展带来相当大的市场增量，快速提升科技网的收入规模和盈利能力，大大提升和巩固公司在高端第三方数据中心中的竞争优势和行业地位，是实现公司未来发展战略的重要举措，符合公司的长远利益。

（2）项目存在的风险主要包括建设风险、融资风险、市场风险、管理风险、技术风险等。

资料来源：云赛智联股份有限公司关于子公司投资建设大数据计算中心项目的公告．巨潮资讯网，2020-05-15.

通过上述案例，我们可以知道以云计算和大数据为代表的专业化信息技术服务业正在飞速发展。该案例的精华在于对项目可行性的分析与阐述。公司是否应该对该项目进行投资？是否应该投资建设大数据计算中心以提高公司大数据存储与计算能力？此长期投资项目是否会给公司带来盈利？此项盈利又如何测算与确定？在固定资产的更新上，公司有哪些决策方案？这些决策方案对公司的现金流会有什么影响？同时，方案的整体结果能给公司带来怎样的现金流？这些都涉及如何对公司的长期投资决策进行分析。通过学习本章内容，以上问题将会迎刃而解，并且你会掌握更多关于企业长期投资决策分析的技巧与方法。

8.1　长期投资决策概述

8.1.1　长期投资决策的重要性

1. 长期投资决策中的基本概念

（1）长期投资及其决策含义。长期投资是指企业需要投入大量资金，以提高生产经营能力并期望在未来获取收益的经济活动。广义而言，它包括投资于厂房、机器设备等方面的固定资产投资，也包括无形资产投资、长期流动资产投资和长期有价证券投资。因为长期投资中固定资产所占的比重大，所以狭义而言，长期投资专指对企业长期资产如固定资产等实物资产的投资（本章主要对固定资产投资进行决策分析）。长期投资决策是指对各种长期投资方案的投资支出和投资收入进行比较、分析、判断和评价后做出的决定和选择，即从若干备选方案中选择最优方案的过程。长期投资支出在会计中又称为资本支出，因而长期投资决策又称为资本支出决策或资本预算决策。

（2）长期投资的分类。对于不同种类的投资，应该用不同的方法进行决策。长期投资可按不同标准做如下分类：

1）战术性投资与战略性投资。按对企业前景影响的深远程度，可分为战术性投资和战略性投资。战术性投资是指不涉及整个企业前景的投资，如为提高流动生产率、改善工作环境而进行的投资；战略性投资是指对企业全局有重大影响的投资，如企业转产、增加新产品的投资。

2）相关性投资与非相关性投资。按投资项目之间的相互关系，可分为相关性投资和非相关性投资。如果采纳或放弃某个投资项目可以显著地影响另一个投资项目，则可以说这两个项目是相关性投资。按相关性质不同，相关性投资可进一步分为互补性投资和互斥性投资。凡相互配套、相互依存、缺一不可的各种投资决策，如电厂和输电线路、油田和输油管等，均属互补性投资；凡是只能选择其一并且互相排斥的各项投资，如全自动生产线或半自动生产线、厂址选择甲地或乙地等，均属于互斥性投资。如果采纳或放弃某一项目并不显著地影响另一个项目，则可以说这两个项目是非相关性投资，即独立性投资，如在资产充足的情况下盖一幢办公楼、买一辆汽车、购置一台专用机床，均属非相关性投资。

3）扩大收入投资与降低成本投资。按增加利润的途径，可分为扩大收入投资和降低成本投资。前者是指通过扩大生产经营规模和开发新产品，增加营业收入从而增加利润的投资；后者是指通过减少营业支出增加利润的投资，它一般不增加营业收入，故在决策中只需比较成本孰低，即可做出决策。

4）采纳与否投资与互斥性选择投资。按决策的角度，可分为采纳与否投资和互斥性选择投资。前者只决定是否投资于某一项目，如是否仅仅增加一条生产线、是否增加一个分厂等，都属于采纳与否投资；后者是指在两个或两个以上的项目中只能选择其中之一的投资，如选择买3吨的卡车还是买5吨的卡车、是打井还是修渠等，均属于互斥性选择投资。

2. 长期投资决策的特点

（1）时间长。长期投资的回收期一般都超过一年，有的甚至需要几十年，而且各投资方案的寿命期长短不一。

（2）耗资多。进行长期投资一般都需要耗用较多的资金，因此对企业资金结构和财务状况会产生相当大的影响。

（3）不经常发生。长期投资一般较少发生，特别是大规模的固定资产投资，一般若干年才会有一次。

（4）不可逆转性。长期投资一旦完成就形成企业的固定资产，因其变现能力差，不容易改变用途，所以具有不可逆转性。有时打算将固定资产变现或改变其用途，不是无法实现，就是代价太大。如折价出售，就会蒙受一定的经济损失。

3. 长期投资决策的重要性

长期投资的特点表明长期投资决策将对企业产生深远的影响。正确的长期投资决策应该有助于企业生产经营能力长远规划的实现，从而使企业在未来保持良好的经营状态和盈利能力。由于未来收益具有不确定性，因此长期投资决策的风险非常大，一旦决策错误，就会对企业的财务状况和未来生存与发展产生严重的影响，甚至会导致企业破产，正所谓“一着不慎，满盘皆输”。

长期投资决策大多属于战略性决策，而对于战略上的决策失误，战术上（生产经营上）无论怎样努力也是难以弥补的，因此必须十分重视决策的科学化，绝不能主观武断，轻率拍板。投资决策科学化是指在科学理论的指导下，采取科学的方法，遵循科学的程序，进行科学的分析、论证，使所选择的投资方案达到技术、经济的统一与最优化。其中心环节是经济评价工作，在投资方案技术可行的基础上，经济评价是决定方案取舍的依据。在我国，投资失误造成损失的案例比比皆是。

8.1.2 长期投资决策的一般程序

鉴于长期投资决策的重要性，企业进行长期投资决策时必须慎重。这就要求企业按一定的程序，运用科学的方法进行分析评价，以保证决策的正确性。长期投资决策一般包括以下五个步骤：

（1）投资项目的提出。好的投资方案不会自发产生，企业应充分鼓励各部门广泛提出各种各样的投资项目。投资方案一般由生产、技术、财务等各方面专家组成的研究与开发部提出。投资方案的提出通常依据的信息包括扩大销售的需求、市场发展的动态、技术进步的成果、专家的建议、竞争环境的变化等。

（2）投资项目的评价。投资项目的评价主要涉及以下几项工作：1）对提出的投资方案进行分类，为分析评价做准备；2）计算各方案的预计收入和成本，预测投资项目的现金流量；3）运用恰当的评价指标和决策方法，把各方案按可行性大小顺序排列；4）撰写评价报告，报请上级批准。

（3）投资项目的决策。根据评价报告，企业领导者要做出最后决策。决策结果一般有三种：一是接受这个项目，可以进行投资；二是拒绝这个项目，不能进行投资；三是退回原项目提出部门，重新调查研究，再做处理。

（4）投资项目的执行。决定对某项目进行投资后，要积极筹措资金，实施投资。在执行过程中，要对工程进度、工程质量、施工成本等进行控制，以使投资项目按预算及时保质完成。

（5）投资项目的评价。在执行过程中，应时刻观察做出的决策是否合理正确。一旦出现新情况，就要随时根据变化做出新的评价；如果情况发生重大变化，原来的投资决策已变得不合理，就要对是否中途停止投资做出决策，以使损失降到最低。

8.1.3 长期投资决策中需要考虑的重要因素

前已述及，长期投资具有资金量大、回收时间长、风险高、对企业的盈亏和财务状况影响大等特点。因此，在进行决策分析时，为了能够正确地对各备选方案进行科学的评价，首先，必须牢固地树立起两个价值观念，即货币时间价值观念与投资风险价值观念；其次，还要弄清楚两个相关的特定概念，即计算货币时间价值的根据——资金成本和计算货币时间价值的对象——现金流量。此外，在长期投资决策中还要能恰当预测投资项目的寿命期，有时还应考虑通货膨胀的影响。所以，在长期投资决策中需要考虑的重要因素包括货币时间价值、投资风险价值、资金成本、现金流量、项目寿命、通货膨胀等。

本节首先讲述资金成本、项目寿命和通货膨胀，然后在8.2节介绍货币时间价值，在8.3节讲述现金流量的概念及其计算，投资风险价值将在第9章讲述。

1. 资金成本

资金成本也称资本成本，是指企业因筹集和使用资金而付出的代价。资金成本包括资金使用费和资金筹集费。前者指利息、股息等；后者指筹集过程中支付的手续费、经纪人佣金等。资金成本一般指的是资金成本率，即资金使用费与筹资净额的比率。

在长期投资决策中，企业必须考虑资金投入后，从该项目取得的投资报酬率至少要能补偿它的资金成本，而且在补偿资金成本后还要能提供一定的追加盈利。这样，资金成本就自然成为决定一个投资项目能否被接受的最低报酬率，亦称极限利率或取舍率。

资金成本的高低主要取决于该项目投资的资金来源。不同的资金来源，其资金成本是不一样的，因而一个投资项目的资金成本应是取得各种资金来源的加权平均成本，也就是根据个别资金成本，以各种来源的资金所占资金总额的比重为权数来计算的加权平均资金成本。所以，要使企业总的资金成本最低，就必须适当安排各种资金来源，合理确定企业的资金结构。

2. 项目寿命

投资项目寿命期是指投资项目发挥经济效益所能持续的时间，它是与特定投资方案有关的现金流量的时间范围。由于长期投资的发生大多与固定资产的形成相关，因此通常将固定资产的使用年限作为投资项目的使用寿命。

固定资产的使用年限有技术寿命（自然寿命或物质寿命）、经济寿命之别，在进行投资项目评价时，一般应以经济寿命作为计量分析的基础。经济寿命是指使固定资产的年平均成本（未来使用年限内现金流出的总现值与年金现值系数的比值）最低时的使用期限。

为了进行长期投资决策，需要知道各备选项目的经济寿命，因而长期投资决策分析的重要任务之一就是合理预计项目的经济寿命，它直接关系到投资项目经济效益的高低，也直接影响到项目评价的结果。

从理论上讲，确定经济寿命的客观依据应是项目使用的技术寿命或最有效的作用发挥期。一般做法是从项目投资开始到项目最佳的更新时刻为止。但有些项目经济寿命长，甚至是永久性工程，如水库等。在这种情况下，投资项目的计算期一般不宜太长，20年基本上就能满足评价需要，因为20年后将发生什么情况很难预测，时间越长，误差越大，风险也越高；还要考虑货币时间价值，按现值法计算，20年后的收益折现为数甚微，对项目决策不会产生举足轻重的影响。

3. 通货膨胀

通货膨胀是指纸币发行量超过商品流通中实际需要的货币量所引起的纸币贬值现象。通常使用物价指数来描述通货膨胀的程度，一定时期物价指数的增长率也称通货膨胀率。

长期投资项目的时间跨度长，在此期间，很可能由通货膨胀因素引起价格变动，从而对长期投资决策有较大的影响。从表面上看，投资项目的净现值很大或内含报酬率很高，但剔除通货膨胀因素的影响，可能就没有多少盈利空间了，甚至是不盈利的。

在通货膨胀条件下，没有扣除通货膨胀因素计算出的内含报酬率是名义上的内含报酬率（i），它是由实际（真实）内含报酬率（r）和通货膨胀率（f）两部分组成的，它们的关系如下：

$$i=(1+f)(1+r)-1 \tag{8-1}$$

由此求得 $r=(i-f)/(1+f)$，可用 r 来检验投资项目的评价结果。

在投资项目评价中，为了克服通货膨胀的影响，一般有两种方法可供选择：一是根据 f 调整历年预计现金流量的影响，然后在等值货币现金流量的基础上进行评价；二是直接使用包含通货膨胀因素的现金流量进行计算，这时应以 i 作为折现率。

不过，在下列情况下，通货膨胀因素在投资决策中一般不予考虑：(1) 通货膨胀因素在未来10年、20年内很难预测；(2) 一个项目的投入与产出变动同步的价格，两者大致可以抵销；(3) 在选择不同项目或一个项目的不同方案时，均舍去价格变动因素，不影响项目或方案之间的可比性。本章在论述有关投资决策问题时，均对通货膨胀因素不加以特别考虑。

8.2 货币时间价值

8.2.1 货币时间价值概述

1. 货币时间价值的概念

货币时间价值是指货币经历一定时间的投资和再投资所增加的价值，是扣除风险报酬和通货膨胀贴水后的真实报酬。它是指资金随时间的推移而增加的价值，即一定量的货币资金在不同的时间点上有不同的价值，其实质是资金周转使用后的增值额。一定量的资金，周转使用的时间越长，其增值额就越大。通俗地说，今天的一元钱要比明天的一元钱更值钱。

欧美国家关于货币时间价值的概念，大致可以综述如下：投资者进行投资就必须推迟消费，对消费者推迟消费的耐心应给予报酬，这种报酬的数量应与推迟消费的时间成正比，因此，欧美国家将货币时间价值看成使用货币的机会成本，货币像其他物品一样有成本，能获得收益，因此其价值在于何时花费它和收到它。

2. 货币时间价值的产生原因

为什么会产生货币时间价值呢？从欧美国家对货币时间价值概念的理解中可以看出，货币时间价值是对暂缓消费的报酬。这种解释合理吗？如果仅仅因为推迟消费就能获得报酬，那么把闲置的资金藏在家里或者埋在地下保存能否得到报酬呢？似乎只有当货币流入、流出时才可能计算货币时间价值，如果用货币购买原材料或固定资产，货币就没有时间价值了吗？看来欧美国家的解释有较大的局限性。

实际上，资金的循环和周转才会产生货币时间价值。货币时间价值只有在生产经营的周转使用中才能产生，它是作为资本的货币在使用中存在的现象。企业资金循环和周转的起点是投入的货币资金，企业用它购买所需的资源，然后生产出新的产品，产品出售时得到的货币量大于最初投入的货币量。因此，只要商品经济存在，并且借贷关系存在，货币时间价值就必然要发挥作用，其实质是货币在使用过程中劳动创造的价值。

3. 货币时间价值的表现形式

货币时间价值有两种表现形式：相对数和绝对数，即以利率和利息来表示。从相对数上看，即为时间价值率，是指不考虑风险和通货膨胀时的社会平均资本利润率或平均报酬率，在一定条件下可视同存款利息率；从绝对数上看，就是使用货币的机会成本，即利息。时间价值率是时间价值额与投资额（本金）之比。在实际中，一般用相对数表示，假定没有风险和通货膨胀，货币时间价值可表示为利率、投资报酬率、资金成本率、贴现率或折现率。

8.2.2 货币时间价值的计算

1. 货币时间价值的计量形式

货币时间价值通常采取利息的形式，按利息部分是否计息，又分为单利和复利两种。单利只根据初始本金计息，所生利息不再计息。复利则是对初始本金与所生利息都计息，即利滚利，将上年度的本利和作为下年度的本金计息。单利和复利的计算公式如表 8－1 所示。

表 8－1 单利、复利计算公式归纳

	单利	复利	
	数学表达式	数学表达式	符号公式
终值	$F=P\times(1+ni)$	$F=P\times(1+i)^n$	$F=P\times(F/P, i, n)$

注：P 为现值；F 为终值；i 为贴现率或利率；n 为期数（一般长度是月、季度或年）；$(F/P, i, n)$ 为复利终值系数（一般可从复利终值系数表中查出）。

【例 8－1】

将 100 元存入银行，定期两年，年利率为 10%，单利计息。现要求计算两年后的终值（本利和）。

两年后的终值为：

$$F=100\times(1+2\times10\%)=120(\text{元})$$

由单利终值的计算公式可得单利现值的计算公式为：

$$P=\frac{F}{1+ni}$$

【例 8－2】

假设年利率为 10%，单利计息，现要求计算第三年末的 100 元的现值。

第三年末的 100 元的现值为：

$$P=100/(1+3\times10\%)=76.92(\text{元})$$

货币时间价值一般按复利计算，因为企业用资本获得的收益往往要重新投入经营周转，不使之闲置，与复利的原理相似，因而单利不是货币时间价值的表现形式。货币时间价值按确定可比的基准日又分为现值、终值和年金三种，复利终值、复利现值、年金终值、年金现值是其主要的计量形式，下面分别对其进行介绍。

2. 货币时间价值的计算

现值又称本金，是指在以后某期收到或付出资金的现在价值，可视为未来现金流在零期的价值。简单地讲，现值是现在收款或付款的价值。终值又称为未来值或本利和，是指本金在若干期后的本利和，可视为现金流在未来某一时点的价值。由终值求现值又称贴现或折现，由终值的计算公式可推导出现值的计算公式。

（1）复利终值和现值的计算。复利终值是指现在一定数额的本金（现值）按复利计算方法计算出的将来某一特定时点的本利和（终值）。复利现值是复利终值的逆运算，是指未来一定时间的特定数额的货币按复利计算的现在价值。

复利终值的计算公式如下：

$$F=P\times(1+i)^{n}=P\times(F/P,i,n) \tag{8-2}$$

式中，P 为现值；F 为终值；i 为贴现率或利率；n 为期数（一般长度是月、季度或年）；$(F/P,\ i,\ n)$ 为复利终值系数（其值为 $(1+i)^{n}$，可从复利终值系数表中查出）。

复利现值的计算公式如下：

$$P=\frac{F}{(1+i)^{n}}=F\times(P/F,i,n) \tag{8-3}$$

式中，$(P/F,\ i,\ n)$ 为复利现值系数（其值为 $\frac{1}{(1+i)^{n}}$，可从复利现值系数表中查出）；其余符号含义同前。

由复利终值系数的计算公式知，利息以复合的形式增长，即投资一定数额的货币并持续多个时期，增长率是指数级的，也就是说，以递增的速度增长。由复利现值系数知，现值有衰减现象，现值以递减的速度衰减，并且随着利率的升高，利率的复合效应导致衰减加速，导致很远的未来获得的极大收益具有相对极少的现值。

【例 8-3】

将 1 000 元进行投资，年报酬率为 6%，复利计息。问：3 年后的本利和（终值）为多少？

3 年后的本利和为：

$$\begin{aligned}F&=P\times(F/P,i,n)\\&=1\,000\times(F/P,6\%,3)\\&=1\,000\times1.191\\&=1\,191(\text{元})\end{aligned}$$

复利终值系数 $(F/P,\ 6\%,\ 3)$ 的值等于 $(1+6\%)^{3}$，查阅复利终值系数表，在 $n=3$ 时所在行与 $i=6\%$ 时所在列的交叉处的值为 1.191，该值即为 $i=6\%$，$n=3$ 时的复利终值系数。

【例 8-4】

某企业现从银行一次借入 100 万元。投资建设一项目，该项目建设期为 5 年，银行规定，采用复利计息，年利率为 10%。问：建设期满时的本利和是多少？

建设期满时的本利和为：

$$\begin{aligned}F&=P\times(F/P,i,n)\\&=100\times(F/P,10\%,5)\\&=100\times1.611\\&=161.1(\text{万元})\end{aligned}$$

【例8-5】

计划在3年后得到400元，年利率为8%，复利计息。问：现在应存入的金额为多少？

现在应存入的金额为：

$$\begin{aligned}P &= F\times(P/F,i,n)\\ &=400\times(P/F,8\%,3)\\ &=400\times0.794\\ &=317.6(\text{元})\end{aligned}$$

复利现值系数（P/F，8%，3）的值等于$1/(1+8\%)^3$，查阅复利现值系数表，在$n=3$时所在行与$i=8\%$时所在列的交叉处的值为0.794，该值即为$i=8\%$，$n=3$的复利现值系数。

【例8-6】

某项投资预计6年后可获现金净流量1 000万元，投资者要求的必要报酬率为12%。问：该项目的价值是多少？

该投资项目的价值等于其未来所创造的现金净流量的现值，即

$$\begin{aligned}P &= F\times(P/F,i,n)\\ &=F\times(P/F,12\%,6)\\ &=1\,000\times0.507\\ &=507(\text{万元})\end{aligned}$$

（2）年金终值和现值的计算。年金是指等期、等额的系列收支款项。年金的特征是款项发生的时间间隔相同；发生的数额大小相等；流入、流出方向一致。生活中常见的年金有银行的零存整取、分期付款赊购、分期偿还贷款、发放养老金等。

年金有多种形式，按照等额款项收付时间的不同，年金分为普通年金、预付年金、递延年金、永续年金。普通年金是后付年金，即每期期末的等额收支款项；预付年金是先付年金，即每期期初的等额收支款项；递延年金是第一次收支发生在第二期或其之后的年金；永续年金为无限期等额支付的年金。

1）普通年金终值和现值的计算。在复利计息的情况下，每期期末发生的等额款项金额的终值之和，即为普通年金的终值。普通年金是典型的年金形式，预付年金、递延年金和永续年金都可以在普通年金的基础上进行计算。

普通年金终值的计算公式如下：

$$FA=A\times\frac{(1+i)^n-1}{i}=A\times(F/A,i,n) \tag{8-4}$$

式中，FA为普通年金终值；A为普通年金；i为贴现率或利率；n为期数（一般长度是月、季度或年）；（F/A，i，n）为普通年金终值系数（其值为$\frac{(1+i)^n-1}{i}$，可通过普通年金终值系数表直接查出）。

在复利计息的情况下，一定时期内每期期末等额系列收付款项的现值之和即为普通年金现值。其计算公式如下：

$$PA=A\times\frac{1-(1+i)^{-n}}{i}=A\times(P/A,i,n) \tag{8-5}$$

式中，PA 为普通年金现值；$(P/A,\ i,\ n)$ 为普通年金现值系数（其值为$\frac{1-\ (1+i)^{-n}}{i}$，可通过普通年金现值系数表直接查出)；其余符号含义同前。

【例8-7】

某人连续3年每年末存入银行100元，假设银行存款利率为10%。问：第3年末的本利和是多少？

第3年末的本利和为：

$$\begin{aligned}FA&=A\times(F/A,i,n)\\&=100\times(F/A,10\%,3)\\&=100\times3.310\\&=331(\text{元})\end{aligned}$$

【例8-8】

某人要在第5年末归还10 000元债务，假设银行存款利率为10%。问：从现在开始，每年末应存入银行多少钱？

每年末应存入的金额为：

$$\begin{aligned}FA&=A\times(F/A,i,n)\\A&=FA\div(F/A,i,n)\\&=10\,000\div(F/A,10\%,5)\\&=10\,000\div6.105\\&=1\,638(\text{元})\end{aligned}$$

该题为普通年金终值的逆运算，即偿债基金的计算，表示为将来偿付一笔债务而每年应存入的等额款项。$\frac{1}{(F/A,\ i,\ n)}$又称偿债基金系数，是普通年金终值系数的倒数，其值为$\frac{i}{(1+i)^n-1}$。

【例8-9】

某人计划在银行存入一笔钱，准备在未来5年中，每年末取出10 000元，假设银行存款利率为10%。问：现在应一次性存入银行多少钱？

现在应一次性存入的金额为：

$$\begin{aligned}PA&=A\times(P/A,i,n)\\&=10\,000\times(P/A,10\%,5)\\&=10\,000\times3.791\\&=37\,910(\text{元})\end{aligned}$$

【例8-10】

某公司向银行借入5年期10万元贷款，贷款利率为10%，银行要求该公司在5年内分期等额偿还。问：该公司每年的还款额为多少？

每年的还款额为：

$$PA=A\times(P/A,i,n)$$
$$A=PA\div(P/A,i,n)$$
$$=10\div(P/A,10\%,5)$$
$$=10\div3.791$$
$$=2.64(\text{万元})$$

该题为普通年金现值的逆运算，即资本回收额的计算，表示为收回一笔现时进行的长期投资，以后每年必须收回的等额款项。$\frac{1}{(P/A,\ i,\ n)}$又称投资回收系数，是普通年金现值系数的倒数，其值为$\frac{i}{1-(1+i)^{-n}}$。

2）预付年金终值和现值的计算。在复利计息的情况下，每期期初发生的等额款项金额的终值之和，即为预付年金的终值。预付年金是在普通年金的基础上多计复利一次。

预付年金终值的计算公式如下：

$$\begin{aligned}FA&=A\times\frac{(1+i)^n-1}{i}\times(1+i)\\&=A\times\left[\frac{(1+i)^{n+1}-1}{i}-1\right]\\&=A\times[(F/A,i,n+1)-1]\end{aligned}\qquad(8-6)$$

式中，FA为预付年金终值；A为预付年金；$[(F/A,\ i,\ n+1)-1]$为预付年金终值系数（其值为$\frac{(1+i)^{n+1}-1}{i}-1$）；其他符号含义同前。

可以看出，将普通年金终值系数的期数加1，系数减1，则得到预付年金终值系数。因此，可通过普通年金终值系数表中（$n+1$）期的值，减去1后得到预付年金终值系数。

在复利计息的情况下，一定时期内每期期初等额系列收付款项的现值之和，称为预付年金现值。

其计算公式如下：

$$\begin{aligned}PA&=A\times\frac{1-(1+i)^{-n}}{i}\times(1+i)\\&=A\times\left[\frac{1-(1+i)^{-(n-1)}}{i}+1\right]\\&=A\times[(P/A,i,n-1)+1]\end{aligned}\qquad(8-7)$$

式中，PA 为预付年金现值；A 为预付年金；$[(P/A, i, n-1)+1]$为预付年金现值系数（其值为$\frac{1-(1+i)^{-(n-1)}}{i}+1$）；其他符号含义同前。

可以看出，将普通年金现值系数的期数减 1，系数加 1，则得到预付年金现值系数。因此，可通过普通年金现值系数表中（$n-1$）期的值，加上 1 后得到预付年金现值系数。

【例 8－11】

某人于未来 3 年内，每年初存入银行 100 元，假设年复利率为 10%。问：期满的本利和是多少？

期满的本利和为：

$$
\begin{aligned}
FA &= A\times[(F/A,i,n+1)-1]\\
&=100\times[(F/A,10\%,3+1)-1]\\
&=100\times(4.641-1)\\
&=364.1(\text{元})
\end{aligned}
$$

【例 8－12】

某人于未来 3 年内，每期期初从银行取出 100 元，假设年复利率为 10%。问：应该在第一年初存入银行多少钱？

第一年初应存入的金额为：

$$
\begin{aligned}
PA &= A\times[(P/A,i,n-1)+1]\\
&=100\times[(P/A,10\%,3-1)+1]\\
&=100\times(1.736+1)\\
&=273.6(\text{元})
\end{aligned}
$$

3）递延年金现值的计算。递延年金是第一次收支发生在第二期或其之后的年金。递延年金终值即为支付期的普通年金终值，与递延期无关；递延年金现值的计算，关键在于确定递延期。

用 m 表示递延期数，第一次发生在（$m+1$）期末，共发生了 n 期，计算递延年金现值一般有两种方法，即分段计算法和扣除法。

a. 分段计算法是将递延年金视为 n 期的普通年金，求出递延期末的现值，然后将此现值贴现到第一期期初。用公式表示为：

$$PA=A\times(P/A,i,n)\times(P/F,i,m) \tag{8-8}$$

式中，PA 为递延年金现值；A 为年金；（P/A，i，n）为年金现值系数；（P/F，i，m）为复利现值系数。

b. 扣除法是假设递延期中也进行支付，先求出（$m+n$）期的年金现值，然后扣除实际未支付的递延期 m 的年金现值。用公式表示为：

$$PA=A\times[(P/A,i,m+n)-(P/A,i,m)] \tag{8-9}$$

式中，$(P/A, i, m+n)$ 和 $(P/A, i, m)$ 均为年金现值系数；其余符号含义同前。

【例8-13】

假设某企业现购置一台设备，前3年不用付款，从第4年末起分4年等额还本付息10万元，企业要求的必要报酬率为10%。问：付款的总现值是多少？

付款的总现值为：

$$
\begin{aligned}
PA &= A\times(P/A,i,n)\times(P/F,i,m)\\
&=100\ 000\times(P/A,10\%,4)\times(P/F,10\%,3)\\
&=100\ 000\times3.170\times0.751\\
&=238\ 067(\text{元})
\end{aligned}
$$

或

$$
\begin{aligned}
PA &= A\times[(P/A,i,n+m)-(P/A,i,m)]\\
&=100\ 000\times[(P/A,10\%,4+3)-(P/A,10\%,3)]\\
&=100\ 000\times(4.868-2.487)\\
&=238\ 100(\text{元})
\end{aligned}
$$

4）永续年金现值的计算。无限期定额定期支付的年金称为永续年金。永续年金没有终止的时间，因此只有现值，没有终值。现实中，持续经营的股份公司每年以固定金额发放的股利、优先股股利，以及在银行的存本取息都是永续年金。

1895年11月27日，阿尔弗雷德·伯恩哈德·诺贝尔（Alfred Bernhard Nobel，1833—1896）在巴黎签署了一份遗嘱，将部分财产成立基金进行投资，收益将以奖金的形式，每年分配给那些在过去一年里曾赋予人类最大利益的人。1969年，瑞典银行为纪念银行成立300周年，以永续年金的方式增设瑞典银行诺贝尔经济学奖，由瑞典皇家科学院颁发，第一次颁发时奖金为37.5万瑞典克朗，如今已达1 000万瑞典克朗（约合116万美元）。

永续年金的现值可以通过普通年金现值的计算公式导出：

$$PA=A\times\frac{1-(1+i)^{-n}}{i}$$

当 $n\to\infty$ 时，$(1+i)^{-n}\to0$

故

$$PA=\frac{A}{i} \tag{8-10}$$

式中，A 为永续年金；i 为贴现率。

【例8-14】

某企业欲在中山大学管理学院建立永久性的优秀学生奖励基金，希望未来每年末取出100 000元，奖励在学习与操行方面表现优秀且有特殊贡献的本科生、硕士生与博士生，假设同有关机构的协议规定投资报酬率为10%。问：现应一次性投资多少？

现应一次性投资的金额为：

$$PA=\frac{A}{i}$$
$$=100\ 000\div 10\%$$
$$=1\ 000\ 000(元)$$

3. 贴现率和期数的确定

上述货币时间价值的计算都假定贴现率和期数是给定的。在实际经济生活中，会遇到仅知道计息期数、终值、现值而求贴现率的问题，或知道贴现率、终值、现值而求计息期数的问题。

要求贴现率和计息期数，首先要由已知的现值和终值求出换算系数，即复利终值系数、复利现值系数、年金终值系数、年金现值系数，然后查对应的系数表，求得贴现率或计息期数。具体的公式转化如下：

$$F=P\times(F/P,i,n)\rightarrow F/P=(F/P,i,n) \tag{8-11}$$
$$P=F\times(P/F,i,n)\rightarrow P/F=(P/F,i,n) \tag{8-12}$$
$$FA=A\times(F/A,i,n)\rightarrow FA/A=(F/A,i,n) \tag{8-13}$$
$$PA=A\times(P/A,i,n)\rightarrow PA/A=(P/A,i,n) \tag{8-14}$$

【例8-15】

企业现有资金50 000元，拟投资于A方案，假设报酬率为16%。问：几年后方能获得100 000元的收入？

设n为获得100 000元收入需要的年数。

$$F/P=(F/P,i,n)$$
$$100\ 000/50\ 000=(F/P,16\%,n)$$
$$(F/P,16\%,n)=2$$

表中没有直接等于2的结果，故用插值法求解。

查表得

$$(F/P,16\%,4)=1.811$$
$$(F/P,16\%,5)=2.100$$

由插值法可得

$$\frac{n-4}{5-4}=\frac{2-1.811}{2.100-1.811}$$

或　$$\frac{5-n}{5-4}=\frac{2.100-2}{2.100-1.811}$$

解得　$n=4.654$

计算出的系数在系数表中一般不能直接查到，此时可用插值法求解。插值法的基本原理是：假设系数表中相邻点之间的数据呈线性关系，根据两点确定一条直线的原理，便可以求出这两点间系数中的未知变量。

本例也可以用72法则求解，72法则可以作为一个简单的投资参考，它表示在不同的报酬率下，用72除以特定的报酬率，就是投资额翻一番的时间。72法则其实是有效年利率的应用，当利率为1%时，经过72年的复利之后，1元大约将变成2元。本例的计算用72法则的结果为：

$$n=72/16=4.5(\text{年})$$

【例8-16】

企业现有资金50 000元用于投资，希望5年后能获得100 000元的收入。现要求计算投资方案的报酬率。

设r为投资报酬率。

$$F/P=(F/P,r,n)$$
$$100\,000/50\,000=(F/P,r,5)$$
$$2=(F/P,r,5)$$

查表得

$$(F/P,14\%,5)=1.925$$
$$(F/P,15\%,5)=2.011$$

由插值法可得

$$\frac{r-14\%}{2-1.925}=\frac{15\%-14\%}{2.011-1.925}$$

解得 $r=14.87\%$

以上两个例题也可以用复利现值系数求解，求解的过程相同，复利现值系数是复利终值系数的倒数。

【例8-17】

某企业准备购置一台新设备，更新目前使用的旧设备，每年可节约费用6万元，设备的价格比现用的高20万元。问：该设备应至少使用多少年才划算（资本成本率为12%）？

设n为设备应至少使用的年数。

$$PA/A=(P/A,i,n)$$
$$20/6=(P/A,12\%,n)$$
$$3.333=(P/A,12\%,n)$$

查表得

$$(P/A,12\%,4)=3.037$$
$$(P/A,12\%,5)=3.605$$

由插值法可得

$$\frac{n-4}{3.333-3.037}=\frac{5-4}{3.605-3.037}$$

解得　$n=4.5$（年）

【例8-18】

某企业向银行借款42万元，计划于10年内分期等额偿还，每年偿还6万元。问：贷款利率是多少？

设贷款利率为i。

$$PA/A=(P/A,i,n)$$
$$42/6=(P/A,i,10)$$
$$7=(P/A,i,10)$$

查表得

$$(P/A,8\%,10)=6.710$$
$$(P/A,7\%,10)=7.024$$

由插值法可得

$$\frac{i-7\%}{7-7.024}=\frac{8\%-7\%}{6.710-7.024}$$

解得　$i=7.08\%$

8.2.3　货币时间价值的特殊问题

在上面的计算中，利率都是年利率，且是一年复利一次，现金流的发生比较规则，但实务中有的利息是按月计算的，或存在一年中复利多次的情况，现金流的发生可能也不是等额的，下面就要解决这些货币时间价值计算的特殊问题。

1. 名义利率和实际利率的转换

当计息期数短于一年，而使用的利率又是年利率时，给出的年利率是名义利率。而一年内复利几次，实际得到的利息比按名义利率计算的要高，一年的实际利息与本金之比就是实际利率。

名义利率与实际利率的换算有如下两种方法：

（1）公式法。直接利用公式，将名义利率调整为实际利率，即将一年复利多次的利率换算成与之等价的一年复利一次的利率。公式为：

$$i=\left(1+\frac{r}{m}\right)^{m}-1 \qquad (8-15)$$

式中，i为实际利率；m为每年复利次数；r为名义利率。

【例8-19】

年利率为8%，半年复利一次。问：实际利率（即一年复利一次的利率）是多少？

实际利率为：

$$
\begin{aligned}
i &= \left(1+\frac{r}{m}\right)^{m}-1 \\
&= \left(1+\frac{8\%}{2}\right)^{2}-1 \\
&= 8.16\%
\end{aligned}
$$

（2）将名义利率调整为每复利一次时的利率 r/m，复利期数为 n 年的总复利次数为 $m \times n$。

【例8-20】

某企业购买面值为10 000元，利率为10%，5年期，每半年复利计息并支付一次利息的债券，市场利率（必要报酬率）为12%。问：该债券5年内利息的现值是多少？

利息的现值为：

$$
\begin{aligned}
PA &= A \times (P/A, i, n) \\
&= A \times (P/A, r/m, m \times n) \\
&= (10\,000 \times 10\% \div 2) \times (P/A, 12\%/2, 2 \times 5) \\
&= 500 \times 7.360 \\
&= 3\,680(\text{元})
\end{aligned}
$$

2. 不等额现金流量现值的计算

如果现金流量不规则，则应将每期的现金流分别求现值，然后将所有的现值求和，如果其中有部分现金流为年金，也可以用年金的公式计算。

【例8-21】

一系列现金流量如表8-2所示，贴现率为9%。

表8-2　现金流量表　　单位：元

年份	第1年	第2年	第3年	第4年	第5年	第6年	第7年	第8年	第9年	第10年
现金流量	1 000	1 000	1 000	1 000	1 000	1 500	1 500	1 500	1 500	2 000

现要求计算该系列现金流量的现值。

在表8-2所示的现金流量中，第1～5年的现金流量相等，可以看成是求5年期的普通年金现值，第6～9年的现金流量也相等，可以看作递延年金，最后的第10期单独看成求复利现值。因此，该系列的现金流量的现值为：

$$
\begin{aligned}
P &= 1\,000 \times (P/A, 9\%, 5) + 1\,500 \times (P/A, 9\%, 4) \times (P/F, 9\%, 5) \\
&\quad + 2\,000 \times (P/F, 9\%, 10) \\
&= 1\,000 \times 3.890 + 1\,500 \times 3.240 \times 0.650 + 2\,000 \times 0.422 \\
&= 7\,893(\text{元})
\end{aligned}
$$

8.3 长期投资项目的现金流量分析

8.3.1 现金流量的概念

在长期投资决策中，现金流量是一个投资项目引起的企业现金流入量、流出量的总称。一个时期内现金流入量与包括所得税在内的现金流出量的差额，称为净现金流量（NCF）或税后现金流量（CFAT）。

8.3.2 现金流量的构成

现金流量的构成有两种表述方法。

1. 按现金流量发生的时间来表述

此种表述方法可将现金流量划分为如下三部分。

（1）初始现金流量。初始现金流量是指开始投资时（建设期）发生的现金流量，一般包括以下内容：

1）固定资产投资，包括固定资产的购入或建造成本、运输成本和安装成本等；

2）流动资产投资，包括材料、在产品、产成品和应收账款等流动资产的投资；

3）投资的机会成本，是指某些原有固定资产（包括土地）用于投资而不能出售所丧失的潜在利益，投资决策中应视同现金流出；

4）某些投资费用，是指与长期投资有关的筹建小组费用、员工培训费用、谈判费用、注册费用等；

5）原有固定资产的变价收入，主要指固定资产更新时原有固定资产变卖所得的现金收入。

国家对第 1）、4）两项有税收优惠的规定，应将减免税额从中扣除；对第 5）项如有专门的税收规定，亦应加以调整。以下所述均假定没有这两类税收问题。

（2）营业现金流量。营业现金流量是指项目投入使用后，在其生命周期内由生产经营所带来的现金流入和现金流出的数量，一般按年计算。这里现金流入一般是指营业现金收入，现金流出是指营业现金支出和缴纳的税金。若一投资项目的年销售收入等于营业现金收入，付现成本（不包括折旧和利息支出）等于营业现金支出，那么，年营业净现金流量（*NCF*）可用下列公式计算：

$$\begin{aligned}NCF &= \text{年营业收入}-\text{年付现成本}-\text{年所得税}\\ &= (\text{年营业收入}-\text{年付现成本})\times(1-\text{所得税税率})+\text{年折旧}\times\text{所得税税率}\\ &= (\text{年营业收入}-\text{年付现成本}-\text{年折旧})\times(1-\text{所得税税率})+\text{年折旧}\\ &= \text{年税后利润}+\text{年折旧}\end{aligned} \quad (8-16)$$

(3) 终结现金流量。终结现金流量是指投资项目寿命完结时发生的现金流量，主要包括：

1) 固定资产的残值收入或变价收入。

2) 原有在流动资产上垫支资产的收回。

3) 停止使用土地的变价收入等。

2. 按现金流入流出来表述

此种表述方法可将每年的现金流量分为如下两部分。

(1) 现金流入量。一个投资方案的现金流入量通常涉及：

1) 投资项目完成后，每年可增加的营业现金收入（或减少的营业现金支出）；

2) 固定资产报废时的净残值收入或中途转让过程中的变现收入；

3) 项目寿命终了时，与投资项目有关的原垫付的营运资金的收回。

(2) 现金流出量。一个投资方案的现金流出量通常涉及：

1) 对固定资产的投资；

2) 对流动资产的营运资金的垫付；

3) 营业现金支出；

4) 其他支出，如所得税、固定资产维修费用等。

此时，每年净现金流量可用下列公式计算：

$$NCF=\text{年现金流入量}-\text{年现金流出量}$$

3. 现金流量的计算

现金流量的计算方法有两种：一是总量分析法，一般用于扩大收入投资项目现金流量的计算；二是差量分析法，一般用于降低成本投资项目现金流量的计算，以简化决策分析工作。现举两个例子分别介绍这两种方法的应用。

【例8-22】

某公司计划新建一个车间，固定资产投资额为11 000元，需1年建成，使用寿命为5年，采用直线折旧法，第6年末的残值为1 000元。此外，第1年末需追加流动资产垫支2 500元。所用土地是原有土地，市价是3 000元。投产后预测每年可得销售收入8 000元（假定均于当年收到现金），第1年付现成本为3 200元，以后随着设备逐渐陈旧，修理费用逐年增加300元。所得税税率为25%。现要求计算该投资项目的现金流量。

$$\text{年折旧额}=(11\ 000-1\ 000)/5=2\ 000(\text{元})$$

先计算每年营业净现金流量，如表8-3所示，然后结合初始现金流量和终结现金流量编制该投资项目的现金流量表，如表8-4所示。

表8-3 投资项目的营业现金流量表 单位：元

项目	第1年	第2年	第3年	第4年	第5年	第6年
销售收入（1）		8 000	8 000	8 000	8 000	8 000

续表

项目	第1年	第2年	第3年	第4年	第5年	第6年
付现成本（2）		3 200	3 500	3 800	4 100	4 400
折旧（3）		2 000	2 000	2 000	2 000	2 000
税前利润(4)=(1)−(2)−(3)		2 800	2 500	2 200	1 900	1 600
所得税（5）=(4)×25%		700	625	550	475	400
税后利润（6）=(4)−(5)		2 100	1 875	1 650	1 425	1 200
营业净现金流量(7)=(6)+(3)=(1)−(2)−(5)		4 100	3 875	3 650	3 425	3 200

表8-4　投资项目的现金流量表　　单位：元

项目	建设期		达产期	投产期			
	第0年	第1年	第2年	第3年	第4年	第5年	第6年
一、初始现金流量							
1. 固定资产投资	−11 000						
2. 流动资产投资		−2 500					
3. 投资的机会成本	−3 000						
二、营业现金流量		0	4 100	3 875	3 650	3 425	3 200
三、终结现金流量							
1. 固定资产残值							1 000
2. 流动资金收回							2 500
3. 土地收回							3 000
四、净现金流量合计	−14 000	−2 500	4 100	3 875	3 650	3 425	9 700

投资项目的现金流量还可以用现金流量图来直观形象地表示，如图8-1所示。

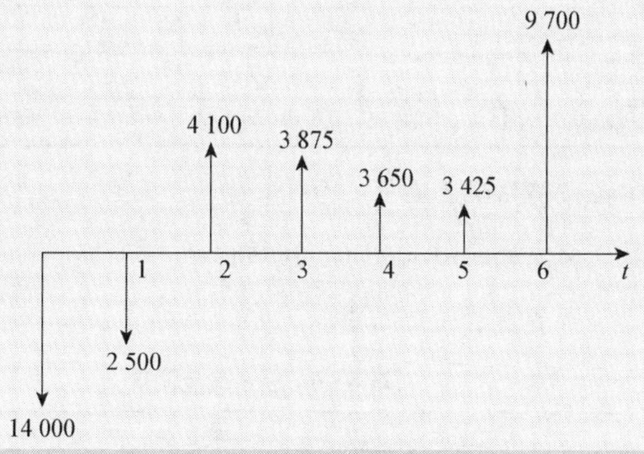

图8-1　投资项目的现金流量图

在表8-3、表8-4和图8-1中，$t=0$代表第1年初，$t=1$代表第1年末，$t=2$代表第2年末，在现金流量计算时，为了简化，一般都假定各年投资在年初时一次进行；各年营业现金流量看作各年末一次发生，终结现金流量也看作最后一年末发生

（这称为年末习惯法）。

【例8-23】

某公司考虑更新设备，以减少成本，增加收益。旧设备原购置成本为40 000元，已使用5年，估计还可使用5年，已提折旧20 000元，假定使用期满后无残值，如果现在销售可得价款10 000元。该公司现准备用一台新设备来代替旧设备，新设备的购置成本为60 000元，估计可使用5年，期满残值为10 000元。用新设备时每年付现成本可降低20 000元。所得税税率为25%。

在本例中有两个备选方案：一个方案是继续使用旧设备，另一个方案是出售旧设备并购置新设备。这两个方案的销售收入和设备寿命相同，不必为每个方案分别计算现金流量，可以采用差量分析法，即只计算一个方案比另一个方案增减的现金流量，所有增减额均用希腊字母“Δ”表示。

下面，我们站在新设备的立场上，计算两个方案的差量现金流量。

首先，计算差量初始现金流量。其计算结果如下：

$$\Delta\text{初始投资}=60\,000-10\,000=50\,000(\text{元})$$

$$\Delta\text{年折旧额}=\frac{60\,000-10\,000}{5}-\frac{40\,000-20\,000-0}{5}$$

$$=6\,000(\text{元})$$

其次，计算差量营业现金流量。差量营业现金流量的计算结果如表8-5所示。

表8-5　差量营业现金流量　　单位：元

项目	第1～5年
Δ付现成本（1）	−20 000
Δ折旧（2）	6 000
Δ税前利润（3）=0−(1)−(2)	14 000
Δ所得税（4）=(3)×25%	3 500
Δ税后利润（5）=(3)−(4)	10 500
Δ营业净现金流量（6）=(5)+(2)	16 500

再次，计算差量终结现金流量：

$$\Delta\text{终结现金流量}=10\,000-0=10\,000(\text{元})$$

最后，汇总全部的差量现金流量，如表8-6所示。

表8-6　差量现金流量　　单位：元

项目	第0年	第1年	第2年	第3年	第4年	第5年
Δ初始现金流量	−50 000					
Δ营业现金流量		16 500	16 500	16 500	16 500	16 500
Δ终结现金流量						10 000
Δ净现金流量	−50 000	16 500	16 500	16 500	16 500	26 500

4. 现金流量与利润

财务会计按权责发生制计量企业的收入和费用，并以收入减去费用后的利润来评价企业的经济利润。在长期投资决策中，不能用利润作为评价依据，而以按收付实现制确定的净现金流量来评价投资项目的经济效益。投资决策之所以把现金流量作为研究重点，是基于以下几个方面的理由：

（1）在整个投资项目寿命期内，利润总计与净现金流量总计是相等的，所以现金流量可作为评价经济效益的指标。

（2）利润的计算在各年的分布受折旧方法、存货计价方法、费用分配法、成本计算方法等人为因素影响，而现金流量基本上不受这些人为因素影响，可以保证评价的客观性、科学性。

（3）在投资决策分析中，现金流量状况比盈亏状况更重要。利润反映的是某一会计期间应计的现金流量，而非实际的现金流量，因此有利润的年份不一定有多余的现金用来进行投资。一个项目能否继续下去，不一定取决于是否有利润，而取决于是否有现金进行各种支付。现金一旦支出，不管是否消耗，都不能用于其他目的，只有在将现金收回之后，才能用于再投资。可见，现金流量比利润更适用于投资决策。

（4）采用现金流量有利于科学地考虑货币时间价值因素。财务会计中，利润的计算并不考虑现金收支的时间，不仅使现金收支存在较大风险，而且没有运用货币时间价值原理，即不同时点的现金具有不同的价值。在决策中一定要弄清楚每笔现金收支的具体时间，才能运用货币时间价值原理进行科学合理的计算。采用现金流量正好满足了这一要求，有利于科学地衡量方案的优劣。

8.4 确定性长期投资决策的基本方法

一个投资项目是否可行，要把技术先进性与经济可行性结合起来分析。从经济角度看，要着重对投资项目经济效益进行评价，这是正确进行投资决策不可缺少的重要环节。这一过程一般是通过对比长期投资决策指标进行的，以评价投资方案的优劣。按是否考虑货币时间价值因素，投资决策指标可分为非贴现现金流量指标和贴现现金流量指标两大类。与此相对应，投资决策方法也分为非贴现的方法（亦称静态分析法）和贴现的方法（亦称动态分析法）两大类。投资决策指标与方法有许多，本节只介绍在实际工作中最常用的几种基本方法。

8.4.1 非贴现的方法

非贴现的方法是不考虑货币时间价值而直接按投资项目形成的现金流量计算，借以分析评价投资项目经济可行性的各种方法的总称，也称静态分析法，主要有静态投资回收期法与平均报酬率法两种。

1. 静态投资回收期法

静态投资回收期（PP）是指回收初始投资额预计所需的时间，一般以年为单位。PP是一种运用时间长、适用范围广的决策指标。用PP的长短作为判断方案是否可行的方法，称为静态投资回收期法（PP法）。一般来说，回收期越短，表明该项投资的效果越好，风险也越小。静态投资回收期一般有以下两种。

（1）简单平均投资回收期。简单平均投资回收期法（SAPBP法）是指先计算投资以后各年现金流量的平均值，然后运用投资总额除以该平均值来计算回收期的数值。其计算公式如下：

$$SAPBP=\frac{P}{\sum NCF/n}$$

式中，P 为初始投资额；n 为年数；NCF 为以后各年的现金流入额。

【例8-24】

某企业拟将资金320 000元用于某项投资。现有A，B两种投资方案，各方案的现金流量表如表8-7所示。

表8-7　A，B方案的现金流量表　　单位：元

方案	第0年	第1年	第2年	第3年	第4年	第5年
A	−320 000	90 000	90 000	90 000	90 000	90 000
B	−320 000	30 000	60 000	90 000	120 000	150 000

现要求对两个方案进行比较。

对A方案而言，由于各年的净现金流量相等，因此其平均净现金流量等于各年的净现金流量，所以

$$SAPBP_A=\frac{320\ 000}{90\ 000}=3.56(\text{年})$$

对B方案而言，由于各年的净现金流量不相等，因此应先求出B方案的平均净现金流量：

$$\frac{\sum NCF}{n}=(30\ 000+60\ 000+90\ 000+120\ 000+150\ 000)/5=90\ 000(\text{元})$$

$$SAPBP_B=\frac{P}{\sum NCF/n}=\frac{320\ 000}{90\ 000}=3.56(\text{年})$$

可见 $SAPBP_A=SAPBP_B$，即运用简单平均投资回收期法无法评价两方案的优劣。

（2）简单累计投资回收期。简单累计投资回收期（SCPBP）的计算方法因各年净现金流量是否相等分为两种情况，现分述如下：

1）若投产后各年净现金流量（NCF）相等，则

$$SCPBP=\frac{P}{NCF} \tag{8-17}$$

式中，P 为初始投资额，包括固定资产和流动资产的投资总额。

2）若各年净现金流量不相等，则要根据每年末尚未回收的投资额来确定SCPBP，即

$$\sum_{t=1}^{pp} NCF_t=P \tag{8-18}$$

【例8-25】

沿用例8-24的资料。现要求分析计算A，B两方案的简单累计投资回收期。

对A方案而言，每年净现金流量相等，所以

$$SCPBP_{\mathrm{A}}=\frac{P_{\mathrm{A}}}{NCF_{\mathrm{A}}}=\frac{320\ 000}{90\ 000}=3.56(\text{年})$$

对B方案而言，每年的净现金流量不相等，所以应先计算其各年末尚未回收的投资额，如表8-8所示。

表8-8 B方案各年末尚未回收的投资额　　单位：元

t	每年净现金流量（NCF）	每年尚未回收的投资额
0	−320 000	320 000
1	30 000	290 000
2	60 000	230 000
3	90 000	140 000
4	120 000	20 000
5	150 000	

根据表8-8，有

$$SCPBP_{\mathrm{B}}=4+\frac{20\ 000}{150\ 000}=4.13(\text{年})(\text{假定均匀回收})$$

$SCPBP_{\mathrm{B}}>SCPBP_{\mathrm{A}}$，说明A方案优于B方案。

应用PP法进行决策的规则如下：

（1）确定一个要求达到的回收期 $E(PP)$，作为判断的标准。

（2）方案的 $PP\leqslant E(PP)$，则该方案为可行方案，否则为不可行方案。

（3）对采纳与否的投资决策而言，$PP\leqslant E(PP)$ 时即采纳，否则即拒绝；对互斥选择的投资决策而言，在可行方案中，选择 $\mathrm{Min}\{PP\}$ 的方案。

上例中，若 $E(PP)=3$ 年，则 $PP_{\mathrm{A}}>E(PP)$，$PP_{\mathrm{B}}>E(PP)$，所以A，B方案均不可行。

PP法的优点是概念易懂，计算简便，可促使企业尽快回收投资资金、降低风险；缺点是没有考虑货币时间价值，更没有考虑回收期满后的现金流量状况而难以全面衡量方案的经济效益。因为存在明显缺陷，所以PP法只作为辅助性的决策方法使用，

一般应用于项目的初选评估。

2. 平均报酬率法

平均报酬率（ARR）是投资项目寿命期内平均的年投资报酬率（收益率或利润率），亦称会计收益率。运用 ARR 指标进行长期投资决策的方法，称为平均投资报酬率法（ARR 法）。

ARR 的计算方法有好几种，最常用的计算 ARR 的公式如下：

$$ARR=\frac{\frac{1}{n}\sum_{t=1}^{n}NCF_t}{P} \tag{8-19}$$

式中，$\frac{1}{n}\sum_{t=1}^{n}NCF_t$ 为在寿命期 n 年内的年平均净现金流量。

有的企业在计算 ARR 时，用“年平均税后利润”取代上述公式中的分子。

【例 8-26】

沿用例 8-24 的资料。现要求计算 A，B 两方案的平均报酬率。

平均报酬率为：

$$ARR_A=\frac{90\,000}{320\,000}\times 100\%=28.1\%$$

$$ARR_B=\frac{(30\,000+60\,000+90\,000+120\,000+150\,000)/5}{320\,000}\times 100\%$$

$$=28.1\%$$

$ARR_A=ARR_B$，A，B 两方案无优劣之分。

应用 ARR 法进行决策的规则如下：

（1）确定一个企业要求达到的 ARR，或必要报酬率 $E(ARR)$。

（2）计算出各个方案的 ARR，若 $ARR\geqslant E(ARR)$，则是可行方案，否则是不可行方案。

（3）在采纳与否的决策中，$ARR\geqslant E(ARR)$，即采纳，否则即拒绝；在互斥选择的决策中，在可行方案中选择 $\text{Max}\{ARR\}$ 的方案。

上例中，若 $E(ARR)=20\%$，则 A，B 方案均为可行方案，但由于 A，B 两方案的 ARR 值相等，按 ARR 决策规则较难区分 A，B 两方案的优劣。

ARR 法的优点是简明、易算、好懂，缺点是既没有考虑货币时间价值，也没有考虑现金流量时间分布的先后，从而不能准确反映方案的优劣。上例中，虽然 $ARR_A=ARR_B$，但是 B 方案的现金流量主要发生在最后两年，实际收益不如 A 方案，因此考虑现金流量的时间分布后，可以判断 A 方案优于 B 方案。基于以上两点，ARR 法也只用于方案的初选。

总之，PP 法和 ARR 法都忽视了货币时间价值因素，因而不是最好的决策方法，只有作为辅助方法与其他方法一起使用，方可得出正确结论。

8.4.2　贴现的方法

贴现的方法是考虑货币时间价值，以对投资方案的现金流量进行贴现计算为基础而形成的分析、评价投资方案经济效益诸方法的总称，也称动态分析方法。其主要包括贴现投资回收期法、净现值法、等年值法、现值指数法、内含报酬率法等。

1. 贴现投资回收期法

贴现投资回收期也称为动态投资回收期，是指考虑货币时间价值的投资回收期，即对各期现金净流量贴现以后，再以贴现的现金流量为基础计算的投资回收期。一般包括以下三种。

（1）折现平均回收期。折现平均回收期（DAPBP）是指先分别将各年净现金流量进行折现，计算折现后各年的平均净现金流量，再用初始投资额除以该平均净现金流量计算出的回收期，相关计算公式如下：

$$\overline{NCF}=\frac{\sum_{k=1}^{n}\frac{NCF_k}{(1+i)^k}}{n}$$

$$DAPBP=\frac{P}{\overline{NCF}}$$

【例8-27】

沿用例8-24的资料。假设各年的折现率为10%，则A，B方案各年折现现金净流量的计算如表8-9所示。

表8-9　A，B方案的折现现金净流量　单位：元

方案	第0年	第1年	第2年	第3年	第4年	第5年
A	－320 000	90 000	90 000	90 000	90 000	90 000
折现现金净流量		81 818.18	74 380.17	67 618.33	61 471.21	55 882.92
B	－320 000	30 000	60 000	90 000	120 000	150 000
折现现金净流量		27 272.73	49 586.78	67 618.33	81 961.61	93 138.20

现要求对两种方案进行比较。

由表8-9可得，对于A方案：

$$\overline{NCF}_A=(81\,818.18+74\,380.17+67\,618.33+61\,471.21+55\,882.92)/5=68\,234.16(\text{元})$$

$$DAPBP_A=320\,000\div 68\,234.16=4.69(\text{年})$$

同理，对于方案B：

$$\overline{NCF}_B=(27\,272.73+49\,586.78+67\,618.33+81\,961.61+93\,138.20)/5=63\,915.53(\text{元})$$

$$DAPBP_B=320\,000\div 63\,915.53=5.01(\text{年})$$

$DAPBP_B > DAPBP_A$，说明A方案优于B方案。

(2) 累积折现回收期。累积折现回收期（DCPBP）是指项目在某一特定的折现率下，各年净现金流量现值累计和为零的年限，是使累计净现金流量现值从负变正的临界点。一般采用的计算公式如下：

$$DCPBP=\frac{\text{累计净现金流量}}{\text{开始为正的年份数}}-1+\frac{\text{上年累计净现金流量现值的绝对值}}{\text{当年净现金流量现值}}$$

【例8-28】

沿用例8-24的资料。假设各年的折现率为10%，则A，B两方案的净现金流量现值的计算如表8-10所示。

表8-10 A，B方案的累计净现金流量现值 单位：元

t	A方案			
	净现金流量	折现系数	净现金流量现值	累计净现金流量现值
0	−320 000		(320 000)	−320 000
1	90 000	0.909	81 810	−238 190
2	90 000	0.826	74 340	−163 850
3	90 000	0.751	67 590	−96 260
4	90 000	0.683	61 470	−34 790
5	90 000	0.621	55 890	21 100
t	**B方案**			
	净现金流量	**折现系数**	**净现金流量现值**	**累计净现金流量现值**
0	−320 000		(320 000)	−320 000
1	30 000	0.909	27 270	−292 730
2	60 000	0.826	49 560	−243 170
3	90 000	0.751	67 590	−175 580
4	120 000	0.683	81 960	−93 620
5	150 000	0.621	93 150	−470

现要求对两个方案进行比较。

根据以上资料，可以计算出A，B方案的累积折现回收期为：

$$DCPBP_A=5-1+34\,790\div 55\,890=4.62\text{(年)}$$

而由表8-10可知，在第5年，B方案的累计净现金流量现值仍为负值，所以B方案是无法在项目投资期间收回资金的。

累积折现回收期的择优原则与PP法相同，所以A方案优于B方案。

(3) 脱险回收期。脱险回收期是假定在准备将投资项目出售的情况下，收回投资总额所需要的时间。在投资项目面临较大的风险时，投资者通常设想随时将投资项目出售，此时，投资获得的现金流包括经营期间获得的经营性净现金流入量、出售投资项目固定资产的现金收入、收回投资项目营运资本或流动资金的现金收入。

【例8-29】

MNE公司投资某一生产项目1 000万元，其中：固定资产投资为800万元，净流动资金（NWC）为200万元，每年经营性净现金流入量（NCF_i）为350万元，投资期限为5年（$i=1, 2, 3, 4, 5$），$K=10\%$。若MNE公司投资后出售该项目，其历年末项目固定资产价值如表8-11所示。

表8-11　投资项目运营后固定资产每年的作价　　单位：万元

年份	第1年	第2年	第3年	第4年	第5年
固定资产作价	400	200	100	50	0

问：项目的脱险回收期是多少？

在计算投资项目的脱险回收期时，需要计算在投资项目固定资产出售后，投资者每年可以获得的总现金收入，包括出售投资项目固定资产的现金收入、收回投资项目营运资本或流动资金的现金收入，再将每年的各类现金收入折现后累计，求出脱险回收期。

由上述资料，若MNE公司将该项目出售，每年能够获得的各类现金收入如表8-12所示。

表8-12　MNE公司投资项目的各类现金收入和脱险值　　单位：万元

年次	经营性净现金流入量	折现系数	折现经营性净现金流入量	累计折现经营性净现金流入量	折现营运资本收入	折现固定资产收入	脱险值
1	350	0.909	318.15	318.15	181.80	363.60	863.55
2	350	0.826	289.10	607.25	165.20	165.20	937.65
3	350	0.751	262.85	870.10	150.20	75.10	1 095.40
4	350	0.683	239.05	1 109.15	136.60	34.15	1 279.90
5	350	0.621	217.35	1 326.50	124.20	0.00	1 450.70

由表8-12可知，若将该项目出售，则要经营2～3年才能收回1 000万元的投资额，采用插值法，可求得该项目的脱险回收期为：

$$2+(1\,000-937.65)/(1\,095.40-937.65)=2.40(\text{年})$$

2. 净现值法

净现值（NPV）是投资项目投入使用后的净现金流量按预定的贴现率折算的现值减去初始投资的现值的差额。初始投资的现值，若系一次投资，则为初始投资额；若系分期投资，则需分别按贴现率进行贴现后求和。这里为简明起见，暂时只考虑一次投资的情况。计算净现值的关键问题是如何确定贴现率，通常有两种方法：一是根据资本成本来确定；二是根据企业要求达到的最低投资报酬率来确定。后者相对容易一些。净现值法即指用净现值的大小作为方案取舍标准的一种决策方法，简称NPV法。

NPV的计算公式如下：

$$NPV=\sum_{t=1}^{n}NCF_t\cdot(P/F,K,t)-P \tag{8-20}$$

式中，n 为项目寿命；NCF_t 为第 t 年的净现金流量（$t=1, 2, \cdots, n$）；K 为预定的或要求的贴现率；P 为初始投资额（一次投资在 $t=0$ 时）。

应用NPV法的决策规则如下：

（1）确定一个投资者要求的贴现率 K。

（2）计算各方案的 NPV，若 $NPV \geqslant 0$，则为可行性方案，否则为不可行方案。

（3）在采纳与否的决策中，$NPV \geqslant 0$ 的方案采纳，否则拒绝；在互斥选择的决策中，在所有可行方案中选取 $\mathrm{Max}\{NPV\}$ 的方案。

【例8-30】

沿用例8-24的资料。假定 $K=10\%$，现要求对两个方案进行比较。

$$
\begin{aligned}
NPV_{\mathrm{A}} &= \sum_{t=1}^{5} NCF_t \cdot (P/F, 10\%, t) - P_{\mathrm{A}} \\
&= NCF_{\mathrm{A}} \cdot (P/A, 10\%, 5) - P_{\mathrm{A}} \\
&= 90\,000 \times 3.791 - 320\,000 \\
&= 21\,190(\text{元}) > 0
\end{aligned}
$$

$$
\begin{aligned}
NPV_{\mathrm{B}} &= \sum_{t=1}^{5} NCF_t \cdot (P/F, 10\%, t) - P_{\mathrm{B}} \\
&= 30\,000 \times (P/F, 10\%, 1) + 60\,000 \times (P/F, 10\%, 2) \\
&\quad + 90\,000 \times (P/F, 10\%, 3) + 120\,000 \times (P/F, 10\%, 4) \\
&\quad + 150\,000 \times (P/F, 10\%, 5) - 320\,000 \\
&= 30\,000 \times 0.909 + 60\,000 \times 0.826 + 90\,000 \times 0.751 + 120\,000 \times 0.683 \\
&\quad + 150\,000 \times 0.621 - 320\,000 \\
&= -470(\text{元}) < 0
\end{aligned}
$$

$NPV_{\mathrm{A}} > 0$，是可行方案；$NPV_{\mathrm{B}} < 0$，是不可行方案。故选择A方案。

NPV法的优点是：（1）充分考虑了货币时间价值，方法论上具有科学性；（2）NPV反映了投资方案的净收益，与企业目标一致；（3）在计算NPV时，允许每年使用不同的贴现率来计算，此时其计算公式为：

$$
NPV = \sum_{t=1}^{n} NCF_t \cdot (P/F,\ K_t,\ t) - P
$$

式中，K_t 为第 t 年使用的贴现率。这是有实际意义的，因为企业的资金成本可能随时间的变化而变化，相应的贴现率也不是固定不变的。

NPV法的缺点是：（1）与PP法和ARR法相比，NPV法的计算较复杂，且概念不易理解；（2）贴现率的确定是一项复杂的工作，不同的贴现率导致同一方案有不同的NPV，应谨慎确定一个恰当的贴现率；（3）对初始投资额不同的方案，单纯用NPV做比较，可能会得出不恰当的结论，这时就要结合现值指数法来判断；（4）当比较具有不同经济寿命的投资方案时，使用NPV也会遇到困难，此时要用等年值法；（5）NPV法不能揭示各投资方案本身可达到的实际报酬率，用内含报酬率法可弥补这一缺陷。尽管如此，NPV法仍不失为一种最佳的也是最基本的动态投资决策方法。

3. 等年值法

等年值（UAV）是指把投资项目的所有现金流量按预定的贴现率等额分摊到各年所得的年金值，可以是等年现金流入量、等年现金流出量或等年现金净流量。等年值法一般是当互斥项目的经济寿命不同时，对NPV法的一种补充与完善。等年现金净流量（用ANPV表示）的计算公式如下：

$$ANPV = NPV/(P/A, K, n) \tag{8-21}$$

应用UAV法的决策规则与NPV法相同。

【例8-31】

设有C，D两个互斥投资方案，它们的初始投资额相同，但寿命不同。贴现率为10%。C，D方案的现金流量如表8-13所示。

表8-13 C，D方案的各年现金流量 单位：元

年份		第0年	第1年	第2年	第3年
现金流量	C	−12 000	7 700	7 700	
	D	−12 000	5 500	5 500	5 500

现要求对两个方案进行比较。

$$\begin{aligned} NPV_C &= 7\,700 \times (P/A, 10\%, 2) - 12\,000 \\ &= 7\,700 \times 1.736 - 12\,000 \\ &= 1\,367.2(\text{元}) \end{aligned}$$

$$\begin{aligned} NPV_D &= 5\,500 \times (P/A, 10\%, 3) - 12\,000 \\ &= 5\,500 \times 2.487 - 12\,000 \\ &= 1\,678.5(\text{元}) \end{aligned}$$

$$\begin{aligned} ANPV_C &= NPV_C/(P/A, 10\%, 2) \\ &= 1\,367.20 \div 1.736 \\ &= 788(\text{元}) \end{aligned}$$

$$\begin{aligned} ANPV_D &= NPV_D/(P/A, 10\%, 3) \\ &= 1\,678.5 \div 2.487 \\ &= 675(\text{元}) \end{aligned}$$

上述计算表明，虽然$NPV_C < NPV_D$，似乎D方案优于C方案，但是两者寿命不同，这时不能单凭NPV做出判断，需要用UAV法。由于$ANPV_C > ANPV_D$，因此C方案实际上优于D方案。

UAV法的优缺点与NPV法大致相同。另外，UAV法特别适用于评价现金流入量相同，但现金流出量不同的投资方案的优劣，这时只需比较各方案年平均成本（即等年现金流出量）的大小即可。

【例8-32】

某企业有一旧设备，工程技术人员提出更新要求，有关数据如表8-14所示。

表8-14　新、旧设备相关数据

单位：元

方案	原值	预计使用年限	已使用年限	最终残值	变现价值	年运行成本
继续使用旧设备	2 200	10	4	200	600	700
更新设备	2 400	10	0	300	2 400	400

假定该企业的资金成本为15%。现要求在继续使用旧设备（E方案）和更新设备（F方案）之间做出选择（所得税影响忽略不计）。

用APC表示年平均成本，有三种计算方法，分别介绍如下：

（1）计算现金流出量的现值，然后通过年金现值系数计算APC。

$$APC_E=\frac{600+700\times(P/A,15\%,6)-200\times(P/F,15\%,6)}{(P/A,15\%,6)}$$

$$=\frac{600+700\times3.784-200\times0.432}{3.784}$$

$$=835.7(\text{元})$$

（说明：如果不使用旧设备，旧设备可立即出售得600元收入，故这600元为E方案的机会成本。）

$$APC_F=\frac{2\,400+400\times(P/A,15\%,10)-300\times(P/F,15\%,10)}{(P/A,15\%,10)}$$

$$=\frac{2\,400+400\times5.019-300\times0.247}{5.019}$$

$$=863.4(\text{元})$$

（2）由于各年运行成本相等，只要运用年金现值系数、年金终值系数分别将初始投资和残值分配到每年就可以计算出APC。

$$APC_E=\frac{600}{(P/A,15\%,6)}+700-\frac{200}{(F/A,15\%,6)}$$

$$=835.7(\text{元})$$

$$APC_F=\frac{2\,400}{(P/A,15\%,10)}+400-\frac{300}{(F/A,15\%,10)}$$

$$=863.4(\text{元})$$

（3）将残值在初始投资中减除，视同每年承担相应的利息，然后与净投资额按年金现值系数计算的年摊销数及运行成本加计，即得APC。

$$APC_E=\frac{600-200}{(P/A,15\%,6)}+700+200\times15\%=835.7(\text{元})$$

$$APC_F=\frac{2\,400-300}{(P/A,15\%,10)}+400+300\times15\%=863.4(\text{元})$$

计算结果表明，$APC_E < APC_F$，故以继续使用旧设备为宜。

4. 现值指数法

现值指数（PVI）是指投资方案的未来净现金流量的现值与初始投资额之间的比值，亦称获利指数（PI）。PVI 的计算公式如下：

$$PVI = [\sum_{t=1}^{n} NCF_t \cdot (P/F, K, t)]/P$$
$$= (NPV + P)/P = 1 + NPV/P \qquad (8-22)$$

式中，NPV/P 为投资方案的净现值与初始投资额的比值，称为净现值率（NPVR）或净现值指数，它说明单位投资额所产生的净现值，是一个效率指标。从上述计算公式可以看出：$NPV \geqslant 0$ 的投资项目，$PVI \geqslant 1$，所以 $PVI \geqslant 1$ 的投资项目是可行的。

应用 PVI 法的决策规则如下：

（1）确定一个投资者要求的贴现率。

（2）计算各方案的 PVI。若 $PVI \geqslant 1$，则方案是可行的；若 $PVI < 1$，则方案是不可行的。

（3）在采纳与否的决策中，$PVI \geqslant 1$ 的方案则采纳，否则拒绝；在互斥选择的决策中，从可行方案中选择 $\text{Max}\{PVI\}$ 的方案。

【例 8-33】

假设某企业有 G，H 两个投资方案可供选择，初始投资额分别需要 100 万元、80 万元，经测算其净现值同为 20 万元。问：该企业应该选择哪个方案？

显然，如果用 NPV 来判断，因为 $NPV_G = NPV_H$，所以难以判断两方案的优劣。不过，认真分析一下就知道 H 方案投资额小于 G 方案，而经济效益与 G 方案一样，可初步判断 H 方案优于 G 方案。此时不妨计算一下两方案各自的 PVI：

$$PVI_G = 1 + NPV_G/P_G = 1 + 20/100 = 1.2$$
$$PVI_H = 1 + NPV_H/P_H = 1 + 20/80 = 1.25$$

$PVI_H > PVI_G$，证实 H 方案优于 G 方案，该企业应选择 H 方案进行投资。

与 PVI 法相比，NPV 法计算出的净现值是绝对数指标，反映的是投资效果，而不能反映投资的效率。因此，对初始投资不同的方案进行比较分析，使用 NPV 法就难以做出正确的选择。而 PVI 法计算出的现值指数是相对数指标，反映投资的效率，在资金有限的情况下，运用这一方法可以从投资效率的角度准确判断投资额不同的方案的优劣。

【例 8-34】

设有 J，K 两个经济寿命相同的方案。J 方案要求投资 500 万元，K 方案要求投资 100 万元。经测算，$NPV_J = 454\,545$ 元，$NPV_K = 163\,636$ 元。问：在资金有限的条件下，应该优先考虑哪个方案？

$$PVI_J = 1 + NPV_J/P_J = 1 + 454\,545/5\,000\,000 = 1.09$$

$$PVI_K=1+NPV_K/P_K=1+163\ 636/1\ 000\ 000=1.16$$

这里，仅凭 NPV 会得出 J 方案优于 K 方案的错误结论，由于两方案的初始投资成本是不同的，因此不能简单地运用 NPV 进行投资决策判断，而应运用 PVI 法来测算两方案的投资效率。经计算各自的 PVI 知，$PVI_K>PVI_J$，故应优先考虑 K 方案。

5. 内含报酬率法

内含报酬率（IRR）是指使未来现金流入量现值等于未来现金流出量现值的贴现率，即净现值等于零时的贴现率。用方案本身的内含报酬率来评价方案的决策方法就是内含报酬率法（IRR 法）。

根据 IRR 的定义，则

$$NPV=\sum_{t=1}^{n}NCF_t\cdot(P/F,IRR,t)-P=0$$

解上述方程，即可得 IRR。不过，人工计算条件下难以求解，可运用试误法，通过插值法求 IRR，其计算方法因各年净现金流量是否相等而有所不同，现分述如下：

（1）若各年 NCF 相等，可利用年金现值系数求 IRR。

$$NPV=NCF\times(P/A,IRR,n)-P=0$$
$$(P/A,IRR,n)=P/NCF$$

查年金现值系数表，找到与（P/A，IRR，n）左右相邻的两个系数（P/A，k_1，n）和（P/A，k_2，n），对应的贴现率为 k_1，k_2。解下列方程：

$$\frac{IRR-k_1}{k_2-k_1}=\frac{(P/A,IRR,n)-(P/A,k_1,n)}{(P/A,k_2,n)-(P/A,k_1,n)}$$

即得 $$IRR=k_1+\frac{(P/A,IRR,n)-(P/A,k_1,n)}{(P/A,k_2,n)-(P/A,k_1,n)}\times(k_2-k_1)\qquad(8-23)$$

（2）若各年 NCF 不相等，则要用估计的贴现率逐步测试（即试误），找到一正一负的两个净现值（为了计算的结果准确，要尽可能找到接近零的净现值，即 NPV 从正、负方向趋近零），再用插值法求 IRR。基本过程如下：

1）试用较低的 k_1，使 $NPV_1>0$。

2）试用较高的 k_2，使 $NPV_2<0$。

3）当 $NPV=0$ 时，即为所求的 IRR。解下列方程：

$$\frac{IRR-k_1}{k_2-k_1}=\frac{0-NPV_1}{NPV_2-NPV_1}$$

求得 $$IRR=k_1-\frac{NPV_1}{NPV_2-NPV_1}\times(k_2-k_1)\qquad(8-24)$$

【例8-35】

沿用例8-24的资料。现要求分别计算 A，B 方案的内含报酬率 IRR_A，IRR_B。

（1）A 方案各年 NCF 相等。

$$(P/A, IRR_A, 5) = P_A / NCF_A = 320\ 000/90\ 000 = 3.556$$

查年金现值系数表，找到

$$(P/A, 12\%, 5) = 3.605, (P/A, 13\%, 5) = 3.517$$

相应地，$k_1 = 12\%$，$k_2 = 13\%$，代入计算公式，得

$$\begin{aligned} IRR_A &= k_1 + \frac{(P/A, IRR_A, 5) - (P/A, k_1, 5)}{(P/A, k_2, 5) - (P/A, k_1, 5)} \times (k_2 - k_1) \\ &= 12\% + \frac{3.556 - 3.605}{3.517 - 3.605} \times (13\% - 12\%) \\ &= 12.56\% \end{aligned}$$

(2) B方案各年NCF不相等。

1）试 $k_1 = 8\%$，得

$$\begin{aligned} NPV_{B1} &= \sum_{t=1}^{5} NCF_t \cdot (P/F, 8\%, t) - P_B \\ &= 30\ 000 \times (P/F, 8\%, 1) + 60\ 000 \times (P/F, 8\%, 2) + 90\ 000 \times (P/F, 8\%, 3) \\ &\quad + 120\ 000 \times (P/F, 8\%, 4) + 150\ 000 \times (P/F, 8\%, 5) - 320\ 000 \\ &= 21\ 010(\text{元}) > 0 \end{aligned}$$

2）试 $k_2 = 9\%$，得

$$NPV_{B2} = \sum_{t=1}^{5} NCF_t \cdot (P/F, 9\%, t) - P_B = 9\ 970(\text{元}) > 0$$

3）试 $k_3 = 10\%$，得

$$NPV_{B3} = \sum_{t=1}^{5} NCF_t \cdot (P/F, 10\%, t) - P_B = -470(\text{元}) < 0$$

4）选用 k_2，k_3 及其对应的 NPV_{B2}，NPV_{B3}，代入计算公式，得

$$\begin{aligned} IRR_B &= k_2 - \frac{NPV_{B2}}{NPV_{B3} - NPV_{B2}} \times (k_3 - k_2) \\ &= 9\% - \frac{9\ 970}{-470 - 9\ 970} \times (10\% - 9\%) \\ &= 9.95\% \end{aligned}$$

应用IRR法的决策规则如下：

(1) 确定一个要求的或必要的投资报酬率 $E(k)$。

(2) 计算各投资方案的 IRR。若 $IRR \geqslant E(k)$，方案可行，否则方案不可行。

(3) 在采纳与否的决策中，$IRR \geqslant E(k)$ 的方案采纳，否则拒绝；在互斥选择的决策中，在可行方案中选取 $\mathrm{Max}\{IRR\}$ 的方案。

IRR法的优点如下：

(1) 考虑了货币时间价值因素。

(2) IRR指投资方案的真实报酬率，概念易接受。

（3）克服了由比较基础不一（如初始投资额或经济寿命期不同）导致的评价和排列各备选方案优先顺序的困难，运用 IRR 法则，各备选方案可按 IRR 由大到小进行优先排序。

（4）计算 IRR 时不必事先预定贴现率 $E(k)$，IRR 可作为接受资金成本率的上限，有助于筹资决策与投资决策。

IRR 法的缺点如下：

（1）计算过程复杂，不便于人工计算。

（2）NPV 法和 IRR 法都隐含了再投资假设。NPV 法以既定的贴现率（资金成本或机会成本）作为再投资报酬率，比较符合实际；而 IRR 法以 IRR 作为再投资报酬率，一般与实际情况不符。从这个角度看，NPV 法要优于 IRR 法。

（3）常规投资项目只存在一个 IRR；而非常规投资项目则不止一个 IRR，往往有多个 IRR，也可能无解，因此会给决策带来困难，甚至使企业做出错误决策。

【例 8-36】

某石油公司要决定是否在现有的一口油井上安装一个高速油泵，估计的增量现金流量如表 8-15 所示。油泵安装费为 1 600 元，第 1 年的油产值增加 10 000 元，但是第 2 年由于油井已抽干，油产值将减少 10 000 元，资本成本为 12%。

表 8-15 石油公司各年现金净流量 单位：元

年份	第 0 年	第 1 年	第 2 年
NCF	−1 600	10 000	−10 000

问：公司是否应该安装高速油泵？

$$
\begin{aligned}
NPV &= \sum_{t=1}^{2} NCF_t \cdot (P/F, IRR, t) - P \\
&= \sum_{t=1}^{2} NCF_t \cdot (1+IRR)^{-t} - P \\
&= \frac{10\,000}{1+IRR} + \frac{-10\,000}{(1+IRR)^2} - 1\,600 = 0
\end{aligned}
$$

化简得

$$16(1+IRR)^2 - 100(1+IRR) + 100 = 0$$

解方程得

$$IRR = 25\% \text{或} 400\%$$

因两个 IRR 都大于资本成本 12%，先用 IRR 法判断，结论是应安装高速油泵。

再用 NPV 法决策：

$$
\begin{aligned}
NPV &= 10\,000 \times (P/F, 12\%, 1) - 10\,000 \times (P/F, 12\%, 2) - 1\,600 \\
&= 10\,000 \times 0.893 - 10\,000 \times 0.797 - 1\,600 = -640 < 0
\end{aligned}
$$

因 $NPV<0$，结论是应拒绝安装高速油泵。

在这两个不同的结论中，究竟哪一个是正确的？只要将该项目的净现值与资本成本之间的关系用图8-2中的曲线表示出来，便知分晓。

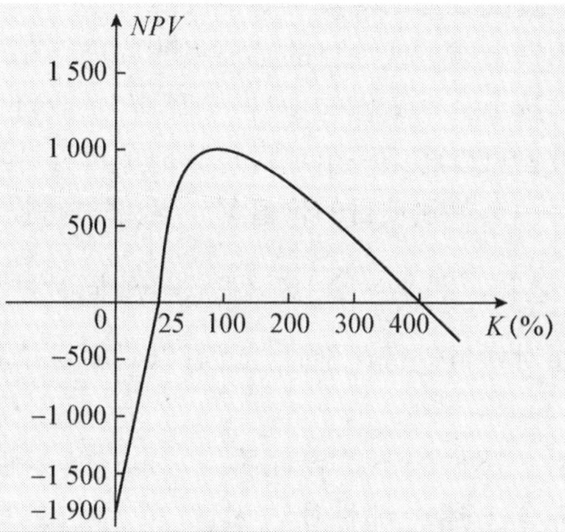

图8-2 项目净现值与资本成本的关系

$$NPV=10\,000(1+k)^{-1}-10\,000(1+k)^{-2}-1\,600$$

从图8-2中可见，当资金成本 $K<25\%$ 时，$NPV<0$，此时不宜安装高速油泵；只有当 $K\geqslant25\%$ 时，$NPV\geqslant0$，采用该方案才是有利的，但 $K\geqslant25\%$ 是不现实的。至于 $IRR=400\%$，则更是脱离实际，可完全不予理会。

可见，在非常规项目的采纳与否的决策中，用NPV法比用IRR法更可靠。（常规投资项目是指其净现金流量在整个寿命期内只有一次正负变化的投资方案，其 *NPV* 曲线只与横轴（*K*）相交一次，只有一个 *IRR*；与此相对应，非常规投资项目是指其净现金流量在寿命期内包含两次或两次以上正负变化的投资方案，它的 *NPV* 曲线与横轴可多次相交或不相交，即有多个 *IRR* 或无解。本章重点研究常规投资决策。）

8.4.3 贴现方法的选择

综上所述，在采纳与否的决策中，运用NPV法、UAV法、PVI法、IRR法都能得到一致的结论，但在互斥选择的决策中，运用不同的决策方法会有不同的结论。现简要总结如下：

（1）在互斥选择的决策中，运用NPV法与IRR法，在大多数情况下得出的结论是相同的，只有在初始投资额不同或现金流量的时间分布不同的情况下，有时才会产生差异，其原因是二者的再投资假设不同，前面已说明NPV法的假设较为合乎客观实际，在资金无限量的情况下，运用NPV法的结论总是正确的，而用IRR法有时会做出错误的决策。

（2）在互斥选择的决策中，由于NPV法与PVI法使用的是相同的信息，一般都能得到相同的评价结果。只有在初始投资额不同时，二者才会产生差异。从企业的目标来看，最大的净现值符合企业的最终利益，也就是说，净现值越高，企业的收益就越大；而现值指数最大的方案不一定能提供最大的收益。因此，在资金无限制的情况下，应以 NPV 法的结论为准。

（3）一个好的投资决策方法应具有如下性质：第一，应考虑所有的现金流量；第二，对现金流量应用资金成本或项目的必要报酬率进行贴现；第三，应用该方法可以从几个互斥的项目中选出一个最优的项目，即符合企业目标的项目；第四，符合价值可加性原则，即决策者可以将某一个项目与其他项目分开独立考虑。价值可加性原则说明，如果得到了每一个单独项目的价值 V_j，全部进行投资，那么企业增加的价值 V 是所有项目价值 V_j 之和，即 $V=\sum_{j=1}^{N}V_j$（假设企业同时进行 N 个独立项目）。此性质很有用，有了它，在对项目进行评价时，就可以对项目单独进行考察，而没有必要考虑项目的组合情况。

由上述性质来看，IRR 法不符合性质二，也违背了性质四；PVI 法不符合性质三；只有 NPV 法符合上述全部性质，因此 NPV 法是最好的决策方法。可以说，NPV 法是一种起支柱作用的决策方法，其他决策方法的运用必须与之结合才能更完善。

此外，必须指出的是：无论是哪一种投资决策方法，都只能给决策者提供一些有参考价值的信息，而不能明确地告诉决策者投资与否。因为投资与否，还需考虑政治、经济、技术、社会环境及方案对企业其他方面的影响等诸多非货币计量因素，绝不是仅凭数学模型的计算结果便能决定的。数学模型只能就方案的经济可行性提出相关结论，且任何决策都产生于对未来的预测，而未来具有不确定性。方案涉及时间越长，不确定性就会越大，风险也就越高。所以，投资决策方法只能根据对未来的预测提出建议，而不能取代决策者的决策。这也佐证了管理会计的主要目的只是为企业管理决策提供管理信息，起决策参谋的作用。

8.5 确定性长期投资决策分析的典型案例

上一节我们具体介绍了长期投资决策的几种基本方法。企业可据此对各种长期投资方案进行评估，从中选择最优的方案。为了更好地掌握长期投资决策方法在实际工作中的应用，本节将介绍一些长期投资决策分析的典型案例。

8.5.1 固定资产更新决策

在现代社会，科学技术日新月异，生产设备的更新周期大大缩短。即使旧设备还能继续使用，也会因其效能衰退、技术陈旧而出现材料及能源消耗大、生产效率差、精密度低、维修费用高等问题。于是，生产设备的更新改造就成为企业经常遇到的决策问题。

1. 固定资产是否更新的决策

(1) 新设备的经济寿命与旧设备的剩余寿命相同条件下的更新决策。这种情况下，可用差量分析法计算使用新设备和继续使用旧设备的差量现金流量（即 Δ 现金流量），并视之为一个独立方案，计算其净现值（记作 ΔNPV）或内含报酬率（记作 ΔIRR），运用 NPV 法或 IRR 法做出采纳与否的决策。

【例 8 - 37】

沿用例 8 - 23 的资料，设资本成本为 12%。现要求用 NPV 法判断是否应用新设备替代旧设备。

$$\Delta NPV = 16\,500 \times (P/A, 12\%, 4) + 26\,500 \times (P/F, 12\%, 5) - 50\,000$$
$$= 16\,500 \times 3.037 + 26\,500 \times 0.567 - 50\,000 = 15\,136(\text{元}) > 0$$

$\Delta NPV > 0$，故应用新设备代替旧设备。

当然，也可以分别计算两个项目的净现值来进行比较，其结论是一样的。

(2) 新设备的经济寿命与旧设备的剩余寿命不同条件下的更新决策。这种情况下，运用总量分析法分别计算使用新设备和继续使用旧设备两个方案的现金流量，进而计算各自的等年值（ANPV 或 APC），采用 UAV 法做出互斥选择决策。

APC 指标的计算已在例 8 - 32 中讲过。这里再举一例说明 ANPV 指标的计算，并用 UAV 法进行决策。

【例 8 - 38】

某企业原有一套生产设备的主机系 5 年前购入，购置成本为 300 000 元，估计尚可使用年限为 5 年，期满后无残值，按直线法计提折旧。使用该设备每年可获销售收入 400 000 元，每年付现成本为 290 000 元。另外，在第 7 年末要大修理一次，修理费用为 10 000 元。

现该公司为了提高产品的产量和质量，准备购置一台装有电脑控制设备的主机，价格为 400 000 元，预计可使用 8 年，期满后有残值 16 000 元。购入新主机时，旧主机立即出售可得价款 80 000 元。使用新主机后，每年可增加收入 60 000 元，同时每年节约成本 30 000 元，不需要大修理。若该企业资本成本为 10%，适用的所得税税率为 25%。现要求用 UAV 法对该企业的设备更新方案进行决策分析。

(1) 分别计算新、旧设备两方案的年营业净现金流量。（新设备记为 A 方案，旧设备记为 B 方案，以便于表述。）

A 方案：

$$\text{年折旧} = \frac{400\,000 - 16\,000}{8} = 48\,000(\text{元})$$

第 1～8 年营业净现金流量均为：

$$(460\,000 - 260\,000 - 48\,000) \times (1 - 25\%) + 48\,000 = 162\,000(\text{元})$$

第 8 年将设备出售可获得现金流入量 16 000 元。

B方案：

$$年折旧=\frac{300\,000-0}{10}=30\,000(元)$$

考虑决策相关性，B方案的寿命期为旧设备的剩余寿命，即5年。其中除第2年外，其他4年营业净现金流量均为：

$$(400\,000-290\,000-30\,000)\times(1-25\%)+30\,000=90\,000(元)$$

第2年营业净现金流量为：

$$[400\,000-(290\,000+10\,000)-30\,000]\times(1-25\%)+30\,000=82\,500(元)$$

（说明：大修理费用作为付现成本处理。）

（2）结合A，B两方案的初始现金流量与终结现金流量，可分别做出A，B两方案的现金流量图，如图8-3和图8-4所示。

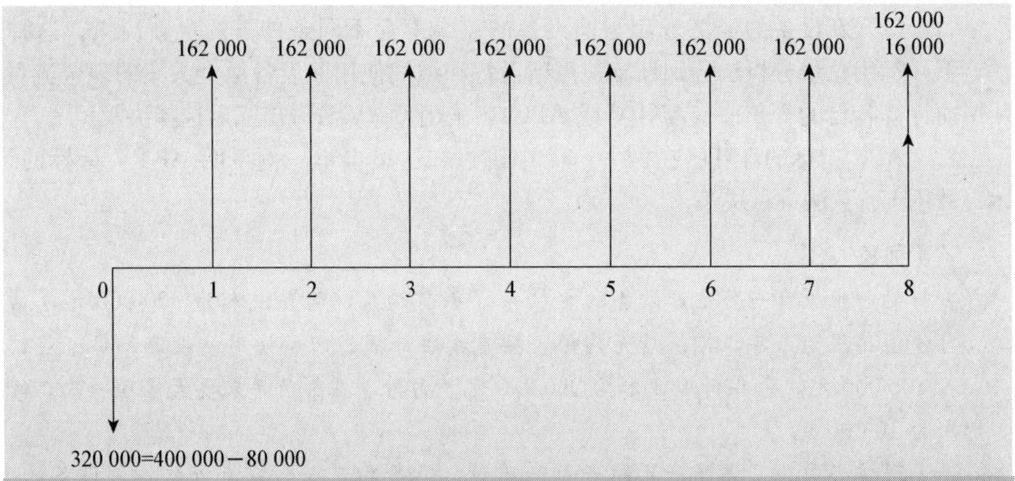

图8-3　A方案的现金流量

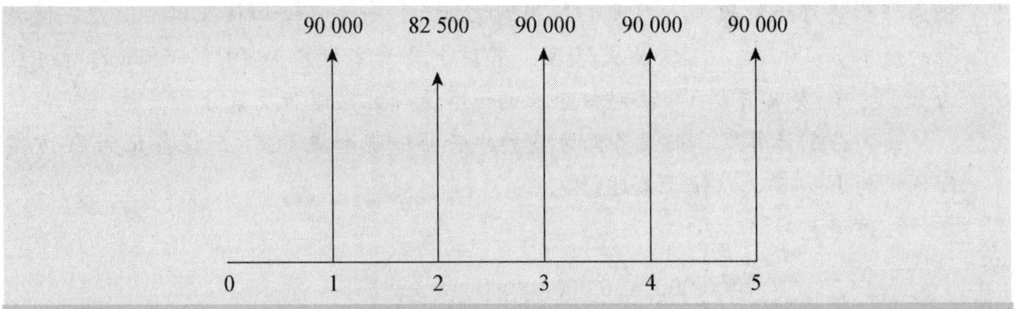

图8-4　B方案的现金流量

（3）分别计算A，B两方案的净现值。

$$\begin{aligned}NPV_A&=162\,000\times(P/A,10\%,7)+178\,000\times(P/F,10\%,8)-320\,000\\&=162\,000\times4.868+178\,000\times0.467-320\,000=551\,742(元)\end{aligned}$$

$$NPV_B = 90\,000 \times (P/A, 10\%, 5) - 7\,500 \times (P/F, 10\%, 2)$$
$$= 90\,000 \times 3.791 - 7\,500 \times 0.826 = 334\,995(元)$$

（说明：A方案的净现值计算中的现金流入量是前7年的年营业净现金流量的复利年金现值加上第8年的年营业净现金流量和出售设备所获现金之和即178 000元（162 000＋16 000）的现值；B方案的净现值计算中的“7 500”是第2年根据前面计算的少7 500元（90 000－82 500）的流出量。）

说明：旧设备净值属于沉没成本，不必考虑。

（4）分别计算A，B两方案的等年净现金流量。

$$ANPV_A = NPV_A/(P/A, 10\%, 8) = 551\,742/5.335 = 103\,419.31(元)$$
$$ANPV_B = NPV_B/(P/A, 10\%, 5) = 334\,995/3.791 = 88\,365.87(元)$$

（5）运用UAV法做出判断。

$ANPV_A > ANPV_B$，可知该企业应进行设备更新，即购置新主机。

2. 固定资产大修理还是更新的决策

当企业不需要扩大生产能力时，可以对旧设备进行大修理以恢复其原有性能，亦可重置新设备来满足需要。此时企业面临大修理还是更新的决策问题。在这种情况下，无论是大修理还是更新，都不影响企业的销售收入，所以只需比较二者的相关现金流出量的大小；又由于新旧设备的寿命不同，因此最好比较二者的等年现金流出量（APO），用UAV法做出互斥选择的决策。

在计算APO的过程中，应考虑不同方案对现金流量的影响在所得税负担上的反映。大修理方案的修理费摊销或更新方案的折旧费计入成本费用，会降低利润，减少所得税负担，从而减少现金流出量。

【例8－39】

某企业生产某种产品，为保证生产的顺利进行，拟对一台加工设备进行大修理，预计大修理费用为40 000元，大修理后可继续使用4年，在使用过程中每年正常维护保养费为600元，期满无残值。现有人提出以10 000元出售现有加工设备，另以100 000元购入一台新加工设备，预计使用10年，每年正常维护保养费为500元，期满后有残值1 000元。预定投资报酬率为15%，该企业适用的所得税税率为25%。问：该企业应对此加工设备进行大修理还是更新？（该企业采用直线法计提折旧与摊销。）

$$APO_{修} = \frac{40\,000}{(P/A, 15\%, 4)} + 600 \times (1-25\%) - \frac{40\,000}{4} \times 25\%$$
$$= \frac{40\,000}{2.855} + 450 - 2\,500 = 11\,960.51(元)$$
$$APO_{新} = \frac{100\,000 - 10\,000}{(P/A, 15\%, 10)} + 500 \times (1-25\%) - \frac{100\,000 - 1\,000}{10} \times 25\%$$
$$- \frac{1\,000}{(F/A, 15\%, 10)}$$

$$=\frac{90\,000}{5.019}+375-2\,475-\frac{1\,000}{20.304}=15\,782.61(\text{元})$$

$APO_{修}<APO_{新}$，表明大修理划算，故应选择大修理的投资方案。

3. 固定资产何时更新的决策

大多数固定资产在使用初期效率较高，维修保养费等运行成本（也称劣势成本或低劣成本）较低，以后随着设备逐渐陈旧、性能变差，维护、修理、能耗等会逐步增加。与此同时，固定资产价值随折旧逐渐减少，因此固定资产的持有成本（不考虑货币时间价值时，即年平均折旧费用）呈递减趋势。可见，运行成本与持有成本呈反向变化，两者之和呈马鞍形，必然存在一个最经济的使用年限，如图8-5所示。这也说明，固定资产应该在其使用成本总额最小的年份进行更新。一般，固定资产的经济寿命期满时是更新固定资产的最佳时机。前面已述，固定资产的年平均成本（APC）达到最低时的使用年限就是固定资产的经济寿命，计算出经济寿命就能决定固定资产何时更新最经济。APC的计算公式如下：

$$APC=\frac{P+\sum_{t=1}^{n}C_t\cdot(P/F,k,t)-S_n\cdot(P/F,k,n)}{(P/A,k,n)} \tag{8-25}$$

式中，P为固定资产原值；S_n为n年后的固定资产残值；C_t为第t年的运行成本（劣势成本）；k为贴现率（资金成本或机会成本）；n为固定资产使用年限。

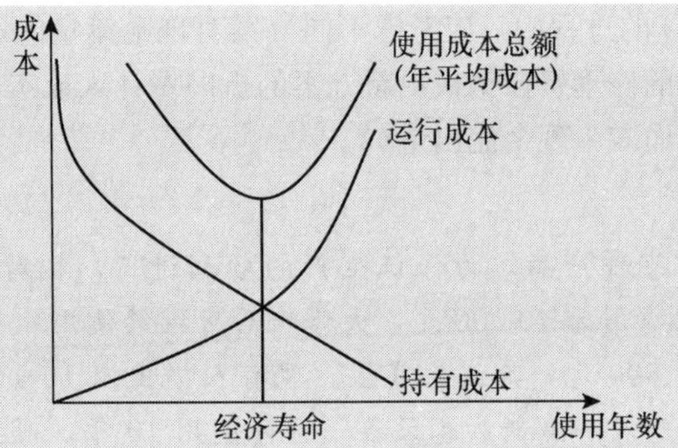

图8-5 运行成本与持有成本的关系

【例8-40】

某厂有一台电气设备，购置成本为140 000元。从技术上看可以使用8年。有关资料如表8-16所示。设资本成本为8%。

表8-16 电气设备资料 单位：元

项目	第1年	第2年	第3年	第4年	第5年	第6年	第7年	第8年
S_n	100 000	76 000	60 000	46 000	34 000	24 000	16 000	10 000
C_t	20 000	22 000	25 000	29 000	34 000	40 000	45 000	50 000

现要求计算该设备的最佳更新时机。

可列表计算 APC，其计算结果如表 8-17 所示。

表 8-17　固定资产年平均成本计算表

单位：元

	第 1 年	第 2 年	第 3 年	第 4 年	第 5 年	第 6 年	第 7 年	第 8 年
$P(1)$	140 000	140 000	140 000	140 000	140 000	140 000	140 000	140 000
$S_n(2)$	100 000	76 000	60 000	46 000	34 000	24 000	16 000	10 000
$(P/F,8\%,n)(3)$	0.926	0.857	0.794	0.735	0.681	0.630	0.583	0.540
$pS_n(4)=(2)\times(3)$	92 600	65 132	47 640	33 810	23 154	15 120	9 328	5 400
$C_t(5)$	20 000	22 000	25 000	29 000	34 000	40 000	45 000	50 000
$PC_t(6)=(5)\times(3)$	18 520	18 854	19 850	21 315	23 154	25 200	26 235	27 000
$\sum_{t=1}^{n} PC_t(7)=\sum(6)$	18 520	37 374	57 224	78 539	101 693	126 893	153 128	180 128
$(P/A,8\%,n)(8)$	0.926	1.783	2.577	3.312	3.993	4.623	5.206	5.747
$APC_n=\frac{(1)-(4)+(7)}{(8)}$	71 188	62 951	58 046	55 776	54 731	54 461	54 514	54 764

由表 8-17 可知，该设备的 $\mathrm{Min}\{APC\}=54\,461$ 元，经济寿命是 6 年，即该设备使用 6 年后更新为最佳更新时机。

8.5.2　固定资产添置决策

企业在生产经营过程中，要增加产品产量或开发新产品，经常会遇到设备不够用或厂房车间不足等需扩大生产能力的问题。为此，应添置设备或扩建、新建厂房，企业也就要对固定资产添置问题做出决策。

1. 固定资产是否添置的决策

固定资产是否添置的决策是指对固定资产是否要购置进行的决策。一般可运用 NPV 法进行决策分析，判断投资方案是否可行。

【例 8-41】

某企业准备生产一种新产品，估计该产品销售期为 6 年，每年可产销该产品 3 000 件，每件售价为 50 元，单位产品成本为 40 元，所得税税率为 25%。为生产该产品需添置一套新设备，总投资额为 130 000 元，6 年后设备残值为 10 000 元，采用直线法计提折旧；为生产新产品还需在流动资产上投入资金 30 000 元。企业要求最低报酬率为 12%。现要求确定该企业是否应添置该设备来开发新产品。

（1）计算年营业净现金流量。

$$NCF=3\,000\times(50-40)\times(1-25\%)+\frac{130\,000-10\,000}{6}=42\,500(\text{元})$$

第 6 年设备变现及收回期初投入流动资产所产生的现金流入量为：

10 000+30 000=40 000(元)

(2) 计算投资方案净现值。

$$NPV=42\,500\times(P/A,12\%,6)+40\,000\times(P/F,12\%,6)-(130\,000+30\,000)$$
$$=42\,500\times4.111+40\,000\times0.507-160\,000=34\,997.5(\text{元})>0$$

$NPV>0$，说明该企业应添置设备来开发新产品。

2. 添置何种固定资产的决策

添置何种固定资产的决策是指在已经决定要添置固定资产的前提下，存在几种添置固定资产的方案时，从中做出最优选择的决策。例如，购买新的固定资产或购买旧的固定资产的决策、购买同类固定资产中哪一种规格型号的固定资产决策、新建厂房规模大小的决策等，均可运用 NPV 法进行互斥选择的决策。

【例 8-42】

某公司决定新建一个工厂，生产产品甲，销路不存在问题。工厂规模有年生产能力为 20 000 件和 40 000 件两种（以下简称小厂和大厂），经测算其现金流量如表 8-18 所示。资金成本为 10%。

表 8-18 大厂、小厂各年现金流量表 单位：元

年份		第0年	第1年	第2年	第3年
现金流量	小厂	−50 000	25 000	30 000	32 000
	大厂	−100 000	40 000	50 000	60 000
Δ现金流量（大厂−小厂）		−50 000	15 000	20 000	28 000

问：公司应该建大厂还是建小厂？

(1) 用差量分析法，计算 ΔNPV。

$$\Delta NPV=15\,000\times(P/F,10\%,1)+20\,000\times(P/F,10\%,2)$$
$$+28\,000\times(P/F,10\%,3)-50\,000$$
$$=15\,000\times0.909+20\,000\times0.826+28\,000\times0.751-50\,000$$
$$=1\,183(\text{元})$$

计算结果表明，追加 50 000 元投资能增加净现值 1 183 元，说明追加投资是值得的，所以应建大厂。

(2) 不用差量分析法，分别计算小厂、大厂两种方案的 NPV。

$$NPV_{\text{小厂}}=25\,000\times0.909+30\,000\times0.826+32\,000\times0.751-50\,000$$
$$=21\,537(\text{元})>0$$
$$NPV_{\text{大厂}}=40\,000\times0.909+50\,000\times0.826+60\,000\times0.751-100\,000$$
$$=22\,720(\text{元})>0$$
$$\Delta NPV=NPV_{\text{大厂}}-NPV_{\text{小厂}}=22\,720-21\,537=1\,183(\text{元})$$

与上述 (1) 中的计算结果一致。

计算结果表明，建大厂、小厂均可行，且 $NPV_{大厂}>NPV_{小厂}$，说明建大厂更好。

3. 如何添置固定资产的决策

如何添置固定资产的决策是指在已决定添置某种固定资产的基础上，进一步决定用什么方式取得该种固定资产的决策。这类决策问题一般涉及是自制还是外购固定资产的决策，是分期付款还是一次付现购买固定资产的决策，是购买还是租赁固定资产的决策，等等。其决策方法仍然是以 NPV 法为基本方法，进行互斥选择的决策。

在这种情况下，不论用何种方式取得固定资产，其效用对企业是一样的，我们只需比较不同方案现金流出量的现值（PFO）或等年现金流出量（APO）的大小，即可判断方案的优劣。

【例8-43】

某企业生产中需要一种机床，若购买，需现金 150 000 元。资本成本为 10%。该固定资产预计使用 5 年，期末无残值。若企业从东方租赁公司租用该机床，应于每年末支付租赁费 40 000 元，租赁期为 5 年。假定企业用直线法计提折旧，所得税税率为 25%。问：该企业应选择购买还是租赁？

购买方案的现金流出量的现值 PFO_1 为：

$$
\begin{aligned}
PFO_1 &= 150\,000-\frac{150\,000-0}{5}\times 25\%\times(P/A,10\%,5)\\
&= 150\,000-30\,000\times 25\%\times 3.791\\
&= 121\,567.5(\text{元})
\end{aligned}
$$

说明：折旧具有抵税效应，可变相看作现金流入。因此，每年可因折旧抵税增加的现金流入额为：

$$(150\,000-0)\div 5\times 25\%=7\,500(\text{元})$$

租赁方案的现金流出量的现值 PFO_2 为：

$$
\begin{aligned}
PFO_2 &= 40\,000\times(P/A,10\%,5)-40\,000\times 25\%\times(P/A,10\%,5)\\
&= 40\,000\times 3.791-10\,000\times 3.791=113\,730(\text{元})
\end{aligned}
$$

$PFO_2<PFO_1$，说明租赁对企业有利。

【例8-44】

假设上例中的机床可以举债购置，借款额为 150 000 元，借款利率为 8%，不计复利，借款期限为 3 年，到期一次还本付息。问：企业应选择举债购置还是租赁？

由题目可画出举债购置设备的现金流量图，如图 8-6 所示。

设备折旧产生抵税效应而增加的现金流入为：

$$(150\,000-0)\div 5\times 25\%=7\,500(\text{元})$$

利息费用产生抵税效应而增加的现金流入为：

$$150\,000\times 8\%\times 25\%=3\,000(\text{元})$$

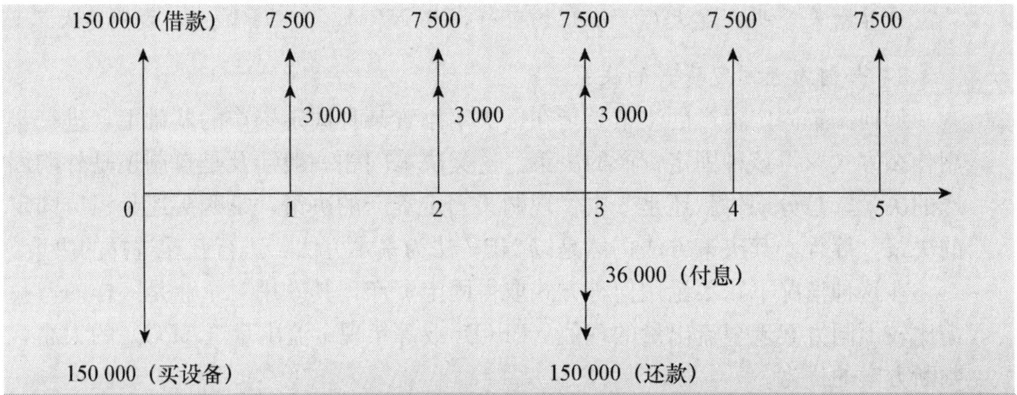

图 8-6　举债购置设备的现金流量

举债购置方案的现金流出量的现值为：

$$PFO_3 = (150\,000 + 150\,000 \times 3 \times 8\%) \times (P/F, 10\%, 3) - 30\,000 \times 25\% \times (P/A, 10\%, 5) - 150\,000 \times 8\% \times 25\% \times (P/A, 10\%, 3) = 103\,792.50(\text{元})$$

$PFO_3 < PFO_2$，说明此时举债购置优于租赁。

说明：30 000×25%×（P/A，10%，5）是因设备的折旧所产生的抵税效应而增加的现金流入；150 000×8%×25%×（P/A，10%，3）是因利息费用所产生的抵税效应而增加的现金流入。

8.6　投资决策敏感性分析

8.6.1　敏感性分析的概念

任何长期投资决策都是建立在对决策相关因素——初始投资额、现金流量、资金成本、项目寿命等参数的估计和预测基础上的，因而决策的正确性取决于预测的正确性。由于未来客观情况的变化，可能出现投资项目实施结果与原先预计的结果不一致的情况，原来认为可行的项目可能并不是可行的，原来认为最优的项目可能并不是最优的。为了避免对原来评价分析做绝对化的理解，从而给企业造成被动局面，有必要进行敏感性分析，以便实施较为灵活的对策和措施，提高决策的可靠性，避免决策失误。

敏感性（亦称灵敏度）是指某一相关因素的变动对反映投资项目经济效益的决策指标（如 NPV，PVI，IRR 等）的影响程度。相关因素变动小而影响大（影响原来结论的正确性），就表明该相关因素的敏感性强，应引起足够的重视；反之，则说明其敏感性弱。敏感性的另一种表达方式（逆方式）是指能够保持项目可行性或最优地位的相关因素的变动范围。容许变动范围小，说明敏感性强，也就是说稍有不利变动，就将动摇项目的可行性或最优地位；反之，容许变动范围大，则说明敏感性弱，也就是说只要变动不太大，就不至于改变项目的可行性或最优地位。在投资决策中，应对敏感性强的相关因素再做一次更加慎重的预测，并在项目实施过程中密切关注这一相关因素，以防不测。

综上所述，投资决策的敏感性分析就是在投资方案选择后，为了提高决策的正确性和可靠性，探讨与投资决策相关的各因素变动对决策结果的影响程度的一种技术分析方法，实质是一种风险分析。

8.6.2 相关因素变动对投资决策指标的敏感性分析

进行敏感性分析的方法是根据相关性因素可能发生的变动，分别将每一相关因素做恶化假设，并据以重新计算各项目的投资决策指标，再观察这些投资决策指标的恶化程度，以及是否恶化到需要改变原有评价结论的地步。分析者既可进行单因素变动的敏感性分析，也可进行所有相关因素同时变动的敏感性综合分析，后者也许更有现实意义。

1. 现金流量变动的影响

【例8-45】

有一投资方案，初始投资一次完成，共投资4 300 000元，其中固定资产投资额为3 500 000元，在流动资产上垫支800 000元。预计固定资产使用寿命为10年，无残值，按直线法计提折旧。从第1年开始每年可产销某种产品1 000 000件，售价为5元/件，单位变动成本为2.6元/件，年固定成本总额为600 000元。假设当年利润全部实现，所得税税率为25%，要求的投资报酬率为10%。问：该方案是否可行?

(1) 计算净现值 NPV、内含报酬率 IRR 这两个投资决策指标。

1) 年营业净现金流量 NCF 为：

$$\begin{aligned}NCF &= [(5-2.6)\times 1\,000\,000-600\,000]\times(1-25\%)+(3\,500\,000-0)/10\\ &=1\,700\,000(\text{元})\end{aligned}$$

2) 净现值 NPV 为：

$$\begin{aligned}NPV &= 1\,700\,000\times(P/A,10\%,10)+800\,000\times(P/F,10\%,10)-4\,300\,000\\ &=6\,455\,300(\text{元})\end{aligned}$$

3) 内含报酬率 IRR 的计算结果如下：

a. 试 $k_1=36\%$，得

$$NPV_1=1\,700\,000\times 2.649+800\,000\times 0.046-4\,300\,000=240\,100(\text{元})$$

b. 试 $k_2=38\%$，得

$$NPV_2=1\,700\,000\times 2.527+800\,000\times 0.040-4\,300\,000=27\,900(\text{元})$$

c. 试 $k_3=40\%$，得

$$NPV_3=1\,700\,000\times 2.414+800\,000\times 0.035-4\,300\,000=-168\,200(\text{元})$$

d. 用插值法求 IRR，得

$$IRR=38\%-\frac{27\,900}{-168\,200-27\,900}\times(40\%-38\%)=38.28\%$$

该投资方案 $NPV>0$，$IRR>10\%$，说明是可行的。

(2) 现金流量变动对 NPV，IRR 的影响。

1) 售价变动的影响。售价变动，影响现金流量，从而影响 NPV，IRR。假定售价下降 10%。(分析一个因素变动时，假定其他因素不变。)

此时，年营业净现金流量变为：

$$\begin{aligned}NCF_P&=[(4.5-2.6)\times1\,000\,000-600\,000]\times(1-25\%)+350\,000\\&=1\,325\,000(元)\end{aligned}$$

净现值变为：

$$NPV_P=1\,325\,000\times6.145+800\,000\times0.386-4\,300\,000=4\,150\,925(元)$$

净现值下降幅度为：

$$\frac{6\,455\,300-4\,150\,925}{6\,455\,300}=35.70\%$$

内含报酬率的计算结果如下：

a. 试 $k_1=28\%$，得

$$NPV_{P1}=1\,325\,000\times3.269+800\,000\times0.085-4\,300\,000=99\,425(元)$$

b. 试 $k_2=30\%$，得

$$NPV_{P2}=1\,325\,000\times3.092+800\,000\times0.073-4\,300\,000=-144\,700(元)$$

$$IRR_P=28\%+\frac{99\,425}{99\,425+144\,700}\times(30\%-28\%)=28.81\%$$

计算结果表明，售价下降 10%即变为 4.5 元/件，则 NPV 由 6 455 300 元变为 4 150 925 元，下降幅度为 35.70%；IRR 由 38.28%下降到 28.81%。不过，该方案仍可行。

2) 变动成本的影响。假定单位变动成本上升 10%，测算其对 NPV，IRR 的影响。

这时，年营业净现金流量变为：

$$\begin{aligned}NCF_V&=\{[5.0-2.6\times(1+10\%)]\times1\,000\,000-600\,000\}\times(1-25\%)+350\,000\\&=1\,505\,000(元)\end{aligned}$$

净现值变为：

$$NPV_V=1\,505\,000\times6.145+800\,000\times0.386-4\,300\,000=5\,257\,025(元)$$

净现值变动幅度为：

$$\frac{5\,257\,025-6\,455\,300}{6\,455\,300}=-18.56\%$$

内含报酬率的计算结果如下：

a. 试 $k_1=30\%$，得

$$NPV_{V1}=1\,505\,000\times3.092+800\,000\times0.073-4\,300\,000=411\,860(\text{元})$$

b. 试 $k_2=32\%$，得

$$NPV_{V2}=1\,505\,000\times2.930+800\,000\times0.062-4\,300\,000=159\,250(\text{元})$$

c. 试 $k_3=34\%$，得

$$NPV_{V3}=1\,505\,000\times2.784+800\,000\times0.054-4\,300\,000=-66\,880(\text{元})$$

$$IRR_V=32\%+\frac{159\,250}{66\,880+159\,250}\times(34\%-32\%)=33.41\%$$

计算结果表明，变动成本上升10%，则 *NPV* 由原来的6 455 300元变为5 257 025元，下降幅度为18.56%；*IRR* 由38.28%下降到33.41%。该方案仍可行。

3）其他因素变动的影响。根据上述方法，还可测算销售数量、固定成本总额、固定资产投资额等因素对 *NPV*，*IRR* 的影响程度以及诸因素同时变动所产生的影响。在此可运用系统弹性分析法来进行分析，具体操作略。

系统弹性分析法是在单因素敏感性分析的基础上，为了弥补多因素敏感性分析的缺陷所形成的风险分析方法。运用系统弹性分析法，把所有影响变量全部列出并放在同一个表格中，再逐一分析，其主要的分析程序如下：

（1）将影响投资项目经济效益（PBP，NPV，IRR，BEP等）的关键因素一一列出，例如，产品价格、销售量、主要原材料成本、出口比例、汇率等；

（2）逐一分析上述因素的变化趋势、变化幅度和联动关系；

（3）将各个因素的变化进行排列，形成一个矩阵式表格，其中每一个方格反映某一个因素与其他因素之间的联动变化关系；

（4）测算矩阵表中各个方格（投资项目投资后面临的状态）的经济效益（PBP，NPV，IRR，BEP等）；

（5）分析该项目投资后经济效益的综合状况、风险和变化趋势。

通过以上的分析程序，可以画出系统弹性分析的矩阵表，如表8-19所示。（假定影响因素为单位成本、销量、出口比例和单位售价。）

表8-19 系统性弹性分析矩阵表

		单位成本+5%			初始单位成本			单位成本-5%		
		销售+2%	初始销量	销量-5%	销量+2%	初始销量	销量-5%	销量+2%	初始销量	销量-5%
单位售价+5%	出口+6%									
	初始出口比例									
	出口-6%									

续表

		单位成本+5%			初始单位成本			单位成本−5%		
		销售+2%	初始销量	销量−5%	销量+2%	初始销量	销量−5%	销量+2%	初始销量	销量−5%
初始单位售价	出口+6%									
	初始出口比例									
	出口−6%									
单位售价−10%	出口+6%									
	初始出口比例									
	出口−6%									

2. 项目寿命变动的影响

【例8-46】

沿用上例的资料。现要求测算该方案寿命为8年时对 NPV，IRR 的影响。

若方案寿命为8年，年营业净现金流量变为：

$$NCF_n = [(5.0-2.6)\times 1\,000\,000-600\,000]\times(1-25\%)+\frac{3\,500\,000-0}{8}$$
$$=1\,787\,500(\text{元})$$

净现值变为：

$$NPV_n = 1\,787\,500\times(P/A,10\%,8)+800\,000\times(P/F,10\%,8)-4\,300\,000$$
$$=5\,609\,912.5(\text{元})$$

内含报酬率的计算结果如下：

a. 试 $k_1=38\%$，得

$$NPV_{n1}=1\,787\,500\times 2.432+800\,000\times 0.076-4\,300\,000=108\,000(\text{元})$$

b. 试 $k_2=40\%$，得

$$NPV_{n2}=1\,787\,500\times 2.331+800\,000\times 0.068-4\,300\,000=-78\,937.5(\text{元})$$

$$IRR_n=38\%+\frac{108\,000}{108\,000+78\,937.5}\times(40\%-38\%)=39.16\%$$

计算结果表明，若项目寿命变为8年，则 NPV 变为5 609 912.5元，IRR 变为39.16%，该方案仍可行。

3. 贴现率变化的影响

【例8-47】

沿用例8-45的资料，假定要求的投资报酬率升为15%。现要求测算其对 NPV 的影响。

要求的投资报酬率升为15%时，净现值变为：

$$NPV_k = 1\ 700\ 000 \times (P/A, 15\%, 10) + 800\ 000 \times (P/F, 15\%, 10) - 4\ 300\ 000 = 4\ 429\ 900(\text{元})$$

NPV 的变动幅度为：

$$\frac{4\ 429\ 900 - 6\ 455\ 300}{6\ 455\ 300} = -31.38\%$$

计算结果表明，当贴现率从 10%上升到 15%时，净现值从 6 455 300 元下降到 4 429 900 元，下降 31.38%。

8.6.3 保持原来决策结论不变的相关因素容许变动范围的敏感性分析

这里仅就投产后每年净现金流量和项目寿命两个相关因素说明其容许变动范围的测定方法。

【例 8-48】

某企业准备建造一个分厂，预计投资额为 260 000 元，建成后预计可用 12 年，每年可收回的净现金流量为 50 000 元，贴现率为 10%。现要求计算该方案的净现值。(假定期满无残值。)

$$\begin{aligned} NPV &= 50\ 000 \times (P/A, 10\%, 12) - 260\ 000 \\ &= 50\ 000 \times 6.814 - 260\ 000 \\ &= 80\ 700(\text{元}) > 0 \end{aligned}$$

净现值大于 0，说明该方案可行。

1. 测定年净现金流量的下限

年净现金流量的下限就是在项目寿命不变时，使该项目净现值 $NPV=0$ 的 NCF。其计算公式如下：

$$\begin{aligned} \text{年净现金流量的下限} &= 260\ 000 \div (P/A, 10\%, 12) \\ &= 260\ 000 \div 6.814 \\ &= 38\ 156.74(\text{元}) \end{aligned}$$

$$\begin{aligned} \text{年净现金流量容许变动幅度} &= (38\ 156.74 - 50\ 000) \div 50\ 000 \\ &= -23.69\% \end{aligned}$$

计算结果表明，年净现金流量容许变动范围是 38 156.74～50 000 元，容许变动幅度是−23.69%。否则，该方案不可行。

2. 测定项目寿命的下限

项目寿命的下限就是在净现金流量不变时使该净现值 $NPV=0$ 时的年限 n。其计算结果如下：

$$(P/A, 10\%, n) = \frac{260\ 000}{50\ 000} = 5.2$$

查年金现值系数表，得

$$(P/A, 10\%, 7)=4.868$$
$$(P/A, 10\%, 8)=5.335$$

用插值法求 n，得

$$n=7+\frac{5.2-4.868}{5.335-4.868}\times(8-7)=7.71(\text{年})$$

计算结果表明，要保持该方案可行，项目寿命不能低于7.71年，否则该方案不可行。

就该方案而言，其年净现金流量和项目寿命容许变动范围是较大的，说明方案的敏感性弱。此方案投产后，盈利的机会较大，亏损的风险较小。

下面以国内某集团公司为例，通过列举该集团公司在进行市场开拓与挖掘市场潜力时对公司产品生产的选择，对多种不同的投资方案与生产项目进行资本投资分析，从而帮助读者将本章的内容由点至面穿插在一起，对本章的内容有整体的认识，并且将其提炼到更高的程度。希望读者在掌握本章内容的基础上对本案例进行学习与分析，能独立地思考面对以下各种情况，集团公司应如何进行投资项目决策与投资分析。

案例

李忠的资本预算决策分析

1. 长期投资决策过程中的行为问题

李忠是某集团公司的一个子公司经理，该子公司从事电器的生产与销售。他担任该子公司经理三年了。这几年来，该子公司的业绩连年增长，他本人也因为子公司的优异业绩获得了可观的奖金（该集团公司奖金的数额与每个子公司报出的利润成正比）。同时，他还受到集团高层的关注，一个与他交往甚好的集团副总经理曾私下对他说，如果接下来的三年，他的表现能像这几年一样出色，他将有很大可能晋升到更高层级的工作岗位。

为了实现晋升，李忠亲自审核每项资本预算。他希望每项投资都能够带来很好且稳定的收益。现在，他手头有一个资本预算方案需要审核。这是两个独立的投资方案。A方案可使目前人工作业的某一个制造环节实现自动化，它需要1 000 000元的初始投资额；B方案是开发和销售一种新型电器部件，需要投入1 250 000元。根据目前的资本预算情况，该子公司对这两个方案都有能力进行投资，两个方案的预计寿命都是6年，贴现率为5%。管理会计人员对这两个方案的税后现金流量进行了预测，结果如表8-20所示。（括号表示负数。）

表8-20　A，B方案各年的税后现金流量　单位：元

年次	A方案	B方案
第1年	600 000	(150 000)
第2年	500 000	(100 000)
第3年	300 000	(50 000)
第4年	150 000	850 000
第5年	100 000	1 100 000
第6年	500 000	1 350 000

经过对两个方案的仔细考虑，李忠决定只投资A方案。

根据以上的资料，请回答：

(1) 通过对两个方案进行投资回收期与净现值的计算与分析，你认为采纳哪个方案更有助于实现公司利润的最大化目标？为什么？

(2) 解释为什么李忠只投资A方案。该方案对集团公司的利润最大化或者集团公司的长期利益会有什么负面影响？

(3) 你认为在长期投资决策中，应如何避免管理人员的行为偏好所导致的投资决策失误？

通过以上的数据，我们可以进行静态投资回收期、贴现投资回收期与净现值的计算，计算结果如表8-21所示。

表8-21　回收期与净现值分析结果

方案	静态投资回收期（年）	贴现投资回收期（年）	*NPV*（元）
A	1.80	1.95	85 875
B	4.64	4.96	159 575

由表8-21的分析数据可知，A方案的投资回收期均小于B方案，由于李忠所需要的绩效表现是在最近3年内能为集团公司带来收益，而A方案在第1年就可以给集团公司带来净现金流量，这样能给李忠的工作绩效加分。B方案的回收期均大于A方案，即B方案的投资回收期长，这将给李忠的绩效评价带来负效应，由此可以总结出以下几点：

(1) 根据投资回收期的确定，我们可以发现A方案的投资回收期短于B方案，因此A方案能更快地收回投资资金，并尽早为集团公司带来正的现金流量。

(2) 从李忠的个人角度出发，李忠会选择A方案，是因为A方案的投资回收期短，能在李忠的任职期间内为李忠带来更好的绩效评价。

(3) 从*NPV*的角度出发，则B方案的*NPV*远大于A方案，即从这两个方案整体而言，B方案能为集团公司带来更多的利益，从集团公司长远角度出发，B方案优于A方案。

(4) 李忠的错误选择虽然也能为集团公司带来收益，不会给公司带来负效益，但是就资本的有效运用而言，显然A方案劣于B方案。

因此，在进行长期投资决策分析的过程中，不仅要运用多种方法，同时还应注意

管理者的行为问题，防止因信息不对称而产生委托-代理问题，以免经营者或者管理者的行为与所有者或者股东利益最大化的目标相背离。

2. 长期投资决策中的固定资产更新决策问题

现假定李忠决定投资 A 方案，即将公司内某一制造环节由人工作业转向自动化，这又涉及该集团公司内部固定资产的更新决策问题。

李忠通过生产部了解到现今该子公司内部有一台旧的生产设备，原价是 24 000 元，可使用 10 年，期满后无残值，现已经使用 4 年，尚可使用 6 年，按直线法已计提折旧 9 600 元，使用旧设备生产的产品假如全部出售，则可以获得销售收入 40 000 元，并且每年需要支付料、工、费成本 24 000 元。

李忠通过市场调查发现，市场中有一种新型生产设备，可以替代旧的生产设备来实现自动化生产，从而能提高生产效率，该新型生产设备的市场价格为 18 000 元，使用期限为 6 年，期满后残值为 6 000 元。如果选择购入新设备，则旧设备可作价 14 400 元。当使用新设备进行自动化生产后，生产部每年生产的产品能获得销售收入 50 000 元，而支持该设备进行运转所需的料、工、费成本合计为 29 000 元。假设该子公司的资本成本为 15%，所得税税率为 25%。

根据以上材料，请思考：

（1）运用差量分析法，分别比较新旧设备运行使用时产生的差量收入、差量支出以及差量利润。

（2）通过以上分析，决定是应该选择更新生产设备，还是继续使用旧的生产设备。

（3）除了差量分析法，试用内含报酬率的方法对该固定资产更新决策进行分析，并给出决策建议。

（4）上述两种方法有什么异同点？在长期投资决策方案分析中各有什么优缺点？

通过差量分析法我们可以知道，购买新的设备能为该集团公司带来正的现金流量，新、旧设备的差量收入与差量支出分别为 10 000 元与 5 000 元，而在经营期内购进新设备每年能为集团公司带来的经营性现金流量为 17 750 元($(50\,000-29\,000)\times(1-25\%)+\frac{18\,000-6\,000}{6}$)，购买新设备有助于增加集团公司的总体利益。

内含报酬率方法的运用与前面介绍的一样，因为在本例中各年的现金流量均为正常的现金流量，即没有不规则的现金流量，所以使用内含报酬率方法得到的结果与差量分析法的结果趋于一致，大家应该学会区别这两种方法不同的适用条件，并且能对这两种方法进行区分。

3. 长期投资决策中的固定资产购置方式决策问题

经过上述第 2 部分的分析判断，李忠发现通过更新生产设备将有助于增加集团公司的长期利益，同时能为集团公司带来正的现金流量，他决定从市场中购置新设备。

李忠可以通过申请，从集团公司筹到 18 000 元进行全价购置，相关数据如前所述，该设备可使用 6 年，且期满后残值为 6 000 元。

由于该设备属于新型设备，因此设备生产厂也向市场提供设备租赁服务，即李忠可通过租赁来获得生产设备。如果选择租赁的方式，则该集团公司每年需支付3 500元的租赁费用，租赁期即为设备使用期6年。

假如在进行固定资产购置方式的选择上，折现率采用10%，所得税税率为25%，请思考：

(1) 如果选择租赁设备使用，则进行该决策将会产生多少现金净支出额?

(2) 对于以上的计算分析，你认为应该采取何种固定资产购置方式?为什么?

(3) 假如折现率不采用10%，那么折现率处于什么水平，这两种固定资产的购置方式在现金净支出的数额上是没有区别的?

(4) 折现率的变动会对决策产生什么样的影响?

由以上数据我们可以计算出，如果李忠向集团公司申请拨款购置设备，那么将产生现金流出量12 438.5元（设备的购买价减去折旧的抵税效应而产生的现金流入和期末设备残值回收的现值之和），而倘若采用租赁的方式获得设备，则会产生现金流出量11 431.88元，显然，李忠应该采用租赁的方式获得设备，这样能减少集团公司的现金流出，有利于集团公司的长期利益。

假如要使全价购置设备与采用租赁方式获得设备这两种方法所产生的现金净支出数额没有区别，则可以通过以下方程进行求解：

$$18\,000-2\,000\times25\%\times(P/A,i,6)-6\,000\times(P/F,i,6)$$
$$=3\,500\times(P/A,i,6)-3\,500\times25\%\times(P/A,i,6)$$

可解得$i=8.4\%$。(此处需运用Excel软件的单变量求解工具。)即当折现率等于8.4%时，全价购置设备所产生的现金净支出数额将等于采用租赁方式获得设备所产生的现金净支出数额，此时，两种购置方式在现金净支出数额上是没有区别的。

当折现率为10%时，租赁方式比全价购置更经济，且由于一元一次方程要么无解，要么只有一个解，因此我们可以知道当折现率的变动情况如下时，采用的决策将会有所不同。(其中，CFO为现金流出量。)

(1) 当$0\leqslant i\leqslant 8.4\%$时，$CFO_{全价}<CFO_{租赁}$，所以全价购置将比租赁更加经济；

(2) 当$i=8.4\%$时，$CFO_{全价}=CFO_{租赁}$，此时两种方式在现金净支出数额上没有区别；

(3) 当$8.4\leqslant i$时，$CFO_{租赁}<CFO_{全价}$，所以租赁将比全价购置更加经济。

通过对以上某集团公司内部的三个投资决策问题的综合分析，我们可以知道，长期投资决策经常出现，如果不全面地进行决策分析，很容易选择错误的决策方案，不仅对公司的现金流量产生不利的影响，而且会影响公司的长远发展，因此，长期投资决策对于企业甚至集团公司而言是重要的日常工作。长期投资决策中也涉及固定资产投资与更新，应重点掌握净现值法与内含报酬率法，并且能综合运用多种分析方法对长期投资决策进行分析，防止片面地做出错误的决策，同时应注意到，在非正常的现金流量中，内含报酬率可能会出现多个解，在互斥项目下，部分分析方法并不能很好地使用等情况。

资料来源：根据中国管理会计网（http://www.chinacma.org）资料改编。

复习思考题

1. 什么是货币时间价值？
2. 为什么会产生货币时间价值？
3. 货币时间价值的表现形式有哪些？
4. 复利和单利有何区别？如何对它们进行计算？
5. 复利终值和现值如何计算？
6. 什么是年金？
7. 如何计算复利终值与现值、各种年金的终值与现值？如何求贴现率和期数？
8. 什么是名义利率和实际利率？它们之间如何换算？
9. 如何计算不规则现金流量的现值？
10. 长期投资有哪些特点？长期投资决策的重要性表现在哪里？
11. 长期投资决策中需要考虑哪些重要因素？
12. 在投资决策中为什么要重视现金流量分析？
13. 什么是现金流量、净现金流量及年营业净现金流量？现金流量是由哪几部分构成的？如何测算投资项目的现金流量？
14. 长期投资决策的基本方法有哪几种？各有什么优缺点？如何恰当地选择使用？
15. 简述各种长期投资决策方法下的决策规则。
16. 何谓固定资产的经济寿命？如何确定固定资产的最佳更新时机？试举例说明。
17. 什么是脱险回收期？如何计算？
18. 在资金限量条件下，如何运用净现值法进行投资决策分析？
19. 什么是敏感性分析？在长期投资决策中，如何进行敏感性分析？

练习题

1. 将30 000元存入银行4年，年利率为5%。

要求：

回答下列问题。

(1) 4年后的本利和是多少？

(2) 如果每季度计息一次，4年后的本利和为多少？

(3) 如果希望在4年后收到50 000元，则现在还应存入多少钱？

2. 某人在2×21年1月1日存入银行1 000元，年利率为8%。

要求：

回答下列问题。

（1）每年复利一次，2×21年1月1日的存款账户余额是多少？

（2）每季度复利一次，2×21年1月1日的存款账户余额是多少？

（3）若分别在2×17年、2×18年、2×19年和2×20年1月1日存入250元，仍按8%的利率计算，每年复利一次，则2×21年1月1日的存款账户余额是多少？

3. 某企业在生产中需要一种设备，若自己购买，需支付200 000元，设备预计使用寿命为10年，预计净残值率为10%；若租赁，每年需交租赁费30 000元，租赁期为10年。假设贴现率为8%，所得税税率为25%。

要求：

判断该企业应购买还是租赁设备。

4. 工厂现有一台旧的生产设备，重置成本为18 000元，每年运行费用为8 000元，6年后报废，无残值。如果现在用48 000元购买新设备，则运行费用可降低到6 000元，新设备寿命为8年，8年后有残值3 000元。该工厂按直线法计提折旧。其资本成本为12%，所得税税率为25%。

要求：

通过计算说明该工厂应继续使用旧设备还是更新为新设备。

5. 某公司有两个互斥的项目，初始投资额均为10 000元，都可运行5年，第1～5年每年的净现金流量可能发生的情况如下：

各年净现金流量的分析结果

项目A		项目B	
净现金流量（元）	概率（%）	净现金流量（元）	概率（%）
4 000	15	2 000	15
5 000	75	6 000	75
6 000	10	10 000	10

项目A的贴现率为12%，项目B的贴现率为15%。

要求：

（1）计算每个项目的净现值。

（2）判断应选择哪个项目。

6. 已知某建设项目各年的现金流量如下：$NCF_0=-60$万元，$NCF_1=-60$万元，$NCF_2=0$，$NCF_{3\sim6}=30$万元，$NCF_{7\sim12}=40$万元。

要求：

（1）指出该项目的建设期。

（2）计算该项目的平均经营净现金流量。

（3）计算该项目的静态投资回收期。

7. 某投资者以10%的借款利率借得现金20 000元，投资于某个寿命期为10年的项目。

要求：

计算每年至少收回多少现金才是有利的。

8. 某固定资产投资项目的净现金流量如下：$NCF_0=-1\,000$ 万元，$NCF_1=0$ 万元，$NCF_{2\sim8}=360$ 万元，$NCF_{9\sim10}=250$ 万元，$NCF_{11}=350$ 万元。

要求：

计算该项目的四种投资回收期（简单平均投资回收期、简单累计投资回收期、折现平均回收期、累积折现回收期）。假设每年折现率为10%。

第9章 风险投资决策

Chapter 9

学习目标

1. 了解风险的含义。
2. 理解投资风险与风险价值的含义。
3. 掌握通过计算投资报酬率期望值的方法衡量风险。
4. 掌握变异系数及其意义。
5. 理解风险报酬系数的含义。
6. 掌握风险调整贴现率法的运用与决策规则。
7. 掌握风险调整现金流量法的运用与决策规则。
8. 理解概率分析法及其运用方法。

课程思政点

1. 增强忧患意识。
2. 防范化解重大风险与企业投资风险管控。

引导案例 广州乙烯项目的教训

广州工业史上投资最多、规模最大，被誉为“特一号”工程的广州乙烯工程，日前已打通全流程，产出合格产品，多项装置创国内同类装置首次试车纪录。

广州乙烯工程是广东省、广州市和中国石化总公司“八五”重点建设项目，1988年6月经国务院批准立项，1993年11月全面动工，项目占地约100万平方米，总投资79.5亿元。多项装置从美国、日本、法国成套引进专利技术，具有20世纪90年代初国际先进水平。项目投产后，预计年产聚乙烯、聚丙烯、聚苯乙烯等固体产品22万吨，丁二烯、甲苯、二甲苯、液化气等液体产品14万吨，年销售额可达30亿元。

在试车阶段就被迫停产累计达656天的广州乙烯项目，通过广州市政府的果断退出和中国石化集团的行业重组，在广州石化总厂实施托管5个月后，终于复产成功，并顺利运行。有关专家对该项目失败和复产的前因后果进行了分析。

专家指出，广州乙烯项目的失败是必然的。原因之一是地方性“小而全”的思想使它的组成结构不符合行业要求。它由广州乙烯和中国石化集团合资建成，当年立项之初，雄心勃勃的广州乙烯一定要占90%的股份，中国石化集团只有10%的股份。

这是全国同类乙烯项目中唯一由地方企业占大部分股份，并主要由其负责建设和筹措资金的项目。由于石化行业资金与技术高度密集的特性和石化产品市场日趋激烈的竞争环境，加强企业联合并组建大集团是大势所趋。在国内同期批准的6家中型乙烯企业中，其他5家均已并入或即将并入中国石化集团和中国石油天然气集团。在这种情况下，广州乙烯作为一个独立的石化企业，很难有生存和发展的空间。

原因之二是企业成本过高，资产负债率高。广州乙烯项目的全套设备均从国外引进，规模却只有15万吨，总投资近84亿元。在总资产中，大部分是贷款。巨大的债务负担和过小的经济规模，使广州乙烯的建成之日就成了亏损之时。

原因之三是建设周期过长，市场需求发生变化。从立项到项目建成，广州乙烯历时10年。这期间，国际乙烯市场发生巨变，当初的理想规划已经不可能实现。

如果依照当时的规模，广州乙烯每年将亏损11.8亿元，预计到2010年，债务负担将从目前的70亿元上升到140亿元。所以，试车阶段就停产是在找不到解决办法的情况下所做出的无奈选择。

为了不使上百亿元国有资产付之东流，经广州市政府和中国石化集团共同努力，国家经贸委决定，对广州乙烯进行资产重组，由广州石化总厂托管广州乙烯。据测算，重组后仅公用工程广州乙烯就可节省2亿元成本。中国石化集团只要再投入4亿元，就可使广州乙烯规模达到18万吨。6年后有望还清债务，到2011年，项目可产生3亿元的效益，届时上百亿元的国有资产将得以盘活。

广州乙烯项目的失败留给广州乙烯的教训是深刻的。从争取项目的控制权到主动退出，这一步的选择相当艰难。项目重组时，广州市领导表示，政府对某些企业或项目该退出就退出，谁能管好就让谁管，这是规律。同时，广州乙烯项目用重组的办法解决好于破产，尽管短时期内广州市政府要背负很大的负担，但为国内类似重复建设问题的解决提供了一个例证。对于这样一个大项目，破产虽然可以一劳永逸地给地方解除负担，但把责任转嫁给了银行。在广州乙烯项目70多亿元的债务组成中，国有银行和外国政府的贷款占很大比例。如果破产，将使国家遭受巨大损失。

根据协议，广州市政府牺牲一定的地方利益，担负原来广州乙烯项目25亿元的债务，其原来的资本金在项目产生效益前不作为股份，到产生效益后，才参与分红。并且之后10年中，广州市政府还将返还总额为2.67亿元的地税收益作为支持。目前，广州市政府已经把承担的25亿元债务问题划拨完毕。

据了解，广州乙烯项目全面正常生产后，每年可以生产164个品牌的固体塑料原料产品和12个品牌的液态化工原料，年总产量可达34万吨，对缓解我国塑料加工工业最发达的珠江三角洲地区的原材料供应紧张局面，将发挥极为重要的作用。

资料来源：根据《华南新闻》的相关资料改编。

广州乙烯项目最初带给广州的是噩梦般的经济负担，虽然现今已经再次全面正常生产，但我们仍要总结最初失败的原因，并从中寻找经验教训。在前面的分析中，从项目失败的第三条原因中我们可以看到，失败主要是因为没有对广州乙烯项目做充分的风险投资分析，较长的投资建设期导致这期间的市场需求发生了变化，可见在项目投资的初始，对项目进行风险投资分析是非常必要的。广州乙烯项目的评估人应该从风险的角度来分析广州乙烯项目会给广州带来多少效益，同时考虑这一项目的投资风险，包括项目中各个变量，如需求量、出口比例、变动成本、售价等的变动会给项目收益带来怎样的影响；如果不确定性高，那么在不同的概率分布下，这一项目的收益又是如何变化的。本章将重点介绍什么是项目投资的风险，如何评估与衡量项目投资的风险价值，以及不同的变量会对项目的最终收益产生怎样的影响。

9.1 投资风险价值

9.1.1 风 险

“风险”一词我们经常见到，但要给出精确的定义却并非易事。风险（risk）最早出自古希腊语“risa”，有危岩和悬崖之意。后来，“risa”又演变成拉丁语“risicare”和意大利语“risco”，意为航行于悬崖危岩之间。16世纪以后，随着航海术的传播，“risco”一词传至英国，成为“risk”。综观“风险”一词的演变过程，其原意是指航行于悬崖峭壁间的行为具有危险性。

将风险概念引进科学殿堂的是经济学家。19世纪末，在讨论企业利润的成因时，经济学家就认为风险是利润的一个源泉。1895年，美国学者海恩斯（Haynes）最早提出风险的定义，认为风险是损失发生的可能性。此后，众说纷纭，难以定论。目前，最为人们所接受的是美国学者C. A. 威廉姆斯（C. A. Williams）对风险的定义：风险是指在某个特定状态下和给定时间内可能发生的结果的变动。换言之，它是指在采取某种行动前，人们能预先知道的所有可能的概率分布特征。按照此定义，风险是一种可计量的可能性。一方面，风险是结果的变动，若结果唯一，无变动可言，风险则为零；结果的变动越大，风险就越大。另一方面，风险大小又与实际发生结果的可预测性成反比；若未来的实际结果可准确预测，风险自然为零。

严格地讲，风险和不确定性是两个相关但又不同的概念。不确定性是指人们在采取行动前，对于可能的结果及其出现的可能性无法确定，即不能用概率来描述。但是在面临实际问题时，两者很难区分，都视为风险。此时，纯粹的风险可理解为可预测概率的不确定性。

9.1.2 投资风险价值

风险是客观存在的，决策所涉及的时间越短，风险就越小。在短期经营决策中一般可不考虑风险因素，但在长期投资决策中就不能不考虑风险因素。由于风险的存在，投资者愿意接受某一确定的投资报酬率，而不愿接受不确定的同样的报酬率。这种现象称为风险厌恶或风险反感，它是普遍存在的。

风险可能给投资者带来超出预期的收益，也可能带来超过预期的损失。一般来说，投资者对意外损失的关注比对意外收益要强烈得多。因此，人们研究风险时侧重减少损失，主要从不利的方面来考察风险，经常把风险看成不利事件发生的可能性。从投资角度看，风险是指估计的投资报酬率与实际的报酬率的变异程度及其概率；简言之，它是指无法达到所要求的投资报酬率的可能性，这也就是投资风险的定义。

既然投资者都讨厌风险，并力求规避风险，为什么还有人进行风险投资呢？这是因为风险投资可得到超过正常报酬的额外报酬或风险收益。可见，投资者进行风险投资的动因是追求风险报酬。这里的正常报酬是指无风险报酬，若不考虑通货膨胀，就是指货币时间价值。风险报酬是指投资者因冒风险进行投资而要求超过货币时间价值的额外报酬。风险报酬通常有两种表现形式：一种是绝对数，即风险报酬；另一种是相对数，即风险报酬率（风险报酬额占原投资额的百分比）。在长期投资决策中，风险价值一般用风险报酬率表示。投资者要求的投资报酬率为无风险报酬率与风险报酬率之和。通常将政府债券的利率视为无风险报酬率。风险越大，风险报酬率就越高，要求的投资报酬率也就越高；反之，风险越小，要求的投资报酬率就越低。因此，风险价值是长期投资决策中必须考虑的重要因素之一。

9.1.3 风险的衡量

由于风险不易计量，因此我们只能借助概率论这一数学方法，用投资报酬率期望值的离散程度来进行计量。通常按以下四个步骤进行：

（1）确定概率及其分布。我们把对随机现象进行的观察或试验称为随机试验。在一定的条件下，把进行随机试验所观察到的每一个可能结果称为随机事件。概率就是表示随机事件在一次试验中发生的可能性大小的数量化指标。在经济生活中，概率的测定方法有两种：一是根据企业过去的历史数据和资料推算的客观概率；二是来自对企业未来发展的预测和判断的主观概率。

随机变量是建立在随机事件基础上的一个概念，与随机事件相对应的随机变量也会以一定的概率取得各种可能的量化结果。概率分布是用随机变量所有可能的数值及其对应的概率对随机现象的变化规律进行的描述。

对于随机变量，通常分为两类来讨论。如果随机变量可能的取值能够一一列举出来，则称这类随机变量为离散型随机变量；如果随机变量可能的取值不能够一一列举出来，则称这类随机变量为非离散型随机变量。最典型的非离散型随机变量是连续型随机变量，这种随机变量可以取某区间的任意数值，一般用概率密度描述连续型随机变量的概率分布。

在长期投资决策中，我们遇到的往往是只可能取有限个值的离散型随机变量 K，如投资报酬率、投资报酬额。设 K 的一切可能取值为 k_1，k_2，…，k_i，…，k_n，且对应 k_1，k_2，…，k_i，…，k_n 有概率 P：$P(K=k_1)=P_1$，$P(K=k_2)=P_2$，…，$P(K=k_i)=P_i$，…，$P(K=k_n)=P_n$。我们可以列表来表示，离散型随机变量 K 的概率分布如表 9-1 所示。

表 9-1　概率分布表

K	k_1	k_2	…	k_i	…	k_n
P	P_1	P_2	…	P_i	…	P_n

离散型随机变量的概率分布必须满足两个要求：一是 $0\leqslant P_i\leqslant 1$；二是 $\sum_{i=1}^{n}P_i=1$ $(i=1, 2, \cdots, n)$（n 为可能出现结果的个数）。

（2）计算期望值。随机变量的数字特征主要有期望值（预期值）和方差。我们先介绍期望值，它是反映集中趋势的一种量度。离散型随机变量 K 的期望值 $E(K)$，是各种可能的结果 k_i 按其概率 P_i 进行加权平均得到的值。其计算公式为：

$$E(K)=\sum_{i=1}^{n}k_i\cdot P_i,\ i=1,2,\cdots,n \tag{9-1}$$

（3）计算方差及均方差。随机变量 K 的另一种数字特征是方差 $D(K)$，它反映随机变量 K 对其期望值 $E(K)$ 的离散程度。其计算公式为：

$$D(K)=\sum_{i=1}^{n}[k_i-E(k)]^2\cdot P_i,\ i=1,2,\cdots,n \tag{9-2}$$

$\sqrt{D(K)}$ 则称为均方差或标准差，记作 $\sigma(k)$。其计算公式为：

$$\sigma(k)=\sqrt{\sum_{i=1}^{n}[k_i-E(k)]^2\cdot P_i},\ i=1,2,\cdots,n \tag{9-3}$$

$\sigma(k)$ 一般用来表示离散程度，同时也用来反映风险的大小。$\sigma(k)$ 越小，说明离散程度越小，风险也就越小。在长期投资决策中，一个方案未来净现金流量的标准差 σ 的大小，可以看作其所含风险大小的标志。

（4）计算变异系数。标准差是反映随机变量离散程度的一个重要指标，但它是一个绝对值，只能用来比较期望值相同的随机变量的离散程度的大小。要对期望值不同的随机变量的离散程度进行比较，就要计算一个相对指标，即变异系数 $V(K)$，它是标准差 $\sigma(k)$ 与期望值 $E(K)$ 的比值，亦称为标准离差率。其计算公式为：.

$$V(K)=\sigma(k)/E(K) \tag{9-4}$$

变异系数越小，离散程度越小，风险也就越小。实际上，不论期望值是否相同，均可用变异系数的大小来衡量风险的大小。

【例 9-1】

A 和 B 投资方案的投资报酬率的概率分布如表 9-2 所示。

表 9-2　A，B 方案的投资报酬率的概率分布

		$K=8\%$	$K=10\%$	$K=12\%$
P	A 方案	0.2	0.6	0.2
	B 方案	0.1	0.4	0.5

现要求对两个方案进行比较。

（1）计算A，B两方案的投资报酬率的期望值。

$$E(K_A)=8\%\times0.2+10\%\times0.6+12\%\times0.2=10\%$$
$$E(K_B)=8\%\times0.1+10\%\times0.4+12\%\times0.5=10.8\%$$

由于期望值反映了报酬率的平均水平，因此在其他条件相同时，投资者一般愿意接受投资报酬率期望值较高的B方案。

（2）计算A，B两方案的投资报酬率的标准差。

$$\sigma(k_A)=[0.2\times(8\%-10\%)^2+0.6\times(10\%-10\%)^2+0.2\times(12\%-10\%)^2]^{1/2}$$
$$=1.26\%$$
$$\sigma(k_B)=[0.1\times(8\%-10.8\%)^2+0.4\times(10\%-10.8\%)^2$$
$$+0.5\times(12\%-10.8\%)^2]^{1/2}$$
$$=1.33\%$$

（3）计算A，B两方案的变异系数。

$$V(K_A)=\sigma(k_A)/E(K_A)=1.26\%\div10\%=0.126$$
$$V(K_B)=\sigma(k_B)/E(K_B)=1.33\%\div10.8\%=0.123$$

$V(K_B)<V(K_A)$，表明B方案的投资报酬率的离散程度稍小于A方案，即B方案的风险小于A方案。从期望值和风险两方面来判断，B方案均优于A方案。

9.1.4 投资风险价值的计量

变异系数只计量了风险的大小，但没有计量风险报酬率的多少。

风险和报酬的基本关系是风险越大，要求的报酬率越高，这说明风险报酬率（R_R）是风险的函数。而风险可用变异系数V衡量，所以R_R也是V的函数，即$R_R=f(V)$。

假设风险报酬率与风险（变异系数）呈线性关系，则有

$$R_R=\beta\cdot V \tag{9-5}$$

式中，β表示风险报酬系数（斜率），即将变异系数转化为风险报酬率的系数。

从式（9-5）可以看出，计量风险报酬率的关键在于确定一个恰当的风险报酬系数β。β取值的大小主要取决于投资者对待风险的态度：投资者乐意冒风险，则往往取较小的β值，要求的风险报酬率就低；投资者不愿意冒风险，则常常取较大的β值，要求的风险报酬率就高。β值是一个经验数据，可参考下列方法确定。

（1）根据以往同类项目确定。前面已述，投资报酬率K等于无风险报酬率R_F与风险报酬率R_R之和，即

$$K=R_F+R_R=R_F+\beta\cdot V$$

则
$$\beta=(K-R_F)/V \tag{9-6}$$

参照以往同类项目的历史资料，运用上述公式即可确定β。

例如，某企业准备进行一项投资，此类项目的投资报酬率为20%，其变异系数为

0.5；国库券利率为 14%，可视为无风险报酬率，则

$$\beta=(20\%-14\%)/0.5=0.12$$

（2）根据变异系数与投资报酬率之间的关系，运用高低点法或一元线性回归法确定。

1）高低点法。计算公式为：

$$\beta=\frac{\mathrm{Max}\{K_i\}-\mathrm{Min}\{K_i\}}{\mathrm{Max}\{V_i\}-\mathrm{Min}\{V_i\}} \tag{9-7}$$

2）一元线性回归法。计算公式为：

$$\beta=\frac{n\sum K_i\cdot V_i-\sum V_i\sum K_i}{n\sum V_i^2-(\sum V_i)^2} \tag{9-8}$$

【例 9-2】

某公司过去 5 项投资的报酬率和变异系数的对应关系如表 9-3 所示。

表 9-3　5 项投资的报酬率和变异系数

投资项目	变异系数	投资报酬率（%）
A	0.2	8
B	0.4	9.5
C	0.8	14
D	1.2	18.5
E	2.0	26

现要求确定该公司的风险报酬系数。

（1）高低点法。

$$\beta=\frac{26\%-8\%}{2.0-0.2}=0.1$$

（2）一元线性回归法。

经计算，得

$$\sum V_i=4.6,(\sum V_i)^2=21.16\ ,\ \sum V_i^2=6.28$$

$$\sum K_i=76\%\ ,\ \sum K_i\cdot V_i=90.8\%$$

代入公式，则

$$\beta=\frac{5\times 90.8\%-4.6\times 76\%}{5\times 6.28-21.16}=0.102$$

（3）由企业领导或企业组织有关专家分析确定。

以上三种方法都必须在历史资料比较充分的情况下才能采用。如果缺乏历史资料，则可由企业领导，如总经理、财务副总经理、总会计师等根据经验确定，也可由

企业组织有关专家分析确定。

确定β值后，根据投资项目的变异系数V，按公式$R_R=\beta \cdot V$，即可计算出投资者要求的风险报酬率。再按下列公式即可求出投资者要求的风险报酬额P_R：

$$P_R=P \cdot R_R \quad 或 \quad P_R=P_m\times\frac{R_R}{k}=P_m\times\frac{R_R}{R_R+R_F} \qquad (9-9)$$

式中，P为投资额；P_m为投资报酬额（$P_m=P\times k$）。

【例9-3】

沿用例9-1的资料，假定A，B方案的投资额同为500 000元，风险报酬系数为0.5。现要求计算A，B方案所要求的风险报酬率与风险报酬额。

要求的风险报酬率R_R为：

A方案：$R_{R_A}=0.5\times0.126=6.3\%$

B方案：$R_{R_B}=0.5\times0.123=6.15\%$

要求的风险报酬额P_R为：

A方案：$P_{R_A}=500\,000\times6.3\%=31\,500$(元)

B方案：$P_{R_B}=500\,000\times6.15\%=30\,750$(元)

投资风险价值求出以后，怎样判断该方案是否可行？可根据投资方案预期的风险报酬率（额）与投资者要求的风险报酬率（额）的比较得出结论。若方案预期的风险报酬率（额）大于要求的风险报酬率（额），说明该投资方案的风险小，而预期可得的风险报酬大，方案可行；反之，则不可行。

【例9-4】

沿用上例的资料，设无风险报酬率为8%。现要求判断A，B方案是否可行。

根据$K=R_R+R_F$，可得投资方案预期的风险报酬率$E(R_R)$为：

$$E(R_R)=E(K)-R_F$$

投资方案预期的风险报酬额$E(P_R)$为：

$$E(P_R)=P\times E(R_R)=E(P_m)\times\frac{E(R_R)}{E(R_R)+R_F}$$

式中，$E(P_m)$为预期的投资报酬额（$E(P_m)=P\times E(K)$）。

因此，预期的风险报酬率$E(R_R)$为：

A方案：$E(R_{R_A})=E(k_A)-R_F=10\%-8\%=2\%$

B方案：$E(R_{R_B})=E(k_B)-R_F=10.8\%-8\%=2.8\%$

预期的风险报酬额$E(P_R)$：

A方案：$E(P_{R_A})=P\times E(R_{R_A})=500\,000\times2\%=10\,000$(元)

B方案：$E(P_{R_B})=P\times E(R_{R_B})=500\,000\times2.8\%=14\,000$(元)

由此可见，对A，B方案而言，预期的风险报酬率（额）均小于要求的风险报酬率（额），说明A，B方案的风险大，而预期可得的风险报酬小，均不可行。

应当指出，风险报酬计算的结果具有一定的假设性，并不十分精确。研究投资风险价值原理，关键是要在进行投资决策时树立风险价值观，认真权衡风险与报酬的关系，使投资风险可预见、可接受、可控制，选择有可能避免风险，分散风险，并能获得较多收益的投资方案。下面介绍几种风险投资决策的方法，并阐述风险价值原理在风险投资决策中的具体运用。

9.2 风险投资决策方法

9.2.1 风险调整贴现率法

基于风险厌恶，企业投资的风险越大，要求的报酬就越高。在长期投资决策中，为了反映企业对这种风险报酬的要求，我们可将企业因冒风险而要求的、与投资项目的风险程度相适应的风险报酬率计入资本成本或企业要求达到的报酬率，构成按风险调整的贴现率，并据此进行投资决策分析。这种决策方法称为风险调整贴现率法。

1. 风险调整贴现率的确定

确定风险调整贴现率的方法通常有如下几种，企业可视具体情况择其一加以运用。

（1）以企业事先确定的风险报酬系数同风险投资项目的变异系数相乘再加上无风险报酬率，就构成了企业所要求的风险调整贴现率K。风险调整贴现率的公式为：

$$K = R_F + \beta \cdot V \tag{9-10}$$

（2）企业可为经常遇到的某些类型风险投资项目，预先根据经验按风险的大小规定高低不等的贴现率，以供决策分析之用。这种方法可举例说明，如表9-4所示。

表9-4 某企业规定的风险调整贴现率表

投资项目分组	调整（%）	按风险调整的贴现率（%）（资本成本=12%）
扩充：		
第一类：新的机器设备，生产与目前一样的产品	2	14
第二类：新的机器设备，生产与目前产品互补的产品	4	16
第三类：新的机器设备，生产与目前产品无关的产品	6	18
更新：		
第一类：用新设备更新与其性能基本相同的旧设备	1	13
第二类：用新设备更新与其性能相差较大的旧设备	2	14
第三类：用更先进的设备来更新目前的现代化设备	8	20

（3）按投资项目的风险等级来调整贴现率。调整贴现率要先由销售、生产、技

术、财务等部门组成专家小组对影响投资项目的各因素进行评分，然后按其所得总分，对照事先根据以往经验制定的按风险等级调整的贴现率表来确定投资项目适用的风险调整贴现率。这种方法的具体运用可用表9-5和表9-6来说明。

表9-5 某企业按风险等级调整的贴现率表

投资项目总分	风险等级	调整后的贴现率（%）
0～8	很低	7
9～16	较低	9
17～24	一般	12
25～32	较高	15
33～40	很高	17
40以上	最高	25以上

表9-6 投资项目的风险评分表

相关因素	项目A		项目B		项目C		项目D		项目E	
	状况	得分	状况	得分	状况	得分	状况	得分	状况	得分
市场竞争	无	1	较弱	3	一般	5	较强	8	很强	12
战略协调	很好	1	较好	3	一般	5	较差	8	很差	12
投资回报期	1.5年	4	1年	1	2.5年	7	3年	10	4年	15
资源供应	一般	8	很好	1	较好	5	很差	12	较差	10
总分	14		8		22		38		49	
按风险调整的贴现率	9%		7%		12%		17%		25%以上	

另外，根据资本资产定价模型也可以确定按风险调整的贴现率，读者可参阅投资学或财务管理学等课程的相关教材。

2. 风险调整贴现率法的决策规则

风险调整贴现率法的具体决策方法与无风险时基本相同，决策规则亦与上一章所述一样。现以净现值指标为例说明如下：

$$E(NPV)=\sum_{t=1}^{n}E(NCF_t)\cdot(P/F,K,t)-P$$

$$=\sum_{t=1}^{n}E(NCF_t)\cdot(1+K)^{-t}-P \qquad (9-11)$$

式中，$E(NPV)$ 为投资项目的期望净现值；$E(NCF_t)$ 为投资项目第 t 年净现金流量的期望值；K 为按风险调整的贴现率；P 为初始投资额（一次投资的情况）；n 为项目寿命。

此时，采用NPV法的决策规则是：

(1) 在采纳与否的决策中，若 $E(NPV)\geqslant 0$，则采纳；若 $E(NPV)<0$，则拒绝。

(2) 在互斥选择的决策中，在所有满足 $E(NPV)\geqslant 0$ 的方案中选择 $\text{Max}\{E(NPV)\}$

的投资方案（项目）。

【例9-5】

某公司拟动用100万元资金进行固定资产投资，有关部门提出了A，B两种方案，并对未来各年的净现金流量及其概率分布做了认真的测算和估计（如表9-7所示）。该公司资本成本为10%，设定的风险报酬系数为0.9。

表9-7　A，B两方案未来净现金流量概率分布　　单位：万元

t	方案A		方案B	
	NCF	***P***	***NCF***	***P***
0	−100	1	−100	1
1	80	0.5	150	0.35
	100	0.2	120	0.45
	120	0.3	130	0.2
2	100	0.35	110	0.2
	130	0.45	100	0.6
	150	0.2	90	0.2
3	120	0.6	100	0.2
	150	0.25	95	0.3
	180	0.15	85	0.5

现要求请按风险调整贴现率法运用*NPV*指标对A，B方案进行评价分析。

(1) 计算各方案每年净现金流量的期望值。

1) A方案：

$$E(NCF_1)=80\times0.5+100\times0.2+120\times0.3=96(\text{万元})$$
$$E(NCF_2)=100\times0.35+130\times0.45+150\times0.2=123.5(\text{万元})$$
$$E(NCF_3)=120\times0.6+150\times0.25+180\times0.15=136.5(\text{万元})$$

2) B方案：

$$E(NCF_1)=150\times0.35+120\times0.45+130\times0.2=132.5(\text{万元})$$
$$E(NCF_2)=110\times0.2+100\times0.6+90\times0.2=100(\text{万元})$$
$$E(NCF_3)=100\times0.2+95\times0.3+85\times0.5=91(\text{万元})$$

(2) 计算各方案每年净现金流量的标准差。

1) A方案：

$$\sigma_1=\sqrt{(80-96)^2\times0.5+(100-96)^2\times0.2+(120-96)^2\times0.3}=17.44$$

$$\sigma_2=\sqrt{(100-123.5)^2\times0.35+(130-123.5)^2\times0.45+(150-123.5)^2\times0.2}$$
$$=18.78$$

$$\sigma_3=\sqrt{(120-136.5)^2\times0.6+(150-136.5)^2\times0.25+(180-136.5)^2\times0.15}$$
$$=22.20$$

2）B方案：

$$\sigma_1=\sqrt{(150-132.5)^2\times0.35+(120-132.5)^2\times0.45+(130-132.5)^2\times0.2}=13.37$$

$$\sigma_2=\sqrt{(110-100)^2\times0.2+(100-100)^2\times0.6+(90-100)^2\times0.2}=6.32$$

$$\sigma_3=\sqrt{(100-91)^2\times0.2+(95-91)^2\times0.3+(85-91)^2\times0.5}=6.24$$

(3) 计算各方案的总标准差和总变异系数。整个投资方案的总标准差应以其各个期间的期望值和标准差为基础做进一步的综合，即总标准差是各年标准差的现值的平方和的开方值，其计算公式如下：

$$T\sigma=\sqrt{\sum_{t=1}^{n}\left\{\frac{\sigma_t}{(1+K)^t}\right\}^2}=\sqrt{\sum_{t=1}^{n}\{\sigma_t\cdot(P/F,K,t)\}^2} \tag{9-12}$$

同时，还应把各个期间的净现金流量的期望值统一换算为现值，称为期望的净现金流量的现值，以 $E(PV)$ 表示。其计算公式为：

$$E(PV)=\sum_{t=1}^{n}E(NCF_t)\cdot(P/F,K,t) \tag{9-13}$$

整个方案的总变异系数则可按如下公式计算：

$$TV=\frac{T\sigma}{E(PV)} \tag{9-14}$$

1）计算各方案的总标准差。

a. A方案：

$$\begin{aligned}T\sigma_A&=\left\{\begin{matrix}[17.44\times(P/F,10\%,1)]^2+[18.78\times(P/F,10\%,2)]^2\\+[22.20\times(P/F,10\%,3)]^2\end{matrix}\right\}^{1/2}\\&=[(17.44\times0.909)^2+(18.78\times0.826)^2+(22.20\times0.751)^2]^{1/2}\\&=27.67\end{aligned}$$

b. B方案：

$$T\sigma_B=[(13.37\times0.909)^2+(6.32\times0.826)^2+(6.24\times0.751)^2]^{1/2}=14.03$$

2）计算各方案期望的净现金流量的现值。

a. A方案：

$$E(PV_A)=96\times0.909+123.5\times0.826+136.5\times0.751=291.79$$

b. B方案：

$$E(PV_B)=132.5\times0.909+100\times0.826+91\times0.751=271.38$$

3）计算各方案的总变异系数。

a. A方案：

$$TV_A=27.67/291.79=0.095$$

b. B方案：

$$TV_B=14.03/271.38=0.052$$

（4）以总变异系数为基础计算风险报酬率，计入企业资本成本，构成按风险调整的贴现率。

1）计算风险报酬率。

a. A方案：

$$R_{R_A}=\beta \cdot TV_A=0.9\times 0.095=8.55\%$$

b. B方案：

$$R_{R_B}=\beta \cdot TV_B=0.9\times 0.052=4.68\%$$

2）计算按风险调整的贴现率。

a. A方案：

$$\begin{aligned}K_A&=R_F+R_{R_A}\\&=K+R_{R_A}=10\%+8.55\%=18.55\%\end{aligned}$$

b. B方案：

$$\begin{aligned}K_B&=R_F+R_{R_B}\\&=K+R_{R_B}=10\%+4.68\%=14.68\%\end{aligned}$$

（5）以风险调整的贴现率和各年净现金流量的期望值为基础计算各方案期望的净现值。

1）A方案：

$$\begin{aligned}E(NPV_A)&=96\times(1+18.55\%)^{-1}+123.5\times(1+18.55\%)^{-2}\\&\quad+136.5\times(1+18.55\%)^{-3}-100\\&=150.78(\text{万元})\end{aligned}$$

2）B方案：

$$\begin{aligned}E(NPV_B)&=132.5\times(1+14.68\%)^{-1}+100\times(1+14.68\%)^{-2}\\&\quad+91\times(1+14.68\%)^{-3}-100\\&=151.91(\text{万元})\end{aligned}$$

（6）决策结论。$E(NPV_A)$，$E(NPV_B)$均大于零，皆为可行方案，且$E(NPV_A)$略小于$E(NPV_B)$，所以在考虑风险因素后，A方案不如B方案，该公司应选择B方案进行投资。

3. 对风险调整贴现率法的评价

一般情况下，投资报酬率相同时人们会选择风险小的项目；风险相同时人们会选择投资报酬率高的项目。如果风险大但投资报酬率也高，就难以直接对比得出决策结论了。这就必须通过一定的方法为它们创造共同可比的条件。风险调整贴现率法是以包含风险因素的贴现率为基础计算净现值的，不同方案的净现值指标就由原来的不可比变成可比了。风险大的方案风险报酬率较高，包含风险因素的贴现率也大，据以计算的净现值相对来说就会小些；风险小的方案则正好相反。这样，按包含风险因素的贴现率计算的净现值指标具有更大的综合性，即它既能反映方案内在的经济性，也能反映其所含风险的大小，从而使不同方案的分析评价具有可比性。

在运用风险调整贴现率法时，对风险较大的项目采用较高的贴现率，对风险较小的项目采用较低的贴现率，简单明了，符合逻辑。但是，这种方法把风险报酬与货币时间价值混在一起，并据此对现金流量进行贴现，隐含着风险随着时间的推移而被人为加大的可能性，这样处理常常与实际情况相悖。例如，就旅馆、饭店、果园等很多行业的投资来说，往往对前几年的现金流量没有把握，但对后期的现金流量反而更有把握。在运用风险调整贴现率法时应注意到这一缺陷，以防止决策失误。

9.2.2 风险调整现金流量法

由于风险的存在，各年的现金流量变得不确定。为此，就需要按风险状况对各年的现金流量进行调整。这种按风险调整现金流量，然后进行长期投资决策的评价方法称为风险调整现金流量法。其具体调整办法有很多，这里只介绍最常用的肯定当量法。

1. 肯定当量法的一般概念

肯定当量法是指把不肯定的现金流量期望值按约当系数折算为相当于肯定的现金流量，然后用无风险贴现率评价风险投资项目的决策分析方法。

约当系数是将不肯定的现金流量期望值换算成相当于使投资者满意的肯定的现金流量系数，通常用 d 表示，即

$$d=\frac{\text{肯定的现金流量}}{\text{不肯定的现金流量期望值}} \tag{9-15}$$

在进行评价时，可根据各年现金流量风险的大小，选取不同的约当系数：当现金流量肯定时，可取 $d=1$；当现金流量的风险很小时，可取 $0.8\leqslant d<1$；当现金流量的风险一般时，可取 $0.4\leqslant d<0.8$；当现金流量的风险很大时，可取 $0<d<0.4$。

约当系数的选取可能会因投资者对待风险的态度的不同而不同：敢于冒险的投资者会选择较高的约当系数；稳健的投资者则可能选择较低的约当系数。为了防止因投资者的偏好差异而决策失误，一般可根据变异系数来确定约当系数，因为变异系数是衡量风险大小的一个指标，用它来确定约当系数是合理的选择。变异系数反映了现金流量的离散程度，即变异系数越大，离散程度就越大，风险也就大，约当系数就取值小些；反之，则取值大些。变异系数与约当系数的经验关系如表9-8所示。（注意：V 与 d 之间的数量关系并没有一致公认的客观标准。）

表 9-8　变异系数与约当系数的经验关系

变异系数	约当系数
0.00～0.07	1
0.08～0.15	0.9
0.16～0.23	0.8
0.24～0.32	0.7
0.33～0.42	0.6
0.43～0.54	0.5
0.55～0.70	0.4
⋮	⋮

2. 肯定当量法的应用

（1）采用 NPV 指标时的肯定当量法。应用肯定当量法时，可用下列公式计算风险投资项目期望的净现值 $E(NPV)$，以评价项目的优劣：

$$E(NPV)=\sum_{t=1}^{n}\frac{d_t \cdot E(NCF_t)}{(1+k)^t}-P$$
$$=\sum_{t=1}^{n}d_t \cdot E(NCF_t)\cdot(P/F,K,t)-P \qquad (9-16)$$

式中，d_t 为第 t 年的约当系数（$0\leqslant d_t\leqslant 1$）。

此时，应用 $E(NPV)$ 的决策规则与 NPV 法相同。

（2）采用 IRR 指标时的肯定当量法。肯定当量法也可以与 IRR 指标结合使用。这时，应按下列公式计算期望的内含报酬率（用 $E(IRR)$ 表示）：

$$E(NPV)=\sum_{t=1}^{n}d_t \cdot E(NCF_t)\cdot(P/F,E(IRR),t)-P$$
$$=\sum_{t=1}^{n}d_t \cdot E(NCF_t)\cdot(1+E(IRR))^{-t}-P=0 \qquad (9-17)$$

运用插值法可求得 $E(IRR)$，因 $E(IRR)$ 已排除风险因素，只需与无风险报酬率相比，即可判断项目的优劣，其决策规则亦与 IRR 法一致。

【例 9-6】

沿用上例的资料。现要求采用肯定当量法对 A，B 方案进行评价。

（1）计算各方案每年净现金流量的变异系数 V。

1）A 方案：

$$V_1=\sigma_1/E(NCF_1)=17.44/96=0.18$$
$$V_2=\sigma_2/E(NCF_2)=18.78/123.5=0.15$$
$$V_3=\sigma_3/E(NCF_3)=22.20/136.5=0.16$$

2）B 方案：

$$V_1=\sigma_1/E(NCF_1)=13.37/132.5=0.10$$

$$V_2=\sigma_2/E(NCF_2)=6.32/100=0.06$$
$$V_3=\sigma_3/E(NCF_3)=6.24/91=0.07$$

（2）根据表9-8，确定各方案每年的约当系数 d_t。

1）A方案：

$$d_1=0.8$$
$$d_2=0.9$$
$$d_3=0.8$$

2）B方案：

$$d_1=0.9$$
$$d_2=1$$
$$d_3=1$$

（3）计算各方案期望的净现值 $E(NPV)$。

1）A方案：

$$\begin{aligned}E(NPV_A)&=0.8\times96\times(P/F,10\%,1)+0.9\times123.5\times(P/F,10\%,2)\\&\quad+0.8\times136.5\times(P/F,10\%,3)-100\\&=143.63(\text{万元})\end{aligned}$$

2）B方案：

$$\begin{aligned}E(NPV_B)&=0.9\times132.5\times0.909+1\times100\times0.826+1\times91\times0.751-100\\&=159.34(\text{万元})\end{aligned}$$

（4）决策结论。$E(NPV_B)>E(NPV_A)$，故B方案优于A方案。

读者可采用IRR指标，对上述A，B方案进行评价，得到相同结论。

3. 对肯定当量法的评价

肯定当量法是用调整净现值公式中净现金流量的期望值的办法来考虑风险，调整的是净现值公式的分子；风险调整贴现率法则用调整净现值公式中的贴现率的办法来考虑风险，调整的是净现值公式的分母。这就是两种方法的重要区别。

肯定当量法可以反映各年固有的风险程度，使风险不因时间推移而被夸大，从而克服了风险调整贴现率法夸大远期风险的缺陷。不过，肯定当量法不如风险调整贴现率法那样直观，如何确定合理的约当系数也是个难题。

9.2.3 概率分析法

风险调整贴现率法或肯定当量法都是根据项目所承受的风险程度适当调整贴现率或现金流量，从而对相应的风险进行间接补偿，但它们没有考虑项目收益具体的概率分布，因此这两种方法都是风险因素的间接调整法。我们知道，对投资项目进行风险分析最直接的办法是给出项目净现值的概率分布，即净现值的各种可能结果及其发生的概率。但是，净现值本身是一个反映项目获利能力的综合指标，由项目各期的净现金流量、资金成本和项目寿命等因素决定，这些因素的估计又建立在对一些基本经济要素诸如销售量、价格、成本、所得税等的预测基础上。可见，要获得净现值的概率分布是相当复杂与困难的。为了解决这一难题，可以借助电子计算机运用蒙特卡洛模拟法分析得到项目净现值的概率分布，并在此基础上，应用净现值的概率分布对风险因素进行直接调整来判断项目的风险程度。我们将这类决策分析方法称为概率分析法。

投资项目每年现金流量是否独立，将影响概率分析法的具体运用。下面我们分别介绍不同情况下的概率分析法。

1. 独立现金流量情况下的概率分析法

投资项目每年现金流量独立，是指上下两年的现金流量互不相关，上一年的现金流量不影响下一年的现金流量。这种现金流量序列可称为独立现金流量。在此情况下，应用概率分析法的决策规则有期望值规则、期望值-变异系数规则、接受错误概率规则三种，现分述如下。

（1）期望值规则。期望值规则的基本思想是：利用净现值的期望值作为决策指标，运用 NPV 法来评价项目的优劣。这里的关键是如何求得净现值的期望值。严格地说，应根据净现值的概率分布计算而得，不过实际工作中往往是通过现金流量的概率分布求得，其计算公式如下：

$$E(NPV)=\sum_{t=1}^{n}E(NCF_t)\cdot(P/F,K,t)-P \tag{9-18}$$

上式表明，净现值的期望值 $E(NPV)$ 实际上是通过净现金流量的期望值 $E(NCF)$ 贴现求得的，只能是一种近似计算。

我们知道，净现值的期望值只反映了项目的平均获利能力，并不能显示项目的风险程度，因此期望值规则在风险投资决策中的应用是极其有限的。

（2）期望值-变异系数规则。期望值-变异系数规则是风险投资决策中常用的决策规则，既吸收了期望值规则中用期望值作为评价项目获利能力的指标的特点，又考虑到了用变异系数作为衡量项目风险程度的尺度。具体来说，该规则可以做如下表述。

对于两个投资项目 A 和 B，它们的净现值的期望值均不小于零，则投资项目 A 和 B 均为可行方案。如果 A 和 B 是互斥的，要判断 A 优于 B，只要满足下列两个条件之一即可：

1）项目 A 的净现值的期望值≥项目 B 的净现值的期望值，且项目 A 的变异系数<项目 B 的变异系数。

2）项目 A 的净现值的期望值>项目 B 的净现值的期望值，且项目 A 的变异系数≤项目 B 的变异系数。

由此可见，该规则的基本思想是：对一项投资既希望其净现值的期望值最大，又希望相应的风险最小。但是实际中这两者常常难以兼顾。当两个项目进行比较时，可能会出现一个项目的净现值的期望值大于另一个项目的净现值的期望值，同时该项目的变异系数也大于另一项目的变异系数的情况。此时，运用该规则无法判断这两个项目孰优孰劣，最后的选择将取决于决策者对获利能力和风险程度的权衡及其对待风险的态度。因此，值得指出的是，这种投资风险概率分析的目的在于为决策者提供有关的参考信息，其本身不能代替决策者的最终选择。

【例9-7】

某公司准备投资50 000元，现有A，B两个项目可供选择，项目寿命均为3年。经分析测算，A，B两个项目的净现金流量及其概率分布如表9-9所示。

表9-9 A，B两项目净现金流量概率分布 单位：万元

t	项目A		项目B	
	NCF	*P*	*NCF*	*P*
1	60 000 30 000 10 000	0.3 0.4 0.3	50 000 40 000 20 000	0.2 0.6 0.2
2	60 000 30 000 10 000	0.3 0.5 0.2	40 000 30 000 20 000	0.25 0.5 0.25
3	60 000 30 000 10 000	0.4 0.4 0.2	35 000 45 000 55 000	0.3 0.4 0.3

现要求用概率分析法对A，B两个项目进行评价，并判断该公司应选择哪个项目来投资（该公司资本成本为12%）。

(1) 计算各项目每年净现金流量的期望值$E(NCF)$。

项目A：

$$E(NCF_1)=60\,000\times0.3+30\,000\times0.4+10\,000\times0.3=33\,000$$
$$E(NCF_2)=60\,000\times0.3+30\,000\times0.5+10\,000\times0.2=35\,000$$
$$E(NCF_3)=60\,000\times0.4+30\,000\times0.4+10\,000\times0.2=38\,000$$

项目B：

$$E(NCF_1)=50\,000\times0.2+40\,000\times0.6+20\,000\times0.2=38\,000$$
$$E(NCF_2)=40\,000\times0.25+30\,000\times0.5+20\,000\times0.25=30\,000$$
$$E(NCF_3)=35\,000\times0.3+45\,000\times0.4+55\,000\times0.3=45\,000$$

(2) 计算各项目净现值的期望值$E(NPV)$。

$$\begin{aligned}E(NPV_A)&=33\,000\times(P/F,12\%,1)+35\,000\times(P/F,12\%,2)\\&\quad+38\,000\times(P/F,12\%,3)-50\,000\\&=34\,420(\text{元})\end{aligned}$$

$$\begin{aligned}E(NPV_B)&=38\,000\times(P/F,12\%,1)+30\,000\times(P/F,12\%,2)\\&\quad+45\,000\times(P/F,12\%,3)-50\,000\\&=39\,884(\text{元})\end{aligned}$$

(3) 计算各项目净现值的变异系数 V。

项目A各年净现金流量的标准差 σ_t 为：

$$\sigma_1 = 19\ 519$$
$$\sigma_2 = 18\ 028$$
$$\sigma_3 = 19\ 391$$

在现金流量独立的情况下，净现值的标准差 σ 的平方的计算公式如下：

$$\sigma^2 = \sum_{t=1}^{n} [\sigma_t \cdot (P/F,k,t)]^2 = \sum_{t=1}^{n} [\sigma_t \cdot (1+k)^{-t}]^2 \qquad (9-19)$$

经计算得

$$\sigma_A = 26\ 474$$

$$V_A = \frac{\sigma_A}{E(NPV_A)} = 0.769\ 1$$

项目B各年净现金流量的标准差 σ_t 为：

$$\sigma_1 = 9\ 798$$
$$\sigma_2 = 7\ 071$$
$$\sigma_3 = 7\ 746$$

因而　$\sigma_B = 11\ 778$

$$V_B = \frac{\sigma_B}{E\ (NPV_B)} = 0.295\ 3$$

应用期望值-变异系数规则，$V_A > V_B$，可见项目B的风险也小于项目A，因此该公司应选择项目B进行投资。

(3) 接受错误概率规则。在假定投资项目净现值的概率分布为正态分布的基础上，净现值小于零的概率即为接受错误概率。根据NPV法，$NPV \geqslant 0$，方案才可行。由于 NPV 是一个随机变量，若项目未来的实际 $NPV < 0$，这就说明犯了错误，通过计算所犯错误（即 $NPV < 0$）的概率，可以反映项目的风险程度。因此，用接受错误概率对风险加以计量，并引入投资决策，接受错误概率越大，风险也越大，据此可以判断项目的优劣。这就是接受错误概率规则。

当净现值的概率分布假定为正态分布时，可计算出正态分布曲线图上 $NPV < 0$ 的面积（即图9-1中阴影部分的面积），这就是接受错误概率。图9-1中阴影部分的面积可通过下述方法求得：

先计算出

$$Z = \frac{0 - E(NPV)}{\sigma} = -\frac{E(NPV)}{\sigma} \qquad (9-20)$$

再根据 Z 值查标准正态分布表，即可知接受错误概率 P_b。

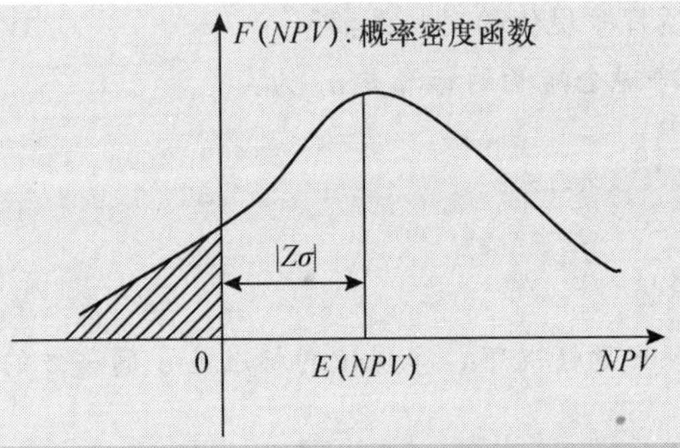

图9-1 净现值的概率分布图

由公式 $Z=-\frac{E\ (NPV)}{\sigma}$ 可知，$E(NPV)$ 越大，σ 越小，$|Z|$ 越大，P_b 就越小，表明风险越小，项目就越有吸引力；反之，$E\ (NPV)$ 越小，σ 越大，项目就越不受欢迎。如此反映项目的风险程度，是符合逻辑的。企业可以按照自己对风险的容忍度，根据这一概率决定投资项目的取舍。

应用此规则时，应注意它是以净现值的正态分布为假设。若净现值偏离正态分布，则分析的准确性会受到一定的影响。所以它只适用于净现值呈正态分布或接近正态分布的投资项目的投资决策分析。

【例9-8】

沿用上例的资料。现要求应用接受错误概率规则对A，B两个项目进行评价。

$$Z_A=-\frac{E(NPV_A)}{\sigma_A}=-34\ 420/26\ 474=-1.30$$

$$Z_B=-\frac{E(NPV_B)}{\sigma_B}=-39\ 884/11\ 778=-3.39$$

查标准正态分布表有

$$P_{b_A}=9.68\%，P_{b_B}=0.03\%$$

$P_{b_B}<P_{b_A}$，可见项目B的风险远小于项目A。该公司若接受项目B，所犯错误的概率只有0.03%（或 $NPV<0$ 的可能性是0.03%），接近于0，表明项目B是十分可靠的。

2. 非独立现金流量情况下的概率分析法

投资项目每年现金流量不独立，是指上下两年的现金流量互相关联，下一年的现金流量在一定程度上取决于上一年的现金流量。这种现金流量序列可称为非独立现金流量。在此种情况下，运用概率分析法的具体思路是：通过现金流量概率树，以无风险报酬率为贴现率，就各现金流量序列分别计算各个可能的净现值，再按联合概率计算净现值的期望值，以反映整个投资项目的风险全貌，并据以判断项目的优劣。这种决策方法通常被形象地称为决策树法。

下面结合实例来说明决策树法的基本步骤和要领。

【例9-9】

某投资项目初始投资额为120 000元，项目寿命为3年，现金流量概率树如图9-2所示。假设资本成本为15%。现要求对该投资项目进行评价。

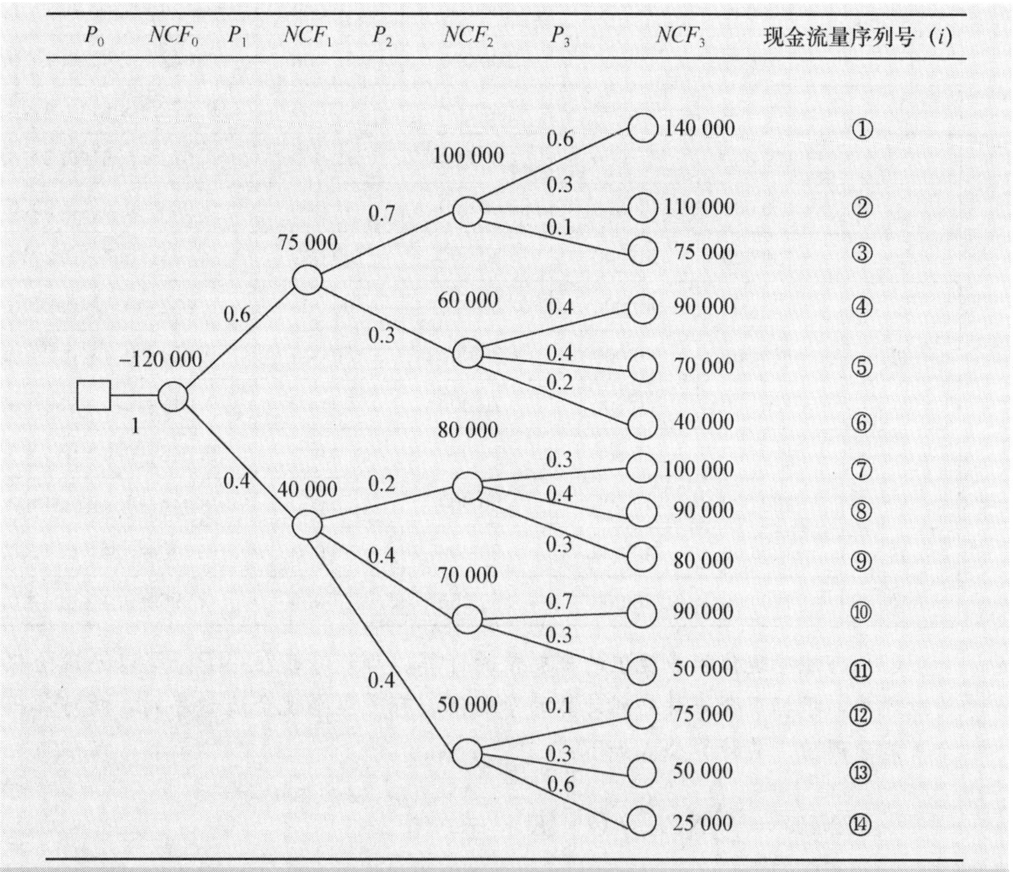

图9-2　现金流量概率树

(1) 现金流量序列和联合概率。从初始投资现金流量开始，直至项目寿命期最后一年可能的现金流量，各自形成一个现金流量序列。因此，最后一年有多少可能的现金流量，投资项目就有多少个现金流量序列。在本例中，共有14个现金流量序列。联合概率（JP）是指现金流量序列中各年现金流量概率（P）连乘之积。其计算公式如下：

$$JP=P_1\times P_2\times\cdots\times P_n=\prod_{t=1}^{n}P_t \qquad (9-21)$$

据此，本例中14个现金流量序列及其联合概率如表9-10所示。

表9-10　14个现金流量序列及其联合概率　　单位：元

现金流量序列号（i）	现金流量序列				联合概率 $JP=P_1\times P_2\times P_3$
	NCF_0	NCF_1	NCF_2	NCF_3	
①	−120 000	75 000	100 000	140 000	0.252=0.6×0.7×0.6

续表

现金流量序列号（i）	现金流量序列				联合概率 $JP=P_1\times P_2\times P_3$
	NCF_0	NCF_1	NCF_2	NCF_3	
②	−120 000	75 000	100 000	110 000	0.126=0.6×0.7×0.3
③	−120 000	75 000	100 000	75 000	0.042=0.6×0.7×0.1
④	−120 000	75 000	60 000	90 000	0.072=0.6×0.3×0.4
⑤	−120 000	75 000	60 000	70 000	0.072=0.6×0.3×0.4
⑥	−120 000	75 000	60 000	40 000	0.036=0.6×0.3×0.2
⑦	−120 000	40 000	80 000	100 000	0.024=0.4×0.2×0.3
⑧	−120 000	40 000	80 000	90 000	0.032=0.4×0.2×0.4
⑨	−120 000	40 000	80 000	80 000	0.024=0.4×0.2×0.3
⑩	−120 000	40 000	70 000	90 000	0.112=0.4×0.4×0.7
⑪	−120 000	40 000	70 000	50 000	0.048=0.4×0.4×0.3
⑫	−120 000	40 000	50 000	75 000	0.016=0.4×0.4×0.1
⑬	−120 000	40 000	50 000	50 000	0.048=0.4×0.4×0.3
⑭	−120 000	40 000	50 000	25 000	0.096=0.4×0.4×0.6

（2）可能净现值和净现值的期望值的计算。可能净现值 NPV 是以无风险报酬率为贴现率，根据现金流量序列计算的净现值，有多少个现金流量序列，就可算出多少个可能净现值。其计算公式如下：

$$\begin{aligned}NPV&=\sum_{t=1}^{n}NCF_t\cdot(1+K)^{-t}-NCF_0\\&=\sum_{t=1}^{n}NCF_t\cdot(P/F,K,t)-NCF_0\end{aligned}\qquad(9-22)$$

（说明：为了避免与概率符号 P 相混淆，这里初始投资额用 NCF_0 表示。）

本例中14个可能净现值的计算结果如下：

$$\begin{aligned}NPV_1=&75\,000\times(P/F,15\%,1)+100\,000\times(P/F,15\%,2)\\&+140\,000\times(P/F,15\%,3)-120\,000\\=&112\,970(\text{元})\end{aligned}$$

同理，其他可能净现值依次是：$NPV_2=93\,230$ 元；$NPV_3=70\,200$ 元；$NPV_4=49\,830$ 元；$NPV_5=36\,670$ 元；$NPV_6=16\,930$ 元；$NPV_7=41\,080$ 元；$NPV_8=3\,4500$ 元；$NPV_9=27\,920$ 元；$NPV_{10}=26\,940$ 元；$NPV_{11}=620$ 元；$NPV_{12}=1\,950$ 元；$NPV_{13}=-14\,500$ 元；$NPV_{14}=-30\,950$ 元。

净现值的期望值 $E(NPV)$ 的计算公式如下：

$$E(NPV)=\sum_{i=1}^{m}NPV_i\cdot JP_i\qquad(9-23)$$

式中，m 为可能净现值的个数（即联合概率的个数）。

本例中，$m=14$，$E(NPV)$ 的计算结果如下：

$$\begin{aligned}E(NPV)&=112\,970\times0.252+93\,230\times0.126+70\,200\times0.042+49\,830\times0.072\\&\quad+36\,670\times0.072+16\,930\times0.036+41\,080\times0.024\\&\quad+34\,500\times0.032+27\,920\times0.024+26\,940\times0.112+620\times0.048\\&\quad+1\,950\times0.016+(-14\,500)\times0.048+(-30\,950)\times0.096\\&=52\,172.34(\text{元})>0\end{aligned}$$

可见，$E(NPV)>0$，且 $NPV<0$ 的概率很小，其联合概率只有 0.144（0.048+0.096），而 $NPV>0$ 的概率达 0.856（1－0.144），看来该投资项目的获利能力较强而风险不太大，是一个相当有吸引力的投资项目。

读者还可以将现金流量概率树同可能净现值、联合概率、净现值的期望值等联系起来，画出决策树图，对项目的风险全貌一览无遗，尤其是用其中负的可能净现值及其联合概率来表现项目风险程度，更加一目了然。

（3）接受错误概率规则在决策树法中的应用。在决策树法中，联合概率与现金流量序列的个数是一样的，在这种有级（离散）的条件下算出的净现值小于零的概率，即接受错误概率不一定准确。我们可以把可能净现值及其概率视同正态分布，运用前面讲到的求接受错误概率的方法进行无级（连续）处理，并由此得到比较准确的接受错误概率，以便恰当地计量项目的风险。（当然，若净现值的概率分布不是正态分布或不接近正态分布，则计算误差较大，此时不宜进行无级处理。）

这里，就本例说明其分析程序和方法。

第一步，根据净现值的期望值、各可能净现值及其联合概率，按下列公式计算净现值的标准差 σ：

$$\sigma=\sqrt{\sum_{i=1}^{n}[NPV_i-E(NPV)]^2\cdot JP_i} \tag{9-24}$$

在本例中，$\sigma=48\,610$。

第二步，按下列公式计算 Z 值：

$$Z=-\frac{E(NPV)}{\sigma}$$

在本例中，$Z=-52\,172.34/48\,610=-1.07$。

第三步，根据 Z 值查标准正态分布表，得到 $NPV<0$ 的概率，即接受错误概率 P_b 为：

$$P_b=0.142\,3\approx14\%$$

以上结果可以用图 9－3 表示。

由上述分析可知，$NPV<0$ 的可能性约为 14%，可取得 52 171 元净现值的期望值，说明该项目还是值得投资的。

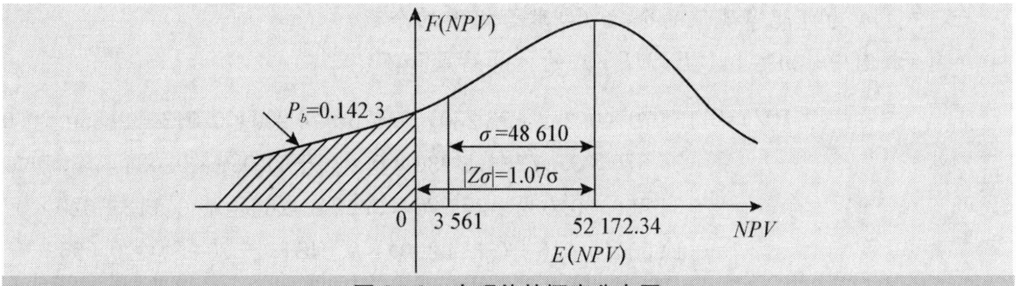

图9-3　净现值的概率分布图

值得注意的是，在企业的经营管理过程中，风险是普遍存在的，因此所有长期投资决策实质上都是风险型决策。不过，本章在介绍各种风险投资决策方法时，都假定投资者为风险反感（或厌恶、回避）型的。其实，现实经济生活中，投资决策者有三种基本的类型，即风险回避型（保守型）、风险中立型和风险追求型（冒险型），所以风险性投资决策最终取决于投资者对待风险的态度。这时，运用效用理论可同时兼顾风险和报酬，提供理论上完美的风险投资决策方法（期望效用规则），可惜它在实践中缺乏可操作性，因而难以应用。考虑到这一点，我们再次强调，应用各种风险投资决策方法的分析评价结论只是为投资决策者提供某些有价值的参考信息，而不能代替决策者的决策判断。

在本章的最后，我们以三宝公司为例，具体分析三宝公司现有的三个投资项目，在资金有限的情况下，三宝公司应该如何对这三个项目进行选择？与上一章不同的是，三宝公司面对的是不确定的现金流，因此会给企业带来不确定的收益，读者在阅读案例的过程中应注意以下三个主要的问题：（1）当营业净现金流量不确定时，应如何重新评估该项目的收益？（2）有哪些方法来衡量投资风险？企业应如何控制风险，并尽量减少风险可能带来的损失？（3）小王与小宋两人意见的冲突起源于什么？谁的结论是正确的？

案例

三宝公司的风险投资决策分析

三宝公司现在有三个重点投资项目可供选择：项目A和B是高科技项目，该领域竞争激烈，且已经有较多家同类公司开始准备投入研发，因此如果三宝公司能快速研发成功并且迅速投入市场，即利用两年的时间进行产品的研发与创新，在第2年末研发成功并在市场中首次推出，那么在第3年就能为该公司带来较大的利润。

同时三宝公司还有一个项目C，项目C是三宝公司的老产品，也是人们生活的必需品，所以三宝公司可以在维持项目C的生产的同时选择对项目C进行生产能力的提升，提高C产品的生产数量，同时对C产品进行质量与服务升级。因为C产品是三宝公司的老产品，所以项目C在投入资金第2年就能为该公司带来净现金流入。

现假设：三宝公司若选择投资研发项目A，B，则在第2年末均会研发成功，同时公司要求的最低报酬率是8%，并假定$\beta=0.1$，且3个项目将给企业带来的净现金流量与发生的概率如表9-11所示。

表9-11 各项目的净现金流量与发生概率 单位：元

项目	第0年		第1年		第2年		第3年	
	NCF	概率	*NCF*	概率	*NCF*	概率	*NCF*	概率
A	(3 000)	1					3 000	0.10
							4 000	0.80
							5 000	0.10
B	(2 000)	1					1 500	0.20
							4 000	0.60
							6 500	0.20
C	(6 000)	1	3 000	0.25	4 000	0.20	2 500	0.30
			2 000	0.50	3 000	0.60	2 000	0.40
			2 000	0.25	2 000	0.20	1 500	0.30

风险调整贴现率法是否与风险调整现金流量法相冲突？

小王与小宋负责对三宝公司以上3个项目进行风险评估与测算，小王主张运用风险调整贴现率的方法，分别对3个项目的贴现率进行重新调整，并且在调整的贴现率的基础上重新计算3个项目将给企业带来的净现金流量现值。

对于项目A，B，由于只在第3年才会给企业带来现金流入，因此通过计算得出的数据如表9-12所示。

表9-12 项目A，B计算所得数据

项目	期望现金流	现金流量标准差	变异系数	风险调整贴现率
A	4 000	447.21	0.11	9.1%
B	4 000	1 581.14	0.40	12%

由于项目C在投入的3年中均有现金流量，因此分别对各年进行期望现金流量计算，再在此基础上计算总期望现金流量与标准差，最后计算出风险调整贴现率，如表9-13所示。

表9-13 项目C计算所得数据

项目	期望现金流	总期望现金流量	各年现金流量标准差	总标准差	变异系数	风险调整贴现率
C	2 250	6 242.5	433.01	741.03	0.12	9.2%
	3 000		632.46			
	2 000		387.30			

由上述表中计算所得的项目A，B，C的风险调整贴现率，小王计算出3个项目的净现金流量现值分别为：$NPV_A=80.25$万元，$NPV_B=847.12$万元，$NPV_C=$

112.14 万元。

由上可知，$NPV_B > NPV_C > NPV_A > 0$，所以3个项目都是可行的，在资金有限的前提下，三宝公司应该投资项目B。

小宋则认为应该运用风险调整现金流量法来进行分析，并且运用肯定当量法来计算3个项目调整后的现金流量。已知变异系数与对应的约当系数的经验关系如表9-14所示。

表9-14　变异系数与约当系数的经验关系

变异系数	约当系数
0.00～0.07	1
0.08～0.15	0.9
0.16～0.23	0.8
0.24～0.32	0.7
0.33～0.42	0.6
0.43～0.54	0.5
0.55～0.70	0.4
⋮	⋮

小宋通过计算得出3个项目的净现金流量现值分别为：$NPV_A = -141.60$ 万元，$NPV_B = -94.40$ 万元，$NPV_C = -381.75$ 万元。

由NPV决策规则可知，3个项目都是不可行项目，所以三宝公司不应该对这3个项目中的任何一个进行投资。

小王与小宋各执一词，都认为自己的方法是正确的。那么为什么会产生如此的不同呢？由于风险调整贴现率对远期的现金流量会予以较大的调整，而肯定当量法则不会，在3个项目各年的净现金流量与概率分布表中，我们可以看到项目A与项目B的投资资金收回均是在第3年，所以运用风险调整贴现率对第3年的现金流量调整，数额会较大，从而会产生正的净现金流，因此小王最终的测算结果是正的，而小宋运用的肯定当量法对第3年的净现金流量调整较小，所以会得出最终无法收回投资的结论。

虽然小王与小宋的测算结果不一致，但我们如果重新审视小宋的结果就会发现，虽然3个项目都会给企业带来负收益，都会产生负的现金流量，但就亏损的程度进行项目评估，项目B仍是最优的，然后是项目A，最差的是项目C，这与小王对3个项目的投资结论（即投资项目B）是一致的。

由本案例我们可以看到风险调整贴现率与风险调整现金流量法中的肯定当量法的联系与区别，虽然风险调整贴现率更直观，也更容易计算，但是风险调整贴现率法很容易放大未来的现金流量，从而可能会造成错误的决策，风险调整现金流量法则可以有效地避免这一情况，但是在肯定当量法中变异系数的确定存在一定的主观性，无法客观地进行评估与评判。所以，在对风险项目进行评估时，我们应该在掌握各种方法的同时，注意各种方法的运用背景与运用条件，避免盲目地使用单一的方法而产生片面的结论。

资料来源：根据南京三宝科技集团有限公司网站资料和中国管理会计网资料改编。

复习思考题

1. 什么是风险？什么是风险价值？如何对风险及其价值进行计量？

2. 为什么要在长期投资决策中考虑风险因素？

3. 风险衡量的一般步骤是什么？

4. 什么是变异系数？如何求项目的变异系数？

5. 什么是风险调整贴现率？如何确定风险调整贴现率？怎样在风险投资决策中应用风险调整贴现率法？

6. 风险调整贴现率法与风险调整现金流量法的决策规则是什么？

7. 风险调整贴现率法与肯定当量法的优缺点是什么？它们的本质区别体现在哪里？

8. 约当系数有什么作用？如何确定约当系数？请简述肯定当量法的基本原理。

9. 概率分析法中，期望值规则、期望值-变异系数规则、接受错误概率规则各是什么意思？如何正确运用？

10. 在什么情况下可使用决策树法进行风险投资决策？决策树法与概率分析法是什么关系？

11. 简述决策树法的基本原理。

12. 试对各种风险投资决策方法进行简要评价。

练习题

1. 迅腾公司有三个可供选择的投资项目，其中项目 C 是迅腾公司的主要业务，所以项目 C 的销售前景可以准确地预测，而项目 A，B 是迅腾公司想加入的新产品与新市场，假设其他因素相同，影响迅腾公司项目报酬率的未来经济情况只有三种，即经济繁荣、正常与衰退，有关概率和预期报酬率如下：

经济情况	发生概率	项目 A 预期报酬率	项目 B 预期报酬率	项目 C 预期报酬率
繁荣	0.3	30%	20%	20%
正常	0.6	10%	10%	10%
衰退	0.1	−25%	−5%	5%

要求：

(1) 计算各个项目的期望报酬率；

(2) 计算各个项目的标准差；

(3) 计算各个项目的变异系数；

(4) 对以上三个项目进行评价与选择。

2. 某公司的最低报酬率为6%，假设中等风险程度的项目变异系数为0.5，通常要求的含有风险报酬的最低报酬率为11%，无风险报酬率为6%。现有三个投资方案，有关资料如下：

年次	方案A		方案B		方案C	
	NCF	概率	*NCF*	概率	*NCF*	概率
第0年	(5 000)	1	(2 000)	1	(2 000)	1
第1年	3 000	0.25				
	2 000	0.5				
	1 000	0.25				
第2年	4 000	0.2				
	3 000	0.6				
	2 000	0.2				
第3年	2 500	0.3	1 500	0.2	3 000	0.1
	2 000	0.4	4 000	0.6	4 000	0.8
	1 500	0.3	6 500	0.2	5 000	0.1

要求：

根据以上数据，回答下列问题。

(1) 计算方案A的期望现金流量、综合标准差和变异系数。

(2) 计算方案B和C的期望现金流量、综合标准差和变异系数。

(3) 风险报酬系数β为多少？

(4) 各个项目的风险调整贴现率是多少？

(5) 计算各个项目的期望净现值，并对方案进行评价。

3. 沿用上题的资料，且变异系数与约当系数的经验关系如下表所示。

变异系数	约当系数
0.00～0.07	1
0.08～0.15	0.9
0.16～0.23	0.8
0.24～0.32	0.7
0.33～0.42	0.6
0.43～0.54	0.5
0.55～0.70	0.4
⋮	⋮

要求：运用肯定当量法对方案A，B，C进行评价。

第3篇

执行与控制会计

第 10 章 全面预算

Chapter 10

学习目标

1. 了解全面预算的内容以及编制程序。
2. 理解全面预算的作用。
3. 掌握经营预算的编制。
4. 掌握财务预算的编制。
5. 了解预算控制的几种方法。
6. 了解全面预算管理执行中可能存在的问题。
7. 了解作业预算的编制及其作用。

课程思政点

1. 建立全面规范透明、标准科学、约束有力的预算制度，全面实施绩效管理。
2. 效益优先，协调发展。

引导案例　中化集团的预算管控

中国中化集团有限公司（以下简称中化集团）为国有大型骨干企业，自 1989 年开始入选《财富》500 强排行榜，是中国最早进入这一排行榜的企业之一。中化集团主业分布在农业、能源、化工、地产、金融领域，是中国最大的农业投入品（化肥、农药、种子）一体化经营企业、中国四大石油公司之一、中国领先的化工产品综合服务商，并在高端商业地产和非银行金融业务领域具有广泛影响。

1998 年底，受亚洲金融危机和广东国际信托投资公司事件的影响，中化集团的信用额度大幅下降，并发生了公司成立以来最严重的支付危机。在初步摆脱支付危机后，中化集团聘请麦肯锡公司对公司的经营管理状况进行了深入诊断，得出的结论是：公司不但没有增加股东价值，反而在破坏股东价值。在对危机产生的根源进行深入思考后，公司认识到支付危机表面上是外部金融危机引起的，实质原因则是企业缺乏先进管理理念和有效的管控能力及方式，致使企业内控机制薄弱，抵御风险的能力较弱。1999 年，中化集团启动了以提高企业管理水平为目的的管理改善工程，经过多年的持续改进，目前中化集团已经形成一套基于价值创造，以全面预算管理为核心的“点、线、面”相结合的内部控制体系。该体系优化了集团资源配置，帮助管理者更合理地将资金、薪酬等资源重点配置到投入产出比高、模式新颖、符合公司发展战略的重点业务领域；加快了集团整体战略的推进，进一步增强了市场控制力；增强了企业持续盈利能力。

即使在发生国际金融危机的2008年，中化集团营业收入为3 064亿元，利润总额为87.2亿元。2009年，中化集团第19次入选《财富》500强排行榜，名列第170位，在贸易类企业中名列第3位。2014年、2015年、2016年营业收入分别达到4 986亿元、3 812亿元、3 955亿元，利润总额分别为113.5亿元、60.1亿元、80.7亿元。2014年、2015年、2016年分别位于世界500强的第107、105、139位。

资料来源：根据中国中化集团有限公司总会计师陈国钢的报告《集团企业风险控制与预算管理体系构建》和中国中化集团有限公司网站介绍资料改编。

说到中化集团多年来取得的优异业绩，以全面预算管理为核心、以风险控制为关键、以资金管理为对象的内部控制体系可谓功不可没。那么全面预算管理一般包括哪些内容？企业应该如何构建全面预算管理体系？怎样才能使全面预算管理发挥作用？本章将就上述问题进行讨论。

10.1 全面预算概述

全面预算管理作为对现代企业成熟与发展起重大推动作用的管理系统，是企业内部管理控制的一种主要方法。该方法自20世纪20年代在美国的通用电气、杜邦、通用汽车公司运用以来，很快就成了大型工商企业的标准作业方法。从最初的计划、协调，发展到现在成为兼具控制、激励、评价等诸多功能的综合贯彻企业经营战略的管理工具，全面预算管理在企业内部控制中发挥着核心作用。正如著名管理学家戴维·奥利所说，全面预算管理是为数不多的几种能把企业的所有关键问题融于一个体系中的管理控制方法之一。

企业为保证长期战略目标和短期经营目标的顺利实现，要对企业未来一定时期内的各项经营活动进行统筹安排和规划。这就需要企业根据长期和短期的经营目标，采用一定的方法，按照一定的步骤和程序编制各种预算。预算就是在预测分析和决策分析的基础上，主要以货币为计量单位，合理配置企业的各项资源，并以数字和表格的形式反映资源的配置，以有效地组织、指挥、协调和控制企业的各项经济活动，实现企业既定的经营目标。

预算按其适用期的长短分为长期预算和短期预算。前者是指时间超过一年或一个营业周期的预算，如建造周期在一年以上的固定资产投资预算、长期性证券投资预算等；后者是指时间在一年或一个营业周期内的预算，如企业编制的经营预算和财务预算。此外，预算按采用的编制方法的不同，可分为固定预算和弹性预算、增量预算和零基预算、定期预算和滚动预算、确定性预算和概率预算。

企业编制的预算实际上是一个完整的、有机的预算体系，即全面预算，下面就全面预算的内容、作用和编制程序做简要的说明。

10.1.1　全面预算的内容

全面预算是指企业未来特定时期各项经济活动实施和执行计划的数量说明。一个完整的全面预算体系一般包括经营预算、财务预算和资本支出预算三个组成部分。

1. 经营预算

经营预算是指企业预算期日常发生的基本业务活动的预算。经营预算主要包括销售预算、生产预算、直接材料预算、直接人工预算、制造费用预算、产品成本预算、期末存货成本预算、销售及管理费用预算等。

2. 财务预算

财务预算是指反映企业预算期现金收支、经营成果和财务状况的预算，具体包括现金预算、预计利润表、预计资产负债表等。

3. 资本支出预算

资本支出预算是指企业为不经常发生的非基本业务活动所编制的预算。如企业根据长期投资决策编制的资本支出预算、根据融资决策编制的筹资预算、根据股利政策编制的股利分配预算等。

在全面预算体系中，各项预算相互衔接，互相对应，构成了一个有机整体，它们之间的相互关系如图 10－1 所示。由图 10－1 可见，销售预算是全面预算的编制起点，产品成本预算和现金预算是相关预算的汇总，预计财务报表是所有预算的综合反映。

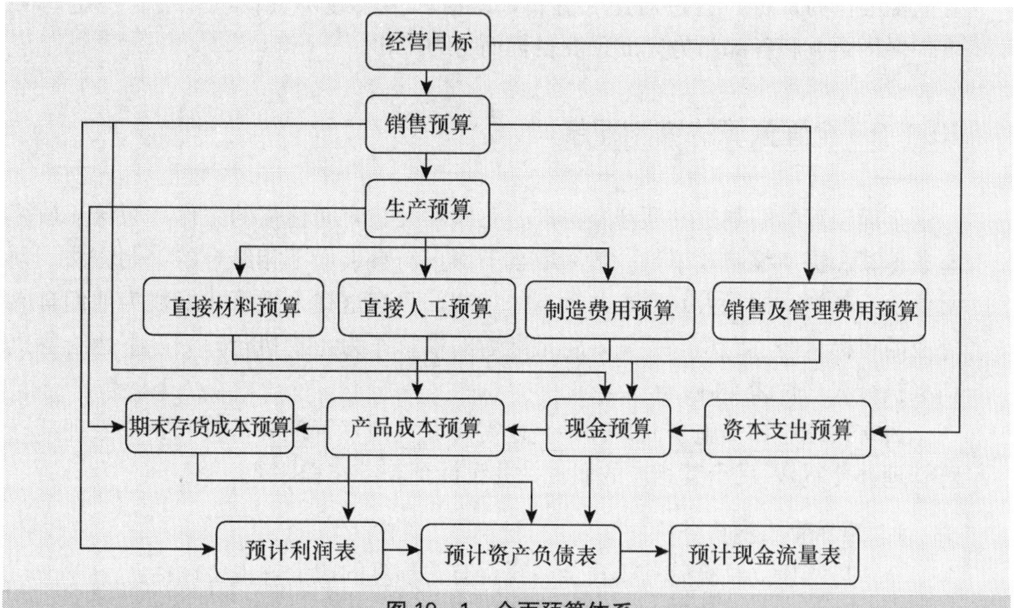

图 10－1　全面预算体系

10.1.2 全面预算的作用

全面预算作为企业管理层对未来生产经营活动的总体规划，其作用主要表现在以下四个方面：

（1）明确工作目标。预算以数量形式规定了企业一定时期的经营总目标，并将经营总目标按企业内部各职能部门的职责范围层层落实，使经营总目标成为各职能部门工作的具体目标。这样就保证了经营总目标与部门分管的具体目标协调一致，使各部门了解和明确自己在经营总目标中的职责和努力的方向，从而使企业总目标通过具体目标的实现得以最终实现。

（2）协调各部门之间的关系。全面预算将企业各方面和各部门的工作纳入一个统一、有序的预算体系，各部门的预算相互衔接、环环相扣，在保证最大限度地实现企业总目标的前提下，有效地组织企业各方面和各部门的生产经营活动。例如，根据以销定产的经营方针，生产预算必须以销售预算为依据，材料采购预算又必须与生产预算相衔接。

（3）控制经济活动。编制预算的目的就是在预算执行过程中和预算执行完成后，对预算的执行情况和执行结果进行计量、对比，对实际脱离预算的差异及其原因进行分析，找出企业经营管理活动中存在的问题，并采取有效措施消除偏差，尽最大努力使实际执行结果与预算所确定的目标相一致。因此，全面预算是控制企业经济活动的依据。

（4）评价工作业绩。全面预算不仅是控制企业经济活动的依据，还是考核与评价企业及其各职能部门工作业绩的标准。在评价企业和各部门工作业绩时，要以全面预算的标准作为依据，通过对比和分析，划清和落实经济责任，并结合一定的奖惩制度，促使企业和各部门为完成预算目标而努力工作。

10.1.3 全面预算的编制程序

全面预算的编制是一项涉及面广、工作量大、时间性强的工作，为保证预算编制有条不紊和提高编制效率，一般采取自下而上与自上而下相结合的编制方法。预算的具体执行部门（执行人）要参与预算的编制，只有这样，预算才能成为他们自愿努力完成的目标；经过汇总、平衡，将批准后的预算作为正式执行计划，下达给各执行部门（执行人）付诸实施。

为有效编制和实施全面预算，企业需要设立预算管理委员会和预算管理部（或预算管理办公室），赋予其相应的职责，并设计预算工作程序。

1. 预算管理委员会

企业应当设立预算管理委员会，履行有关预算的职责，主要包括：

（1）拟定企业预算编制与管理的原则和目标；

（2）审议企业预算方案及其调整方案；

（3）协调解决企业全面预算编制和执行中的重大问题；

（4）根据预算执行结果，提出考核和奖惩意见。

2. 预算管理部

企业应当设立预算管理部或预算管理办公室，负责组织全面预算的编制、报告、执行和日常监控工作。预算管理部应当履行以下主要职责：

（1）组织企业预算的编制、审核、汇总工作；

（2）组织下达预算，监督企业预算执行情况；

（3）制定企业预算调整方案；

（4）协调解决企业预算编制和执行中的有关问题；

（5）分析和考核企业内部各业务部门及其所属子公司的预算完成情况。

3. 全面预算编制的具体程序

预算编制与下达程序一般是先自上而下，又自下而上，再自上而下的反复细化与达成的过程。这里的“上”是指上级单位，“下”是指下级单位。一般来说，由上级单位倡导，并由其根据以前年度完成情况和计划年度的具体情况，下达初步预算指标；然后下级单位根据上级单位下达的预算指标，再结合自身实际情况，申报其在计划年度的预算指标；申报到预算管理办公室后，再统一协调，可能会就相关具体指标与下级单位反复沟通；最后预算管理办公室确定一个预算方案，再报预算管理委员会批准后下达。具体程序如下：

（1）最高管理层根据企业的经营目标和经营方针，提出和明确企业在预算期的预算总目标和预算具体目标；

（2）各业务部门根据分管的预算指标编制本部门的预算；

（3）预算管理委员会审查、平衡各部门编制的预算，汇总编制出企业的综合预算；

（4）预算管理委员会将综合预算上报企业最高管理层批准，批准后的预算下达给各业务部门具体执行。

10.2 经营预算的编制

经营预算是与企业日常经营活动有关的预算，主要包括销售预算、生产预算、直接材料预算、直接人工预算、制造费用预算、产品成本与期末存货成本预算、销售及管理费用预算等。

10.2.1 销售预算的编制

销售预算是全面预算编制的起点，是经营预算和财务预算编制的基础。编制销售预算的主要依据是预计的销售量、销售价格和回收货款的情况。销售预算通常还包括预计的现金流入，以便作为现金预算的编制依据。

销售预算以销售预测为基础，根据销售预测提供的未来期间预计的销售量和销售

单价，就可以求出预计的销售收入，即

预计销售收入＝预计销售量×预计销售单价　　(10－1)

【例10－1】

假设甲公司生产和销售A产品，其20×1年和20×2年第一、第二季度的销售预测如表10－1所示。其中，在各季度的销售额中，60%的货款于本季度收到，另外40%的货款将于下季度收到。

表10－1　销售预测

项目	季度					
	20×1年第一季度	20×1年第二季度	20×1年第三季度	20×1年第四季度	20×2年第一季度	20×2年第二季度
销售数量（件）	100	150	200	180	200	200
销售单价（元）	200	200	200	200	200	200

现要求根据以上资料编制甲公司20×1年的销售预算。

据此编制的销售预算如表10－2所示。

表10－2　销售预算

项目	第一季度	第二季度	第三季度	第四季度	全年
销售数量（件）	100	150	200	180	630
销售单价（元/件）	200	200	200	200	200
销售收入（元）	20 000	30 000	40 000	36 000	126 000
预计现金流入					
确认上期的销售收入	6 200*				6 200
第一季度（销售收入20 000元）	12 000	8 000			20 000
第二季度（销售收入30 000元）		18 000	12 000		30 000
第三季度（销售收入40 000元）			24 000	16 000	40 000
第四季度（销售收入36 000元）				21 600	21 600
现金流入合计	18 200	26 000	36 000	37 600	117 800

*6 200为20×0年第四季度销售收入×40%（假设给定）。

其中，每季度预计现金流入＝上季度销售收入×40%＋本季度销售收入×60%，则

第一季度预计现金流入＝6 200＋20 000×60%＝18 200(元)

第二季度预计现金流入＝20 000×40%＋30 000×60%＝26 000(元)

第三季度预计现金流入＝30 000×40%＋40 000×60%＝36 000(元)

第四季度预计现金流入＝40 000×40%＋36 000×60%＝37 600(元)

10.2.2　生产预算的编制

生产预算是在销售预算基础上编制的，用来安排企业在预算期的产品生产。在企业存在不同的产品品种和生产车间的情况下，按照产品品种和生产车间分别编制具体

的生产预算。生产预算编制的主要依据是预计销售量、期末预计产品库存量和期初预计产品库存量。预算期预计生产量的计算公式如下：

$$预计生产量=期末预计产品库存量+预计销售量-期初预计产品库存量 \tag{10-2}$$

【例 10-2】

沿用例 10-1 中销售预测的资料，期末存量按下期销售数量的 10%确定。现要求编制甲公司 20×1 年分季度的生产预算。

编制完成的生产预算如表 10-3 所示。

表 10-3　生产预算　　　　单位：件

	第一季度	第二季度	第三季度	第四季度	全年
产品销售数量	100	150	200	180	630
加：期末存量	15	20	18	20	20
产品需要数量	115	170	218	200	650
减：预计期初存量	10*	15	20	18	10
产品生产数量	105	155	198	182	640

*10 为 20×0 年预计期末产品存量（假设给定）。

其中，每季度产品生产数量=本季度产品销售数量+下季度销售数量×10%（期末存量）-预计期初存量，则

第一季度生产数量=100+150×10%-10=105(件)

第二季度生产数量=150+200×10%-15=155(件)

第三季度生产数量=200+180×10%-20=198(件)

第四季度生产数量=180+200×10%-18=182(件)

本季度期末存量就是下季度的期初存量，第一季度预计期初存量是全年的期初存量，第四季度期末存量是全年的期末存量。

在企业生产和销售业务管理过程中，编制生产预算不仅要以销售预算为基础，还要结合生产能力和仓库容量等条件，同时应考虑成本费用因素。此外，有些生产或销售客观上存在季节性或周期性，需要合理安排生产进度。

10.2.3　直接材料预算的编制

直接材料预算用来确定预算期材料的采购数量和采购成本。直接材料预算编制的主要依据是产品的预计生产量、单位产品材料耗用量、期末与期初预计的材料库存量、单位材料采购成本和承付材料货款的情况等。预计材料采购量的计算公式如下：

$$预计材料采购量=预计材料耗用量+期末预计材料库存量-期初预计材料库存量 \tag{10-3}$$

由于原材料采购需要付出现金，为了便于编制现金预算，直接材料预算通常包括

用于材料采购的预计现金流出。

【例10-3】

沿用例10-2中生产预算的资料，且单位产品的材料用量为10千克/件，材料采购单价为5元/千克。材料采购金额（货款）的50%在本季度付清，50%在下季度付清，期末存量按下期生产耗用数量的20%确定。现要求编制甲公司20×1年分季度的直接材料预算。

编制完成的直接材料预算如表10-4所示。

表10-4 直接材料预算

项目	第一季度	第二季度	第三季度	第四季度	全年
产品生产数量（件）	105	155	198	182	640
单位产品材料用量（千克/件）	10	10	10	10	10
生产耗用数量（千克）	1 050	1 550	1 980	1 820	6 400
加：期末材料存量（千克）	310	396	364	400②	400
合计	1 360	1 946	2 344	2 220	6 800
减：期初材料存量（千克）	300①	310	396	364	300
材料采购总量（千克）	1 060	1 636	1 948	1 856	6 500
材料采购单价（元/千克）	5	5	5	5	5
材料采购金额（元）	5 300	8 180	9 740	9 280	32 500
预计现金流出					
上期应付采购货款	2 350③				2 350
第一季度（采购金额5 300元）	2 650	2 650			5 300
第二季度（采购金额8 180元）		4 090	4 090		8 180
第三季度（采购金额9 740元）			4 870	4 870	9 740
第四季度（采购金额9 280元）				4 640	4 640
合计	5 000	6 740	8 960	9 510	30 210

注：①300为20×0年预计期末材料存量（假设给定）。

②具体计算如下：20×2年第一季度生产量＝200＋200×10%－20＝200(件)，20×1年第四季度期末材料存量＝200×10×20%＝400(千克)。

③2 350为20×0年第四季度材料采购额×50%（假设给定）。

其中，本季度材料采购量＝本季度产品生产数量×单位产品材料耗用量＋下季度生产耗用数量×20%（期末材料存量）－期初材料存量，则

第一季度材料采购量＝105×10＋155×10×20%－300＝1 060(千克)

第二季度材料采购量＝155×10＋198×10×20%－310＝1 636(千克)

第三季度材料采购量＝198×10＋182×10×20%－396＝1 948(千克)

第四季度材料采购量＝182×10＋200×10×20%－364＝1 856(千克)

本季度期末材料存量就是下季度的期初材料存量，第一季度预计期初材料存量是全年的期初材料存量，第四季度期末材料存量是全年的期末材料存量。

本季度预计现金流出＝上季度材料采购金额×50%＋本季度材料采购金额×50%，则

第一季度预计现金流出＝2 350＋5 300×50%＝5 000(元)
第二季度预计现金流出＝5 300×50%＋8 180×50%＝6 740(元)
第三季度预计现金流出＝8 180×50%＋9 740×50%＝8 960(元)
第四季度预计现金流出＝9 740×50%＋9 280×50%＝9 510(元)

10.2.4　直接人工预算的编制

直接人工预算是用来确定预算期直接人工成本水平和人工工时消耗水平的，其编制的依据是预计生产量、单位产品标准或定额工时和小时工资率。如产品生产需耗用不同工种的人工，则按不同工种各自的小时工资率分别计算，汇总编制直接人工预算。直接人工工资一般全部用现金支付，因此无须另外预计现金支出。

【例 10-4】

沿用例 10-2 中生产预算的资料，且单位产品工时为 10 小时/件，单位工时人工费用为 2 元/小时，现要求编制甲公司 20×1 年分季度的直接人工预算。

甲公司编制的 20×1 年分季度直接人工预算如表 10-5 所示。

表 10-5　直接人工预算

项目	第一季度	第二季度	第三季度	第四季度	全年
产品生产数量（件）	105	155	198	182	640
单位产品工时（小时/件）	10	10	10	10	10
人工工时总量（小时）	1 050	1 550	1 980	1 820	6 400
单位工时人工费用（元/小时）	2	2	2	2	2
人工费用总额（元）	2 100	3 100	3 960	3 640	12 800

10.2.5　制造费用预算的编制

制造费用预算包括固定制造费用预算和变动制造费用预算两部分。编制制造费用预算的主要依据是预计生产量或人工工时总量（在多品种生产条件下，一般采用人工工时总量）、固定制造费用和变动制造费用的划分及各自具体的组成项目等。

制造费用项目大部分是需要用现金支付的，为了便于编制现金流量预算，制造费用预算也应包括预计的现金支出部分。但有的项目（如固定资产折旧）是不需要用现金支付的，因此，需要从各期预计的制造费用中扣除预计的折旧费用，从而得到预计的付现费用。

【例 10-5】

沿用例 10-2、例 10-3、例 10-4 的资料，假设甲公司单位产品的间接人工费用为 1 元/件，间接材料费用为 1 元/件，设备修理费用为 2 元/件，水电气费用为 1 元/件，每季度固定制造费用数据如表 10-6 所示。现要求编制甲公司 20×1 年分季度的制造费用预算。

表 10-6 固定制造费用

单位：元

项目	第一季度	第二季度	第三季度	第四季度
修理费用	1 000	1 140	900	900
折旧费用	1 000	1 000	1 000	1 000
固定人工费用	200	200	200	200
保险费用	75	85	110	190
财产税	100	100	100	100
小计	2 375	2 525	2 310	2 390

甲公司编制的20×1年分季度制造费用预算如表10-7所示。

表 10-7 制造费用预算

单位：元

项目	第一季度	第二季度	第三季度	第四季度	全年
变动制造费用：					
间接人工费用	105	155	198	182	640
间接材料费用	105	155	198	182	640
设备修理费用	210	310	396	364	1 280
水电气费用	105	155	198	182	640
小计	525	775	990	910	3 200
固定制造费用：					
修理费用	1 000	1 140	900	900	3 940
折旧费用	1 000	1 000	1 000	1 000	4 000
固定人工费用	200	200	200	200	800
保险费用	75	85	110	190	460
财产税	100	100	100	100	400
小计	2 375	2 525	2 310	2 390	9 600
合计	2 900	3 300	3 300	3 300	12 800
减：折旧费用	1 000	1 000	1 000	1 000	4 000
付现费用	1 900	2 300	2 300	2 300	8 800

10.2.6 产品成本与期末存货成本预算的编制

产品成本预算根据直接材料预算、直接人工预算和制造费用预算编制，是编制预计利润表和预计资产负债表的依据之一。而期末存货成本预算与产品成本预算密切相关。

【例10-6】

沿用例10-2至例10-5的资料，现要求编制甲公司20×1年产品成本与期末存货成本预算。

甲公司编制的20×1年产品成本与期末存货成本预算如表10-8所示。期初存货为 10 件，本期生产 640 件，本期销售 630 件，期末存货为 20 件。

表 10－8 产品成本与期末存货成本预算

项目	单位成本			生产成本（元）	期末存货成本（元）	销货成本（元）
	单价（元）	耗用量	成本（元）			
直接材料	5	10 千克	50	32 000	1 000	31 500
直接人工	2	10 小时	20	12 800	400	12 600
变动制造费用	0.5①	10 小时	5	3 200	100	3 150
固定制造费用	1.5②	10 小时	15	9 600	300	9 450
合计			90	57 600	1 800	56 700

注：①0.5 为变动制造费用分配率（3 200/6 400）；
②1.5 为固定制造费用分配率（9 600/6 400）。

其中，单位成本数据来自“直接材料预算”（见表 10－4）、“直接人工预算”（见表 10－5）和“制造费用预算”（见表 10－7），产品生产数量、期末存量来自“生产预算”（见表 10－3），销售数量来自“销售预算”（见表 10－2）。生产成本、期末存货成本和销货成本的数据，根据单位成本和有关数据计算得出。

10.2.7 销售及管理费用预算的编制

销售及管理费用预算是产品销售过程中发生的费用和企业行政管理开支的预算。它的编制方法与制造费用预算的编制方法类似，也包括固定销售及管理费用和变动销售及管理费用两部分。其预算中如果包括非付现项目（如折旧和无形资产摊销），也应将它们扣除，确定现金支出。

【例 10－7】

假定甲公司 20×1 年销售人员的工资为 2 000 元，广告费用为 5 500 元，包装及运输费为 3 000 元，保管费用为 2 700 元；管理人员的工资为 4 000 元，福利费用为 800 元，保险费用为 600 元，办公费用为 1 400 元。现要求编制甲公司 20×1 年销售及管理费用预算。

甲公司编制的 20×1 年销售及管理费用预算如表 10－9 所示。

表 10－9 销售及管理费用预算 单位：元

项目	金额
销售费用：	
销售人员工资	2 000
广告费用	5 500
包装及运输费	3 000
保管费用	2 700
管理费用：	

续表

项目	金额
管理人员工资	4 000
福利费用	800
保险费用	600
办公费用	1 400
合计	20 000
各季度支付现金（20 000÷4）	5 000

10.3 财务预算的编制

财务预算是反映企业预算期现金收支、经营成果和财务状况的一种综合性预算，包括现金预算、预计利润表、预计资产负债表等。

10.3.1 现金预算的编制

现金预算的编制基础是经营预算和资本支出预算。编制现金预算的目的是合理安排现金的收入和支出，正确计算和确定现金多余或不足的时间和金额，进而确定资金运用或资金筹集的方式、时间和数额。现金预算一般包括以下四个方面的内容：

（1）现金收入。它包括期初现金余额和本期现金收入。本期现金收入包括销售现金收入、收回的应收账款和应收票据贴现收入等。

（2）现金支出。它包括预算期内材料采购现金支出、制造费用现金支出、销售及管理费用现金支出、缴纳税金、支付股利、偿还到期借款本息、购置固定资产、长期投资等。

（3）现金余缺。将各期现金收入与现金支出比较计算现金收支差额。若现金收入大于现金支出，现金收支差额为正，即现金有结余；若现金支出大于现金收入，现金收支差额为负，即现金短缺。

（4）资金筹集与运用。根据现金余缺可确定筹集资金或运用资金的时间和数额。如果现金不足，可通过向银行借款、发行短期企业债券等方式来弥补；如果有多余的现金，可用于偿还银行借款的本金和利息，或者用于短期投资等。

【例10-8】

根据上节经营预算的数据，再假设甲公司20×1年1月1日从银行取得长期借款9 000元，3年到期，每年末付息，到期偿还本金；短期借款在现金短缺期初借入，现金多余期末还款，并且在还本时付息；借款金额为1 000元的整数倍；该公司每季度末最低现金余额为6 000元。现要求编制甲公司20×1年分季度的现金预算。

甲公司编制的20×1年分季度现金预算如表10-10所示。

表10-10 现金预算

单位：元

项目	第一季度	第二季度	第三季度	第四季度	全年
期初现金余额	8 000	8 200	6 060	6 290	8 000
加：销货现金收入	18 200	26 000	36 000	37 600	117 800
可供使用现金	26 200	34 200	42 060	43 890	125 800
减：现金支出					
直接材料采购	5 000	6 740	8 960	9 510	30 210
直接人工工资	2 100	3 100	3 960	3 640	12 800
制造费用	1 900	2 300	2 300	2 300	8 800
销售及管理费用	5 000	5 000	5 000	5 000	20 000
所得税费用	4 000	4 000	4 000	4 000	16 000
购买设备		10 000			10 000
股利支付		8 000		8 000	16 000
现金支出合计	18 000	39 140	24 220	32 450	113 810
现金多余或不足	8 200	(4 940)	17 840	11 440	11 990
取得银行借款		11 000			11 000
偿还银行借款			11 000		11 000
短期借款利息（年利率为10%）			550		550
长期借款利息（年利率为12%）				1 080	1 080
期末现金余额	8 200	6 060	6 290	10 360	10 360

表中资料来源如下。

(1) 期初现金余额：第一季度期初现金余额是20×0年期末余额（假设给定），第二、第三、第四季度期初余额是上季度期末现金余额。

(2) 销货现金收入：根据“销售预算”（见表10-2）附表预计现金流入的“现金流入合计”得到。

(3) 可供使用现金为期初现金余额与本期销货现金收入之和。

(4) 直接材料采购：根据“直接材料预算”（见表10-4）附表预计现金流出的“合计”得到。

(5) 直接人工工资：根据“直接人工预算”（见表10-5）中的“人工费用总额”得到。

(6) 制造费用：根据“制造费用预算”（见表10-7）中的“付现费用”得到。

(7) 销售及管理费用：根据“销售及管理费用预算”（见表10-9）中的“各季度支付现金”得到。

(8) 所得税费用、购买设备、股利支付是给定的已知数。

(9) 现金支出合计是表中各项现金支出的加总数。

(10) 现金多余或不足为可供使用现金与现金支出合计的差额。

(11) 取得银行借款需满足三个条件：一是补足现金缺口；二是补足每季度最低

现金余额；三是满足借款金额是1 000元的整数倍这个条件。

（12）偿还银行借款：当现金多余且多余的金额大于每季度最低现金余额时，可以考虑偿还银行借款。借款利息的计算如下：

短期借款利息＝11 000×10%×1/2＝550(元)

长期借款利息＝9 000×12%＝1 080(元)

10.3.2 预计利润表的编制

预计利润表以表格形式反映预算期内企业的经营成果。它的编制依据是上述各项经营预算和财务预算。预计利润表的编制是全面预算编制过程中的一个关键步骤，它显示了公司的计划利润，并且是衡量企业预算期内经营绩效的标杆。

【例10-9】

根据上节经营预算的数据，现要求编制甲公司20×1年简化的预计利润表。

甲公司编制的20×1年简化的预计利润表如表10-11所示。

表10-11 预计利润表 单位：元

项目	金额
销售收入	126 000
销货成本	56 700
毛利	69 300
销售费用	13 200
管理费用	6 800
利息费用	1 630
利润总额	47 670
所得税费用	16 000
税后利润	31 670

表中资料来源如下。

（1）销售收入：根据“销售预算”（见表10-2）中的全年销售收入得到。

（2）销货成本：根据“产品成本与期末存货成本预算”（见表10-8）中的销货成本合计得到。

（3）毛利为销售收入与销货成本的差额。

（4）销售费用：根据“销售及管理费用预算”（见表10-9）中的“销售费用”各项目加总得到，其计算过程如下：

2 000＋5 500＋3 000＋2 700＝13 200(元)

（5）管理费用：根据“销售及管理费用预算”（见表10-9）中的“管理费用”各项目加总得到，其计算过程如下：

4 000＋800＋600＋1 400＝6 800(元)

(6) 利息费用：根据“现金预算”(见表 10－10) 中的“短期借款利息”“长期借款利息”加总得到，其计算过程如下：

1 080＋550＝1 630(元)

(7) 利润总额为毛利与销售费用、管理费用、利息费用三者之和的差额。

(8) 所得税费用：根据“现金预算”(见表 10－10) 中的全年所得税费用得到。

(9) 税后利润为利润总额与所得税费用的差额。

10.3.3　预计资产负债表的编制

预计资产负债表是反映企业预算期末财务状况的预算报表。它是在预算期初资产负债表的基础上，依据前面所编制的各种预算和资本支出预算（如借款预算和利润分配预算等）计算分析填列的。

【例 10－10】

根据上节经营预算的数据，假定甲公司 20×1 年资产、负债及所有者权益项目期初数如表 10－12 所示。

表 10－12　资产负债表有关资料　单位：元

项目	期初数	项目	期初数
现金	8 000	应付账款	2 350
应收账款	6 200	长期借款	9 000
原材料	1 500	普通股	20 000
产成品	900	未分配利润	16 250
固定资产	35 000		
累计折旧	4 000		
固定资产净值	31 000		

现要求编制甲公司 20×1 年简化的预计资产负债表。

甲公司编制的 20×1 年简化的预计资产负债表如表 10－13 所示。

表 10－13　预计资产负债表　单位：元

资产			负债及所有者权益		
项目	期初	期末	项目	期初	期末
现金	8 000	10 360	应付账款	2 350	4 640
应收账款	6 200	14 400	长期借款	9 000	9 000
原材料	1 500	2 000	普通股	20 000	20 000
产成品	900	1 800	未分配利润	16 250	31 920
固定资产	35 000	45 000			
累计折旧	4 000	8 000			
固定资产净值	31 000	37 000			
资产总额	47 600	65 560	负债及所有者权益总额	47 600	65 560

表中资料来源如下：

（1）资产、负债及所有者权益项目期初数是给定的已知数。

（2）现金期末数：根据“现金预算”（见表10－10）中的全年期末现金余额得到。

（3）应收账款期末数：根据“销售预算”（见表10－2）中的第四季度销售收入计算得到，其计算过程如下：

$$36\,000\times40\%=14\,400(\text{元})$$

（4）原材料期末数：根据“直接材料预算”（见表10－4）中的第四季度期末存量和材料采购单价计算得到，其计算结果如下：

$$400\times5=2\,000(\text{元})$$

（5）产成品期末数：根据“产品成本与期末存货成本预算”（见表10－8）中期末存货成本合计得到。

（6）固定资产期末数：根据“现金预算”（见表10－10）中的全年购买设备和表10－12中的期初固定资产计算得到，其计算过程如下：

$$10\,000+35\,000=45\,000(\text{元})$$

（7）累计折旧期末数：根据“制造费用预算”（见表10－7）中全年折旧费用和表10－12中的期初累计折旧计算得到，其计算过程如下：

$$4\,000+4\,000=8\,000(\text{元})$$

（8）应付账款期末数：根据“直接材料预算”（见表10－4）中的第四季度材料采购金额计算得到，其计算过程如下：

$$9\,280\times50\%=4\,640(\text{元})$$

（9）未分配利润年末数：根据期初未分配利润、“现金预算”（见表10－10）中的全年股利支付、预计利润表（见表10－11）中的“税后利润”计算得到，其计算过程如下：

$$16\,250+31\,670-16\,000=31\,920(\text{元})$$

10.4 预算控制的形式

从前面经营预算和财务预算的编制可以看出，企业全面预算的构成内容比较复杂，因此预算控制需要采用适当的形式。常见的预算控制的形式主要有固定预算与弹性预算、增量预算与零基预算、定期预算与滚动预算、概率预算等。

10.4.1 固定预算与弹性预算

固定预算与弹性预算的不同主要在于预算期预计业务量基础的数量特征。

固定预算法（简称固定预算）是传统的预算编制方法，它根据预算期固定的业务量水平来确定相应的预算数。10.2节与10.3节分别讲述的经营预算和财务预算都是以固定预算的方法编制的。

弹性预算法（简称弹性预算）随预算期预计业务量水平的变动而相应确定不同的预算数。它是在特定的业务量范围内，按照预算期可预见的一系列作业量水平来估计成本而编制的预算。

固定预算的预算数即使在未来业务量发生增减变动的情况下也不做调整，这样，一旦预算期实际的业务量水平与原先估计的业务量水平不一致且相差比较大，预算数就不能作为规划、控制和客观评价企业经营活动的依据。弹性预算恰好克服了固定预算的这一缺点，因为它反映了不同业务量水平应有的费用水平或者收入水平，使预算数与实际数尽可能保持一致，并使二者建立在可比的基础上，从而能够更好地发挥预算规划、控制和客观评价企业经营活动的作用。同时，弹性预算是根据某一相关范围的不同业务量水平编制的，具有较广泛的实用性，便于预算指标的调整。

现举例说明弹性预算的编制。

【例 10-11】

设M公司预算期产品销售单价为300元，单位变动成本为120元，固定成本总额为40 000元。现要求M公司充分考虑预算期产品销售量发生变化的可能，分别编制出销售量为1 100件、1 200件、1 300件、1 400件和1 500件时的弹性利润预算表。

M公司编制的20×1年弹性利润预算表如表10-14所示。

表 10-14　M公司 20×1年弹性利润预算表　　单位：元

	销售量 1 100件	销售量 1 200件	销售量 1 300件	销售量 1 400件	销售量 1 500件
销售收入（单价为300元）	330 000	360 000	390 000	420 000	450 000
减：变动成本（单位变动成本为120元）	132 000	144 000	156 000	168 000	180 000
边际贡献	198 000	216 000	234 000	252 000	270 000
减：固定成本	40 000	40 000	40 000	40 000	40 000
营业净利润	158 000	176 000	194 000	212 000	230 000

10.4.2 增量预算与零基预算

增量预算法与零基预算法主要用于成本费用预算的编制，两者的差别在于编制预算的出发点不同。

增量预算是传统的预算编制方法，它以基期的费用水平为基础，根据预算期内有关业务量的变化，对基期的费用水平做适当的调整，确定预算期的预算数。增量预算的假设前提是：（1）现有的业务活动是企业预算期所必需的；（2）原有的各项业务是合理的。因此，增量预算实际上承认过去发生的各项业务都是合理的，在预算内容上没有大的改进，而是沿袭以前的预算项目。这样，当预算期的情况发生变化时，预算数额受到以前的不合理因素的影响，可能导致预算结果不准确。

零基预算是针对传统的增量预算的不足提出的，它是指在编制预算时，完全不考虑以往费用支出的实际水平（即假定以前的费用支出为零），一切从零开始，根据预算期的实际需要和可能，逐项审定各预算项目开支的必要性及其数额；再根据成本-效益原则对各预算项目进行成本-效益分析比较、排序，确定预算支出数额。零基预算最初由美国得州仪器公司的彼得 · A. 派尔（Peter A. Pyhrr）在 1968 年提出，现已被西方企业和政府机构广泛采用，作为编制费用预算的一种主要方法。

零基预算与传统的预算有着明显的不同，它不是在现有的费用支出水平上来规划预算期各项开支数额，而是以“零”为起点，对每一个费用项目进行成本-效益分析，并按照重要性对费用项目进行排序，以便对企业有限的经济资源进行优化配置和分配。零基预算的编制程序大致分为以下三个步骤：

（1）企业各部门根据预算总目标和本部门分管的具体预算目标，确定费用开支项目，并就每一费用项目详细说明开支的性质、用途和必要性，以及开支的具体数额。

（2）对每一费用项目进行成本-效益分析。即将每一费用项目的所费和所得进行比较，用对比的结果来衡量和评价费用项目的经济效益，并据此确定各费用项目的重要程度和开支的先后顺序。

（3）将预算期实际可运用的资金按照各费用项目的先后顺序，在各项目之间进行择优分配。在分配资金时要做到保证重点，兼顾一般。

【例 10 - 12】

假设某企业按零基预算法编制销售及管理费用预算。该企业预算期用于销售和行政管理方面的资金总额为 500 000 元。现要求编制企业销售及管理费用预算。

销售及管理费用预算应按如下步骤编制。

第一步，由企业的销售部门和行政管理部门根据本部门的预算目标和具体任务，经集思广益和反复讨论、协商后，提出本部门的费用预算方案，确定如下必需的开支费用项目及其相关数据：

（1）销售佣金	56 000 元
（2）运输费	157 000 元
（3）广告费	85 000 元
（4）管理人员工资	20 000 元
（5）差旅费	34 000 元
（6）办公费	23 000 元
（7）职工教育经费	25 000 元
（8）保险费	40 000 元
（9）税金	63 000 元
（10）业务招待费	80 000 元

第二步，经研究发现，销售佣金、运输费、管理人员工资、差旅费、办公费、保险费、税金这 7 项开支属于约束性费用，在预算期内必须全额保证它们对资金的需求；而广告费、职工教育经费和业务招待费这 3 项开支属于酌量性费用，可在满足约

束性费用资金需求的前提下，将剩余的资金按照它们对企业收益的影响程度（即重要性）来择优分配。酌量性费用的重要性可通过成本–效益分析来确定，如表 10 - 15 所示。

表 10 - 15　成本–效益分析

单位：元

项目	各期平均发生额	各期平均收益额	成本收益率	重要性
广告费	70 000	567 000	8.1	0.519
职工教育经费	20 000	100 000	5	0.321
业务招待费	100 000	250 000	2.5	0.160
合计			15.6	1

第三步，将预算期实际可运用的资金在各费用项目之间进行分配，具体分析计算如下：

（1）全额满足约束性费用的资金需求。约束性费用所需资金总额为：

$$56\ 000+157\ 000+20\ 000+34\ 000+23\ 000+40\ 000+63\ 000=393\ 000(\text{元})$$

（2）将剩余的资金 107 000 元（500 000－393 000）在酌量性费用项目之间进行分配。各项目的分配结果的计算过程如下：

$$\text{广告费分配资金数}=107\ 000\times 0.519=55\ 533(\text{元})$$
$$\text{职工教育经费分配资金数}=107\ 000\times 0.321=34\ 347(\text{元})$$
$$\text{业务招待费分配资金数}=107\ 000\times 0.160=17\ 120(\text{元})$$

可见，企业按照零基预算法编制各种费用预算，一方面最大限度地杜绝了不必要的费用开支，有利于企业降低费用支出水平；另一方面在最大限度保证企业各项经营业务资金需要的前提下，合理分配和使用资金，有利于提高企业的资金使用效益。所以，零基预算法是控制企业费用和合理使用资金的有效方法。

10.4.3　定期预算与滚动预算

我们在前面介绍的各种预算编制方法通常是以一个会计年度作为预算的编制时期，所以也称为定期预算。定期预算的优点在于预算期与会计年度一致，便于实际数与预算数的比较，有利于预算执行情况和执行结果的分析和评价。但定期预算也存在以下缺陷：

（1）定期预算一般在预算年度开始前 2～3 个月编制，此时对预算期企业某些经营活动开展的情况并不十分了解或难以准确预计，尤其是对预算后半期，往往只能提供较为粗略的预算数据，导致在执行预算过程中遇到较多的困难和障碍。

（2）企业的各项经济活动在预算期往往会发生变化，导致实际情况与原先的预计或预算有较大的出入，而定期预算不能及时根据变化的情况进行调整，使原有的预算显得滞后和不适应。

（3）由于预算时期固定，随着预算的执行，管理人员往往只考虑剩余的较短预算期间的经营活动，采取短期的决策行为，导致管理决策人员过多地着眼于企业的短期利益，而忽视企业的长期利益和长远发展。

为弥补定期预算的不足，可以采用滚动预算法来编制预算。

滚动预算又称永续预算或连续预算。这种预算的特点是随着时间的推移，预算期自动向后延续或滚动。这样每过去一个月或一个季度，就要根据企业经营活动的变化情况，调整修正剩余时期的预算，并及时补充一个月或一个季度的预算，使年度预算始终包括 12 个月的预算或 4 个季度的预算。

编制滚动预算时，前几个月的预算要尽可能详细，后几个月的预算可以粗略一些。随着时间的推移，将原先粗略、简单的预算调整修正为详细、复杂的预算并随之补充新的预算。滚动预算的编制如表 10－16 所示。

表 10－16　滚动预算　　单位：元

20×1 年预算											
1* 月	2 月	3 月	4 月	5 月	6 月	7 月	8 月	9 月	10 月	11 月	12 月

→ 预算的调整修正 ↓

20×1 年											20×2 年
2* 月	3 月	4 月	5 月	6 月	7 月	8 月	9 月	10 月	11 月	12 月	1 月

* 表示预算执行期。

由上可见，滚动预算与定期预算相比，具有以下优点：

（1）可保持预算的连续性，以动态的观点规划企业的未来。

（2）有利于企业管理决策人员以长远的眼光去统筹安排企业的各项经营活动，将企业的长期预算与短期预算很好地衔接起来。

（3）可根据预算执行的结果和企业经营环境的变化情况，对以后执行期的预算不断加以调整和修正，使预算更接近和适应实际情况，从而更有效地发挥预算的控制和指导作用，也有利于预算的顺利执行和实施。

采用滚动预算法，编制预算的工作量将会增加。因此，滚动预算可按季度来编制，而在执行预算的那个季度可按月度编制预算，这样可简化预算的编制工作。当然，预算的编制是按季度滚动还是按月度滚动最终应取决于企业的实际需要。

10.4.4　概率预算

由于预算是在对企业未来各项经济活动预测和估计的基础上编制的，而影响预算对象的某些因素有可能是事先无法确定的。这就要求根据有关因素的预计值和变动的可能性（概率），计算确定预算对象在某种状态下的期望值，然后根据期望值确定预算对象的概率预算数，这种利用概率分析方法编制的预算就称为概率预算。概率预算一般适用于难以预测变动趋势的预算项目，如销售新产品、开发新业务。

现举例说明概率预算的编制。

【例 10－13】

某企业生产的某种产品单位售价为 10 元。经预测分析，销售 8 000 件的概率为 0.2，销售 9 500 件的概率为 0.5，销售 10 200 件的概率为 0.3；单位变动成本为 6.5 元的概率为 0.5，单位变动成本为 6.8 元的概率为 0.3，单位变动成本为 7 元的概率为 0.2；固定成本（20 000 元）在上述产销量相关范围内保持不变。现要求编制该企业的利润概率预算。

根据上述资料，该企业编制的利润概率预算如表 10－17 所示。

表 10－17　利润概率预算

销售量（件）	单位变动成本（元）	固定成本（元）	利润（元）	组合	联合概率	利润期望值（元）
8 000 $p_1=0.2$	6.5	20 000	8 000	1	0.1	800
	$t_1=0.5$					
	6.8	20 000	5 600	2	0.06	336
	$t_2=0.3$					
	7.0	20 000	4 000	3	0.04	160
	$t_3=0.2$					
9 500 $p_2=0.5$	6.5	20 000	13 250	4	0.25	3 312.5
	$t_1=0.5$					
	6.8	20 000	10 400	5	0.15	1 560
	$t_2=0.3$					
	7.0	20 000	8 500	6	0.10	850
	$t_3=0.2$					
10 200 $p_3=0.3$	6.5	20 000	15 700	7	0.15	2 355
	$t_1=0.5$					
	6.8	20 000	12 640	8	0.09	1 137.6
	$t_2=0.3$					
	7.0	20 000	10 600	9	0.06	636
	$t_3=0.2$					
合计					1	11 147.1

注：p_i，t_i（$i=1, 2, 3$）分别表示销售量和变动成本的概率。

可见，该企业的利润概率预算数为 11 147.1 元。

概率预算合理和准确的关键在于准确预计有关因素的变动值及其相应的概率。

10.4.5　作业预算

运用作业预算来预计各个作业量与作业成本之间的关系和水平，对于培养管理人员关注各项作业的执行与改进作业的能力非常重要。作业预算就是预计各种作业量水平下的作业成本。作业预算改变了传统预算只关注单位产品预算的模式，有助于管理人员更好地管理有关作业，进行作业管理，降低成本。

在传统预算模式下，我们一般基于产品产量（产出）的变化来预算未来的收入和成本水平，然后把实际成本与预算成本做比较，进行差异分析，找出差异原因，不断改进。这里的自变量一般是产品产量或者直接人工工时等单一的成本动因。其成本模型一般是产量（产出）或者直接人工工时的函数。基于直接人工工时的成本费用弹性预算如表10-18所示。

表10-18 成本费用弹性预算——基于直接人工工时 单位：元

成本费用项目	成本模型		直接人工	
	固定成本	单位变动成本	10 000 小时	20 000 小时
直接材料	—	10	100 000	200 000
直接人工	—	8	80 000	160 000
维修费用	20 000	3	50 000	80 000
机械加工费用	15 000	1	25 000	35 000
检测费用	120 000	—	120 000	120 000
安装费用	50 000	—	50 000	50 000
设备购买成本	220 000	—	220 000	220 000
合计	425 000	22	645 000	865 000

但是，如前所述，由于制造技术的改进、自动化程度的提高、直接费用的减少、间接制造费用比例的上升，实际上，很多企业的成本费用不是单一的成本动因。如果企业的成本费用由多个成本动因引起，我们用上述单一的直接人工工时去做预算，就会被误导。

为了解决上述问题，我们引进多成本动因的作业预算模型。这个时候成本动因有多个，每个成本动因量与其对应的成本库的成本之间的关系仍然可以借用前面章节所述的高低点法、最小二乘法等来估计。作业成本弹性预算根据这种多成本动因模型，按照各个成本动因来估计各个不同成本动因下的预算成本。然后，收集各个成本动因水平下的实际成本，再将实际成本与上述预算成本比较，计算成本差异，分析差异原因，评估预算执行业绩，进行改进。作业成本弹性预算如表10-19所示。

表10-19 作业成本弹性预算 单位：元

作业成本动因：直接人工工时				
项目	成本模型		动因量水平	
	固定成本	单位变动成本	10 000 小时	20 000 小时
直接材料	—	10	100 000	200 000
直接人工	—	8	80 000	160 000
小计	—	18	180 000	360 000

续表

作业成本动因：机器工时				
项目	成本模型		动因量水平	
	固定成本	单位变动成本	8 000 小时	16 000 小时
维修费用	20 000	5.50	64 000	108 000
机械加工费用	15 000	2.00	31 000	47 000
小计	35 000	7.50	95 000	155 000
作业成本动因：安装数量				
项目	成本模型		动因量水平	
	固定成本	单位变动成本	25 个	30 个
检测费用	80 000	2 100	132 500	143 000
安装费用	—	1 800	45 000	54 000
小计	80 000	3 900	177 500	197 000
作业成本动因：订单数量				
项目	成本模型		动因量水平	
	固定成本	单位变动成本	15 000 份	25 000 份
设备购买成本	211 000	1	226 000	236 000
合计			678 500	948 000

表 10－19 中列示了四个成本动因在不同动因量水平下的成本预算。这四个作业成本动因分别是直接人工工时、机器工时、安装数量和订单数量。

作业成本弹性预算的业绩报告如表 10－20 所示。比较直接人工是 10 000 小时、机器工时是 8 000 小时、安装数量是 25 个、订单数量是 15 000 份的作业量水平下的各项目的实际成本与预算成本，得到的总差异是有利差异 21 500 元。

表 10－20 作业成本弹性的业绩报告单 单位：元

项目	实际成本	预算成本	差异
直接材料	101 000	100 000	1 000U
直接人工	80 000	80 000	—
维修费用	55 000	64 000	9 000F
机械加工费用	29 000	31 000	2 000F
检测费用	125 500	132 500	7 000F
安装费用	46 500	45 000	1 500U
设备购买成本	220 000	226 000	6 000F
合计	657 000	678 500	21 500F

注：作业动因水平为直接人工工时 10 000 小时；机器工时 8 000 小时；安装 25 个；15 000 份订单。U 代表不利差异（实际成本大于预算成本）；F 代表有利差异（实际成本小于预算成本）。

资料来源：Hansen and Mowen. Cornerstones of Cost Accounting, Instructor's Edition. South-Western Cengage Learning, 2009: 603-605.

10.5 全面预算的执行

全面预算管理是企业在战略目标的指导下，对未来的经营活动和相应财务成果实施充分、全面的预测和筹划，并通过对执行过程的监控，将实际完成情况与预算目标不断对比和分析，从而及时指导经营活动的改善和调整，以帮助管理者更有效地管理企业和最大限度地实现战略目标的系统管理工程。它以企业战略为出发点，通过规划未来指导当前实践，是对企业战略目标的具体落实和再次量化；它运用价值管理手段，使企业内部资源实现高度整合，同时将企业价值与各级组织的具体目标、岗位职责联系起来，以增强业绩计量和业绩评价的战略导向性，并通过预算实施过程和结果分析，对企业战略进行必要的修正或再评估，从而全方位地支持企业战略。

10.5.1 全面预算执行要做的工作

预算执行是预算目标的具体实施过程，也是目标实现的关键，因此，预算编制工作完成后，各部门要按照制定好的计划严格执行预算。为了保证全面预算管理的执行力度，企业必须做好以下几个方面的工作：

（1）健全预算的组织体系和责任体系。健全组织体系，成立预算管理最高权威机构——预算管理委员会，预算管理委员会主任应由企业一把手担任，各部门主管是委员会的成员。健全责任体系，明确职责，使企业的生产、计划、采购、销售、技术、设备等部门和其直属单位、分公司、子公司均能共同参与预算管理，成为预算管理的责任部门。

（2）确保预算执行过程中各种相关信息准确及时地收集、整理和传递。

（3）企业的基层人员和有关部门必须定期记录各种产量、收入、投资数额、生产消耗、成本费用等数据。

（4）通过分级核算、逐级审核的方式组织预算信息流的传递。

（5）各预算责任单位必须及时收集、整理、审核、汇总这些数据，加工整理成各种有用信息，并上报给预算管理部门。预算管理部门据此编制预算，经预算管理委员会批准后执行。

（6）预算执行的一个重要保证是企业高层必须高度重视并率先垂范，严格遵守预算纪律，按预算来执行。

10.5.2 全面预算的调控

预算调控是预算协调职能及在预算执行过程中的日常调节职能，它是预算目标顺利实现的必要手段。预算调控一般有预算协调和预算调整两种情况。在企业内外环境无重大变化时，为保证预算的顺利执行，应在各预算责任单位之间对人力、物力、财力、时间等资源要素做适当“微调”，以维持整体平衡。如果企业内外环境发生了变化，原有预算不能适应，就应“大调”了，这是在微调失效的情况下进行的。但这种“大调”也必须经过严格的程序，有法定授权，不得随意进行。预算的调整需要注意以下问题：

（1）严格界定调整范围。只有在不可控制的因素变化（如市场需求变化或其他经预算管理委员会同意的原因）出现时，才允许调整预算。

（2）规范预算调整的权限与流程。这样才能在出现难以预料的新情况时，使预算调整有序进行。

（3）预算的执行和调控要形成一个执行和监控网络。高度关注重点控制项目，使预算执行中的问题能够得到及时处理；同时，预算调控要将调控的措施及时传达给预算执行部门，使预算调控得到有效执行。

10.5.3　全面预算的差异分析

预算差异分析是全面预算管理的重要组成部分，通过对预算差异产生的原因进行分析并提出相应的建议，能够对企业今后的生产经营有所预见与指导。预算的实际执行情况与年度预算之间的差别称为预算差异。预算差异的直接表现形式为实际报表与预算报表对应科目的差值。有利于实现企业年度利润目标的差异（如收入上升、成本下降等）称为有利差异；反之，称为不利差异。

预算差异分析是指由预算控制部门对预算差异进行计算、分解、判断，并由有关责任部门进行解释以确定差异成因的过程。其目的是找出各项业务与预算之间产生差距的原因，并确定其责任归属，从而对预算执行情况进行适当的考核。预算差异分析实际上是一种对历史资料的事后分析，因此，必须及时且经常进行，才能发挥其对生产经营业务的指导作用。由财务部门运用财务会计报告监控预算执行情况，定期、及时向总经理及各部门经理报告，反馈预算执行进度和执行差异，促进全面预算任务的完成。

在评估与调查差异发生的基本原因时，应当考虑以下因素：

（1）预算的制定与实际脱节，必然导致差异产生。

（2）差异可能是报告上的错误所致，因此，应该检查会计部门提供的预算目标及实际资料在书写上有无错误。例如，一笔会计分录误记到某部门，便可能使该部门产生不利差异，而造成另一部门的有利差异。

（3）差异可能是特定的经营决策所致，即为了提高效率，或为了应对某些紧急事故，管理层做出决策而导致差异的发生。例如，管理层可能为了提高某产品的知名度和销售量执行以往没有规划的特殊广告项目等。

（4）许多差异可能是不可控因素造成的，如火灾、洪涝灾害等。

（5）对于不知道真正原因的差异，应格外小心，认真调查。

在分析预算差异形成的原因之后，有关责任部门应该采取的措施有：

（1）调整经营活动，采取相应的预算控制方式。也就是说，由内部可控因素引起的不利预算差异应由对应的责任部门调整其经营活动，采取措施消除差异产生的原因，并尽可能在后续各期消化已形成的预算差异。相应地，预算控制部门对上述责任部门的经营活动要加大预算控制力度。

（2）调整后续各期的经营预算。结合企业为消除不利差异所做的调整，由预算部门对初始编定的后续各期预算进行调整，以保证在完成年度预算的目标下，各期预算能够及时反映经营活动的变化，以便于实施控制与考核。

（3）记录责任部门的经营业绩。已形成的差异将根据其成因的性质计入对应责任部门的业绩，同时，后续各期的考核指标也要随预算的调整进行相应的调整，以利于责任部门消除不利差异。

将实际成果与预算目标相比较，是控制程序的重要环节。如果实际成果与预算目标的差异过大，应提醒企业管理层审慎调查，并判定其发生原因，以便采取适当的矫正措施。

10.5.4 全面预算执行结果的考核

全面预算管理是一项全员参与、全面覆盖、全程跟踪和控制的系统工程，为了确保预算各主要指标的完成，必须制定严格的预算考核办法。考核方案要科学、合理，可操作性强；奖惩额度既要考虑激励作用，又要考虑承受能力；对不同费用，依据其性质、特点，确定不同的奖惩比例。在预算考评环节，要坚持动态考评和综合考评。动态考评是在生产经营活动现场，对预算实际执行结果与预算指标之间的差异及时确认和处理；差异确认、处理越及时，预算执行的调控越主动，就越有利于保证预算目标的实现。动态考评强调的是及时反馈、及时处理，将预算执行情况与经营者、员工的经济利益挂钩，使企业、经营者和员工形成责、权、利相统一的责任共同体，最大限度地调动经营者、员工的积极性和创造性。全面预算执行结果的考核措施具体包括：

（1）实行预算执行责任制，把预算责任落实到各部门和各分、子公司及其下属各责任中心，甚至个人，分解落实预算目标，使其授权的范围内完成本职工作。

（2）在落实责任的同时，在各级预算执行部门中建立从上到下的授权管理机制，使各部门和各分、子公司及其下属内部单位和个人对其业务既承担责任又享有一定的权力。

（3）对各预算责任主体建立分级预算、逐级报告制度，定期将预算执行结果按照统一的要求上报预算管理办公室；预算管理办公室把预算执行的结果和预算指标进行比较，计算、汇总差异，进行差异分析。

（4）建立预算指标考核体系，根据重要性原则选择预算考核项目指标，并使预算考核公开化、透明化、合理化。

（5）制定公正、合理的预算考核工作程序，避免因考核不公影响预算执行单位的工作，导致其发生逆反行为，违反预算管理的初衷。

（6）将考核的结果作为评价预算责任人业绩的依据，对各单位业绩做出公正合理的评价，激励责任人加强预算管理工作。

（7）根据预算的执行结果，制定严格的奖惩制度，与每个人的收入挂钩，作为预算管理保证体系的重要组成部分。

实际上，全面预算的编制、执行、调控与考核是不可分割的。预算的编制体现的是预算的事前预测；信息的反馈和及时纠偏调整反映的是预算的事中控制；而预算执行情况的考核体现的是预算的事后管理。通过信息反馈能了解预算执行的情况，通过考核能知道预算执行的效果，进而及时发现预算执行过程中的偏差，以便及时采取措施，保证预算目标的实现。因此，企业必须建立通畅的信息反馈系统，快速反应，而预算的评价系统必须适用和有效，应既能激励和表扬先进，又能鞭策和警戒后进，从而保证企业预算目标的顺利实现。

下面以杭州钢铁集团有限公司的全面预算管理为例，帮助读者了解全面预算管理的组织与实施过程。读者可以带着以下两个问题来阅读：（1）通过杭州钢铁集团有限公司的全面预算管理案例资料，你认为应如何构建全面预算管理体系？（2）如何认识全面预算管理的意义？

案例

杭州钢铁集团有限公司的全面预算管理

1. 公司概况

杭州钢铁集团有限公司（以下简称杭钢集团）创建于 1957 年，经过 60 多年的发展，已成为一家以钢铁智造、现代流通为战略优势产业，以节能环保、数字科技为战略性新兴产业的“2＋2”产业格局的大型现代企业集团，注册资本为 50 亿元。截至 2020 年底，杭钢集团资产总额为 799.19 亿元，所有者权益为 381.58 亿元，当年实现营业收入 1 546.11 亿元，利润总额为 22.52 亿元，实际上缴税金 12.33 亿元。拥有各级企业 172 家，其中控股一级企业 36 家，控股上市公司 2 家，分别为杭州钢铁股份有限公司（600126）和浙江菲达环保科技股份有限公司（600526）。

2. 内部管理制度的沿革

杭钢集团的经营管理体制经历了两次质的转变：

（1）第一次质的转变。随着计划经济体制向生产经营型体制的转变，企业管理制度实现了由生产计划型管理模式向以目标管理为主体的经济责任制管理模式的转变。在这一转变过程中，杭钢集团严格遵循市场经济规律，着眼于内部改革，建立和完善了一套适合企业实际的管理制度，如以成本控制为突破口的目标成本管理制度，以资金集中管理为核心的投资项目集中管理和以费用控制为重点的“定额控制，分项核定”的费用管理制度等。这些制度为进一步完善企业经营管理和财务管理奠定了良好的基础，也为财务管理部门全面参与企业经营管理提供了条件。

（2）第二次质的转变。随着生产经营型体制向资产经营型体制的转变，企业管理制度又实现了由经济责任制管理模式向全面预算管理模式的转变。内部经济体制改革不断深化，以现代企业制为主体的单一管理模式已不能完全适应需要。为了更好地配置经济资源，促进工艺结构和产品品种结构的调整，提高企业的核心竞争力，增强企业的可持续发展能力，需要有一种更为先进、能对企业生产经营活动实行全方位控制的管理模式。为此，杭钢集团引进全面预算管理体制，并在20×6年开始实施。

实施预算管理的第一年处于探索阶段。杭钢集团采用经济责任制和全面预算管理双轨制的运行办法，不仅给日常管理和具体操作带来了很大的不便，而且各二级管理单位难以接受，无法达到对经营管理活动进行全面控制的预期效果，也给预算管理模式的深层次运行带来了较大的阻力。针对双轨制运行办法存在的问题，杭钢集团对这两种管理模式的异同点进行了仔细的比较分析，以会计核算体系为突破口，探索两者结合的途径。经过半年多的实践，逐步理顺了思路，总结出一套较为成熟的结合方式。预算管理办公室对两者结合的具体方式进行了规范，自20×7年开始实施。

3. 全面预算管理的基本框架

（1）预算控制组织体系。为了确保预算的权威性以及杭钢集团整体目标与局部目标的协调统一，根据全面预算管理的特点，结合生产经营管理的要求，成立了集团预算管理委员会，由集团主要领导及各主管部门领导组成，下设办公室；各二级单位根据集团的有关规定设立相应的组织机构，由集团赋予其相应的权限和职责。

（2）授权批准制度。为保证各级组织机构认真履行职责，对生产经营活动进行有效控制，集团严格遵循不相容职务相分离和授权批准控制的原则。主要体现在：集团预算管理委员会由董事会领导，其成员由董事会任免；集团董事会授权预算管理委员会组织财务部编制公司全面预算方案，协调预算编制中出现的问题，并对方案进行平衡、审核后上报集团董事会审批；预算的最终审批权属于集团董事会，批准后的预算方案由预算管理委员会负责组织实施；预算的整个编制过程按照“自上而下，自下而上”“谁花钱，谁编预算，谁控制，谁负责”等原则逐级编制上报；各主管部门只能在授权的职责范围内，对预算编制过程中或经批准实施的相关预算指标进行审核或批准；集团预算的调整必须按预算编制程序的规定逐级上报，除涉及集团重大经营方针、政策、技改及投资项目的调整由集团董事会批准外，其他项目的调整由董事会授权预算管理委员会审核批准。除上述授权批准以外，任何单位和个人均无权对预算做出调整。

（3）预算管理的内容。杭钢集团全面预算管理的主要内容包括经营预算、现金流量预算和投资预算。

经营预算包括销售预算、生产预算、物资采购预算、人工费用预算、制造及期间费用预算和其他项目预算。经营预算以销售预算为起点，按集团确定的利润目标倒轧出产品销售成本，然后以经济责任制形式分解、落实，下达到生产经营活动的各环节，以保证集团总体目标的实现。

现金流量预算的主要内容包括现金流入、现金流出、现金多余或不足的计算，以及对现金不足部分的筹措或多余部分的运用方案等。现金流量控制是集团预算管理的核心内容，资金集中管理为编制现金流量预算奠定了基础，“收支两条线，量入为出，确保重点，略有结余”是现金流量预算编制的原则。

投资预算根据集团中长期发展规划的要求确定预算期投资项目所需的现金流出量。投资项目所需的现金流量是集团整个现金流量预算的一部分，纳入集团预算综合平衡后最终确定。

(4) 预算编制的程序。集团预算的编制一般安排在第四季度进行，具体操作程序如表10-21所示。在整个预算编制过程中，主要做好以下几个方面的平衡工作。

1) 销售预算与生产预算的综合平衡。

表10-21 预算编制的操作程序

时间	管理要点	具体内容
10月上旬	召开预算管理委员会专题会议	(1) 分析当前市场及生产经营情况； (2) 剖析预算管理中存在的问题； (3) 预算管理委员会提出预算编制的重点和要求。
10月中旬	销售及生产预算的编制与平衡，技术经济指标预算的编制	(1) 公司营销部门编制销售数量及收入预算； (2) 生产主管部门编制生产预算； (3) 技术、质量部门编制技术及质量指标预算； (4) 预算管理委员会或总经理专题会议协调平衡； (5) 修订未达标预算。
10月下旬	销售收入、成本及利润目标的预测	(1) 财务部编制预计利润表，提出经营目标，报预算管理委员会审核； (2) 预算管理委员会确定经营目标； (3) 财务部修订未达标预算； (4) 布置各预算责任单位编制分项预算。
11月上中旬	汇总分项预算，编制总预算	(1) 11月上旬各预算责任单位编制分项预算并报预算成本科； (2) 11月中旬财务部审核、汇总编制总预算； (3) 预算责任单位修订未达标分项预算； (4) 财务部进一步平衡后，将总预算报预算管理委员会审核。
11月下旬	预算管理委员会审核总预算	(1) 审核后返回财务部进一步修订未达标预算，再报预算管理委员会审核； (2) 预算管理委员会审核同意后报公司董事会审批。
12月上旬	公司董事会审核批准	公司董事会召开预算管理专题会议讨论预算方案，批准或返回修改。
12月中旬	预算指标分解落实	财务部将经公司董事会批准的预算方案，按指标分解程序，分解、落实到各预算责任单位。

第一步，集团营销部门在对市场形势进行预测的前提下，通过分析集团生产经营的实际情况，以市场为导向对下一年度产品销售进行预测，编制集团销售预算（要求分品种、规格、数量、售价、销售额等）。

第二步，集团生产主管部门根据营销部门编制的销售预算，结合集团产品生产能力及资源的配置情况，对销售预算中的品种、规格、数量进行细致的分析，编制生产预算，并对目前集团产品实际生产能力与市场需求之间存在的矛盾提出解决的措施。

第三步，集团总经理召开办公会议，对销售与生产之间存在的不一致进行协调、平衡，对解决矛盾的具体措施做出安排，保证生产适应市场的需求。

第四步，销售及生产管理部门根据集团总经理办公会议精神，重新编制销售与生产预算，报财务部。

2）分项预算与总预算之间的平衡。总预算应该是集团经营目标的具体化，但它又是由分项预算汇总编制得到的。虽然集团制定了预算编制的要求和方法，但分项预算编制的结果与集团的经营目标之间肯定存在差距。因此，总预算与分项预算之间需要进行平衡。平衡的重点是：集团生产预算确定的产品生产量、品种、规格与分项预算中的具体产品生产量、品种、规格之间的平衡；集团总预算的资源配置安排与分项预算中预计资源需要之间的平衡；总预算中的技术经济指标预算与分项预算中预计可达到的技术经济指标之间的平衡。具体的平衡步骤是：

第一步，财务部以集团销售及生产预算为依据，按预计售价编制公司销售收入预算；再按产品成本的经济用途分类项目，依据预计的下一年度物资采购价格、各项技术经济指标及费用控制目标对产品销售成本进行预测，同时编制物资采购及其他预算，并编制集团下一年度的预计利润表，提出集团预计经营目标及物资采购总量和所需采购资金及资源平衡等情况的初步方案，报预算管理委员会审核。

第二步，财务部根据预算管理委员会的审核意见修订未达标预算，并结合销售及生产预算制定集团预算编制的总体要求，以书面形式布置各预算责任单位编制下一年度的分项预算。

第三步，各预算责任单位按集团预算编制要求，结合本部门实际，编制分项预算，经所在单位预算管理机构批准后报财务部。

第四步，财务部汇总各预算责任单位上报的分项预算，根据集团经营总目标进行总体平衡后，编制集团下一年度的全面预算方案，报预算管理委员会审核；预算管理委员会审核后提出修改意见返回财务部；财务部将再次修改后的预算方案报预算管理委员会，审核同意后，上报集团董事会审批。

第五步，财务部将经董事会批准的预算方案分解、落实到各预算责任单位。

上述平衡使各分项预算与总预算之间协调一致，保证集团经营总目标的实现。

3）现金流量预算各项目之间的综合平衡。现金流量预算各项目之间的平衡主要是处理好现金流入总量与现金流出总量之间的平衡关系。

现金流入总量的控制重点是产品销售货款回笼总额。由于公司坚持款到发货的营销策略，以有效地减少应收账款，保证贷款的及时回笼，因此公司要求营销部门销售货款回笼率达到100％来平衡现金流入总量，其计算公式如下：

$$销售回笼现金总额=产品销售收入总额\times(1+增值税税率)$$

当年现金流出总量与现金流入总量之间的平衡，采用“量入为出，确保重点，略有结余”的原则，主要解决物资采购所需资金与预计可支付的现金总量之间的平衡、投资项目所需资金与预计可支付的现金总量之间的平衡、税金及预计需支付的员工工资福利现金总量等。上述重点项目的年度预计现金流出总量要根据公司年度预计现金流入总量进行综合平衡来确定，以保证公司对现金流量的统筹安排、有效控制。

4）预算的调整。为不影响预算管理的严肃性和权威性，集团强调预算调整除严格执行预算管理制度的有关规定及自下而上逐级上报审批的程序外，原则上不对集团年度经营总目标做出调整，只对分项预算中不适应市场需求而影响集团总目标实现的部分进行调整。

5）现金流量的集中控制。随着企业内部体制改革的深入，传统的资金管理模式限制了资金管理的深层次发展。杭钢集团实行全面预算管理后，资金集中管理模式转化为以现金流量控制为核心的集中管理模式，使资金管理的目标更加明确，措施更加有效，资金的调控能力更强。具体方法是：由全面预算确定现金流量年度控制总额，通过指标分解确定各预算部门的现金流量，实行年度总额控制；根据集团生产经营的实际情况，进行月度现金流量的总体平衡，核定各预算部门月度总额控制指标；对各预算部门的现金流量月度控制指标通过资金结算中心按日控制，对超过月度控制目标的，除影响公司产品质量、环保或生产经营而急需的技术改造等例外情况外，一律停止对外支付。

6）信息反馈系统和预算的动态控制。杭钢集团通过建立有效的信息反馈系统，将预算实施过程中的有关信息及时反馈传递到预算控制中心，掌握预算控制的态势，进而通过对信息的比较分析，判断差异产生的原因，采取有效的措施，纠正实际脱离预算的差异，实行预算的动态管理。及时反馈预算控制信息和掌握实际结果，使预算管理委员会集中精力分析研究重大经营决策及处理例外事项，促使预算管理方式和方法不断创新。

预算信息的反馈是通过定期（或不定期）的业绩报告实行的。财务部通过对各预算部门预算执行结果的比较分析，根据集团制定的预算考核管理办法，按月对各预算部门实行考核。同时对预算执行的动态情况，每旬在集团早会上汇总通报销售收入、目标成本、销售货款回笼等主要指标的完成情况，并根据实际情况研究解决预算执行中存在的问题。

公司还建立和健全了以公司、厂部、车间、班组等控制体系为主体的预算指标执行结果月度分析例会制度，有效地完善了实施预算管理的监督控制体系。

附录　杭钢集团 2×21 年全面预算实施办法

为了有效控制集团生产经营活动，提高资产的运营效率，全面完成各项指标，现根据集团第 1 号文件提出的总体思路及 2×21 年全面预算方案，制定本实施办法。

1. 2×21 年全面预算总目标

（1）实现销售收入×亿元，其中钢铁主业×亿元；

（2）实现利润×亿元，其中钢铁主业×亿元；

（3）年度现金收支基本保持平衡。

2. 分项预算指标

（1）钢铁主业预算指标。

1）生产预算。预算钢坯耗用总量×万吨，其中，当年自产×万吨、外购×万吨、库存×万吨。

2×21年预算钢材生产总量×万吨，其中，中型材×万吨、矽板坯×万吨、小型材×万吨、高速线材×万吨、薄板×万吨、钢管×万吨。

2×21年预算钢材品种结构如表10－22所示。

表10－22　2×21年预算钢材品种结构

项目	预算产量（万吨）	所占比例（%）
优碳材		
合结材		
普碳材		
合计		

2）销售预算。2×21年预算钢材销售总量×万吨，实现销售收入×亿元，其中，钢材、钢坯销售收入×亿元，其他销售收入×万元。

2×21年销售预算如表10－23所示。（应按照产品品种分别编制具体的销售预算。）

表10－23　2×21年销售预算

项目	第一季度	第二季度	第三季度	第四季度	全年
销售数量（吨）					
销售单价（元/吨）					
销售收入（元）					

3）成本预算。与上年同期预算相比降低成本×亿元以上，其中，通过实施新的成本考核模式要求降低生产成本×亿元以上；降低原材料采购成本×亿元、备件采购成本×万元。全年计提固定资产折旧预算×万元。大修理费用全年预算×万元，其中，生产运输设备大修理费用×万元、环境治理费用×万元、其他×万元。

2×21年成本预算如表10－24所示。

表10－24　2×21年成本预算

项目	单位成本			生产成本	期末存货	销售成本
	单价	耗用量	成本			
产品数量（吨）						
材料采购						
备件采购						
变动制造费用						
固定制造费用						
合计						

4）现金流量预算。年度现金收支基本保持平衡，其中，预算原材料采购资金支出总额×亿元、备件采购支出总额×亿元，技改项目资金支出控制在×亿元以内。

(2) 非钢产业预算指标。

1) 贸易收入×亿元，实现利润×万元。

2) 房地产销售收入×亿元，实现利润×万元。

3) 科研、设计收入×亿元，实现利润×万元。

4) 环保、信息等新兴产业收入×亿元，实现利润×万元。

5) 餐饮、旅游服务收入×万元，实现利润×万元。

6) 矿产品销售收入×万元，实现利润×万元。

7) 其他销售收入×万元，实现利润×万元。

上述产业预算销售收入合计×亿元，扣除集团内部交易额×亿元后，实际对外销售收入×亿元；上述产业预算利润合计×万元。

2×21 年非钢产业预算如表 10-25 所示。

表 10-25　2×21 年非钢产业预算

项目	收入	利润
贸易		
房地产销售		
科研、设计		
新兴产业		
餐饮、旅游服务		
矿产品销售		
其他销售		
减：集团内部交易额		
合计		

(3) 各单位预算指标。(具体见集团有关文件。)

3. 预算编制依据

(1) 钢铁主业预算的编制依据。

1) 2×21 年预算产量按钢铁主业生产计划及实际生产能力分析。

2) 钢材销售价格以钢铁主业 2×20 年 12 月出厂价为依据，并适当考虑预算年度降价因素。

3) 原材料采购价格考虑了洗精煤、电煤、白煤及国内精矿粉提价因素，要求其他品种采购价比 2×20 年实际水平下降×%，即采购成本降低×亿元。

4) 各项消耗指标原则上以 2×20 年最后三个月指标的平均值为依据，并结合内部技改等因素确定。

5) 可控费用在 2×20 年实际水平上下降×%～×%。

6) 现金流量主要以上述分项预算指标为依据，并按照“收支两条线，收付实现制”的原则计算确定。

(2) 非钢产业预算的编制依据。非钢产业销售收入和利润指标以 2×20 年业绩为依据，并考虑市场及各单位预算年度实际情况平衡确定。

4. 预算考核

各项预算指标通过目标责任制、资产经营责任制等方式进行考核。

(1) 目标责任制。

1) 炼铁厂、转炉厂、焦化厂、中轧厂、热带厂、薄板厂、小轧公司、电炉公司、高线公司等单位以目标成本为主体指标；供应分公司以目标采购成本为主体指标；钢管厂、动力公司、储运公司、建安公司、设备分公司等单位以目标利润为主体指标。上述单位实行目标责任制考核，工资总额（不含与加压指标挂钩的工资数）与各单位主体指标挂钩，工资总额挂钩比例为×%～×%。(具体见集团经济责任制方案。)

主体指标按月累计考核，完成主体指标的，得实际工资总额；完不成主体指标的，扣减工资总额。

a. 供应分公司按以下公式扣减工资总额：

应扣工资总额＝(采购成本目标降低额－采购成本实际降低额)×3%

b. 实行目标成本指标考核的，按其成本上升额的×%扣减工资总额。

c. 实行目标利润指标考核的，按其利润下降或亏损额的×%扣减工资总额。

为调动上述单位“降成本、增效益”的积极性，公司还设置了激励奖，按月考核，累计清算。在成本（利润）目标值的基础上，按下降（上升）额的×%～×%予以奖励，超过一定额度的需计征×%的工资调节税（具体另定）。

除主体指标以外，还根据二级生产厂、独立子（分）公司、钢管模拟市场等不同性质，为上述单位设置了相应的辅助考核指标，如表10-26所示。

表10-26 辅助考核指标

辅助考核指标	扣减比例
定额储备资金	
销售收入	
货款回笼率	
产销率	
采购资金（限物资采购部门）	
对外创收	
管理费用	
现金流量	

未完成指标的，按下列比例扣减工资总额：

a. 供应分公司、设备分公司未完成定额储备资金指标的，扣减工资总额的×%，其他单位按×%扣减。

b. 计量处、职工医院、培训中心、物业分公司实行全额收支与工资总额包干，未完成指标的，按照未完成额的×%扣减挂钩工资总额，按季度累计考核，年终清算。

c. 机关各处室未完成费用定额指标的，按目标责任制方案进行考核，并与主体生产单位同步挂钩。(具体见机关目标责任制考核方案。)

2) 各分项预算指标的考核以各单位当年财务实现数为依据。

(2) 资产经营责任制。冶金物资公司、工贸公司、外贸公司、遂昌金矿、杭钢文化中心、新事业公司、冷带公司等单位的预算指标，按照资产经营责任书或招标经营管理责任书的有关规定考核。

黄金公司、浙江富春公司、冶金研究院、工业设计院、新世纪大酒店、银星公司、德清萤石矿、五金炉料公司、国贸公司（销售处）、紫光环保公司、兰贝斯公司等单位预算指标的考核，按照浙冶杭钢发字〔2×20〕第×号文执行。

5. 预算调整

预算在执行过程中发生外部市场变化、公司生产经营思路调整、重大生产设备事故及其他重大事项，除经集团预算管理委员会同意可以调整预算外，任何人不得调整预算指标。对必须进行的预算调整，由预算单位提出预算调整意见，详细说明理由，交集团财务审查，并报经集团预算管理委员会批准后方可调整预算指标。对预算总目标进行较大调整的，必须报经集团董事会批准。

钢铁主业技改、大修理的投资调整纳入预算范围。对超计划的项目，实施单位必须详细说明原因并报集团基建技改部（设备处），由主管部门提出意见，经集团规定程序审批后予以追加投资计划。无追加投资计划的，财务部门一律不予付款。

6. 预算分析、监督

各单位应按月、季、年对预算执行情况进行预测和分析，预算分析要反映实际与预算，以及与上年度的对比情况，着重分析发生偏差的原因，并提出整改意见，落实具体措施，务必将执行结果置于预算控制中。

季度、半年度分析资料应于期末的次月 7 日前上报集团财务部，年度分析资料的上报时间另行通知。预算分析应做到数据准确、内容完整、报送及时。

集团财务部负责全面预算的日常管理，有权就预算执行情况组织调查，有关单位应如实反映情况，提供必要的资料。

各单位未经批准，擅自变更预算，将追究该单位主要领导和直接责任者的责任。

7. 其他事项

本实施办法适用于集团所属各单位。各单位行政一把手必须亲自分管全面预算工作，切实做好预算方案制定、指标分解、措施落实和预算执行情况考核等工作。

各单位应结合实际情况，制定相应的全面预算实施办法，必须在 2×21 年 1 月底前将本单位全面预算实施办法上报集团财务部。

本实施办法由集团财务部负责解释。

本实施办法自 2×21 年 1 月 1 日起执行。

资料来源：杭州钢铁集团有限公司财务部和公司官网（http://www.hzsteel.com）。

复习思考题

1. 什么是全面预算？全面预算包括哪些组成部分？各预算之间的相互关系如何？
2. 简述全面预算的作用。
3. 试说明全面预算的编制程序。

4. 什么是弹性预算？为什么要编制弹性预算？
5. 何谓零基预算？怎样编制零基预算？
6. 什么是滚动预算？为什么要编制滚动预算？
7. 什么是概率预算？保证概率预算编制合理和准确的关键是什么？
8. 如何做好全面预算考核工作？

练习题

1. A公司20×1年1—3月实际销售额分别为38 000万元、36 000万元和41 000万元，预计4月销售额为40 000万元。每月销售收入中有70%能于当月收现，20%于次月收现，10%于第三个月收讫，不存在坏账。假定该公司销售的产品在流通环节只需缴纳消费税，税率为10%，并于当月以现金缴纳。该公司3月末现金余额为80万元，应付账款余额为5 000万元（需4月付清），不存在其他应收应付账款。4月的有关项目预计资料如下：采购材料8 000万元（当月付款70%，其余款项下月支付），工资及其他支出为8 400万元（用现金支付），制造费用为8 000万元（其中折旧费等非付现费用为4 000万元），营业费用和管理费用为1 000万元（用现金支付），预计4月缴纳所得税1 900万元，购买设备12 000万元（用现金支付）。现金不足时，通过向银行借款解决。4月末现金余额要求不低于100万元。

要求：

根据上述资料，计算该公司4月的下列预算指标。

(1) 经营性现金流入；

(2) 经营性现金流出；

(3) 现金余缺；

(4) 应向银行借款的最低金额；

(5) 4月末应收账款余额。

2. ABC公司20×1年10—12月实际销售额分别为50 000万元、51 000万元和52 000万元，预计20×2年1月销售额为55 000万元。每月销售收入中有50%能于当月收现，30%于次月收现，20%于第三个月收讫，不存在坏账。假定该公司销售的产品只需缴纳消费税，税率为10%，并于当月以现金缴纳。该公司20×1年12月末现金余额为100万元，不存在应收、应付款项。

20×2年1月有关项目的预计资料如下：采购材料20 000万元（当月付款80%），工资支出为8 800万元（用现金支付），制造费用为9 000万元（其中非付现费用为4 000万元），营业费用和管理费用均为500万元（用现金支付），预计缴纳所得税3 200万元，购买设备15 000万元（用现金支付）。现金不足时，通过向银行借款解决（借款额是100万元的倍数）。20×2年1月末现金余额要求不低于160万元。

要求：

根据上述资料，编制该公司20×2年1月的现金预算。

项目	金额
月初现金余额	
经营性现金收入	
可运用的现金合计	
材料采购支出	
直接工资支出	
税金及附加支出	
制造费用支出	
营业费用支出	
管理费用支出	
所得税费用支出	
购置固定资产支出	
现金支出合计	
现金余额	
向银行借款	
归还银行借款	
支付借款利息	
月末现金余额	

3. S公司2×21年制造费用预算的明细项目如下：

(1) 间接人工：基本工资为3 000元，另加每工时的津贴0.10元；

(2) 物料费：每工时负担0.15元；

(3) 折旧费：5 000元；

(4) 维护费：当生产能力在3 000～6 000工时的相关范围内时，技术维护费为2 000元，另加每工时应负担0.08元；

(5) 水电费：基数为1 000元，另加每工时应负担0.20元。

要求：

根据上述资料，为该公司生产能力在3 000～6 000工时的相关范围内，编制一套能适应多种业务量的制造费用弹性预算（间隔为1 000工时）。

4. A公司是一家商业企业，它按季度编制总预算。A公司在上半年取得了不错的业绩，为了在第三季度保持住这种良好的势头，更加合理地安排资金，拟编制第三季度的预算。A公司汇集了如下的资料。

(1) 截至2×21年6月30日，A公司资产负债表如下。

A公司20×1年资产负债表

6月30日

单位：元

资产	金额	负债及所有者权益	金额
现金	9 000	短期借款	—

续表

资产	金额	负债及所有者权益	金额
应收账款	48 000	其他应付款	—
存货	12 600	应付账款	18 300
固定资产	200 000	股本	180 000
		留存收益	71 300
资产合计	269 600	负债和所有者权益合计	269 600

（2）A公司预测未来7—10月的销售收入情况如下：

单位：元

月份	销售收入
6（实际）	60 000
7	70 000
8	85 000
9	90 000
10	50 000

（3）销售情况为现金销售20%，赊销（下月收款）80%。

（4）销售毛利率为40%。

（5）购货款支付：购货当月支付50%，购货次月支付50%。

（6）最低存货占下月销货成本的30%。

（7）预计每月的营业费用如下：

单位：元

工资费用	7 500
销售运费	占销售额的6%
广告费	6 000
折旧费	2 000
其他费用	占销售额的4%

（8）所需最低现金余额为8 000元。

（9）贷款利率为12%，利息每月以现金支付。

（10）7月将用现金19 750元购买设备，9月还将支付股利4 000元。

（11）本例中，假定需要现金时在月底借入，当有现金结余时在月底偿还；在每月底，本月未偿还的短期借款余额需按12%的年利率支付利息。

要求：

为A公司编制第三季度的总预算。

5. M公司生产的A产品2×21年预计销售量如下。

月份	销售量（台）	月份	销售量（台）
1	800	3	700
2	700	4	800

续表

月份	销售量（台）	月份	销售量（台）
5	800	9	900
6	1 000	10	900
7	1 000	11	1 200
8	1 000	12	1 200

该产品单位售价为 280 元，单位变动成本为 150 元，单位变动销售及管理费用为 10 元，每月固定制造费用为 50 000 元，固定销售及管理费用为 5 000 元，所得税税率为 25%。

要求：

编制 M 公司 2×21 年的利润滚动预算。

6. P 公司生产的 J 型继电器单位售价为 40 元，预计销售量为 10 000 只，单位变动成本为 15 元，固定成本总额为 100 000 元，预计利润为 150 000 元。如果单位售价不变，由于原料价格有所变动，其单位变动成本及可能出现的概率如下。

单位变动成本（元）	概率
14	0.2
15	0.5
16	0.3

销售量也可能出现变动，其销售量及可能出现的概率如下。

销售量（只）	概率
9 000	0.1
10 000	0.7
11 000	0.2

要求：

根据上述材料，编制 P 公司的利润概率预算。

7. 广福电机厂准备将下一年度销售及管理费用按零基预算法编制，全体人员结合下一年的企业目标和本部门任务，预计会发生下列费用。

项目	金额（元）
广告费	20 000
差旅费	140 000
办公费	40 000
工资	60 000
房租	120 000

经进一步讨论认为：广告费、办公费、工资是实现目标利润必不可少的费用支出，应按预算数全额拨给，对差旅费和房租拟定了以下办法。

(1) 通过减少外出推销，减少差旅费 25 000 元；

(2) 采用合署办公，原来租用的房屋退租，租金减少 80 000 元；

(3) 改变原广告办法，费用不变但有望增加销售收入 150 000 元。

要求：

根据上述资料，编制广福电机厂销售及管理费用零基预算。

8. 新星公司拟编制 20×9 年的全面预算。该公司 20×9 年只生产并销售一种产品。相关资料如下。

(1) 据估计，20×9 年四个季度的销售量分别为 1 100 件、1 600 件、2 000 件、1 500 件，产品售价为 90 元。产品每季度的销售收入中有 60%能于本季度收到现金，其余 40%要到下季度收回。上年末的应收账款余额为 45 000 元，增值税税率为 13%。

(2) 该公司各季度末的产成品存货按下季度销售量的 10%计算。根据会计历史资料推断，预计 20×8 年末产品存货为 100 件；20×9 年末产品存货为 120 件。

(3) 该公司生产产品耗用 A，B 两种材料，单位产品材料消耗定额分别为 3 千克、2 千克，材料单价分别为 5 元、3 元。每季度末的材料库存按下季度生产需用量的 30%计算；各季度期初存量与上季度期末存量相等，A 材料第四季度末的期末存量为 1 980 千克，B 材料第四季度末的期末存量为 1 200 千克。20×9 年初材料存货量分别为：A 材料 1 030 千克、B 材料 830 千克。预计每季度材料采购金额中，有 50%在本季度付款，其余在下季度支付。20×9 年初，两种材料应付采购款为 9 400 元。

(4) 该公司采用常规法估算应缴增值税额，流通环节只缴纳增值税，并于实现销售的当季用现金完税；附加税费率为 10%，假定全年预缴所得税 60 000 元，按季度平均预缴。

(5) 该公司生产产品的单位工时定额为 4 小时，小时工资率为 5 元。按照国家有关规定，计提职工福利费率为 14%。职工福利费的支付率预计为 90%。

(6) 该公司在编制预算时采用变动成本法，变动制造费用按各种产品直接人工工时比例分配，除折旧费以外的各项制造费用均以现金支付。该公司预计变动制造费用项目有：间接材料 9 000 元；间接人工 8 600 元；维修费 6 832 元；水电费 6 300 元；其他 4 100 元。预计固定制造费用项目有：管理人员工资 8 000 元；折旧费 17 000 元；办公费 5 500 元；保险费 5 300 元；其他 3 000 元。

(7) 假定该公司在产品及自制半成品的期初、期末余额均为 0。产成品期初余额为 5 000 元。

(8) 预计变动销售费用项目单位产品标准费用额度如下：销售佣金 0.9 元；交货运输费 0.8 元；其他 0.2 元。变动制造费用总额按销售量计算。预计固定销售费用项目如下：管理人员工资 6 000 元；广告费 15 000 元；保险费 5 000 元；其他 2 600 元。

(9) 预计管理费用项目如下：公司经费 5 000 元；工会经费 1 100 元；董事会费 2 100 元；无形资产摊销费 900 元；职工培训费 600 元；其他 800 元。

(10) 该公司 20×9 年初现金余额为 5 500 元，该年购买设备 380 000 元，各季度支付数分别为 56 000 元、10 000 元、34 000 元、38 000 元。预计每季度向投资者支付股利 2 500 元。该公司现金余额最低应保持 5 500 元，最高为 8 000 元。当现金不足时向银行借款，多余时归还借款。借款在季度初，还款在季度末，还款时支付所还借款的全部利息。该公司第一季度短期借款为 51 000 元，利率为 10%，以后分三个季度等额偿还；第三季度短期借款为 22 000 元，分两个季度偿还，借款利率为 12%；第四季度发行公司债券 30 000 元，利率为 14%。预算年度每季度支付长期借款利息 2 000 元。该公司第二季度发行普通股 20 000 元。

要求：

编制经营预算（不用编制期末存货成本预算）和现金预算。（计算结果保留整数。）

第 11 章 Chapter 11 存货控制

学习目标

1. 理解存货控制的含义。
2. 识别四种与持有存货有关的成本。
3. 掌握经济订货量的计算。
4. 理解经济订货量模型中的提前订货期与安全储备量。
5. 掌握考虑数量折扣和允许缺货时的经济订货量的计算。
6. 了解存货控制的其他方法。
7. 了解准时制存货管理系统与物料需求计划。

课程思政点

1. 供给侧结构性改革。
2. 去产能、去库存、去杠杆、降成本、补短板。

引导案例 乘风船舶公司的采购与存货控制

乘风船舶公司由刘晨曦与张希常于 1969 年创立。公司成立时只生产 17 英尺的三体船、14 英尺的小品船和 21 英尺的小艇船。1971 年，乘风船舶公司在江州市建立一座更大的新厂房。1976 年，乘风船舶公司开始全球扩张，新加坡成为其第一站。1989 年，乘风船舶公司被称为“零负债”公司。1995 年，公司屡获殊荣，按标准制定的“梦幻交通”船体设计推出。1996 年，“梦幻交通”赢得国际海洋贸易和参展商会议（IMTEC）创新奖。1999 年，乘风船舶公司通过 ISO 认证，产品生产质量更高。2009 年，乘风船舶公司获得“快艇类（24～33 英尺）最高客户满意度公司”的称号，这也是该公司连续第三年获得这一荣誉。

“在同行之中达到如此高的地位真的是一件很难的事情，所以我们一直努力地工作。”乘风船舶公司的首席执行官黄溪镇说，“但是要保持领先更难，现在船舶制造业的竞争压力非常大，再次获得这项荣誉以及我们在其他领域与行业平均水平的差距的缩小都体现了我们公司的宗旨，那就是为客户创造特殊的划船经历。”

经历了 50 多年的风雨，是怎样的管理模式让乘风船舶公司始终立于不败之地？黄溪镇宣称，乘风船舶公司一直坚持低成本战略（其中“零存货”也是其追求的目标之一），乘风船舶公司的采购成本达到了销售收入的 60%。在他们看来，对存货的控制是实行低成本战略的关键点。乘风船舶公司对供应链的有效管理使得原材料的周转天数缩短为 22 天，年周转次数增加到 16.8 次，定期对生产销售进行预测以降低订货成本。

资料来源：根据锐格船舶（Regal Marine）公司网站（www.regalboats.com）资料改写。

在存货控制中，订货量应该为多少才是最优的？这其中是否需要考虑数量折扣和允许缺货的情况呢？如何确定提前订货的时间以及安全储备量？诸如此类的问题都将在本章中进行讨论。

11.1 经济订货量

存货是企业重要的流动资产，包括用来销售或制造商品的一切商品和货物。存货所包含的具体项目因企业类型而异。商业企业的存货包括各种商品和非商品存货；工业企业的存货则主要由原材料存货、在产品存货和产成品存货三类构成。建立存货的目的如下：一是满足日常生产经营活动的连续性要求，应对生产和销售过程中出现的意外情况（如供应商不能保证按时交货，运输部门不能保证按时到货，订货量突增等），为供需不平衡提供缓冲，使生产和销售活动能稳定地进行；二是通过批量采购和生产提高生产、销售等各部门的效率，降低成本，同时，通过批量订货取得价格折扣，节省运输费用。企业建立存货也会付出一定的代价。存货过多，将占用过多的资金；反之，存货过低，又会影响企业生产活动的正常进行，给企业带来风险。

因此，存货控制的任务就是使存货始终保持在一个最优水平上。存货控制既能保证生产和销售的需要，又能使存货成本最低，加速资金周转，改善企业财务状况，提高企业的经济效益。

11.1.1 存货的功能

存货的功能是指存货在企业生产经营过程中所具有的作用，主要表现在以下几个方面：

（1）防止停工待料。适量的原材料存货、在产品存货、半成品存货是企业正常生产经营的前提和保障。就企业外部而言，供应商的生产和销售往往会由于某些原因暂停或推迟，从而影响企业材料的及时采购、入库和投产。就企业内部而言，适量的原材料、半成品储备能使各生产环节的生产调度更加合理，各生产工序的步调更为协调，联系更为紧密，不致因等待半成品而影响生产。可见，适量的存货能有效防止停工待料的发生，维持生产的连续性。

（2）适应市场变化。存货储备能增强企业在生产和销售方面的机动性以及适应市场变化的能力。企业有了足够的库存产成品，能有效地供应市场，满足顾客的需要。相反，若某种畅销产品库存不足，将会错失目前或未来的销售良机，并有可能因此而失去顾客。在通货膨胀条件下，适当地储存原材料存货，能够缓解因原材料价格上涨而给企业带来的冲击。

（3）降低进货成本。很多企业为扩大销售规模，向购货方提供较优厚的商业折扣待遇，即购货达到一定数量时，便在价格上给予相应的折扣优惠。企业采取批量集中进货，可获取较多的商业折扣，沃尔玛就是这样做的典范。此外，通过增加每次购货数量，减少购货次数，可以减少采购成本。即使在推崇以零存货为管理目标的今天，也有不少企业采取大批量购货方式，原因就在于这种方式有助于降低购货成本，只要购货成本的降低额大于存货增加所导致的储存等各项费用的增加额，就是可行的。

（4）维持均衡生产。对于季节性产品、生产所需材料的供应具有季节性的企业（如蔗糖厂、棉纺厂，其原材料存货是甘蔗和棉花，具有较强的季节性），为实现均衡生产，降低生产成本，必须适当储备一定的半成品存货或保持一定的原材料存货。否则，这些企业若按季节变动组织生产活动，难免会出现旺季时超负荷运转，淡季时生产能力得不到充分利用的情形，这也会导致生产成本的增加。其他企业在生产过程中，同样会由于各种原因出现生产水平的高低变化，拥有合理的存货可以缓冲这种变化对企业生产活动及获利能力的影响。

存货管理控制的目标就是既要满足企业生产经营对存货的需要，又要使存货的总成本最低。

11.1.2 存货成本的概念

存货成本是指一切与存货有关的费用支出。一般来说，它包括采购成本、订货成本、储存成本和缺货成本。

1. 采购成本

采购成本是指采购过程中一定数量的材料所耗费的实际成本，由买价和运杂费组成。采购成本的多少与采购物资的品种、数量和采购地点等因素有关，与订货次数的多少无关。其计算公式为：

$$采购成本=单价\times采购数量=p\cdot D \qquad (11-1)$$

2. 订货成本

订货成本是指订货过程中耗费的成本，包括采购部门的管理费、采购人员的工资、采购部门的日常经费（如办公费、水电费、折旧费、取暖费等），以及进行订货而发生的业务费（如差旅费、通信费等）。订货成本按其与订货次数的关系可分为固定订货成本和变动订货成本两部分。固定订货成本是维持采购部门的一定采购能力而发生的费用（如采购人员的工资、常设采购机构的办公室租金等），这部分费用在一定期间内不随订货次数变动，具有相对稳定性；变动订货成本是每次订货发生的费用，随订货次数的变动而变动（如每次订货所需的差旅费用，以及传真、打印、复印费用等），它与每次订货量没有直接联系。订货成本（指变动订货成本）的计算公式为：

$$年订货成本=A\cdot\frac{D}{Q} \qquad (11-2)$$

式中，A 为每次订货成本；D 为全年的需要量；Q 为每批订货量。

3. 储存成本

储存成本是指存货在储存过程中发生的费用。储存成本按其与储存量的关系也可分为固定储存成本与变动储存成本。仓库房屋、机械设备的折旧费、修理费、照明费，仓库管理人员的工资、办公费等仓库管理费用，在一定储存量范围内，一定时期内的发生额是基本固定的，属于固定储存成本；另一部分费用，如仓储费、搬运费、保险费、占用资金的利息等费用随储存量的变动而变动，属于变动储存成本。

可采用前面介绍的高低点法、散布图法或回归分析法对储存成本和订货成本中的固定部分与变动部分进行成本分解，以便加强存货的控制与管理。储存成本（指变动储存成本）的计算公式为：

$$年储存成本=C\cdot\frac{Q}{2} \tag{11-3}$$

式中，C 为单位存货年储存成本；$\frac{Q}{2}$ 为平均储存量。

4. 缺货成本

缺货成本是指由于库存数量不能及时地满足生产和销售的需要而给企业带来的损失。例如，停工待料造成的损失；因延期交货而交纳的违约赔偿金；临时追加购买造成的超额费用等。它可以表示为每单位缺货或每短缺一个单位期间所花费的费用。缺货成本与存货水平的高低、订货次数的多少没有直接关系，故在建立经济订货量基础模型时可以不予考虑。缺货成本的计算公式为：

$$缺货成本(C_s)=计算期平均缺货量\times单位缺货成本 \tag{11-4}$$

因此，持有存货总成本的计算公式为：

$$\begin{aligned}持有存货总成本&=采购成本+订货成本+储存成本+缺货成本\\&=p\cdot D+A\cdot\frac{D}{Q}+FC_1+C\cdot\frac{Q}{2}+FC_2+C_s\end{aligned}$$

式中，FC_1 为固定订货成本；FC_2 为固定储存成本，其他符号含义同前。

11.1.3　经济订货量

1. 经济订货量的含义

每次进货都要发生一定的订货成本。每年订货成本的多少取决于年内订货次数。一般来说，一方面，订货次数越少，订货成本也就越低，但订货次数减少，会使每次订货量增加，因而订货量与订货成本成反比；另一方面，每次订货量增加后，存货的平均储存量也会增加，从而会使储存成本增大，因而订货量与储存成本成正比。

经济订货量（EOQ）就是指使存货的订货成本与储存成本之和最低的订货量。(注意：由于存货的采购成本不随存货水平的高低或订货次数的多少而变动，不能成为决定在存货上所耗费的总成本最低的因素，因而在计算经济订货量时，可以不予考虑。）

2. 基本经济订货量模型

经济订货量的基本模型是一种理想的市场状况，建立在以下假设基础之上：

（1）企业能够适时补充存货，需要存货时便可立即取得存货，即不需要订货提前期；

（2）能集中到货，而不是陆续入库；

（3）不允许缺货，即无缺货成本；

（4）全年需求量、一次订货的订货成本、单位存货的年储存成本、订货固定成本以及储存固定成本都是常数；

（5）存货单价不变，不考虑批量折扣，因此在年需求量已知的情况下，采购成本也是决策的无关成本；

（6）企业现金充足，不会因现金短缺而影响进货。

在以上假设条件下，材料存货项目的总成本由两部分组成，即年变动订货成本和年变动储存成本。

下面介绍计算经济订货量所运用的两种方法。

（1）公式法。设 Q 表示每次订货量，T 表示在存货上所耗费的总成本，D 表示年需要量，A 表示一次订货成本，C 表示单位存货的年储存成本，则

$$年订货成本=\frac{D}{Q}\times A$$

$$年储存成本=\frac{Q}{2}\times C$$

式中，$\frac{Q}{2}$表示平均储存量。每次采购存货到达时，最高储存量为 Q，第二次采购存货到达前，储存量为0，则平均储存量为$\frac{(0+Q)}{2}=\frac{Q}{2}$，如图11-1所示。

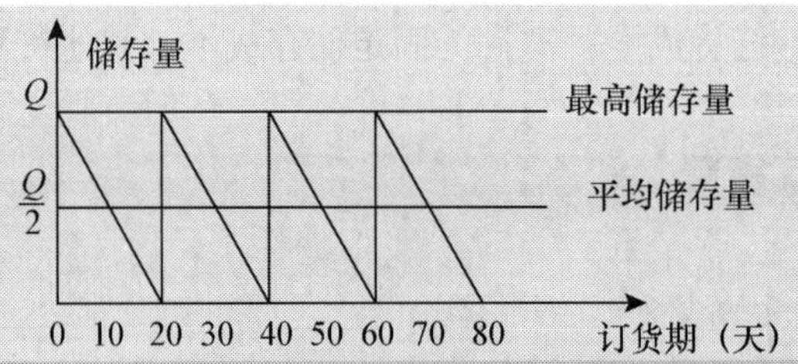

图11-1 储存量变化分析图

$$年存货总成本\ T=\frac{D}{Q}\times A+\frac{Q}{2}\times C\quad（不考虑其他常数项成本）$$

从数学意义上讲，经济订货量问题就是以每次订货量 Q 为自变量，当 Q 取何值时，年存货总成本 T 能取得极小值，此时 Q 的取值即为经济订货量（记为 Q^*）。根

据函数极值的必要条件理论，首先，令函数 $T(Q)$ 的一阶导数为 0，即

令　$\frac{dT}{dQ}=-\frac{DA}{Q^2}+\frac{C}{2}=0$，从而

$$\frac{DA}{Q^2}=\frac{C}{2}$$

即　$$Q^2=\frac{2AD}{C}$$

所以　$$Q=\sqrt{\frac{2AD}{C}} \tag{11-5}$$

这就是基本经济订货量模型，也称瞬时补充模型。

其次，由于函数 $T(Q)$ 的二阶导数大于 0，即

$$\frac{d^2T}{dQ^2}=\frac{2AD}{Q^3}>0$$

由上可知，$Q=\sqrt{\frac{2AD}{C}}$ 能使函数 $T(Q)$ 在此处获得极小值，因此，$\sqrt{\frac{2AD}{C}}$ 就是所求的最佳订货量，即

$$Q^*=\sqrt{\frac{2AD}{C}}$$

将经济订货量 Q^* 代入 T 的公式，得

$$T=\sqrt{2ADC}$$

另外，还可得到最优订购批数的公式：

$$P=\frac{D}{Q^*}=\sqrt{\frac{DC}{2A}} \tag{11-6}$$

式中，P 为最优订购批数。

注意，只有当采购达到最优经济批量时，总成本 T 才可以用上述公式计算。

【例 11-1】

假设某公司今年甲材料用量为 4 000 吨，变动订货成本为每次 20 元，变动储存成本为每吨 1 元，材料单价为每吨 20 元。现要求确定经济订货量、总成本及最优订购批数。

依据题意，$D=4\,000$ 吨，$A=20$ 元，$C=1$ 元，代入公式，得

$$Q^*=\sqrt{\frac{2AD}{C}}=\sqrt{\frac{2\times4\,000\times20}{1}}=400(\text{吨})$$

$$T=\sqrt{2ADC}=\sqrt{2\times20\times4\,000\times1}=400(\text{元})$$

$$P=\sqrt{\frac{DC}{2A}}=\sqrt{\frac{4\,000\times1}{2\times20}}=10(\text{次})$$

所以，经济订货量为 400 吨，总成本为 400 元，最优订购批数为 10 次。

应该指出，在计算经济订货量时，全年需要量、每次订货成本和单位存货储存成本都是预测数字，很难准确地估计。因此，在计算出经济订货量后，还必须根据当时的实际情况，特别是订货成本或储存成本的变动情况，对原经济订货量进行适当调整。其一般原则是：如果订货成本增加，就倾向于减少订货次数，增加每次订货量，以节省订货成本；如果储存成本增加，则减少订货量，以压缩储存成本。

（2）图示法。以订货量为横轴，订货成本为纵轴，画出年订货成本$\frac{DA}{Q}$曲线，年平均储存成本$\frac{Q}{2}\cdot C$曲线，以及年存货总成本 T 曲线，如图 11－2 所示。

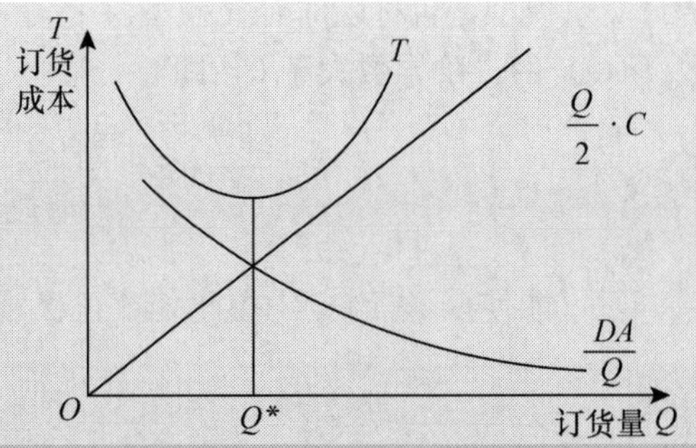

图 11－2 用图示法确定经济订货量

从图 11－2 可以看出，经济订货量就是总成本曲线的最低点，此点恰好是年订货成本与年平均储存成本相等时的订货量。

图示法的优点在于比较直观，便于观察各项成本的性态及其相互关系。

3. 经济订货量模型的扩展

（1）订货提前期。我们知道，从订货到货物运抵投入生产需要一段时间。为了保证生产能顺利进行，理想的情况是在存货刚刚用完时，订货恰好运到，不影响生产的持续进行。这样，就要求订货提前进行。例如，预计开始办理订货手续到订货运抵需要 7 天的时间，那么，企业至少应该在存货用完前 7 天开始办理订货手续。订货需要先于存货用完前若干天进行，这段时间就称为订货提前期，如图 11－3 所示。

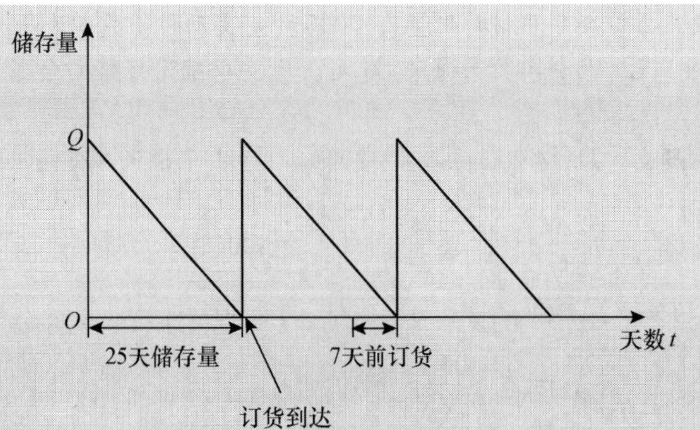

图 11－3 订货提前期的确定

订货提前期一般是通过对过去各次订购实际需要的时间进行平均计算得出的。其计算公式为：

$$t=\frac{\sum_{t=1}^{n} t_i}{n} \tag{11-7}$$

式中，t 为订货提前期；t_i 为过去各次订货所需时间；n 为订货次数。

【例 11-2】

某企业按下月的订单数来进行原材料的订购，20×1 年 1—5 月的订购日期分别为 1 月 20 日、2 月 25 日、3 月 23 日、4 月 18 日和 5 月 22 日，上述每次订货所需时间分别为 11 天、3 天、8 天、12 天、9 天。问：预期 6 月该企业的订货提前期为几天？

依据题意，将 $t_1=11$，$t_2=3$，$t_3=8$，$t_4=12$，$t_5=9$，$n=5$ 代入式（11-7），得

$$t=\frac{\sum_{t=1}^{n} t_i}{n}=\frac{11+3+8+12+9}{5}=8.6(\text{天})$$

所以预期该企业 6 月的订货提前期为 9 天。

注意：订货提前期对经济订货量没有影响，有关存货的每次订货量、订货次数、订货间隔时间等并无变化，与基本经济订货量模型相同。

（2）存货陆续供应和使用模型。在基本经济订货量模型中，存货是一次全部入库的，所以存货增加时存量变化为一条垂直的直线。事实上，各批存货可能分批入库，使储存量陆续增加。尤其是产成品入库和在产品转移的情况，存货几乎总是陆续供应和陆续耗用的。在这种情况下，需要对基本模型做一些修改。

设 Q 表示每次订货量，P 表示每日送货量，则该批货全部送达所需天数为：$\frac{Q}{P}$。

因为存货每日耗用量为 d，所以送货期内存货耗用量为：$\frac{Q}{P}\cdot d$。

由于零件边送边用，因此每批送完时，最高储存量为：$Q-\frac{Q}{P}\cdot d$。

平均储存量为：$\frac{1}{2}\left(Q-\frac{Q}{P}\cdot d\right)$。

陆续供货时储存量的变动如图 11-4 所示。其中，E 表示最高储存量，$\bar{E}$ 表示平均储存量。

此时，年存货总成本为：

$$\begin{aligned}T&=\frac{D}{Q}\times A+\frac{1}{2}\left(Q-\frac{Q}{P}\cdot d\right)\times C\\&=\frac{D}{Q}\times A+\frac{Q}{2}\left(1-\frac{d}{P}\right)\times C\end{aligned} \tag{11-8}$$

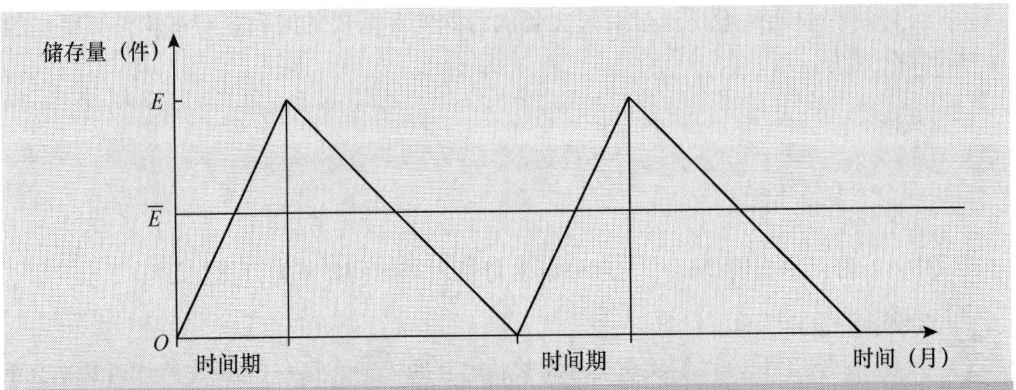

图 11-4 陆续供货时储存量的变动

当变动订货成本与变动储存成本相等时，T 有最小值，故存货陆续供货和使用的经济订货量公式为：

$$\frac{D\times A}{Q^2}=\frac{1}{2}\left(1-\frac{d}{P}\right)\times C$$

$$Q'=\sqrt{\frac{2AD}{C}\times\left(\frac{P}{P-d}\right)} \tag{11-9}$$

将式（11-9）代入式（11-8），得到

$$T'=\sqrt{2ADC\left(1-\frac{d}{P}\right)} \tag{11-10}$$

还可以得到最优订购批数为：

$$P'=\frac{D}{Q'}=\sqrt{\frac{DC}{2A}\times\left(\frac{P-d}{P}\right)} \tag{11-11}$$

【例 11-3】

某企业生产发动机，某种零件的年需要量 D 为 18 000 件，每日送货量 P 为 60 件，每日耗用量 d 为 30 件，平均订货成本 A 为 100 元，单位变动储存成本 C 为 5 元。现要求确定经济订货量、总成本及最优订购批数。

依据题意，$D=18\,000$ 件，$P=60$ 件，$d=30$ 件，$A=100$ 元，$C=5$ 元，代入公式，可得

$$Q'=\sqrt{\frac{2AD}{C}\times\left(\frac{P}{P-d}\right)}=\sqrt{\frac{2\times100\times18\,000}{5}\times\left(\frac{60}{60-30}\right)}=1\,200(\text{件})$$

$$T'=\sqrt{2ADC\left(1-\frac{d}{P}\right)}=\sqrt{2\times100\times18\,000\times5\times\left(1-\frac{30}{60}\right)}=3\,000(\text{元})$$

$$P'=\frac{D}{Q'}=\frac{18\,000}{1\,200}=15(\text{次})$$

所以，经济订货量为 1 200 件，总成本为 3 000 元，最优订货批数为 15 次。

（3）安全储备量。安全储备量又称保险储备，是为了预防在订货过程中出现意外

情况而建立的储备。安全储备在一般情况下不使用，只有在特殊情况下才使用。例如，如果突然需要扩大生产量或采购材料不能按时到达，企业的生产势必会因材料短缺而面临困境，安全储备量就是为了应付这类情况的发生而预留的保险量，其具体确定如图 11－5 所示。安全储备量通常是根据历史资料和计划期的预测情况而做出的经验估计量。其计算公式为：

安全储备量＝平均每日需要量×保险储备天数

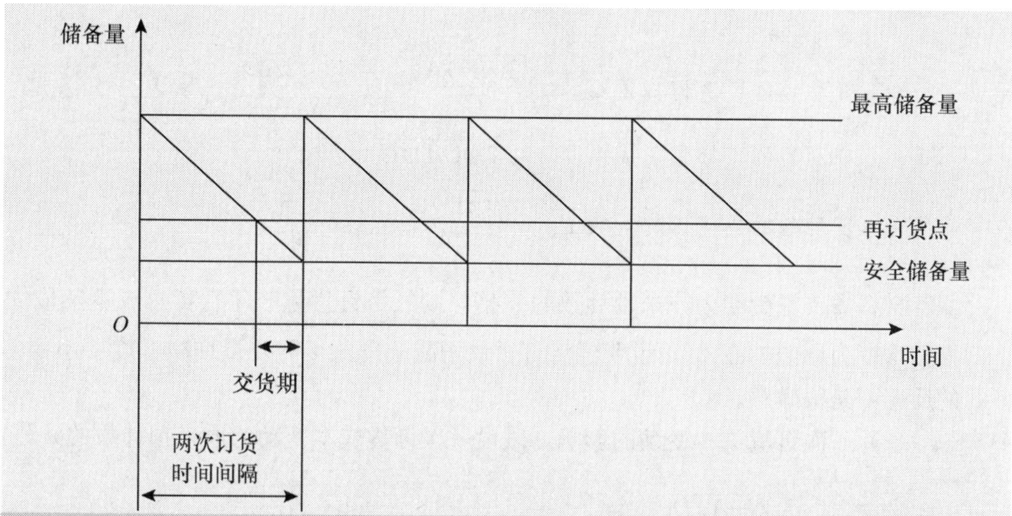

图 11－5　安全储备量的确定

保险储备天数是指在平均每日需要量大致不变的情况下，从动用安全储备到订货到达所需的时间，一般根据上期平均误期天数来确定。保险储备天数的计算方法有两种：一种是算术平均法。它是从进货历史统计资料中，找出并计算若干次误期天数(超过平均供应间隔期的天数)，然后加总平均。其计算公式为：

$$保险储备天数=\frac{\sum 每次误期天数}{误期次数}$$

误期天数＝两次进货间隔天数－平均进货间隔天数

$$平均进货间隔天数=\frac{\sum 每次进货间隔天数}{进货次数}$$

另一种是加权平均法。它是从进货历史统计资料中，找出并计算误期天数，将每次误期天数与该次进货量相乘，然后除以误期进货总量。其计算公式为：

$$保险储备天数=\frac{\sum(误期天数\times 进货数量)}{误期进货总量}$$

误期天数＝两次进货间隔天数－平均进货间隔天数

$$平均进货间隔天数=\frac{\sum(每次进货间隔天数\times 每次进货数量)}{进货总量}$$

4. 经济订货量的敏感性分析

经济订货量的敏感性分析是指利用经济订货量的计算公式，研究经济订货量有关因素的变动对相关指标的影响，以便掌握有关因素之间的变化规律，为加强存货管理提供科学依据。

（1）材料年需要量变动的影响。根据经济订货量公式 $Q=\sqrt{\frac{2AD}{C}}$，假设材料年需要量变动为原来的 n 倍，A，C 不变，则

$$\text{变动后的经济订货量 } Q'=\sqrt{\frac{2(nD)A}{C}}=\sqrt{n}\cdot\sqrt{\frac{2AD}{C}}=\sqrt{n}Q$$

$$\text{变动后的年存货总成本 } T'=\sqrt{2A(nD)C}=\sqrt{n}T$$

$$\text{变动后的最优订货批数 } P'=\sqrt{\frac{(nD)C}{2A}}=\sqrt{n}P$$

即若材料需要量变动为原来预计数的 n 倍，则经济订货量、年存货总成本及最优订货批数均变为原值的 $\sqrt{n}$ 倍，说明经济订货量增减幅度比年需要量增减幅度要小得多，Q 的反应不是很敏感。

（2）一次订货成本变动的影响。假设一次订货成本变动为原来预计数的 n 倍，则

$$Q'=\sqrt{\frac{2(nA)D}{C}}=\sqrt{n}Q$$

$$T'=\sqrt{2(nA)DC}=\sqrt{n}T$$

$$P'=\sqrt{\frac{DC}{2(nA)}}=\frac{1}{\sqrt{n}}P$$

可以看出，经济订货量、年存货总成本均变为原值的 $\sqrt{n}$ 倍，最优订货批数则为原来的 $\frac{1}{\sqrt{n}}$。但影响幅度不大，即不太敏感。

（3）单位存货年储存成本变动的影响。假设单位存货年储存成本变动为原来预计数的 n 倍，则

$$Q'=\sqrt{\frac{2AD}{(nC)}}=\frac{1}{\sqrt{n}}Q$$

$$T'=\sqrt{2AD(nC)}=\sqrt{n}T$$

$$P'=\sqrt{\frac{D(nC)}{2A}}=\sqrt{n}P$$

以上各式说明，单位存货年储存成本的变动将使经济订货量变为原值的 $\frac{1}{\sqrt{n}}$，年存货总成本和最优订货批数则变为原值的 $\sqrt{n}$ 倍。

（4）多因素变动的影响。假设年需要量变动为原来的 α 倍，一次订货成本变动为原来的 β 倍，单位存货年储存成本变动为原来的 γ 倍，则

$$Q'=\sqrt{\frac{2(\beta A)(\alpha D)}{\gamma C}}=\sqrt{\frac{\alpha\beta}{\gamma}}\cdot Q$$

$$T'=\sqrt{2(\beta A)(\alpha D)(\gamma C)}=\sqrt{\alpha\beta\gamma}\cdot T$$

$$P'=\sqrt{\frac{(\alpha D)(\gamma C)}{2(\beta A)}}=\sqrt{\frac{\alpha\gamma}{\beta}}\cdot P$$

通过对经济订货量法的敏感性分析，我们可以准确地预计有关因素的变化对经济订货量、年存货总成本和最优订货批数的影响程度，从而对这些因素的变化进行事先评估，为存货决策提供科学依据。

11.2　考虑数量折扣和允许缺货时的经济订货量

11.2.1　经济订货量中的数量折扣问题

上一节研究经济订货量问题时，我们假定材料订购单价固定不变，即不论订货量为多少，材料单价不变。由于材料单价不变使得材料的采购成本固定不变，因此在计算经济订货量时，把采购成本排除在外，不予考虑。但实际情况是，材料供应商为扩大销售，往往随着订货量增加给予购货方一定的数量折扣，以鼓励购货方大量购买。这样，材料的单价就不再是固定不变的，而与一次订货量的多少有直接的联系。所以在实际工作中，经济订货量的决策不能把采购成本排除在外，需全面考察。

一方面，对于购买者来讲，享受数量折扣可以获得较低的单价，以及运输费用的节约，并减少订货批数。但另一方面，大批量订货会引起储存成本的增加，积压资金。故购买者要在经济订货量的总成本和享受折扣的总成本之间选择相关总成本较低的方案。

【例 11－4】

假设某厂生产对某种材料的年需要量为 2 000 千克。目前采购单价为 10 元/千克，订货成本为每次 25 元，储存成本为平均存货金额的 25%。该材料的供应商对每次购买量达到 500 千克的购买商提供 3%的折扣。问：购买商是否有必要享受这一折扣？

首先，计算按经济订货量采购的相关总成本，其结果如下：

$$Q^*=\sqrt{\frac{2\times 2\,000\times 25}{10\times 25\%}}=200(\text{千克})$$

$$P=\frac{2\,000}{200}=10(\text{次})$$

$$T=2\,000\times 10+25\times 10+\frac{200\times 10}{2}\times 25\%=20\,500(\text{元})$$

其次，计算接受折扣条件下的总成本，此时每次采购500千克，每年采购4次，单价降低3%。

$$T = 2\,000\times10\times(1-3\%)+25\times4+\frac{500\times10\times(1-3\%)}{2}\times25\%$$

$$=20\,106.25(\text{元})$$

由此可知，为享受数量折扣而大批量采购所带来的相关总成本较低，故应采用此方案，即以每次采购500千克为宜。

11.2.2 经济订货量中的缺货影响问题

在实际工作中，企业生产常常会受到缺货的影响，原因如下：一是客观上从订货到货物运抵需要一段时间；二是企业内部生产不稳定或外部供应误期。要解决这个问题，企业有两种方法：一是加大安全储备量，尽可能地消除缺货现象；二是允许缺货现象存在。从经济的角度讲，只有在缺货造成的损失较小，或者加大保险储备的成本大于缺货造成的损失时，才能允许缺货。因此，应针对允许缺货的情况，相应地确定经济订货量，以帮助企业做出科学的决策。

（1）已知订货批量和允许缺货量，计算平均储存量和平均缺货量。在企业允许缺货存在的情况下，假定订货批量为500件，允许缺货量为100件，当一次订货收到时，首先要满足弥补缺货的需要，则最高储存量为400件，如图11-6所示。

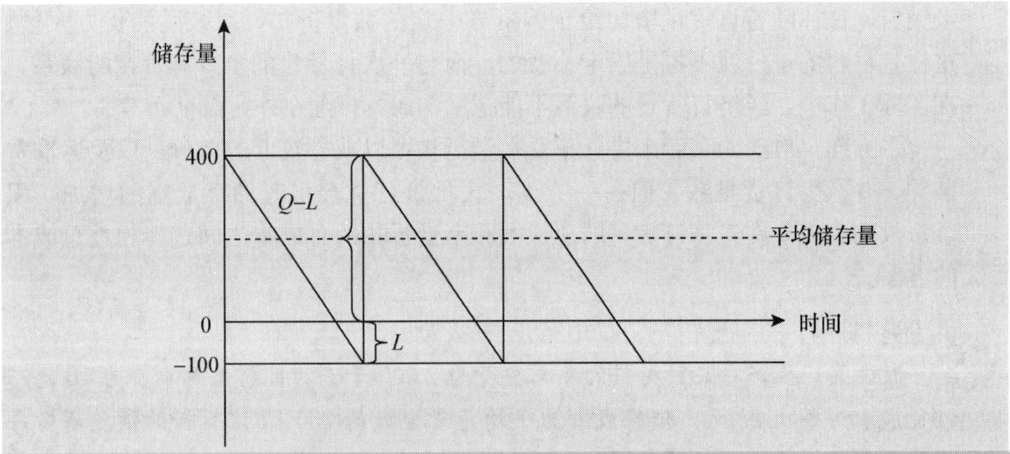

图11-6 允许缺货情况下的储存量确定

在此情况下，材料的最高储存量是经济订货量Q减去允许缺货量L，材料的平均储存量可按下列方式计算：

设t代表两次采购间隔时间，t_1代表储存量为正数的时间，t_2代表储存量为0的时间，d代表材料的日需要量，则

$$t=t_1+t_2=\frac{Q}{d}$$

$$t_1=\frac{Q-L}{d}$$

$$t_2=\frac{L}{d}$$

t_1 期间平均储存量 $=(Q-L)/2$

t_2 期间平均储存量 $=L/2$

$$t\text{ 期间平均储存量}=\frac{\frac{Q-L}{2}\times t_1+0\times t_2}{t}=\frac{(Q-L)^2}{2Q}$$

$$t\text{ 期间平均缺货量}=\frac{0\times t_1+\frac{L}{2}\times t_2}{t}=\frac{\frac{L}{2}\times\frac{L}{d}}{Q/d}=\frac{L^2}{2Q}$$

利用图 11－6 中的数据：$Q=500$ 件，$L=100$ 件，代入上式，得

$$\text{平均储存量}=\frac{(500-100)^2}{2\times500}=\frac{400^2}{2\times500}=160(\text{件})$$

$$\text{平均缺货量}=\frac{100^2}{2\times500}=10(\text{件})$$

(2) 允许缺货情况下经济订货量和最大允许缺货量的计算。上述已知订货量和允许缺货量，并不是在允许缺货情况下的经济订货量和最大允许缺货量。我们可以通过对年储存总成本求导的方法，计算在允许缺货情况下的经济订货量和最大允许缺货量。

假定 H 为单位缺货成本，则在允许缺货情况下的总成本 $T_{缺}$ 的计算公式如下：

$$T_{缺}=\frac{AD}{Q}+\frac{(Q-L)^2}{2Q}\times C+\frac{L^2H}{2Q}$$

对 $T_{缺}$ 求一阶偏导数，当 $(T_{缺})'_Q=0$，$(T_{缺})'_L=0$ 时，所求出的 Q 即为使 $T_{缺}$ 最小的经济订货量，即

$$Q=\sqrt{\frac{2AD}{C}\times\frac{C+H}{H}}$$

$$L=Q\times\frac{C}{C+H}=\sqrt{\frac{2AD}{H}\times\frac{C}{C+H}}$$

$$T_{缺}=\sqrt{2ADC\times\frac{H}{C+H}}\qquad(11-12)$$

沿用例 11－1 的数据，设缺货成本 H 为每件 1 元，则计算结果如下：

$$Q=\sqrt{\frac{2\times20\times4\,000}{1}\times\frac{1+1}{1}}=565.69(\text{吨})$$

$$L=565.69\times\frac{1}{1+1}=282.85(\text{吨})$$

$$T_{缺}=\sqrt{2\times 20\times 4\,000\times 1\times \frac{1}{1+1}}=282.84(元)$$

通过计算，并与例11-1比较可发现，允许缺货条件下的总成本比不允许缺货时的总成本低，这样为企业进行决策提供了一个新途径。

11.3 存货控制的其他方法

11.3.1 订货点

订货点在存货控制中是一个很重要的概念。它从储存量的定量分析入手，揭示储存量的变化与订货时机的关系，提出了订货的储存量标准。随着生产过程的不断进行，储存量在不断减少，当储存量减少至一定限度时，就需要进行订货。需要再次订货的储存量水平就是订货点。按照这种订货标准，每次着手订货时，储存量相同，而订货时间不确定，也就是说，何时提出订货，应根据储存量的变化决定。下面对订货点进行定量分析。

根据11.1节对订货提前期和安全储备量问题的分析，我们不难知道，安全储备量加上提前期内正常耗用量就是订货点。订货点的确定如图11-7所示。

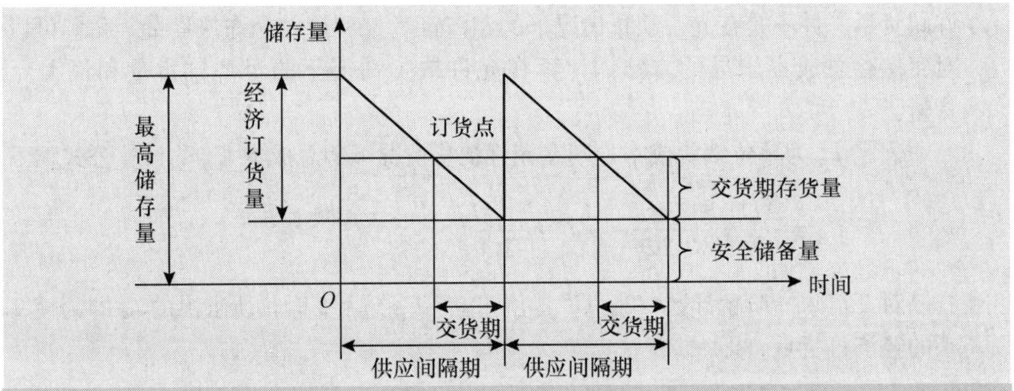

图11-7 订货点的确定

从图中可以看出，每次订货量相同，订货点不变且等于最低储备量，但订货时间不同。因此，订货点的计算公式为：

订货点＝(平均每天正常耗用量×提前期天数)＋安全储备量
＝平均每天正常耗用量×(提前期天数＋保险储备天数)

【例11-5】

某企业生产平均每天需要某种原材料10吨，提前期天数为7天，核定保险储备天数为8天。问：当库存原材料还剩多少时应提出订货？

根据题意，由订货点公式得

订货点＝10×(7＋8)＝150(吨)

即库存原材料还剩 150 吨时就应该提出订货。

11.3.2　ABC 分析法

1. ABC 分析法的概念

随着生产规模的扩大与科学技术的不断进步，社会发展所需生产资料及生活资料日益丰富。对于企业来说，其存货种类、规格、数量越来越多，而且情况较复杂，有的存货品种不多，但资金占用多；有的库存量大，但资金占用少。如果对每一种存货都进行同样周密的计划和严格控制，则任务繁重，既不经济，也不可行。最好的办法是按照"抓住重点，兼顾一般"的原则进行存货的管理与控制，这样才能取得较好的效果。ABC 分析法就是建立在上述原则基础上的一种科学的管理方法。

ABC 分析法通过对各类存货进行分析比较，根据不同情况把库存物资划分为 A，B，C 三类，并对各类存货实行不同的管理与控制方式。

A 类存货的品种数量占全部存货品种数量的 10%左右，但其资金占用为全部存货资金的 70%左右。对 A 类存货应重点管理，力求库存最低；采用经济订货量法，详细计算每种物资的订货量；按项目、品种、规格详细统计与严密控制，并计算出订货点；要经常检查、尽量减少安全储备量，做到既能保证供应，又不过多占用资金。

B 类存货的品种数量约占全部存货品种数量的 20%～30%，资金占用约为全部存货资金的 20%。对 B 类存货应予以重视，按照常规管理，根据库存量水平掌握松紧尺度；采用定量订货方式，按经济订货量订货；按大类规定项目进行一般统计、计算与控制，并计算出订货点，保留较少的安全储备量。

C 类存货的品种数量约占全部存货品种数量的 60%～70%，资金占用约为全部存货资金的 10%。对 C 类存货宜采用大量订货的方法以节省订货成本，实行简单管理，降低管理费用。对需求影响不大、容易采购的商品，平时少储备，根据需要随时采购；对规格复杂、需求量小、价格低廉的商品，可根据实际情况适当加大进货批量，以减少烦琐的劳动。按总金额进行简单统计、粗略计算与一般性控制；按年度或季度进行检查；安全储备量较多。

2. ABC 分析法的步骤

(1) 收集数据。根据所要分析的内容、对象，有针对性地收集有关数据。

(2) 统计汇总。对原始数据进行整理，并根据需要对其进行计算、汇总。

(3) 编制 ABC 分析表。把全部存货品目列表排队，按资金占用额的大小顺序排列，并把统计数据百分数及其他数据填入。将累计资金占用额占 70%左右而品种数占 10%左右的存货划为 A 类；将资金占用额和品种数占 20%左右的存货划为 B 类；将其余的资金占用额占 10%左右，而品种数占 70%左右的存货划为 C 类。如果存货的品目数特别多，无法全部排列在表中或没有必要全部排列，可先按资金占用额（或销售额）进行分层，即规定在某一资金占用额（或销售额）范围内为一层，将全部品目分为若干层，将每层的品目数列出；每层都编制 ABC 分析表，然后将各层的 A 类品目汇总列出，便于进行重点管理。

【例 11 - 6】

某企业存货共有 11 800 种，年占用资金为 8 310 万元，各类存货品种及占用资金如表 11 - 1 所示。

表 11 - 1　某企业存货品种及占用资金表

存货编号	存货品种（种）	占用资金（万元）
201	505	5 130
202	585	990
203	540	540
204	1 350	108
205	1 170	720
206	1 260	225
207	270	20
208	2 700	217
209	630	290
210	2 790	70
合计	11 800	8 310

现要求列出 ABC 分析表。

根据表 11 - 1 所列资料，对各类存货按其占用资金的多少，从大到小排列，并计算各存货的资金占用额占存货总资金的比重和每个类别占总品种的比重。据此将存货分为 A，B，C 三类，绘制 ABC 分析表，如表 11 - 2 所示。

表 11 - 2　ABC 分析表

类别	存货编号	占用资金（万元）	品种比重（%）	资金比重（%）	累计品种比重（%）	累计资金比重（%）
A	201	5 130	4.28	61.73	9.24	73.64
	202	990	4.96	11.91		
B	205	720	9.92	8.66	14.50	15.16
	203	540	4.58	6.50		
C	209	290	5.34	3.49	76.27	11.29
	206	225	10.68	2.71		
	208	217	22.88	2.61		
	204	108	11.44	1.30		
	210	70	23.64	0.84		
	207	20	2.29	0.24		
合计		8 310	100.00	100.00	100.00	100.00

（4）绘制 ABC 分析图。以累计品种数百分比为横坐标，累计资金占用额百分比为纵坐标，按 ABC 分析表所列示的对应关系，在坐标图上取点，并连接各点成曲线，绘制成 ABC 分析图，如图 11 - 8 所示。

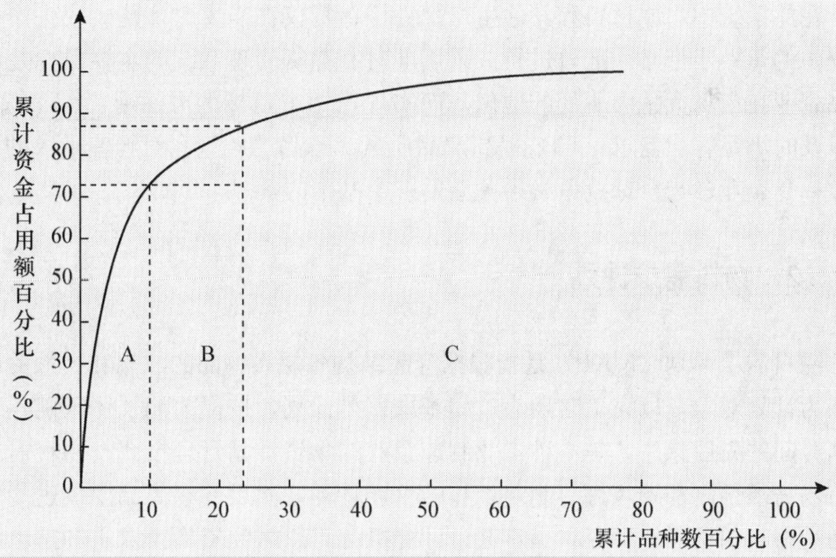

图 11-8 ABC 分析图

（5）确定重点管理方式。根据 ABC 分析的结果，比较管理能力和经济效益，对三类不同存货采取有区别、有重点的管理和控制方式，决定各类存货管理和控制的标准。

应注意的是，由于 A 类存货具有品种少、占用资金多的特点，对企业储备资金有很大的影响，因此，应当利用科学的管理方式进行严格控制，随时注意库存动态，详细记录其收、发、结存的数据，及时调整和解决出现的问题。集中力量管好 A 类存货是减少资金占用、降低存货成本的重要途径。

11.4 准时制存货管理系统与物料需求计划

11.4.1 准时制存货管理系统

随着经济不断发展，各企业所面临的环境发生了很大的变化，市场逐渐从过去的卖方市场转变为买方市场。随着经济环境的变化，一方面，激烈的市场竞争突破国界的限制，极大地推动了全球性的竞争市场的形成；另一方面，生产技术的进步又导致了产品生命周期的缩短和多样化生产的发展。经济环境的变化促使企业在努力提高产品质量、增加花色品种的同时，还要努力降低产品的总成本。由于产品的质量、生产工艺、产品定价、剩余生产能力、对顾客的需求迅速做出反应的能力、产品交付周期以及企业整体的获利能力等都受存货水平的影响，而存货水平的高低直接影响经营成本的高低。这些竞争压力导致许多企业放弃传统的存货管理方式，转而采用准时制（JIT）存货管理系统。

准时制存货管理系统是一种由需求拉动的生产系统，是一种全新的存货管理系统。在此系统中，原材料和其他生产部件等存货仅在需要时才购买或生产，并且生产过程中的每一步都必须准时进行。采用准时制存货管理系统的主要目标是增加盈利和提高企业在市场竞争中所处的地位。而实现这两个目标的方法有：（1）降低总成本；（2）及时满足客户需求；（3）提高产品质量。产品的质量、对顾客需求的反应以及成本效率是企业参与全球竞争必须关注的三个基本因素。

11.4.2 物料需求计划

物料需求计划（MRP）是指根据产品结构各层次物品的从属和数量关系，以每个物品为计划对象，以完工时期为时间基准安排计划，按提前期长短区别各个物品下达计划时间的先后顺序，是一种工业制造企业的物资计划管理模式。物料需求计划是根据市场需求预测和顾客订单制定产品的生产计划，然后基于产品生成进度计划、组成产品的材料结构表和库存状况，通过计算机计算所需物资的需求量和需求时间，从而确定材料的加工进度和订货日程的一种实用技术。

其主要内容包括客户需求管理、产品生产计划、原材料计划以及库存记录。其中，客户需求管理包括客户订单管理及销售预测。

1. 物料需求计划的特点

（1）需求的相关性。在流通企业中，各种需求往往是独立的，而在生产系统中，需求具有相关性。例如，根据订单确定所需产品的数量之后，由物料清单（BOM）即可推算出各种零部件和原材料的数量，这种根据逻辑关系推算出来的物料数量称为相关需求。不但品种数量有相关性，需求时间与生产工艺过程的决定也是相关的。

（2）需求的确定性。物料需求计划的需求都是根据生产进度计划、产品结构文件和库存文件精确计算出来的，品种、数量和需求时间都有严格要求，不可改变。

（3）计划的复杂性。物料需求计划要根据主产品的生产计划、产品结构文件、库存文件、生产时间和采购时间，将主产品的生产流程整合一致。

2. 物料需求计划实现的目标

（1）及时取得生产所需的原材料及零部件，保证按时提供用户所需产品；

（2）保证尽可能低的库存水平；

（3）计划企业的生产活动与采购活动，使各部门生产的零部件、采购的外购件与装配的要求在时间和数量上精确衔接。

11.4.3 准时制存货管理系统与物料需求计划对存货管理的要求

面对日益激烈的市场竞争，企业对成本控制也越来越重视，而准时制存货管理系统与物料需求计划对于企业存货管理都提出了更高的要求。

尽管准时制存货管理系统要求达到一种“零存货”的状态，但它不是不要存货管理，而是对存货管理提出了更高的要求，主要内容包括：

（1）单元式制造方式。单元式制造方式具有简单易分解的特点，当订单数发生变动时，可以方便地弹性增减各生产线的作业人数。

（2）生产准备时间。生产准备时间是产品制造周期中的一个重要因素，减少生产准备时间可以缩短生产周期，从而对市场的需求做出更好的反应。

（3）密切联系供应商。如果供应商不能准时送货或原材料的质量不好，将影响企业整个生产经营流程，因此，企业必须选择一些可信任的供应商，与其签订合同并建立合作伙伴关系。

物料需求计划则是管理信息化系统的最初运用。例如，零售商品运用条形码，可以为每件存货设立编码，并对其进、销、存做连续、系统、全面的跟踪记录，这大大提高了存货管理水平。当然，物料需求计划对存货管理也有一定的要求，即建立基本数据系统，其中基本数据包括：

（1）主生产计划。它指明在某一计划时段内应生产出的各种产品和备件，它是物料需求计划制定的一个重要的数据来源。

（2）物料清单。它指明了物料之间的结构关系，以及每种物料需求的数量，它是物料需求计划系统中最为基础的数据。

（3）库存记录。它反映了每个物料品目的现有库存量和计划接收量的实际状态。

（4）提前期。它决定着每种物料何时开工、何时完工。

这四项数据都是至关重要、缺一不可的。缺少其中任何一项或任何一项数据不完整，制定的物料需求计划都将是不准确的。因此，在制定物料需求计划之前，这四项数据都必须先完整地建立好，而且保证是绝对可靠的、可执行的数据。

20 世纪 90 年代以来，世界经济格局发生了重大的变化，制造业企业面临的共同问题是更加激烈的市场竞争，在竞争中，技术因素越来越重要，企业如果丧失了技术优势，就必定会丧失竞争优势，因此，取得技术优势是现代制造业企业生存的前提。但制造业企业发现，仅靠自己企业的资源不可能有效地参与市场竞争，只有把制造过程的有关各方（如供应商、客户、制造工厂、分销网络等）纳入一条紧密的供应链，才能有效地安排企业的产、供、销。准时制存货管理系统与物料需求计划是新时代对存货管理的要求，也是未来存货管理的发展方向。

案例

沃尔玛的存货控制

第二次世界大战后，山姆·沃尔顿意识到自己想投身零售业。他的事业起步于本·富兰克林商店，在那里，他了解了采购、价格，并开始为顾客利益着想。他认为，来自纽约的产品代理商哈瑞·维纳为他上了第一堂价格课。

“哈瑞当时以 2 美元一打的价格出售女士内裤。而我们正以 2.5 美元一打的价格从本·富兰克林商店购买同类产品，然后以 1 美元 3 条的价格卖出。如果我们以哈瑞的价格买进，就可以 1 美元 4 条的价格出售，这等于为我们的商店做了一次大型促销。”

“这就是我们从中学到的一个简单的规律……如果我用80美分买一件商品，我发现以1美元出售的销量要比以1.2美元出售的销量高出3倍。也许我们的每件商品获得的利润只是原来的一半，但因为我们的总销量增加了3倍，所以总利润也大幅增长。这虽然是极其简单的道理，但是折扣的精髓，即通过降低商品价格推动销售，进而获得比高价销售更高的利润。用零售术语来讲，就是你可以降低商品价格，从而提高销售量，最终获得更高的利润。”

那么，沃尔玛是如何降低商品价格的呢？我们将从以下几个方面进行分析。

（1）直接采购。传统的零售商在采购时往往要通过很多中间商，每经过一个中间商，价格就要提高，少则几个百分点，多则十几个百分点，减少中间环节就能将很多支出节省下来。沃尔玛的经营战略与传统的零售商有很大不同，其采购环节绕开其他中间商，直接从工厂进货，大大减少了进货的中间环节，为降低采购价格提供了更大的空间，从而能够提供更为低廉的商品价格。

（2）节约办公成本。沃尔玛严守办公费用只占营业额2%的规范，“一分钱掰成两半花”，从而“比竞争对手更节约开支”。“合适的才是最好的”是沃尔玛的公司经营理念之一，在沃尔玛，你看不到华而不实的办公场所和设备；在销售旺季或者节假日，也不像其他公司那样增聘员工或者临时工，而是让经理们穿着西装下到一线，直接为顾客服务；就连高层管理人员外出公干也是选择最廉价的航班和酒店。节约成为企业文化之一。

（3）完善的物流管理系统。

1）高效率的配送中心。沃尔玛的物流配送系统使用最先进的电子数据交换技术（EDI），把供应商、各门店和物流配送中心联系起来。顾客在沃尔玛的一家门店买了一件衬衫，沃尔玛就能够向供应商提供这种衬衫在此之前100个星期内的销售记录，并能够跟踪这种产品在全球或某个特定市场的销售情况。

现代零售企业的规模越来越大，配送的难度和成本也越来越高。沃尔玛根据产品和业务的不同将配送中心细化，建立六种形式的配送中心，提高了运营效率，降低了配送成本。

a. 干货配送中心，将供应商送来的商品分类、贴标，分送到各百货商店；

b. 食品配送中心，包括不易变质的饮料等食品，以及易变质的生鲜食品等，需要有专门的冷藏仓储和运输设施，直接送货到店；

c. 山姆会员店配送中心，这种业态批零结合，有1/3的会员是小零售商，配送商品的内容和方式与其他业态不同，使用独立的配送中心；

d. 服装配送中心，不直接送货到店，而是分送到其他配送中心；

e. 进口商品配送中心，为整个公司服务，主要作用是大量进口以降低进价，再根据要货情况送往其他配送中心；

f. 退货配送中心，接收门店由于各种原因退回的商品，其中一部分退给供应商，一部分送往折扣商店，还有一部分就地处理，其收益主要来自出售包装箱的收入和供应商支付的手续费。

2）便捷的运输系统。存货和缺货是造成流通企业成本趋高的因素，沃尔玛利用自己的信息传递和运输系统大大降低了存货和缺货的成本。

传达以及反馈信息的速度是提高整个公司的运作效率的关键。沃尔玛总部的高速处理器与 16 个发货中心和 1 000 多家商店连接。通过商店付款台激光扫描器售出的每一件货物都会自动记入电脑系统，当某一商品库存减少到一定数量时，电脑就会发出信号，提醒商店及时向总部要求进货。总部安排货源后送往离商店最近的发货中心，再由发货中心安排发送时间和路线。在商店发出订单后 36 小时内，所需货品就会出现在仓库的货架上。这种高效率的存货管理使公司能迅速掌握销售情况和市场需求趋势，及时补充库存不足。这样可以减少存货风险，降低资金积压的额度，加快资金运转速度。

3）先进的信息管理中心。沃尔玛的科学管理是其成功的关键，其科学管理体现在先进的信息管理。沃尔玛领先竞争对手对零售信息系统进行了非常积极的投资：1969 年最早使用计算机跟踪存货，1980 年最早使用条形码，1983 年最早花费 2 400 万美元定做专门通信卫星，1985 年最早采用 EDI，1988 年最早使用无线扫描枪。这些投资都使得沃尔玛可以显著降低成本，提高了它在零售业中的核心竞争能力。

资料来源：根据沃尔玛（中国）网站（http://www.walmart.cn)资料改编。

复习思考题

1. 什么是存货控制？
2. 存货成本主要包括哪些内容？何谓订货成本？何谓储存成本？
3. 什么是经济订货量？决定其大小的因素有哪些？
4. 某企业如果某种材料的年需要量变为原来的 K 倍，则经济订货量、最优订货批数和年最低总成本将如何变动？若每批订货成本、单位储存成本各变动为原来的 N 倍，则经济订货量、最优订货批数和年最低总成本将如何变化？
5. 存货陆续供应和使用模型中应注意哪些因素？
6. 安全储备量和订货点应该如何确定？
7. 什么是存货管理的 ABC 分析法？ABC 分析法有哪些步骤？

练习题

1. 某厂预计全年需要购入甲材料 24 000 千克，每千克甲材料年储存成本为 0.06 元，每次订货成本为 20 元，每千克售价为 0.10 元。

要求：

计算该材料的经济订货量、最优订货批数和年最低总成本。

2. 通用电气公司所需的甲材料平均备运天数为 10 天，平均每天用量为 300 吨，历史资料表明，平均误期天数为5天。

要求：

试确定该公司的保险储备量和正常情况下的订货点。

3. XD企业生产收割机，其中一个部件的年需要量为30 000件，每日送货量为80件，每日耗用量为50件，平均订货成本为80元，单位储存成本为5元。

要求：

试确定经济订货量、总成本及最优订购批数。

4. 设某种商品销售量为7 200件。每次进货订货成本为20元，每件存货年储存成本为0.4元。每次单位缺货将损失利润4元。

要求：

计算经济订货量。

5. 某企业共有存货2 000种，全年占用资金总额为1 650万元，按照占用资金的多少降序排列，根据统计资料分为A，B，C三类，有关数据如下：

类别	品种数	品种比重（%）	占用资金（万元）	占用资金比重（%）
A	205		1 185	
B	235		270	
C	1 560		195	
合计	2 000	100	1 650	100

要求：

（1）根据以上资料，计算各类存货的品种比重和占用资金比重。

（2）绘制ABC分析图，并说明加强A类存货管理的意义。

6. A公司全年需用某种零件22 000件，每件售价为3元，供货方提出若A公司一次购买量达到4 000件以上，可获得3%的价格优惠。已知固定订货成本为每年1 000元，单位变动订货成本为30元/次，固定储存成本为每年5 000元，单位变动储存成本为1.5元/年。

A公司也可选择自制该零件，每件成本为2.5元，每天可生产100件，每天耗用62.5件，固定生产准备成本为每年1 200元，变动生产准备成本为300元/次，自制零件的单位变动储存成本为1.4元，固定储存成本为每年5 000元。

要求：

根据以上资料，回答下列问题。

（1）A公司每年订货多少件才能使该零件的总成本最低？是否要做出争取价格折扣而提高订货量的选择？

（2）若A公司选择自制该零件，应分多少批生产，才能使生产准备成本与储存成本之和最低？

（3）比较A公司自制与外购的总成本，应选择哪一方案？

7. B公司生产并销售一种产品，预计未来两周的销售量可以达到1 000件。这种产品的单价为10元/件，单位成本为4.8元/件，年储存成本为存货价值的1/4。该公司预计在发生缺货的情况下只有一半的顾客会愿意接受以后的订货。假设公司的库存周期为 13 周，安全储备量必须在整个期间内都予以保留。

要求：

(1) 分别计算安全储备量为 0 件、500 件和 1 000 件时的缺货成本和总成本。

(2) 分析 B 公司应采用哪一种安全储备量。

第 12 章 Chapter 12 标准成本控制

学习目标

1. 了解标准成本制度的内容、种类以及作用。
2. 了解制定标准成本的准备工作。
3. 掌握成本项目标准成本的制定方法。
4. 了解成本差异的类型。
5. 掌握直接材料、直接人工和变动制造费用的成本差异分析。
6. 掌握固定制造费用的成本差异分析。
7. 掌握成本差异中的特殊问题的计算。

课程思政点

1. 对标世界一流企业，深化国有企业改革，支持民营企业发展。
2. 质量第一与工匠精神。

引导案例　标准成本制度在广州某制造企业的运用

A 公司是生产、销售冰淇淋食品的企业，1986 年由广州某食品厂、香港牛奶有限公司、广东某食品有限公司三方合资经营。A 公司生产的著名品牌“五羊牌”冰淇淋系列产品荣获轻工业部、广东省、广州市优质产品等 30 多项荣誉称号，形成了甜筒、脆皮、杯装、罐装、糯米糍及批条等六大系列 60 多个品种的冰淇淋产品。“五羊牌”冰淇淋在全国多个大型城市推广销售，A 公司也连续多年被广东省人民政府评为“省级先进企业”。

1999 年 9 月前，A 公司在生产管理上最主要的工作是尽可能地增加产销量，没有过多地考虑成本核算与成本管理问题，并且主要采用传统成本法进行核算。

从 1996 年开始，同行业竞争者增多，瑞士的雀巢公司、美国的联合利华公司等知名食品企业的加入，令在中国还是一种季节性消费品的冰淇淋的市场竞争越来越激烈。A 公司原来采用传统的制造成本法核算，提供的财务信息滞后，只局限于事后的定期分析，无法为企业生产决策提供及时、准确的成本数据；另外，A 公司的非生产性活动大大增加，由此发生的成本在总成本中所占的比重也不断提高。由于公司内部管理尤其是成本管理跟不上，应收账款管理不善，该公司 1998 年出现了亏损。

1999 年 2 月，某跨国公司收购了 A 公司。（该跨国公司是全球最大的食品制造商之一，几十年来它在成本管理方面采用标准成本制度，成本控制取得了令人满意的效果。）由于该跨国公司全球一体化管理的要求，A公司在同年9月开始进行全方位的管理改革，其中最重要的一项就是成本管理的改革。在公司管理层的积极倡导下，按照母公司的管理体制标准，花费3个月的时间，A公司初步建立了以标准成本制度为基础的成本管理体系。

采用标准成本制度后的A公司，在成本计划、计算、控制和分析方面有了显著的改变。具体来说，标准成本的核算细化到了每一个生产环节，对产品成本的构成有更加细致的描述，有效地减少了不应发生的浪费。

经过3年多的努力，面对激烈的市场竞争，A公司采取较为灵活的销售策略，加快了新产品的开发速度，以满足不同消费者的口味。从2000年起，冰淇淋的销售状况有了好转，2001年销售额比2000年增长了13.6%。同时，A公司管理层不断加强管理改革，严格控制成本，与2000年相比，A公司的销售费用、管理费用和财务费用合计下降27.7%，生产成本下降17.5%。2001年的亏损额合计比2000年减少30.1%。这一成果的取得与公司管理层重视成本控制、采用标准成本制度进行全方位成本管理分不开。

资料来源：刘运国，谢丽红，黄越. 标准成本制度在广州某制造企业的应用研究. 广东财会，2002 (6).

本章将围绕标准成本控制展开讨论，探讨如何制定标准成本，如何分析各种成本差异等问题。

12.1 标准成本制度

12.1.1 标准成本制度的内容

早在1911年，美国工程师泰勒出版了《科学管理原理》一书，提出了计件工资制和标准化工作原理，用来控制生产工人的工作效率。此后，工程师埃默森提出标准人工成本法。甘特又把标准成本推广到材料及制造费用，制定标准材料成本和标准制造费用。第一次提出标准成本概念的是工程师哈里森，当时标准成本还独立于会计系统之外。1919年，美国成本会计师协会成立，由工程师和会计师共同组成。协会成立以后，准备推广标准成本。但因为当时标准成本由工程师提出，他们的原意主要是用标准成本来控制成本，提高效率，没有考虑与会计相结合。直到1930年之后，工程师和会计师才取得一致的看法，即把标准成本与会计账务处理结合起来，从此逐步形成了完整的标准成本制度。从标准成本制度的形成过程可以看出，它是从成本控制的角度发展起来的，因而在很大程度上是一种成本控制制度。标准成本制度是企业在生产经营过程中将实际成本和标准成本定期进行比较，以揭示成本差异，管理人员据此按例外管理原则分析成本差异产生的原因，并就重大的差异事项及时采取措施进行纠正，从而达到成本控制目标的一种成本控制系统。其具体内容主要包括标准成本的制定、成本差异的计算与分析、成本差异的处理三部分。这三部分构成一个完整体系，其相互关系如图12-1所示。

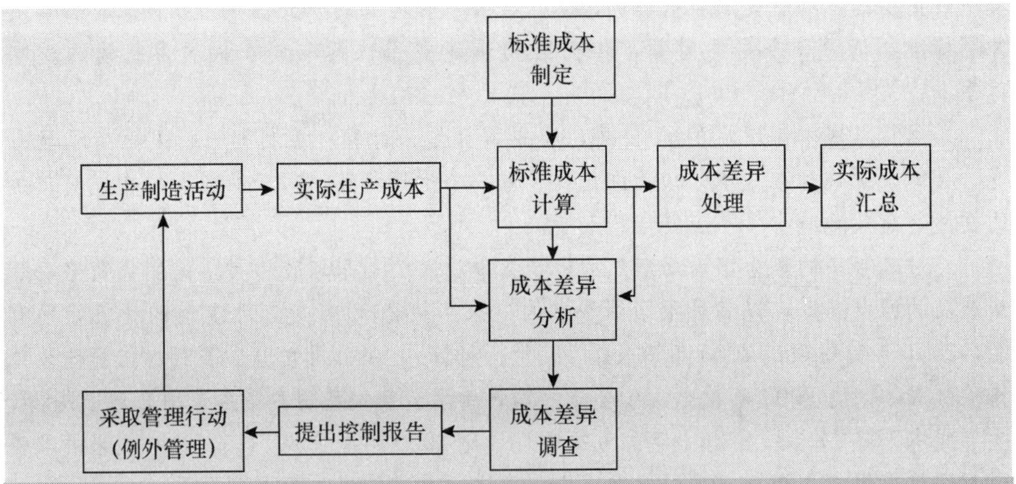

图12-1 标准成本制度各组成部分关系图

由图12-1可知，标准成本制度并不单纯是一种成本计算方法，它不仅是会计信息系统的一个分支，也是成本控制系统的一个分支。作为一种成本计算方法，它可以用标准成本来确定产品的实际成本；作为一种成本控制方法，它可以将实际成本与标准成本比较后得到成本差异，并对成本差异进行分析和处理，以有效地控制成本。对成本控制而言，标准成本及成本差异是比实际成本更为重要和有用的管理信息。

标准成本制度既可以与完全成本法结合起来使用，也可以与变动成本法结合起来使用，应视具体的生产类型而定。本章将重点介绍如何运用标准成本法进行成本控制，因此对标准成本制度中的成本差异的账务处理部分不做介绍。

12.1.2 标准成本的种类

标准成本是运用科学方法预计在良好的生产经营效率条件下应当发生的成本。它是可以用来控制成本、评价实际成本、衡量工作效率的一种目标成本。采用标准成本时，成本预算应按标准成本编制，这时单位产品的成本标准称为标准成本，预计业务量（生产数量）与标准成本的乘积则称为预算成本。在成本控制中，标准成本有两种含义：一是指单位产品的标准成本；二是指实际产量的标准成本总额，即实际产量与单位产品标准成本的乘积。在实际工作中，要注意正确使用上述概念，避免造成混乱。

标准成本一般分为以下两大类：

(1) 按其制定所依据的生产技术和经营管理水平，标准成本可分为理想标准成本和正常标准成本。

理想标准成本是以现有生产技术条件处于最佳状态为基础确定的最低成本。它是根据理论上的生产要素耗用量、最理想的生产要素价格和可能实现的最高生产经营能力利用程度制定的。这种标准成本只有在排除机器故障、误工停顿等一切失误、浪费和耽搁的前提下，由技术最熟练、工作效率最高的工作人员在最佳状态下尽最大努力才能实现。由于它条件过于苛刻，是一种高不可攀的目标成本，不能据此进行成本控制与考核。不过，理想标准成本提供了一个近乎完美的成本目标，揭示出实际成本的下降潜力，虽不易达到但值得追求。

正常标准成本是根据正常工作效率、正常经营能力利用程度和正常价格制定的一种标准成本，也就是根据企业过去若干时期实际成本数据的统计平均值，剔除生产经营活动中的偶然因素并考虑未来的成本变动趋势制定的标准成本。这是一种经过努力可以达到的成本。因为它考虑了不可避免的损耗、机器故障、停顿时间等实际情况，所以成为切实可行的控制标准，可以起到应有的激励作用。在标准成本制度中广泛使用的是正常标准成本，它具有以下特点：第一，它是用科学方法对客观试验和过去实践经验充分研究后制定出来的，具有科学性；第二，它排除了偶然性和意外情况，又考虑了目前条件下难以避免的损失，代表正常情况下的成本水平，具有现实性；第三，它是一种应该成本，可作为评价业绩的尺度，调动员工的积极性去努力实现目标，具有激励性；第四，它可在工艺技术水平和管理有效水平变化不大时持续使用，无须经常修订，具有稳定性。

（2）按其适用期，标准成本可分为基本标准成本、现行标准成本和预期标准成本。

基本标准成本（亦称尺度标准成本）是指一经制定，只要生产经营的基本条件无重大变化就不予变动的一种标准成本。生产经营的基本条件是指产品的物理结构、重要原材料和劳动力的价格、生产技术、生产工艺等。基本标准成本可作为衡量各期成本变动的尺度。因为这种标准成本不能反映生产经营过程中工作效率的变化、生产经营能力利用程度的变化以及供求关系变化导致的价格变化，不能适应未来的要求，不能在成本控制中发挥应有的作用，所以，这种标准成本在实际中很少采用。

现行标准成本是指根据其适用期间应该发生的价格、效率和生产经营能力利用程度等预计的标准成本。它可以作为成本控制和考核的依据，也可以用来对存货和销货成本进行计价。不过，它需要根据变化的生产经营条件随时加以修订，以保证其有效。

预期标准成本（亦称可达到标准成本）是指根据现有生产技术条件，考虑未来时期可能的变化因素而制定的切合下期情况的一种标准成本，是对现行标准成本的改进。这种标准成本包含一时还不能完全避免的部分不该发生的损耗成本，最接近实际成本，只要经过一定的努力就可达到。预期标准成本充分体现了先进性与现实性的统一，宜在成本控制中采用。

12.1.3　标准成本的作用

在成本控制中运用标准成本所起到的主要作用包括：

（1）标准成本作为一种预计成本或目标成本，代表良好效率下应当发生的成本，可作为业绩衡量的依据，有利于企业奖惩制度的实施。

（2）标准成本有助于责任会计的推行。标准成本既可作为编制责任成本预算的依据，也可作为考核责任中心成本控制业绩的标准。

（3）标准成本的客观性和科学性使它具有相当的权威性，同时它是建立工资制度和激励制度必须考虑的因素，所以它对员工具有激励作用，可增强员工的成本观念，促进资源的有效利用，进而达到降低成本的目的，全面提高企业经济效益。

（4）将标准成本与实际成本比较，可随时发现成本管理上的偏差，一旦两者不符，即可迅速采取纠正措施，以控制成本。

（5）标准成本可作为产品定价的基准。

（6）标准成本可以为正确的经营决策提供有用的信息。例如，进行产品定价决策或评价投资方案时，利用标准成本便于进行差量成本的分析。

（7）标准成本与会计账务处理相结合，原材料、在产品、产成品和销货成本平时均可以标准成本入账，大大简化成本计算、日常账务处理和财务报表的编制工作。

（8）采用标准成本，便于例外管理原则的应用。实施标准成本制度所揭示的成本差异及其分析结果，是例外管理赖以进行的必要信息。只要成本维持在标准成本的范围内，管理人员就不必采取行动；只有在实际成本偏离标准成本达到一定程度时，才视为“例外”，并采取纠正措施。这样，企业的成本管理往往能收到事半功倍的效果。

12.2 标准成本的制定

12.2.1 制定标准成本的准备工作

标准成本不能凭空设想，必须在切实可行的基础上制定。要制定一套对成本控制制度的实施具有效果的标准成本，必须做好下列各项准备工作：

（1）建立严密的组织系统，确定各个成本中心的责、权、利关系；

（2）确定最佳工艺流程和作业方法，包括各种机器设备工具的使用方法；

（3）确定健全的人事制度，使组织内部每一个工作岗位都有称职的工作人员；

（4）对全体员工进行有计划的岗位培训，使每个员工都能胜任自己的工作；

（5）制定各种数量标准，诸如材料消耗定额、工时定额、费用限额等；

（6）制定各种价格标准，诸如材料单价、工资率、变动制造费用分配率和固定制造费用分配率等；

（7）制定恰当的生产能力标准；

（8）广泛宣传标准成本，使其深入人心，争取群众基础，提高成本意识，确保标准成本成为全体员工遵循的行为准则。

12.2.2 成本项目标准成本的制定方法

标准成本应由会计部门、劳动人事部门、行政管理部门、技术部门以及具体生产经营部门等有关责任部门，在对企业生产经营的具体条件进行认真分析、测算研究的基础上共同商讨确定。在确定标准成本的过程中，应尽量吸收负责执行标准的员工参与各项标准的制定，争取他们的理解和支持。

基本形式是以数量标准乘以价格标准得到有关成本项目的标准成本。产品成本主要由直接材料、直接人工、制造费用三个成本项目组成，应根据这些项目的具体特点分别制定其标准成本。

1. 直接材料标准成本的制定

直接材料的标准成本由单位产品耗用材料的数量（用量）标准和价格（单价）标准组成。其中，单位产品耗用材料的数量标准应由技术工艺部门或产品设计部门根据有关技术、工艺文件，并考虑现有生产技术等条件下可接受的损耗和废品损失及材料利用率等因素，运用恰当的技术方法，按单位产品耗用的各种材料分别予以确定。单位产品耗用材料的价格标准，由于价格受外界因素影响难以被企业控制，通常由会计人员征求供应部门意见后制定，以反映目前市场价格的变化。其价格标准应根据材料买价及相关附带成本并扣除可以享受的现金折扣，按各种材料分别加以计算确定。据此，确定直接材料标准成本的计算公式如下：

$$\text{直接材料标准成本}=\sum\left(\begin{matrix}\text{单位产品耗用某种}\\\text{材料的数量标准}\end{matrix}\times\begin{matrix}\text{该种材料的}\\\text{价格标准}\end{matrix}\right)\qquad(12-1)$$

2. 直接人工标准成本的制定

直接人工由单位产品耗用的工时和小时工资率组成，因而直接人工标准成本由单位产品的标准工时（即数量标准）和标准工资率（即价格标准）构成。其中，单位产品的标准工时应由劳动人事部门会同有关工业工程师在时间动作研究的基础上，考虑必要的间歇和停工等难以控制的因素，运用学习曲线理论，按产品生产工序分别计算，然后按产品进行汇总。标准工资率因企业工资制度的不同而不同，应由劳动人事部门针对具体情况制定。如果采用计件工资制，标准工资率是预定的每件产品支付的工资除以标准工时的商，或者预定的每小时工资额；如果采用计时工资制，标准工资率是每一标准工时应支付的工资，可由预计标准工资总额除以标准总工时求得。据此，确定直接人工标准成本的计算公式如下：

$$\text{直接人工标准成本}=\sum\left(\begin{matrix}\text{单位产品某工序的}\\\text{标准工时}\end{matrix}\times\begin{matrix}\text{标准}\\\text{工资率}\end{matrix}\right)\qquad(12-2)$$

若各工序的标准工资率相同，则也可按以下公式进行计算：

$$\text{直接人工标准成本}=\text{单位产品的标准工时}\times\text{标准工资率}\qquad(12-3)$$

3. 制造费用标准成本的制定

制造费用按其状态可划分为变动制造费用和固定制造费用两部分，所以制造费用标准成本需分别制定。同时，应按生产部门分别编制，然后汇总。

（1）变动制造费用标准成本。变动制造费用的价格标准与企业的生产能力和变动制造费用预算直接相关。企业生产能力的表现形式大致有最大生产能力、实际生产能力、正常生产能力、预期生产能力等，其中预期生产能力是指根据某一年度企业生产经营状况及产品的市场需求量所预计的生产水平，可用生产数量、人工工时、机器工时等计量单位表示。由于预期生产能力既考虑了生产上不可避免的闲置生产能力，又考虑了产品市场需求不足情况下的生产能力利用程度，也与编制生产预算时使用的数量相一致，因此用预期生产能力作为生产能力标准较为适宜。变动制造费用一般按生产能力发挥的不同水平分别确定其耗用量，其预算以弹性预算的形式表现，这里我们选用与预期生产能力水平相适应的变动制造费用预算。此时，变动制造费用的价格标准表现为变动制造费用标准分配率，其计算公式为：

$$\text{变动制造费用标准分配率}=\frac{\text{变动制造费用预算}}{\text{直接人工标准工时总额}} \tag{12-4}$$

变动制造费用的数量标准，即单位产品直接人工标准工时。因此，确定变动制造费用标准成本的计算公式如下：

$$\text{变动制造费用标准成本}=\sum\left(\begin{array}{c}\text{单位产品直接}\\\text{人工标准工时}\end{array}\times\begin{array}{c}\text{变动制造费用}\\\text{标准分配率}\end{array}\right) \tag{12-5}$$

如果用生产数量表示生产能力标准，则单位产品所分配的变动制造费用就是变动制造费用标准成本；如果用机器工时表示生产能力标准，则只要将上述公式中的“直接人工标准工时”换作“机器标准工时”即可。

（2）固定制造费用标准成本。固定制造费用标准成本应视采用的成本计算方法而定。如果采用变动成本法，则固定制造费用不包括在产品的单位成本中，因而单位产品的标准成本中也不必包括固定制造费用标准成本；如果采用完全成本法，则固定制造费用包括在产品的单位成本中，因此需要制定固定制造费用标准成本，其制定方法与变动制造费用标准成本大致相同。固定制造费用标准分配率的计算公式为：

$$\text{固定制造费用标准分配率}=\frac{\text{固定制造费用预算}}{\text{直接人工(或机器)标准工时总额}} \tag{12-6}$$

$$\text{固定制造费用标准成本}=\sum\left(\begin{array}{c}\text{单位产品直接人工}\\\text{(或机器)标准工时}\end{array}\times\begin{array}{c}\text{固定制造费用}\\\text{标准分配率}\end{array}\right) \tag{12-7}$$

如果固定制造费用将生产数量作为分配标准计算，则每单位产品所分配的固定制造费用即为单位产品的固定制造费用标准成本。

12.2.3 标准成本卡

通过上述各成本项目标准成本的制定，可求得单位产品的标准成本，在完全成本法下，其计算公式为：

$$\begin{array}{c}\text{单位产品}\\\text{标准成本}\end{array}=\begin{array}{c}\text{直接材料}\\\text{标准成本}\end{array}+\begin{array}{c}\text{直接人工}\\\text{标准成本}\end{array}+\begin{array}{c}\text{变动制造费用}\\\text{标准成本}\end{array}+\begin{array}{c}\text{固定制造费用}\\\text{标准成本}\end{array} \tag{12-8}$$

标准成本一经制定，应就不同品种的产品分别编制标准成本卡，作为编制预算、控制和考核成本的依据。标准成本卡的格式如表 12－1 所示。

表 12－1　标准成本卡

产品名称：　　　　　　　　　　　　制定日期：　年　月　日

成本项目	数量标准	价格标准	标准成本（元）
直接材料： （材料名称） … 小计			
直接人工： （工序名称） … 小计			
制造费用： 变动制造费用： … 小计 固定制造费用： … 小计 制造费用合计			
单位产品标准成本			

在每种产品生产之前，它的标准成本卡都要送达有关人员，包括各级生产部门负责人、会计部门、仓库、工人等，作为领料、派工和费用支出的依据。

12.2.4　制定标准成本的案例

【例 12－1】

某厂生产一种产品 A，要经过第一车间、第二车间两道工序才能完成。产品 A 需用甲、乙两种材料；该厂采用计时工资制，费用预算按车间编制。经认真分析测算，产品 A 的单位成本中各成本项目标准成本分别如表 12－2、表 12－3、表 12－4、表 12－5 所示。

表 12－2　产品 A 直接材料标准成本

标准	甲材料	乙材料	合计
价格标准（元/千克）：			
发票单价	1.00	4.00	
装卸检验费	0.07	0.28	
小计	1.07	4.28	
数量标准（千克/件）：			
图纸用量	3.00	2.00	
允许损耗量	0.30	—	
小计	3.30	2.00	
单位产品标准成本（元/件）	3.53	8.56	12.09

表 12-3 产品 A 直接人工标准成本

标准	第一车间	第二车间	合计
标准工资率（元/小时）:			
生产工人人数（人）	20	50	
生产每月工时（20天×7小时）	140	140	
出勤率（%）	90	90	
每月每人平均可用工时（小时）	126	126	
每月总工时（小时）	2 520	6 300	
每月工资总额（元）	6 300	16 380	
标准工资率（每月工资总额/每月总工时）	2.50	2.60	
标准工时（小时/件）:			
理想作业时间（小时/件）	1.50	0.80	
调整设备时间（小时/件）	0.30	—	
工间休息（小时/件）	0.10	0.10	
其他（小时/件）	0.10	0.10	
小计	2.00	1.00	
单位产品标准成本（元/件）	5.00	2.60	7.60

表 12-4 产品 A 变动制造费用标准成本

标准	第一车间	第二车间	合计
月变动制造费用预算（元）:			
运输	800	2 100	
电力	400	2 400	
材料消耗	4 000	1 800	
间接人工	2 000	3 900	
燃料	400	1 400	
其他	200	400	
小计	7 800	12 000	
月生产能力标准（人工工时）	2 520	6 300	
变动制造费用标准分配率（元/小时）	3.10	1.90	
直接人工标准工时（小时）	2.00	1.00	
单位产品变动制造费用标准成本（元/件）	6.20	1.90	8.10

表 12-5 产品 A 固定制造费用标准成本

标准	第一车间	第二车间	合计
月固定制造费用预算（元）:			
折旧费	300	1 000	
管理人员工资	400	800	
间接人工	200	600	

续表

标准	第一车间	第二车间	合计
保险费	160	680	
其他	200	700	
小计	1 260	3 780	
月生产能力标准（人工工时）	2 520	6 300	
固定制造费用标准分配率（元/小时）	0.50	0.60	
直接人工标准工时（小时）	2.00	1.00	
单位产品固定制造费用标准成本（元/件）	1.00	0.60	1.60

现要求汇总编制产品 A 的标准成本。

根据以上资料，汇总编制出产品 A 的标准成本卡，如表 12－6 所示。

表 12－6　标准成本卡

产品名称：产品 A　　　　　　制定日期：　年　月　日

成本项目	数量标准	价格标准	标准成本（元）
直接材料：			
甲材料	3.30 千克	1.07 元/千克	3.53
乙材料	2.00 千克	4.28 元/千克	8.56
小计			12.09
直接人工：			
第一车间	2.00 小时	2.50 元/小时	5.00
第二车间	1.00 小时	2.60 元/小时	2.60
小计			7.60
制造费用：			
变动制造费用：			
第一车间	2.00 小时	3.10 元/小时	6.20
第二车间	1.00 小时	1.90 元/小时	1.90
小计			8.10
固定制造费用：			
第一车间	2.00 小时	0.50 元/小时	1.00
第二车间	1.00 小时	0.60 元/小时	0.60
小计			1.60
制造费用合计			9.70
单位产品标准成本			29.39

12.3　成本差异分析

成本差异是指产品实际成本与标准成本之间的差额。如果实际成本超过标准成本，所形成的差异称为不利差异；如果实际成本低于标准成本，所形成的差异称为有利差异。成本差异对企业管理层而言是一种十分重要的管理信息，它反映了有关责任中心的工作质量和效果。据此可以发现相关问题，具体分析差异形成的原因和责任归属，进而采取有效的措施消除不利差异，实现对成本的控制，并促进成本的降低。完整的成本差异分析包括三个步骤：一是计算各种成本差异；二是进行成本差异调查，找到差异产生的具体原因；三是判明责任的归属，采取措施，改进成本控制。

12.3.1 成本差异的类型

根据成本差异产生的原因和性质，成本差异一般可分为以下五种类型：

（1）执行类差异。这是指在执行标准成本的过程中，由于执行人员采用了错误行动或机器接受了某种错误指令而产生的一种成本差异。例如，在化工产品的生产过程中，工人没有按规定的操作规程及时投料造成产品产出率下降，出现产品实际成本超过预算成本或标准成本的不利差异。这一类型的成本差异是由某项特定行动引起的，一经发现，应及时纠正和控制。

（2）预测类差异。这是指在事先制定标准成本时，由于对某个参数做了不周密、不正确的预测而产生的一种成本差异。例如，在制定标准成本时，没有考虑到材料价格受通货膨胀的影响而大幅上涨，致使直接材料的价格标准定得过低，造成材料实际成本超过标准成本的不利差异。这类成本差异一经发现，应立即对有关参数重新加以预测，使其尽可能与客观实际相符；同时修订原标准成本，以利于成本控制。

（3）模型类差异。这是指事先制定标准成本时，由于错误地确定了影响成本各因素之间的函数关系而引起的一种成本差异。例如，错误地确定了目标函数、变量或约束条件，使标准成本脱离实际，造成了成本差异。这类成本差异一经发现，应该重新修订模型，及时制定出符合实际的标准成本。

（4）计量类差异。这是在标准成本的实际执行过程中，由于计量差错而产生的一种成本差异。例如，期末对在产品和车间已领未用材料的盘存错误，以及其他由不正确的分类、计数或记账等产生的计量偏差而造成的成本差异。为了防止这类成本差异的发生，应当制定严格的企业内部控制制度，加强基础管理工作，力求做到“以预防为主”。例如，对原材料实行严格的收发领用制度，定期进行实地盘点清查，定期对计量器具进行检修校正等。若计量差错已发生，应及时对计量偏差加以调整、纠正，保持计量工作的正确性。

（5）随机类差异。这是指在标准成本的实际执行过程中，由于实际成本波动而产生的一种成本差异。因为标准成本只是衡量实际成本完成情况的一种尺度，从统计学观点来看，尽管这种标准是正确无误的，但实际发生数一般只围绕这一尺度上下波动。对这种随机类的差异应当科学地规定出其偏差的相关范围，对那些正常发生的成本偏差，一般不要求进行纠正，只有那些在相关范围之外的不正常的成本偏差才视为

“例外”，并采取行动加以纠正和控制。

在明确了成本差异的不同类型之后，进行成本差异分析就能有的放矢，正确应用例外管理原则，有效地控制成本。为此，可用控制图来帮助我们进行成本差异分析，如图 12-2 所示。

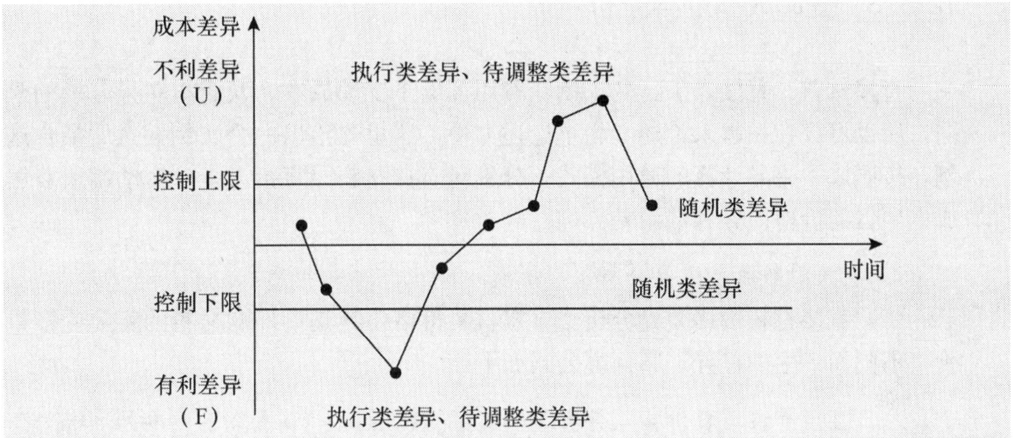

图 12-2　控制图

在图 12-2 中，待调整类差异是指预测类差异、模型类差异或计量类差异。由图 12-2 可知，对单纯的随机类差异，不必具体调查其产生的原因，以节约调查费用；对待调整类差异，只需调整标准成本或纠正计量错误；对执行类差异，则必须特别重视，追究执行者的责任，及时加以控制。

12.3.2　成本差异计算的通用模式

由于标准成本是根据数量标准和价格标准计算的，而实际成本是根据实际数量和实际价格计算的，因此成本差异总是由数量差异和价格差异构成的，其通用模式如图 12-3 所示。

(1) 实际数量 (AQ) × 实际价格 (AP)

(2) 实际数量 (AQ) × 标准价格 (SP)

(3) 标准数量 (SQ) × 标准价格 (SP)

(1)与(2)：价格差异＝(1)－(2)，$PV=AQ\times(AP-SP)$

(2)与(3)：数量差异＝(2)－(3)，$QV=(AQ-SQ)\times SP$

总成本差异(TV)＝(1)－(3)

图 12-3　成本差异计算的通用模式

总成本差异的计算公式如下：

$$\begin{aligned}\text{总成本差异}(TV)&=\text{实际数量}\times\text{实际价格}-\text{标准数量}\times\text{标准价格}\\&=AQ\times AP-SQ\times SP\end{aligned}\qquad(12-9)$$

尽管直接材料、直接人工及变动制造费用各有特点，其差异的名称各不相同，但都由价格差异和数量差异构成，且两大差异的计算公式基本相同。因此，我们可以图12-3所示的模式为基础来开展成本差异分析工作。

12.3.3 变动成本差异分析

直接材料、直接人工、变动制造费用都属于变动成本，其成本差异分析的模式相同，所以可放在一起来论述。为了论述方便，这里先给出一个实例，然后结合这个实例，按照成本差异计算的通用模式，分别对直接材料、直接人工、变动制造费用三个成本项目的价格差异和数量差异进行分析。

1. 直接材料成本差异分析

（1）直接材料价格差异分析。直接材料价格差异是指外购材料的实际价格与标准价格不同而产生的差异，其计算公式如下：

$$\text{直接材料消耗价格差异}(PV_1)=\text{实际耗用量}\times(\text{实际价格}-\text{标准价格})=AQ_1\times(AP-SP) \quad (12-10)$$

$$\text{直接材料购入价格差异}(PV_2)=\text{实际购入量}\times(\text{实际价格}-\text{标准价格})=AQ_2\times(AP-SP) \quad (12-11)$$

上述两种计算方法的唯一差别是采用了不同环节中的材料数量。前者主要用于产品实际成本的计算；后者则用于成本控制，因为直接材料价格差异通常应由采购部门负责。如果采用前者计算价格差异，当本期购入数量很大而生产过程中耗用数量较小时，即使采购过程中存在很大的价格差异，在本期成本中也不能明显反映出来，而要等到以后大量领料时才能反映出来，那时往往已时过境迁，这就不利于迅速采取改进措施。因此，从成本控制的角度看，为了及时发现问题，纠正偏差，还是采用后者计算价格差异为宜。

【例12-2】

某公司全年只生产一种甲产品，仅耗用一种原材料，预计全月生产能力标准总工时为1 000小时，计划生产500件甲产品，其标准成本卡如表12-7所示。

表12-7 甲产品标准成本卡

成本项目	价格标准（*SP*，*SR*）	数量标准（*SQ*，*SH*）	标准成本（元）
直接材料	2.00元/千克	4千克	8
直接人工	5.00元/小时	2小时	10
变动制造费用	3.00元/小时	2小时	6
合计	—	—	24

又假定该公司本月实际生产甲产品575件，其实际发生的成本数据如表12-8所示。

表 12－8　甲产品实际成本资料表

成本项目	实际价格（*AP*，*AR*）	数量标准（*AQ*，*AH*）	实际成本（元）
直接材料			
购入	2.20 元/千克	2 100 千克	4 620
耗用		2 000 千克	
直接人工	5.50 元/小时	1 200 小时	6 600
变动制造费用	2.50 元/小时	1 200 小时	3 000

现要求计算该公司的直接材料价格差异，并编制采购部门的业绩报告。

结合以上资料，该公司的直接材料价格差异按式（12－11）计算，并编制采购部门业绩报告，如表 12－9 所示。

表 12－9　采购部门业绩报告

材料名称	实际采购数量（*AQ*）	实际价格（*AP*）	标准价格（*SP*）	价格差（Δ*P*）	价格差异（*PV*）
	(1)	(2)	(3)	(4)＝(2)－(3)	(5)＝(1)×(4)
××	2 100 千克	2.20 元/千克	2.00 元/千克	0.20 元/千克（U）	420（U）

注：表中价格差异金额后面的“U”表示不利差异；若为有利差异，则注明“F”。

必须指出，在实际工作中，业绩报告的最后还应加上“差异原因分析”一栏。特别是对于“例外”差异，在差异调查后应提出今后如何防止不利差异出现的建议、措施。另外，生产一种产品往往需耗用多种材料，但每种直接材料成本差异（包括价格差异和数量差异）的计算方法相同，只需在编制业绩报告时最后将各种材料的成本差异汇总即可。

直接材料价格差异的责任归属一般是采购部门，但有时也不尽然，需做出具体的调查分析才能判明责任。决定价格的因素有很多，诸如采购批量、供应者、交货方式、运输工具和运输距离、材料规格和质量、市场供求关系、是否紧急订购、有无购货折扣等。倘若采购部门能按照制定价格标准时的预期水准加以控制，则一般不会出现价格差异。但是也会出现某些采购部门无法控制的情况，例如市场供求变化引起的价格变动，就超出了采购部门的控制范围；又如因生产上的临时需要而进行小批量采购或紧急采购时，不能享受数量折扣或由陆运改为空运而引起的价格差异，则不应由采购部门负责，而应由生产部门负责。当然，对于因未能及时订货造成紧急订货、采购时舍近求远使运费和运输途中的损耗增加、违反合同被罚款等而产生的差异，则理应由采购部门负责。

（2）直接材料数量差异分析。直接材料数量差异分析是指生产中实际耗用的材料数量与按标准计算的应耗用的数量不同而产生的差异，其计算公式如下：

$$\begin{aligned}\text{直接材料数量差异}(QV)&=\text{标准价格}\times(\text{实际耗用数量}-\text{标准耗用数量})\\&=SP\times(AQ-SQ)\end{aligned}\tag{12-12}$$

现结合例 12－2 的资料，将直接材料数量差异按上述公式计算，并编制生产部门业绩报告，如表 12－10 所示。

表 12－10　生产部门业绩报告

材料名称	标准价格（*SP*）	实际耗用数量（*AQ*）	标准耗用数量（*SQ*）	数量差（Δ*Q*）	数量差异（元）（*QV*）
	(1)	(2)	(3)	(4)＝(2)－(3)	(5)＝(1)×(4)
××	2.00 元/千克	2 000 千克	2 300 千克（4×575）	－300 千克（F）	－600（F）

管理人员接到上述业绩报告后，应立即调查分析差异产生的原因。一般来说，用量超过标准大多是操作疏忽造成废品、废料增加，工人粗心大意造成用料过多，新工人上岗造成用料浪费等，这些均应由生产部门负责，需立即采取有效措施予以纠正。但直接材料数量差异的产生有时也可能是采购部门片面追求压低进料价格而购入质量低劣的材料导致废品增加，或用料规格不符合要求，机器、工具不适用造成材料增加，工艺变更等导致用料增加，这些差异应由设备、工艺技术等部门负责。

2. 直接人工成本差异分析

(1) 直接人工工资率差异分析。直接人工工资率差异就是直接人工的价格差异，它是按实际工资率（*AR*）计算的人工成本与按标准工资率（*SR*）计算的人工成本之间的差额，其计算方法与材料价格差异的计算基本相同，这里只需将数量（*Q*）以工时（*H*）代替，价格（*P*）以工资率（*R*）代替。直接人工工资率差异的计算公式如下：

$$\begin{aligned}\text{直接人工工资率差异}(RV) &= \text{实际工时}\times(\text{实际工资率}-\text{标准工资率})\\ &= AH\times(AR-SR) \qquad (12-13)\end{aligned}$$

结合例 12－2 的资料，将工资率差异按上述公式计算，并编制劳动人事部门业绩报告，如表 12－11 所示。

表 12－11　劳动人事部门业绩报告

工资等级	实际工时（*AH*）	实际工资率（*AR*）	标准工资率（*SR*）	单位工资率差（Δ*R*）	工资率差异（元）（*RV*）
	(1)	(2)	(3)	(4)＝(2)－(3)	(5)＝(1)×(4)
××	1 200 小时	5.50 元/小时	5.00 元/小时	0.50 元/小时（U）	600（U）

注意：在实际工作中，一种产品往往需要多种不同工资等级的生产工人进行生产，但每一工资等级的直接人工成本差异（包括工资率差异和人工效率差异）的计算方法都相同，只需在编制业绩报告时最后加以汇总即可。

直接人工工资率差异通常应由劳动人事部门负责。工资率差异形成的原因涉及直接生产工人的升级或降级使用、奖励制度未产生实效、工资率调整、加班或使用临时工、出勤率变化等。原因复杂且较难控制，差异的具体原因也涉及劳动人事部门以外的生产部门或其他部门，应做详细调查分析才能判明责任。

在欧美国家，绝大多数企业的工资是按照劳工雇用合同规定的工资率支付的，除非修订劳工合同，一般不会出现工资率差异。但在实际工作中，由于在具体安排工作时，往往会出现没有“按才定位”的现象，例如在低档工作的岗位上安排技术熟练、工资级别较高的工人，就会产生不利的工资率差异；反之，在高档工作的岗位上安排工资级别较低的工人，就会出现有利的工资率差异。因此，劳动人事部门有责任加强工人技术培训，合理配备生产工人，恰当安排技术力量等。

（2）直接人工效率差异分析。直接人工效率差异是指直接人工的数量差异，它是生产中耗用的实际工时与按标准计算的应耗用的标准工时不同而产生的差异，其计算方法与材料数量差异的计算基本相同。这里只需将价格（P）以工资率（R）代替，数量（Q）以工时（H）代替。直接人工效率差异的计算公式如下：

$$\begin{aligned}\text{直接人工效率差异}(HV) &= \text{标准工资率}\times(\text{实际工时}-\text{标准工时})\\ &= SR\times(AH-SH)\end{aligned}\qquad(12-14)$$

综合例 12－2 的资料，将人工效率差异按上述公式计算，并编制生产部门业绩报告，如表 12－12 所示。

表 12－12　基本人工效率差异的生产部门业绩报告

工资等级	标准工资率（*SR*）	实际工时（*AH*）	标准工时（*SH*）	工时差异（Δ*H*）	人工效率差异（元）（*HV*）
	(1)	(2)	(3)	(4)＝(2)－(3)	(5)＝(1)×(4)
××	5.00 元/小时	1 200 小时	1 150 小时（2×575）	50 小时（U）	250（U）

人工效率差异是评价、考核每个工时生产能力的重要指标，企业管理层对此十分重视，因为降低单位产品成本的关键在于不断提高单位工时的生产能力，即在有限的时间内生产出更多的产品。

决定工时用量的因素与决定材料用量的因素相似，如工人的技术熟练程度和责任心、加工设备的完好程度和使用状态、产品质量控制制度、材料的质量和规格、动力供应、工具配备情况等。另外，工作环境、劳动情绪、生产任务不足的工时闲置、作业计划安排不当等也会影响工时用量。可见，人工效率差异基本上应由生产部门负责。但若由于采购部门购入了不适用或质量低劣的材料，导致加工时间延长，或由于生产工艺流程的改变，需延长或缩短加工时间等，则不是生产部门所能控制的，应在具体调查分析后，由有关部门（如采购部门和技术工艺部门）承担相应的责任。

3. 变动制造费用差异分析

（1）变动制造费用支出差异分析。变动制造费用支出差异也称为变动制造费用耗费差异。它是变动制造费用的价格差异，即实际发生的变动制造费用与按实际工时计算的标准变动制造费用之间的差额，其计算方法与工资率差异基本相同。变动制造费用支出差异的计算公式如下：

$$\begin{aligned}\begin{matrix}\text{变动制造费用}\\\text{支出差异}(RV)\end{matrix} &= \begin{matrix}\text{实际}\\\text{工时}\end{matrix}\times\left(\begin{matrix}\text{实际}\\\text{分配率}\end{matrix}-\begin{matrix}\text{标准}\\\text{分配率}\end{matrix}\right)\\ &= AH\times(AR-SR)\end{aligned}\qquad(12-15)$$

结合例 12－2 的资料，可将变动制造费用支出差异按上述公式计算，并编制生产部门变动制造费用支出差异计算表，如表 12－13 所示。

表 12－13 生产部门变动制造费用支出差异计算表

生产部门	实际工时 (*AH*)	实际分配率 (*AR*)	标准分配率 (*SR*)	分配率差异 (Δ*R*)	支出差异（元） (*RV*)
	(1)	(2)	(3)	(4)＝(2)－(3)	(5) ＝(1)×(4)
××	1 200 小时	2.50 元/小时	3.00 元/小时	－0.50 元/小时（F）	－600（F）

注意：在实际工作中，一种产品往往要经过不同生产部门的不同工序才能加工完成，不过每一生产部门的变动制造费用差异（包括支出差异和效率差异）的计算方法都相同，只需在编制差异计算表时最后加以合计即可。

由于变动制造费用是由许多明细项目组成的，并且与一定的生产水平相联系，因此仅用上述差异计算表来总括反映变动制造费用支出差异，不便于调查差异的具体原因。为此，在实际工作中还需根据变动制造费用的弹性预算列示的有关数据与实际发生数进行比较和分析，并编制生产部门业绩报告，如表 12－14 所示。

表 12－14 基于支出差异的生产部门业绩报告

变动制造费用明细项目	实际工时 1 200 小时	弹性预算				支出差异（元） (*RV*)
		标准分配率	1 100 小时	1 150 小时	1 200 小时	
	(1)	(2)	(3)＝(2)×1 100	(4)＝(2)×1 150	(5)＝(2)×1 200	(6)＝(1)－(5)
间接材料	1 080 元	1.50 元/小时	1 650 元	1 725 元	1 800 元	－720（F）
间接人工	1 200 元	1.00 元/小时	1 100 元	1 150 元	1 200 元	0
动力费	720 元	0.50 元/小时	550 元	575 元	600 元	120（U）
合计	3 000 元	3.00 元/小时	3 300 元	3 450 元	3 600 元	－600（F）

一般来说，变动制造费用支出差异的产生不仅是由于费用支付价格方面的节约或超支，也是由于各费用明细项目在用量方面的节省或浪费。因此从理论上讲，也应该在业绩报告中分别加以反映。但在实际工作中很少再进行分解，因为价格因素的影响通常不会太大，管理人员只需根据变动制造费用采用弹性预算进行必要的控制即可，即主要是各生产部门将变动制造费用各明细项目控制在预算之内。

（2）变动制造费用效率差异分析。变动制造费用效率差异是指变动制造费用的数量差异，它是按照生产实际耗用工时计算的变动制造费用与按标准工时计算的变动制造费用之间的差异，其计算方法与人工效率差异基本上相同。变动制造费用效率差异的计算公式如下：

$$\begin{aligned}\begin{matrix}\text{变动制造费用}\\\text{效率差异}(HV)\end{matrix} &= \begin{matrix}\text{标准}\\\text{分配率}\end{matrix}\times\left(\begin{matrix}\text{实际}\\\text{工时}\end{matrix}-\begin{matrix}\text{标准}\\\text{工时}\end{matrix}\right)\\ &= SR\times(AH-SH)\end{aligned} \qquad (12-16)$$

结合例 12－2 的资料，将变动制造费用效率差异按照上述公式计算，并编制生产部门变动制造费用效率差异计算表（见表 12－15）。

表 12－15　生产部门变动制造费用效率差异计算表

生产部门	标准分配率（*SR*）	实际工时（*AH*）	标准工时（*SH*）	工时差异（Δ*H*）	效率差异（元）（*HV*）
	(1)	(2)	(3)	(4)＝(2)－(3)	(5)＝(1)×(4)
××	3.00 元/小时	1 200 小时	1 150 小时（2×575）	50 小时（U）	150（U）

由于变动制造费用是由许多明细项目组成的，而上述计算表所反映的成本差异是综合性的，因此不便于对差异产生的具体原因做调查分析，也不便于控制与考核。在这种情况下，还需要根据变动制造费用弹性预算列示的有关数据与实际发生数进行对比分析，并编制生产部门业绩报告（见表 12－16）。

表 12－16　基于效率差异的生产部门业绩报告

变动制造费用明细项目	实际工时 1 200 小时	弹性预算				支出差异(元)（*RV*）	效率差异(元)（*HV*）
		标准分配率（*SR*）	1 100 小时	1 150 小时	1 200 小时		
	(1)	(2)	(3)＝(2)×1 100	(4)＝(2)×1 150	(5)＝(2)×1 200	(6)＝(1)－(5)	(7)＝(5)－(4)
间接材料	1 080 元	1.50 元/小时	1 650 元	1 725 元	1 800 元	－720（F）	75（U）
间接人工	1 200 元	1.00 元/小时	1 100 元	1 150 元	1 200 元	0	50（U）
动力费	720 元	0.50 元/小时	550 元	575 元	600 元	120（U）	25（U）
合计	3 000 元	3.00 元/小时	3 300 元	3 450 元	3 600 元	－600（F）	150（U）

变动制造费用效率差异的产生是由于实际工时脱离了标准工时，变动制造费用增加或减少，其形成原因也与人工效率差异相同。因此，变动制造费用效率差异实际上反映的是工人劳动工作效率变化引起的费用节约或超支，即实际生产过程中工时的利用效率。

4. 变动成本差异分析实例的归纳

以上分别对变动成本的各种差异做了阐述，为了使读者对变动成本差异分析有系统的认识，现将变动成本差异实例中分散叙述的计算资料，按照成本差异计算的通用模式归纳如下：

第一，直接材料成本差异。

(1)实际价格×实际数量
　2.20×2 000＝4 400(元)
　　　价格差异
　　　＝(1)－(2)＝400(元)　U
(2)标准价格×实际数量
　2.00×2 000＝4 000(元)
　　　数量差异
　　　＝(2)－(3)＝－600(元)　F
(3)标准价格×标准数量
　2.00×2 300＝4 600(元)

材料成本差异总额
＝(1)－(3)＝－200(元)　F

第二，直接人工成本差异。

(1)实际工资率×实际工时
5.50×1 200=6 600(元)

工资率差异
=(1)−(2)=600(元) U

(2)标准工资率×实际工时
5.00×1 200=6 000(元)

人工成本差异总额
=(1)−(3)=850(元) U

人工效率差异
=(2)−(3)=250(元) U

(3)标准工资率×标准工时
5.00×1 150=5 750(元)

第三，变动制造费用差异。

(1)实际分配率×实际工时
2.50×1 200=3 000(元)

支出差异
=(1)−(2)=−600(元) F

(2)标准分配率×实际工时
3.00×1 200=3 600(元)

变动制造费用差异总额
=(1)−(3)=−450(元) F

效率差异
=(2)−(3)=150(元) U

(3)标准分配率×标准工时
3.00×1 150=3 450(元)

12.3.4 固定制造费用差异分析

根据成本性态，固定制造费用总额在相关范围内是不会因业务量变化而变动的，但是在完全成本法下单位成本中负担的固定制造费用恰与业务量的增减呈反比例变动。从管理层的角度来说，出于对产品定价或其他方面的考虑，常常需要有一种人为、稳定的固定制造费用价格标准，即固定制造费用标准分配率。因此，固定制造费用一般是通过固定预算进行控制的。固定制造费用差异分析的方法通常有两种：一是二项差异分析法；二是三项差异分析法。现分别介绍如下。

1. *二项差异分析法*

(1) 预算差异。预算差异也称耗费差异或支出差异，是一种可控差异。它是指固定制造费用实际额与预算额之间的差异，其计算公式如下：

预算差异=固定制造费用实际额−固定制造费用预算额
=实际工时×实际分配率−标准生产能力×标准分配率　　(12-17)

(2) 能量差异。能量差异的计算公式如下：

能量差异=固定制造费用预算额−标准工时×标准分配率
=(标准生产能力−标准工时)×标准分配率　　(12-18)

应当注意，由于固定制造费用标准分配率是按照固定制造费用预算额除以标准生产能力来制定的，因此即使固定制造费用的实际数与预算数一致，只要实际生产能力与标准生产能力有差异，就会发生少分配或多分配固定制造费用的情况。正因为这种差异是由分配率公式中的除数（标准生产能力）发生变动引起的，该项差异亦可称为除数差异，反映的是计划生产能量的利用程度。该差异的基本特点可概括如下：

(1) 若标准生产能力等于按实际产量计算的标准工时，则无能量差异。

（2）若标准生产能力大于按实际产量计算的标准工时，则能量差异为不利差异，表示计划生产能量尚未得到充分利用。

（3）若标准生产能力小于按实际产量计算的标准工时，则能量差异为有利差异，表示计划生产能量已得到充分利用（这里的“标准生产能力”是按预计业务量即产量计算的标准工时）。

2. 三项差异分析法

三项差异分析法在二项差异分析法的基础上，进一步将能量差异分为效率差异和闲置生产能力差异。各项差异的计算方法如下。

（1）预算差异。预算差异的计算公式如下：

预算差异＝固定制造费用实际额－固定制造费用预算额 （12－19）

（2）效率差异。固定制造费用效率差异是一种工时（数量）差异，即实际工时脱离实际产量下的标准工时而产生的差异，其计算公式如下：

效率差异＝(实际工时－标准工时)×标准分配率 （12－20）

（3）闲置生产能力差异。固定制造费用闲置生产能力差异是实际工时与标准生产能力之间形成的差异，即生产能力闲置所形成的差异，其计算公式如下：

闲置生产能力差异＝(标准生产能力－实际工时)×标准分配率 （12－21）

从上述效率差异和闲置生产能力差异的计算公式可知：

能量差异＝效率差异＋闲置生产能力差异 （12－22）

要指出的是，若企业按生产部门分别编制固定制造费用预算，则实际固定制造费用应就每个生产部门分别记录，标准分配率和实际分配率也应就每个生产部门分别计算。因此，固定制造费用的差异分析需按各生产部门分别进行，然后将各部门的预算差异、效率差异、闲置生产能力差异和各部门的固定制造费用差异分别进行汇总。

3. 固定制造费用差异分析实例

【例 12－3】

沿用例 12－2 的资料，假定该公司本月固定制造费用及其他有关资料如下：

标准生产能力	1 000 小时
实际产量下的标准工时（2×575）	1 150 小时
实际工时	1 200 小时
预算固定制造费用	2 400 元
实际固定制造费用	2 600 元

现要求编制该公司固定制造费用差异计算表及生产部门业绩报告。

根据这些资料，按照上述公式，编制固定制造费用差异计算表，如表 12－17 所示。

表 12-17 固定制造费用差异计算表

实际固定制造费用	预算固定制造费用	标准分配率	标准生产能力	标准工时	实际工时	预算差异	能量差异			
							工时差 1	效率差异	工时差 2	闲置生产能力差异
(1)	(2)	(3)=(2)/(4)	(4)	(5)	(6)	(7)=(1)-(2)	(8)=(6)-(5)	(9)=(8)×(3)	(10)=(4)-(6)	(11)=(10)×(3)
2 600 元	2 400 元	2.40 元/小时	1 000 小时	1 150 小时	1 200 小时	200 元 (U)	50 小时 (U)	120 元 (U)	-200 小时 (F)	-480 元 (F)

由于固定制造费用是由许多明细项目组成的，上述成本差异计算表所反映的差异是综合数据，不便于对产生差异的具体原因进行调查分析。因此，有必要根据固定制造费用各项目的固定预算与实际发生额进行对比分析，并编制生产部门业绩报告（见表 12-18）。

表 12-18 基于预算差异的生产部门业绩报告 单位：元

明细项目	实际固定制造费用	预算固定制造费用	预算差异
	(1)	(2)	(3)=(1)-(2)
折旧费	1 000	1 000	0
管理人员工资	650	600	50 (U)
差旅费	550	400	150 (U)
保险费	400	400	0
合计	2 600	2 400	200 (U)

4. 固定制造费用差异责任归属

固定制造费用预算差异发生的原因主要包括：临时添置固定资产；超计划雇用管理人员和辅助生产人员；预提和待摊费用计入本期费用过多；资源价格变动（如工资率增加、保险费率变动等）；某些酌量性固定成本（如职工培训费、差旅费等）受管理层决策影响有所增减；有的生产部门担心完不成预算而延缓酌量性固定成本的支出；有的生产部门担心削减下期的预算，增加了不必要的开支；等等。凡此均应具体分析，才能公正地落实责任，采取有效的对策。

固定制造费用能量差异只反映计划生产能量的利用程度，一般不能说明固定制造费用是超支还是节约，故有些欧美国家的会计学家主张只用人工工时或机器工时表示。一般而言，形成固定制造费用效率差异的原因与形成直接人工效率差异的原因相同；形成固定制造费用闲置生产能力差异的原因则可能是由于产品定价过高、经济不景气、材料供应不足或停电等因素影响了产销量而导致生产能力闲置。总之，针对固定制造费用能量差异，管理层应进一步查明原因所在，以便准确地判明其责任归属。

案例

标准成本制度在山西某化工企业的应用

HZ 市 MD 集团下属的玻纤厂以玻璃纤维为主要原料，通过拉丝、织布、炼胶、涂覆等工艺制作终端产品导风筒。导风筒是煤矿井下以及其他矿井作业必不可少的通风设备之一。20×1年，公司经过多方考察论证，年中立项，年底建成投产。20×2年，产值达600万元，安置员工258人，当年实现了安置与效益并举的目标。这一成果的取得主要得益于厂内推行的标准化成本管理，经历了以下几个阶段。

1. 认识标准成本制度

玻纤厂建成投产之初，尽管投入了相当多的人力和物力，但收益甚微。这一方面是由于管理不到位，管理人员的成本意识淡薄；另一方面是工人对复杂的工艺流程比较生疏，操作技能不熟练，造成“投入大，产出小”的结果，产品在质量和成本上均没有优势。鉴于这种形势，公司领导审时度势，及时引进标准成本制度。

2. 制定单位产品标准成本

为了使制定的成本指标尽量科学、合理，该公司成立了以财务部门为核心，工程技术、劳资、供应等部门有关人员参加的标准成本制定小组。公司在制定标准成本时运用的是正常标准成本，即在效率良好的条件下，根据下一期一般应该发生的生产要素消耗量、预计价格和预计生产经营能力利用程度制定出来的标准成本，这种成本大于理想标准成本，但小于历史平均水平。具体做法如下：

(1) 确定标准成本测算的基础。标准成本的制定是以一定的生产能力为基础的，所以必须以现有的设备和技术，参考同行业先进水平确定该厂的生产能力。标准成本测算的基础是该厂现有生产能力，按国家同行业先进水平年生产风筒布80万米，年销售额为600万元。

(2) 确定成本中心。玻纤厂按工艺流程分为拉丝、织布、炼胶、涂覆、制筒5个环节，且每个环节生产出来的产品既可以用于下一道工序的再生产，又可以作为产品直接对外销售。结合“某种产品在其生产过程中所经过的并且有投入、产出的单元都为成本中心”的理论，公司将成本中心按生产环节定为5个核算单位，每一种产品按规格、型号制定单位产品标准成本，成本中心的划定确定了责任区域，也明确了经济责任。

将所有成本和费用项目分为直接材料、直接人工、制造费用及期间费用，实行完全成本下的标准成本。将制造费用又分为变动制造费用和固定制造费用，这项工作由工程技术部门配合财务部门完成。

(3) 确定用量标准。其包括单位产品材料消耗量、单位产品直接人工工时等，主要由技术部门负责制定，并吸收执行标准的车间负责人和有经验的员工参加。

(4) 确定价格标准。其包括原材料单价、小时工资率、小时制造费用分配率等，由财务部门和有关的供应、劳资部门共同研究确定。采购部门是价格的责任部门，劳资部门和生产部门对小时工资率负有责任，各生产车间对小时制造费用分配率承担责任。

(5) 套用公式计算。运用公式“单位产品标准成本＝单位产品标准消耗量×标准单价”，分别求出直接材料标准成本、直接人工标准成本、变动制造费用标准成本、固定制造费用标准成本。

(6) 分产品制定单位产品标准成本卡，并以此为基础作为对各成本中心的考核指标。需要强调的是，标准成本中心的考核指标是既定产品质量和数量条件下的标准成本，因此，标准成本中心必须按规定的质量、时间标准、计划产量进行生产，这个要求是硬性的，缺乏弹性。达不到上述要求，成本中心就要受到批评甚至惩罚。

3. 对各成本中心实施考核

根据财务部门提供的信息，对各成本中心实施考核，奖优罚劣。每月初公司的生产作业计划下达后，考核部门按生产计划和成本标准，制定出月度成本消耗量，各成本中心负责人安排当月生产进度，然后领料员、成本员按此月度成本控制计划领料，以达到控制成本的目的。月末财务部门对全月的原料、电力、人工等消耗进行归集、分配，这种归集、分配及核算不纳入该厂对外提供的会计报表系统，只编制内部考核报表，列示实际成本与标准成本的差异额，并组织召开专门的成本分析会，成本差异的揭示及分析主要由各车间及标准成本中心完成。

各车间成本中心是材料（或半成品）和人工消耗的部门，对主管的成本项目，就产品的消耗差异负责分析原因，找出差距，采取相应的改进措施；供应部门负责分析价格差异形成的原因。这是由于车间成本中心只对标准价格下的消耗负责。

由专职的考核部门根据成本差异进行考核，奖罚与各中心的奖金挂钩，各责任中心再根据内部考核细则，层层分解到个人，真正做到了人人头上有指标，最大限度地减少不必要的浪费。

4. 加强标准成本的过程控制

标准成本是一种手段，其主要目的是通过管理消除不必要的浪费，使企业全面提升产品的质量和成本竞争力，进而产生最大效益。但标准成本管理是一项全员系统工程，原材料供应、消耗，人工、机器使用效率涉及整个企业的各部门，而不单纯是成本中心的责任。值得强调的是，标准成本中心不对生产能力的利用程度和原材料的采购价格负责，只对既定的产量的投入量承担责任，所以调动全体员工进行成本控制的积极性很必要，该厂为此制定了如下一系列的配套措施，取得了良好的效果：

(1) 明确厂长是标准成本管理的第一责任者。在实施管理的过程中必须做到以下几点：一是把成本标准与计划有机结合，按成本标准和计划值控制各项消耗；二是在保证质量的前提下制定降低消耗的计划，并把指标分解到岗位；三是在月末成本分析会上对全厂形成的成本差异做总结分析，并提出改进措施。

(2) 厂内各生产车间及各半成品之间以标准成本作为参照价格，实行内部转移。以单位标准成本为基础实施内部转移价格。第一道工序对由供应部门提供的原材料质量、数量严格把关，下一道工序依据产品质量要求可对上一道工序的不合格产品拒收或降价接受，当出现纠纷时由厂领导协商解决。这种针对质量实行的内部机制，很好地保证了产品的质量。

(3) 厂部对各车间实施目标成本考核，并制定目标成本考核管理办法，重点对产量和质量两大项进行考核。车间负责人参与标准成本的制定过程，月初按当月生产作业计划安排生产进度，并结合成本消耗标准在材料或半成品领用上严格把关，做到心中有数；月末根据当月内部报表反映的差异进行事后分析。

(4) 各车间对各岗位实施内部考核，并制定各岗位竞赛考核办法，规定车间人员工资分计时和计件两种，计时工资与全厂效益和质量挂钩，计件工资与产量、质量挂钩。厂内设专职的质检员负责全厂的质量考核。

（5）财务部门是最终的信息提供者，必须保证信息及时、准确、完整。财务人员应对成本进行事前预测、事中控制、事后分析。根据生产技术部门下达的作业计划，配合标准成本，预测当月的成本发生情况，以单位产品标准成本卡的形式下发至各成本中心，并按此控制成本，特别是对供应部门所供原料发生的背离标准价格的情况，及时将信息反馈给相关职能部门，以便及时改进。每月一次的成本分析会正常召开，由财务部门组织并负责汇总，将各车间的业绩及存在的问题报告相关领导，同时负责不断修正标准成本。

面对国内外的市场竞争和加入世界贸易组织的严峻挑战，众多企业越来越重视成本控制。MD 集团运用标准成本管理法建立完善的标准成本控制体系，取得了较好的成效。

资料来源：根据山西同德化工股份有限公司资料和中国管理会计网（http://www.chinacma.org）资料改编。

复习思考题

1. 标准成本制度包括哪些内容？
2. 标准成本有哪几类？标准成本的作用表现在哪些方面？
3. 如何制定标准成本？
4. 成本差异的成因一般有几种类型？不同的成本差异对进行成本差异调查分析有何指导意义？
5. 如何开展成本差异的计算与分析？
6. 在成本控制中如何应用例外管理原则？
7. 如何恰当地落实成本差异的责任归属，以使成本控制系统健全有效地运行？
8. 谈谈你对成本差异计算中三个特殊问题的认识和理解。

练习题

1. 某企业用一种主要材料生产一种产品，全月制造费用预算为 2 100 元，其中变动制造费用预算为 1 400 元，固定制造费用预算为 700 元，全月生产能力标准为 1 400 小时（直接人工工时）。该产品的标准成本卡如下。

标准成本卡

成本项目	数量标准	价格标准	标准成本（元）
直接材料	50 千克	0.20 元/千克	10.00
直接人工	3 小时	6.00 元/小时	18.00

续表

成本项目	数量标准	价格标准	标准成本（元）
制造费用：			
变动制造费用	3小时	1.00元/小时	3.00
固定制造费用	3小时	0.50元/小时	1.50
单位产品标准成本	—	—	32.50

该企业本月生产产品400件，其有关实际成本资料如下。

项目	实际数量	实际价格	实际成本（元）
购入直接材料	25 000千克	0.21元/千克	5 250.00
耗用直接材料	19 000千克		
实际直接人工	1 100小时	5.90元/小时	6 490.00
实际制造费用：			
变动制造费用			1 300.00
固定制造费用			710.00

要求：

根据上述资料，进行有关的成本差异分析。

2. 某企业生产甲产品，实际产量为110件，直接材料的用量配比及其标准成本和实际成本资料如下。

甲产品直接材料单位成本资料

材料种类	标准			实际		
	用量（千克）	单价（元/千克）	成本（元）	用量（千克）	单价（元/千克）	成本（元）
A	8	40	320	6	45	270
B	2	30	60	6	22	132
合计	10	—	380	12	—	402

要求：

根据上述资料，计算直接材料成本的各项差异。

3. 某工厂只生产一种产品，耗用一种材料，本期实际产量为400件，耗用材料580吨，其单价为150元/吨，直接人工为8 400小时，其工资总额为41 160元，实际发生变动制造费用16 800元、固定制造费用10 920元。其标准成本资料如下：

材料标准价格为160元/吨，单位产品标准用量为1.5吨/件，单位产品标准工时为20小时/件，标准工资率为5元/小时，变动制造费用标准分配率为2.2元/小时，预计生产能力为9 000小时，固定制造费用为10 800元。

要求：

根据上述资料，对直接材料、直接人工、变动制造费用和固定制造费用进行成本差异分析。

4. 某企业直接人工按工资等级制定标准工资率：一级为5.50元/小时，二级为

6.00 元/小时，三级为 7.00 元/小时。产品成本计算所用的统一标准工资率为 6.50 元/小时。

本月有关资料如下：工资的实际发生额为 57 000 元；计入产品成本的直接人工的标准成本为 59 000 元；各级工人的实际工时为：一级工 2 000 小时、二级工 4 000 小时、三级工 3 000 小时。

要求：

根据上述资料，进行直接人工成本差异分析。

5. 某公司用一种材料生产一种产品 W，其标准材料成本如下：标准用量为 2 千克，每千克的标准价格为 4 元。每千克材料需用直接人工 1.5 小时进行加工处理，每小时的标准工资率为 5 元。

本月共生产产品 W 1 000 件，实际用料 2 300 千克，实际发生的直接人工为 3 200 小时；全月直接材料、直接人工的实际成本分别为 9 200 元、16 800 元。

要求：

根据以上资料，分析材料用量对直接人工效率差异的影响。

6. 甲企业生产 A，B 两种产品，其有关单位产品标准成本的资料如下。

标准单位成本

项目	A 产品	B 产品
直接材料（元）	24（6 千克×4 元/千克）	25（5 千克×5 元/千克）
直接人工（元）	32（4 小时×8 元/小时）	24（3 小时×8 元/小时）
制造费用变动部分（元）	12（4 小时×3 元/小时）	6（3 小时×2 元/小时）
制造费用固定部分（元）	8（4 小时×2 元/小时）	3（3 小时×1 元/小时）
标准单位成本（元/件）	76	58

该企业产品的正常产量为 A 产品 800 件、B 产品 1 000 件。实际产量为 A 产品 600 件、B 产品 800 件。有关两种产品实际单位成本的资料如下。

实际单位成本

项目	A 产品	B 产品
直接材料（元）	24（8 千克×3 元/千克）	27（6 千克×4.5 元/千克）
直接人工（元）	27（3 小时×9 元/小时）	28（3.5 小时×8 元/小时）
制造费用变动部分（元）	10.5（3 小时×3.5 元/小时）	8.75（3.5 小时×2.5 元/小时）
制造费用固定部分（元）	4.5（3 小时×1.5 元/小时）	5.25（3.5 小时×1.5 元/小时）
实际单位成本（元/件）	66	69

要求：

根据上述资料，进行有关各项成本差异的分析。

第 13 章

Chapter 13 责任会计

学习目标

1. 了解企业组织结构模式的类型及优缺点。
2. 了解责任会计的含义。
3. 了解责任会计的主要内容。
4. 理解责任会计的核算原则。
5. 掌握成本中心、收入中心、利润中心、投资中心的含义、考核指标和业绩报告。
6. 了解内部转移价格一般原则。
7. 理解内部转移价格的制定方法及其利弊。

课程思政点

1. 忠诚、干净、担当。
2. 激励与约束并重。

引导案例　美的集团的事业部改革

创立于 1968 年的美的集团股份有限公司（以下简称美的集团），是一家全球领先的科技集团，提供多元化的产品种类，包括以厨房家电、冰箱、洗衣机及各类小家电为主的消费电器业务；以家用空调、中央空调等供暖及通风系统为主的暖通空调业务；以德国库卡集团、美的机器人公司等为核心的机器人及工业自动化系统业务；以安得智联为集成解决方案服务平台的智能供应链业务；美仁半导体公司的芯片业务。

2013 年 9 月 18 日，美的集团在深圳证券交易所上市。2015 年 7 月 4 日，美的集团旗下的全球最大的空调压缩机企业 GMCC 美芝公司与威灵电机公司整合为美的“部品事业部”。2016 年，美的集团首次进入《财富》世界 500 强名单，列第 481 位，2020 年列第 307 位。2019 年全年营业收入 2 782 亿元，居中国家电行业第一位。累计专利申请量已突破 10 万件，连续 4 年保持家电领域全球第一位。2020 年，美的集团迎来了全面数字化、全面智能化的重要转型，布局了消费电子、暖通及楼宇系统、机电事业群、机器人与自动化、数字化创新业务五大块业务。未来将着重建立发展 IoT 生态平台、美云销商业平台以及面向全天候的工业互联网平台三大创新平台，建立以用户为中心，数据驱动的全球领先科技集团。

1980 年，美的集团正式进入家电行业，美的人凭借多年的智慧积累和勤劳之手，使企业规模迅速扩大。1997年以前，美的集团经营的产品主要是风扇和空调，其产值不到30亿元，而1997年以后，美的集团在短短的几年间进军电饭煲、空调、饮水机等领域。市场份额迅速扩大，拥有五大类共1 000多种产品。但此时美的集团的生产和销售仍由总部统一管理，总裁每天忙得焦头烂额，原材料没有了，找总裁；产品有次品，也找总裁……总裁成了“大保姆”。

美的集团高层管理团队经过反复调研和论证，最终决定把企业“由大化小”，进行事业部改造，进行全面的组织变革。2012年8月起，美的集团撤销二级集团，减少管理层级，优化流程，提高组织效率，构建简单敏捷的高效组织。同时坚持“小集团大事业部”的治理理念，集团负责战略管理、经营管控、风险监控、整合协同，强化面向未来的增长战略；事业部定位为战略性经营单位，承担全价值链的完全经营责任，对相关产业经营的短、中、长期发展目标和竞争力培育负责。目前美的集团成立了以下五大事业部群：智能家居事业群、机电事业群、楼宇科技事业部、机器人与自动化事业部、数字化创新业务。各事业部拥有自己的产品和独立的市场，享有很大的经营自主权，实行自主经营、独立核算。各事业部既是受公司控制的利润中心，又是产品责任单位（市场责任单位），对研、产、销以及行政、人事等管理负有统一领导的职能。事业部内设市场、计划、服务、财务、经营管理五大模块，形成了以市场为导向的组织架构。

事业部改革给美的集团带来了活力，之后其业务迅速发展，规模迅猛扩张。2020年，美的集团营业总收入为2 857亿元，全球员工超过15万人，在《财富》世界500强企业排行榜中居288位。

资料来源：根据美的集团公司网站（http://www.midea.com.cn）资料改编。

美的集团为何要进行事业部改革？应当如何划分事业部？怎样对事业部进行考核，才能有利于企业短期和长远的发展？本章将对上述问题进行深入探讨。

13.1　分权管理与责任会计

随着现代企业组织制度的发展，企业组织的规模越来越大。由此，企业组织内部的受托责任链条日趋层次化和复杂。20世纪50年代以后，许多企业组织实行了分权管理模式。责任会计正是现代企业组织分权管理模式的产物。

13.1.1　企业组织结构模式

企业组织结构模式分为集权化管理模式和分权化管理模式。集权化与分权化管理模式的区别实际上就是企业组织将决策权分配给企业组织的更高阶层还是较低阶层，以使知识、信息与决策权紧密相连。

1. 直线职能式组织结构（U形结构）

在U形结构下，企业内部按不同的职能划分成若干部门，各部门独立性较小，企业实行集中控制和统一指挥，其结构如图13-1所示。由于U形结构集权程度高，管理控制严格，母公司的战略决策可以得到有效的贯彻执行，组织效率高。但过度集权也会带来管理上的低效率，同时造成企业内部管理成本的增加。

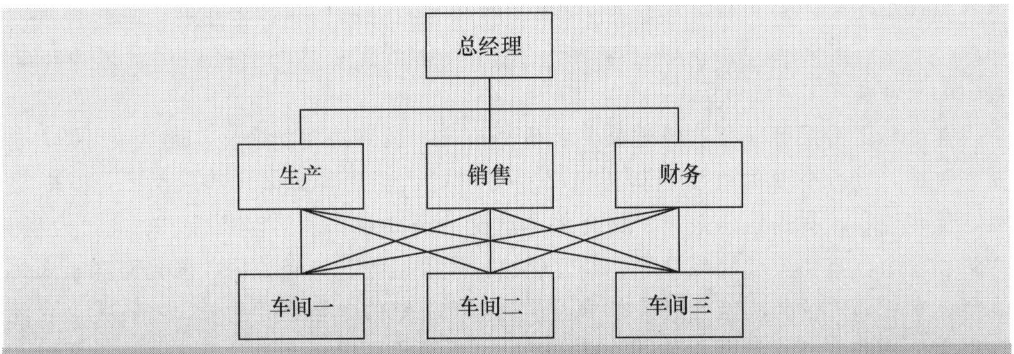

图 13-1 U形结构

随着企业组织规模的扩大、竞争的加剧、顾客需求的多样化、责任链条的复杂化，企业组织结构日益臃肿。通常，解决的办法是使组织结构扁平化，由此出现了M形结构、矩阵结构。扁平结构强调团队合作，体现了分权管理的理念。

2. 事业部制组织结构（M形结构）

M形结构是一种集权与分权相结合的组织形式，它将日常经营决策权下放到掌握相关信息的下属部门，总部只拥有制定和执行战略决策、计划、协调、监督等职能，从而可以解决大规模企业内部诸如产品多样化、产品设计、信息传递和各部门决策协调的问题，使企业的高层管理者既能摆脱日常经营的烦琐事务，又能与下属企业保持广泛的接触，同时降低了企业内部的交易成本，因而成为现代企业广泛采取的一种企业组织形式，其结构如图 13-2 所示。

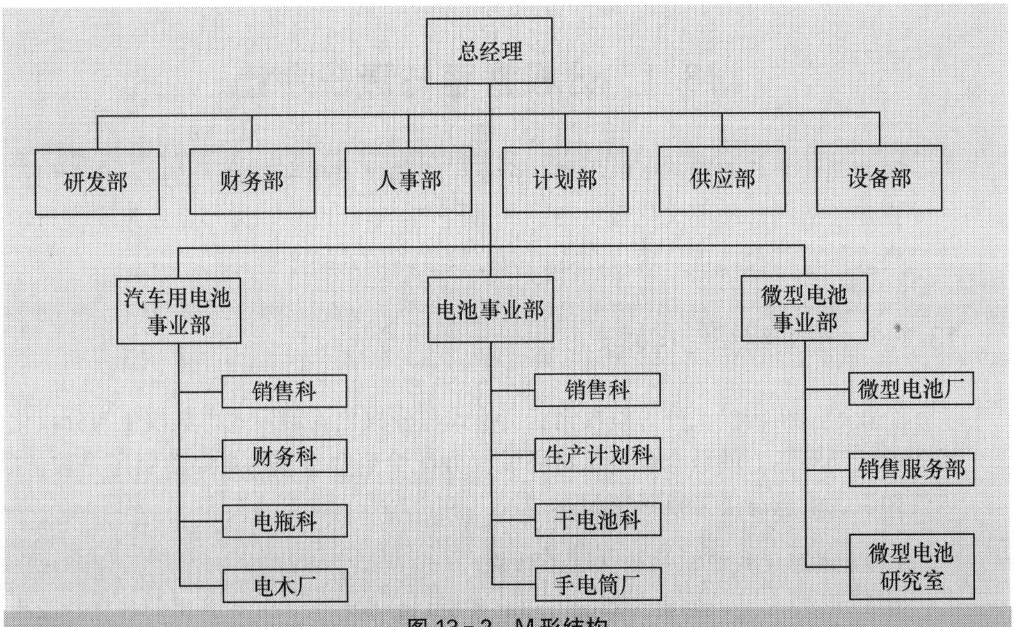

图 13-2 M形结构

3. 矩阵结构

矩阵结构是在U形结构的基础上，再建立一套横向目标系统，把按职能划分的管理机构与按产品划分的项目小组结合起来，使每一名小组成员既与原职能部门保持业务和组织层面的垂直联系，又与按产品或项目划分的小组保持横向联系，形成一个矩阵，其结构如图13-3所示。

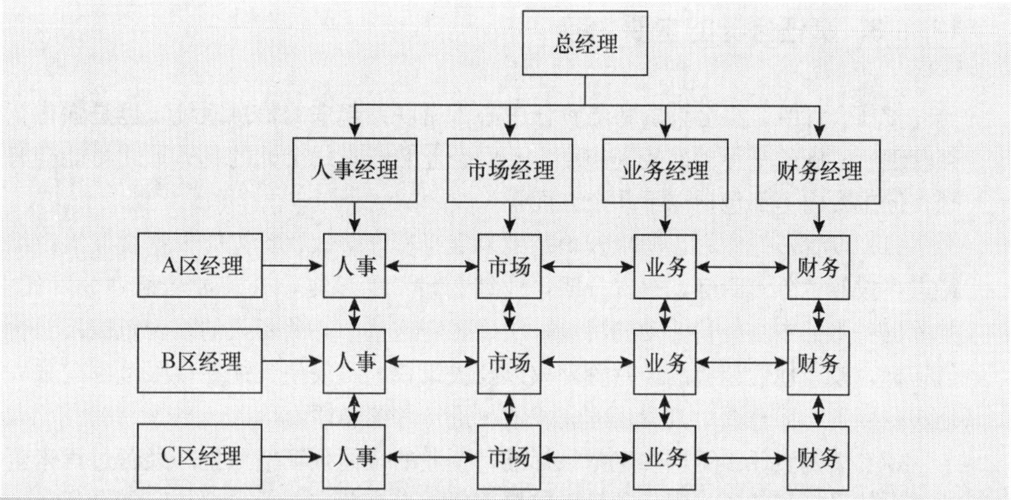

图13-3　矩阵结构

不同的组织结构模式体现了不同的分权管理思想。不过，在企业组织里，没有绝对的分权管理模式，也没有绝对的集权管理模式，只有集权与分权哪个占主导地位的问题。

13.1.2　责任会计的含义

作为现代管理会计的一个重要分支，责任会计是指为适应企业内部经济责任制的要求，对企业内部各责任中心的经济业务进行规划与控制，以实现业绩考核与评价的一种内部会计控制制度。企业组织结构与其责任会计系统存在密切的联系，理想的责任会计系统应反映并支持企业组织结构。

由于企业经营日益复杂和多样化，企业规模不断扩大，管理层级繁多，组织结构复杂，分支机构遍布世界各地。显然，传统的集中管理模式已经无法满足管理的需求，现代分权管理模式为越来越多的企业所接受。但是，由于分权管理一方面使各分权单位之间具有某种程度的相互依存性，如各分权单位之间相互提供产品或劳务，另一方面又允许各分权单位具有相对的独立性，因此，当分权单位被赋予决策自主权时，也会出现一些值得注意的问题：分权单位可能以牺牲企业整体利益或长远利益为代价，来使自己的业绩达到最优；各分权单位之间为了各自的利益发生冲突、摩擦和竞争；各分权机构的设置、各项管理措施的实施，会相应地增加各种行政费用开支，造成浪费。

为了充分发挥分权管理的优点，克服其缺点，必须加强企业内部控制。责任会计正是顺应这种管理需求而不断发展和完善的一种行之有效的控制制度。这种制度要求将企业划分为各种不同形式的责任中心，建立起以各责任中心为主体，以责、权、利相统一为特征，以责任预算、责任控制、责任考核为内容，通过信息的积累、加工和反馈形成的企业内部控制系统，即责任会计制度。

13.1.3 责任会计的主要内容

责任会计既是将会计资料与责任中心紧密联系起来的信息系统，也是强化企业内部管理所实施的一种内部控制制度。不同企业实行责任会计的具体形式可能会有所差别，但主要内容都包括以下几个方面：

（1）设置责任中心，明确权责范围。实行责任会计，首先应根据企业组织结构的特点，按照“分工明确，权责分明，业绩易辨”的原则，合理灵活地划分责任中心，并依据各责任中心经营活动的特点，明确规定这些中心负责人的权责范围及量化的价值指标，授予他们相应的经营管理权以及决策权，不仅使其能在权限范围内独立自主地履行职责，而且要对其责任的完成情况进行考核和评价。

（2）编制责任预算，确定考核标准。企业的全面预算按照生产经营过程来落实企业的总体目标和任务，责任预算则按照责任中心来落实企业的总体目标和任务，即将企业的总体目标层层分解，具体落实到每一个责任中心，作为其开展经营活动、评价工作成果的基本标准和主要依据。

（3）建立跟踪系统，进行反馈控制。在预算的实施过程中，每个责任中心应建立一套责任预算执行情况的跟踪系统，定期编制业绩报告，将实际数与预算数进行对比，据以找出差异，分析原因，并通过信息反馈，控制和调节经营活动，以保证企业总体目标的实现。

（4）分析评价业绩，建立奖罚制度。通过定期编制业绩报告，对各个责任中心的工作成果进行全面分析和评价，并按实际工作成果的好坏进行奖罚，做到功过分明、奖罚有据，最大限度地调动各责任中心的积极性，促使其相互协调并卓有成效地开展各项工作。

13.1.4 责任会计的核算原则

责任会计是企业内部控制会计。各企业可以根据各自的特点自行设计责任会计制度，但是无论何种类型的企业，要建立起一套科学、合理、有效的责任会计制度，都应遵循以下几项原则：

（1）目标一致性原则。系统论告诉我们，为了保证系统整体目标的实现，系统内各子系统的目标与系统整体目标必须保持一致。责任中心是企业经营管理的子系统，为了保证企业整体目标的实现，在为各责任中心确定责任预算时，应始终注意与企业整体目标保持一致；在进行责任控制时，同样应注意各责任中心的局部利益是否与企业整体利益一致。能否有效地防止各责任中心各行其是，是分权管理成功与否的关键，也是衡量责任会计制度可行与否的最重要的标准。

（2）可控性原则。对各责任中心所赋予的责任，应以其能够控制为前提。在责任预算和业绩报告中，各责任中心只对其能够控制的指标负责。在考核时，应尽可能排除责任中心不能控制的因素，以保证责、权、利的紧密结合。

（3）公平性原则。企业内部各责任中心是互相联系的。在处理相互的经济关系时，应公平合理、一视同仁，才能起到应有的激励作用。在编制责任预算时，应注意各责任中心预算水平的相互协调，避免出现因内部转移价格制定不当而不能体现等价交换的状况；在制定奖惩措施时，也应注意公平合理，使各责任中心都感到目标是公正合理的、可实现的，经过努力完成目标后，所得到的奖励和报酬与付出的劳动相比是值得的，避免因奖惩不公而挫伤企业员工的积极性与创造性。

（4）反馈性原则。为了保证企业和责任中心对各自生产经营活动的有效控制，有关负责人需要及时掌握责任执行情况的准确信息，以便对发生的执行差异做出及时、恰当的调整，加强对责任中心的控制，使各自的目标最终得以实现。因此，企业应建立良好的记录、报告制度，通过及时编制业绩报告的方式反馈准确的信息，为各层级决策服务，从而更好地发挥责任会计的控制功能。

（5）例外管理原则。例外管理原则是一种重点管理原则，要求责任中心抓住主要矛盾和突出问题，对其生产经营过程中发生的重点差异进行分析和控制。对于一般合乎预算或者差异很小的问题可以忽略不计，把主要精力放在超乎常规、差异较大的问题上，以便集中精力和时间解决重大问题，达到事半功倍的效果。

13.2　责任中心的业绩考核与业绩报告

根据企业内部责任单位的权责范围以及业务活动特点的不同，可在企业内部划分三种不同的责任中心，即成本中心、收入中心与利润中心、投资中心。要根据各类责任中心的特点，确定相应的业绩评价、考核的重点，组织实施责任会计。

13.2.1　成本中心

1. 成本中心的含义

成本中心是指只对其成本或费用承担责任的责任中心，它处于企业的基础责任层级。成本中心的工作成果不会形成可以用货币计量的收入，或者其工作成果不便于或不必进行货币计量，而只计量和考核发生的成本和费用。成本中心的职责就是以最低的成本费用按质按量按时完成预定的具体任务。例如，工业企业中的基本生产车间，由于其所生产的产品仅为企业生产过程的一个组成部分，不能单独出售，因此不会形成用货币计量的收入，该部门管理人员仅对其所发生的变动成本和直接固定成本负责。对成本中心工作业绩的评价考核，主要是将一定期间实际发生的成本与其预定的标准进行对比，编制业绩报告，剖析差异形成的原因和责任。

成本中心可分为两种类型：技术性成本中心和酌量性成本中心。技术性成本又称标准成本，其特点是：这种成本的发生可以为企业提供一定的物质成果，在技术上投入量与产出量之间有着密切的关系，如产品生产过程中发生的直接材料、直接人工等。技术性成本中心的典型代表是制造业工厂、车间、工段、班组等。只要能够明确成本与产出之间的关系，这个成本中心就可以确定为技术性成本中心。酌量性成本又称费用，其特点是在技术上投入量与产出量之间的关系不明确，如研发费用、广告费用、员工培训费用等。酌量性成本中心适用于企业内部的各种职能部门，如财务与会计部门、人事部门、电脑中心、图书资料室、研发部、经理办公室等。

2. 成本中心的业绩考核指标

通常情况下，成本中心不具备经营权和销售权，它的经济成果一般不会形成可以用货币计量的收入。因此，成本中心只以货币形式计量投入，不以货币形式计量产出。

为了明确成本中心的业绩考核指标，必须理解可控成本和非可控成本的概念。具体来说，可控成本必须同时具备以下四个条件：(1) 可以预计，即成本中心能够事先知道将发生哪些成本以及何时发生；(2) 可以计量，即成本中心能够对发生的成本进行计量；(3) 可以施加影响，即成本中心能够通过自身的行为调节成本；(4) 可以落实责任，即成本中心能够将有关成本的控制责任分解落实，并进行考核评价。凡是不能同时具备上述四个条件的成本，通常为不可控成本。

成本的可控或不可控是以一个特定的责任中心作为出发点的，这与责任中心所处的管理层级的高低、管理权限及控制范围的大小有直接关系。首先，成本的可控与否，与责任中心的权力层级有关。某些成本对于较高层级的责任中心来说是可控的，对于其下属的较低层级的责任中心而言则可能是不可控的。其次，成本的可控与否，还与责任中心的管辖范围有关。例如产品试制费，从产品生产部门来看是不可控的，而对新产品试制部门来说就是可控的，但如果新产品试制也由生产部门进行，则产品试制费又成了生产部门的可控成本。

属于某成本中心的各项可控成本之和，称为成本中心的责任成本。成本中心的业绩考核指标通常为该成本中心的所有可控成本，即责任成本。责任成本可以分为预算责任成本和实际责任成本，前者是指由预算分解确定的各责任中心应承担的责任成本，后者是各责任中心从事经营活动实际发生的责任成本。

既然成本中心的业绩考核与评价的对象是责任成本而不是全部成本，成本的可控性就应当是确定责任成本的唯一依据。在成本中心的业绩中，应从全部成本中区分出可以控制的责任成本，将其实际发生额与预算额进行比较、分析，揭示产生差异的原因，据此对责任中心的工作成果进行评价。通常成本中心的考核指标可以采用绝对指标和相对指标，即成本（费用）变动额和成本（费用）变动率。

$$\text{责任成本变动额} = \text{实际责任成本} - \text{预算责任成本} \tag{13-1}$$

$$\text{责任成本变动率} = \frac{\text{责任成本变动额}}{\text{预算责任成本}} \tag{13-2}$$

3. 成本中心的业绩报告

成本中心的业绩报告通常是按成本中心可控成本的各明细项目列示其预算数、实际数和成本差异数的三栏式表格。由于各成本中心是逐级设置的，因此其业绩报告也应自下而上，从最基层的成本中心逐级向上汇编，直至最高层级的成本中心。每一级的业绩报告，除最基层只有本身的可控成本外，其余都应包括本身的可控成本和下属部门转来的责任成本。例如，某企业制造部是一个成本中心，下辖两个分厂，每个分厂设有三个车间。其成本中心的业绩报告的编制及相互关系如表 13－1 所示。

表 13－1　成本中心的业绩报告

单位：元

制造部一分厂甲车间业绩报告			
项目	**预算成本**	**实际可控成本**	**差异**
工人工资	58 100	58 000	100（F）
原材料	32 500	34 225	1 725（U）
行政人员工资	6 400	6 400	
水电费	5 750	5 690	60（F）
折旧费用	4 000	4 000	
设备维修	2 000	1 990	10（F）
保险费	975	975	
合计	109 725	111 280	1 555（U）
制造部一分厂业绩报告			
项目	**预算成本**	**实际可控成本**	**差异**
管理费用	17 500	17 350	150（F）
甲车间	109 725	111 280	1 555（U）
乙车间	190 500	192 600	2 100（U）
丙车间	149 750	149 100	650（F）
合计	467 475	470 330	2 855（U）
制造部业绩报告			
项目	**预算成本**	**实际可控成本**	**差异**
管理费用	19 500	19 700	200（U）
一分厂	467 475	470 330	2 855（U）
二分厂	395 225	394 300	925（F）
合计	882 200	884 330	2 130（U）

注：U 表示不利差异，F 表示有利差异。

从表 13－1 可以看出，成本中心的各级经理人就其权责范围编制业绩报告并对其负责部门的成本差异负责。级别越低的成本中心，从事的经营活动越具体，其业绩报告涉及的成本项目分类就越详细。根据成本绩效报告，责任中心的各级经理人可以针对成本差异，寻找原因对症下药，对成本费用实施有效的管理控制，提高业绩水平。

13.2.2 收入中心与利润中心

1. 收入中心

收入中心是指只能控制收入的中心，它不能控制生产成本、销售产品及服务成本，不对责任中心做出的投资决策负责。但一些收入中心可以控制商品销售价格、存货的数量以及打折活动。例如，航空公司的机票预订部门和制造业公司的销售部门就是收入中心。

评价收入中心的主要指标是该中心的产品销售收入。具体地讲，就是对销售价格和销售量差异负责。销售量差异的产生是由于实际销售量与预计销售量不同，而价格差异是根据实际销售量计算出来的。

【例13-1】

某月预计销售4 000件A产品，实际销售5 000件；预算单价为5元/件，而实际销售单价为4.5元/件。问：该月的总差异、销售价格差异及销售量差异各为多少？

总差异为：

$$5\,000\times4.5-4\,000\times5=2\,500(\text{元})(\text{有利差异})$$

其中，销售价格差异为：

$$(4.5-5)\times5\,000=-2\,500(\text{元})(\text{不利差异})$$

销售量差异为：

$$(5\,000-4\,000)\times5=5\,000(\text{元})(\text{有利差异})$$

如果收入中心有制定价格的权力，就要对价格差异负责。如果定价决策是由上层管理部门做出的，那么收入中心经理仅对销售量差异以及销售品种构成负责。

评价收入中心的指标还有销售回款率、销售回款平均收款天数、坏账发生率等。

2. 利润中心的含义

利润中心是指既能控制成本，又能控制销售和收入的责任中心。它不但要对成本、收入负责，而且要对收入与成本的差额（即利润）负责。在一个企业中，利润中心往往处于较高的层级（如分厂、分公司等具有独立经营决策权的各部门）。

利润中心可分为两种类型：自然利润中心和人为利润中心。自然利润中心是指可以对外销售产品并取得收入的利润中心。这类中心虽然是企业内部的一个责任单位，但它本身直接面向市场，具有产品销售权、价格制定权、材料采购权和生产决策权，其功能与独立企业相近。最典型的形式就是公司内的事业部，每个事业部均有销售、生产、采购的功能，能够独立地控制成本，取得收入。人为利润中心是指只对内部责任单位提供产品或劳务而取得内部销售收入的利润中心。这种利润中心一般不直接对外销售产品，而是以合理的内部转移价格在企业内部流转，内部转移价格将在下一节加以介绍。大型钢铁公司的采矿、炼铁、轧钢等生产部门的产品除了少量对外销售外，主要在公司内部转移，这些部门可以视为人为利润中心。

3. 利润中心的业绩考核指标

对利润中心业绩进行评价与考核，主要方法是将一定期间实际实现的利润与预算所确定的预计利润数进行比较，进而对差异形成的原因和责任进行具体剖析。通常以边际贡献作为业绩评价指标。其计算公式为：

$$\text{边际贡献}=\text{销售收入}-\text{变动成本} \tag{13-3}$$

在对利润中心进行业绩评价时，必须正确区分经理业绩与部门业绩。将边际贡献指标用于责任中心的业绩评价，可引申出利润中心负责人可控利润和利润中心可控利润两个指标。

$$\text{利润中心负责人可控利润总额}=\text{销售收入}-\text{变动成本}-\text{该利润中心负责人可控固定成本} \tag{13-4}$$

$$\text{利润中心可控利润}=\text{销售收入}-\text{变动成本}-\text{该利润中心负责人可控固定成本}-\text{该利润中心负责人不可控但高层管理部门可控的可追溯固定成本} \tag{13-5}$$

式（13-4）和式（13-5）可看作严格意义上的边际贡献在利润中心业绩评价中的自然延伸，是可控性原则的具体体现。式（13-4）主要用于评价利润中心负责人的经营业绩，因而必须就经理人员的可控成本进行评价、考核。为此，必须在各分部可追溯固定成本的基础上，进一步将之区分为分部经理可控成本和不可控成本，并就经理人员可控成本进行业绩评价、考核。这是因为有些成本管理可以追溯到分部却不为分部的经理所控制，如广告费、保险费等。分部经理边际贡献反映的是分部经理对其控制的资源的有效利用程度。式（13-5）则主要用于对责任中心的业绩评价和考核，因而要将分部不可控但高层管理部门可控的可追溯固定成本从边际贡献中扣除。它反映的是为企业提供利润所做的贡献。

4. 利润中心的业绩报告

利润中心的业绩报告分别列出其可控的销售收入、变动成本、边际贡献、经理人员可控的可追溯固定成本、分部经理边际贡献、分部经理不可控但高层管理部门可控的可追溯固定成本、部门边际贡献的预算数和实际数，并通过将实际数与预算数对比，分别计算差异，据此进行差异的调查，分析产生差异的原因。利润中心的业绩报告也是自下而上逐级汇编的，直至整个企业的息税前利润。利润中心的业绩报告的基本形式如表13-2所示。

表13-2 利润中心的业绩报告 单位：元

项目	预算	实际	差异
销售收入	245 000	248 000	3 000（F）
减：变动成本	111 000	112 000	1 000（U）
边际贡献	134 000	136 000	2 000（F）
经理人员可控的可追溯固定成本	24 000	24 500	500（U）

续表

项目	预算	实际	差异
分部经理边际贡献	110 000	111 500	1 500（F）
分部经理不可控但高层管理部门可控的可追溯固定成本	18 000	18 900	900（U）
部门边际贡献	92 000	92 600	600（F）

注：U表示不利差异，F表示有利差异。

13.2.3 投资中心

1. 投资中心的含义

投资中心是指对投资负责的责任中心。其特点是不仅要对成本、收入和利润负责，还要对投资效果负责。而投资的目的在于获取利润，所以投资中心也是利润中心，但它又不同于利润中心。利润中心没有投资决策权，只能在项目投资形成生产能力后进行具体的经营活动；投资中心不仅在产品生产和销售上享有较大的自主权，而且能相对独立地运用所掌握的资产，有权购建或处理固定资产，扩大或缩减现有的生产能力。

投资中心是处于企业最高层次的责任中心，具有最大的决策权，也承担最大的责任。一般而言，大型集团所属的子公司、分公司、事业部往往是投资中心。在组织形式上，成本中心一般不是独立法人，利润中心既可以是也可以不是独立法人，而投资中心一般是独立法人。

2. 投资中心的业绩考核指标

投资中心考核与评价的内容是利润及投资效果。因此，投资中心除了考核和评价利润指标外，更需要计算、分析利润与投资额的关系性指标，分析反映投资效率与投资效果的指标包括投资利润率、剩余收益和经济增加值。

（1）投资利润率。投资利润率（ROI）亦称为投资报酬率，是投资中心所获得的经营净利润与经营资产之间的比率，其计算公式为：

$$投资利润率=\frac{分部经营净利润}{分部经营资产} \tag{13-6}$$

这个公式可以进一步展开，即

$$\begin{aligned}投资利润率&=\frac{销售收入}{分部经营资产}\times\frac{分部经营净利润}{销售收入}\\&=总资产周转率\times销售利润率\end{aligned} \tag{13-7}$$

投资利润率指标广泛运用于评价投资中心的业绩，其优点如下：

1）投资利润率能反映投资中心的综合盈利能力。从投资利润率的分解公式可以看出，投资利润率的高低与收入、成本、投资额和周转率有关，提高投资利润率应通过增收节支、加速周转和减少投入来实现。

2）投资利润率具有横向可比性。投资利润率将各投资中心的投入与产出进行比较，剔除投资额不同导致的利润差异的不可比因素，有利于将各投资中心的经营业绩进行比较。

3）以投资利润率作为评价投资中心经营业绩的指标，可以正确引导投资中心的经营管理行为，使其行为长期化。由于该指标反映了投资中心运用资产并使资产增值的能力，如果投资中心资产运用不当，会增加资产或投资占用的规模，也会降低利润。因此，以投资利润率作为考核与评价的尺度，将促使各投资中心盘活闲置资产，减少不合理资产的占用，及时处理过时、变质、毁损的资产等。

投资利润率作为投资中心的业绩指标广泛应用，但该指标也存在一定的局限性。

首先，投资中心经理为了维持现有的投资利润率水平或提高投资利润率，有时会做出次优选择，即倾向于不进行新的投资或尽量少投资。这时投资利润率所反映的投资中心业绩是不真实的，且不利于固定资产的更新和整个企业的长远发展。

其次，使用投资利润率可能会掩盖某些投资中心的真实业绩，并使人们忽视对业绩进行绝对数的评价，从而得出有失偏颇的评价结论。

最后，投资中心可能会放弃高于企业资金成本而低于目前部门投资利润率的投资机会，或者减少现有的投资利润率较低但仍高于企业资金成本的某些资产，使部门的业绩获得好的评价，却违背了企业的整体目标和长远利益。

【例 13－2】

某企业有 A，B 两个投资中心，有关资料如表 13－3 所示。

表 13－3　投资利润率

单位：元

项目	投资中心 A		投资中心 B	
	20×1 年	20×2 年	20×1 年	20×2 年
经营净利润	300 000	360 000	50 000	62 500
经营资产	2 000 000	2 000 000	250 000	250 000
投资利润率	15%	18%	20%	25%

问：投资中心 A 与 B 哪个对企业更有价值？

根据表 13－3，仅从投资利润率的角度看，投资中心 B 比 A 高得多，因此投资中心 B 对企业更有价值，其经理应得到更多的奖励。但若从绝对数的角度看，20×2 年投资中心 B 的利润只比 20×1 年增加 12 500 元，而 20×2 年投资中心 A 的利润比 20×1 年增加了 60 000 元，大大超过了投资中心 B 的水平。因此，仅从投资利润率的角度不能全面、公正地做出评价。

【例 13－3】

在例 13－2 中，20×1 年投资中心 B 有一个投资机会：投资额为 150 000 元，每年可获利润 24 000 元。假定企业资本成本为 15%。现要求做出是否应投资该新项目的决策。

新投资项目的投资利润率为16%（24 000÷150 000），高于企业资本成本（15%），对整个企业是有利的。但投资这一新项目，将会使投资中心B的投资利润率由原来的20%（20×1年）下降到18.5%，其计算过程如下：

投资利润率＝(50 000＋24 000)÷(250 000＋150 000)＝18.5%

这样，投资中心B从自身利益考虑，就会拒绝投资这一对企业有利的新项目。

假设上例中，20×2年投资中心B有一项价值5 000元的资产，每年可获利850元，投资利润率为17%，高于企业资本成本。部门经理却愿意放弃该资产，以提高部门的投资利润率，其计算过程如下：

投资利润率＝(50 000－850)÷(250 000－5 000)＝20.06%

上述两种情况都是次优选择问题。

由此看来，为了引导部门经理采取与企业总体利益一致的决策，必须结合其他指标来对投资中心业绩进行评价，才能克服单纯采用投资利润率指标带来的缺陷。这时就要用剩余收益指标。

（2）剩余收益。剩余收益（RI）亦称为剩余利润，是指投资中心的经营净利润减去按企业要求的最低报酬率（或资本成本）计算的经营资产收益后的余额，其计算公式如下：

剩余收益＝经营净利润－经营资产×要求的最低报酬率　　(13－8)

如前所述，单纯采用投资利润率作为业绩评价指标，投资中心的管理者可能放弃一些投资利润率高于企业资本成本但低于目前投资中心投资利润率的项目，导致投资中心的局部目标与企业整体目标相背离，产生次优选择问题。剩余收益指标弥补了这一缺陷，促使投资中心既能够考虑中心的利润，又兼顾企业的整体利益。

【例13－4】

沿用例13－2的资料，设企业要求的最低报酬率（即资本成本）为15%，现要求运用剩余收益指标对投资中心A与B的业绩进行评价。

运用剩余收益指标对投资中心A，B进行业绩评价的情况如表13－4所示。

表13－4　剩余收益　　单位：元

项目	投资中心A		投资中心B	
	20×1年	20×2年	20×1年	20×2年
经营资产	2 000 000	2 000 000	250 000	250 000
经营净利润	300 000	360 000	50 000	62 500
减：要求的最低投资收益（按15%计算）	300 000	300 000	37 500	37 500
剩余收益	0	60 000	12 500	25 000

由表13－4可知，在20×2年投资中心A的剩余收益大于投资中心B，进步也比B大。在评价投资中心A的业绩时不能忽视这一点。

当然，在运用剩余收益指标评价投资中心业绩时，可以克服运用投资利润率的某些不足。但剩余收益指标不可取代投资利润率指标，因为剩余收益自身也存在缺陷。剩余收益指标是一个绝对数，无法在不同规模的责任中心之间进行合理的绩效比较。

【例13-5】

设某企业有甲、乙两个投资中心，其经营业绩如表13-5所示。

表13-5　经营业绩比较表　　单位：元

项目	甲投资中心	乙投资中心	差额（乙一甲）
经营资产	250 000	750 000	500 000
经营净利润	55 000	131 250	76 250
减：要求的最低投资收益（按12%计算）	30 000	90 000	60 000
剩余收益	25 000	41 250	16 250

现要求对甲、乙两个投资中心的经营业绩进行评价。

由表13-5可知，若以剩余收益进行业绩评价，则乙的经营业绩好于甲。但若同时考虑投资规模这一因素，则乙比甲多投资500 000元，而剩余收益仅比甲多16 250元。因此，凡遇类似情形，应结合投资利润率指标进行业绩评价。

总之，在对投资中心进行业绩评价考核时，投资利润率和剩余收益这两个指标不可偏废，应相互配合应用。有时还可采用市场地位、产品开发能力、生产效率、存货周转率、应收账款周转率等多种指标加以补充，对投资中心的业绩做出综合评价考核，以免有失公允。

(3) 经济增加值。经济增加值（EVA）是指调整后税后净利润与资本（包括股权资本与债务资本）成本之间的差额，其计算公式为：

经济增加值＝调整后税后净利润－经营资产×加权平均资本成本　　(13-9)

由前可知，剩余收益的计算公式为：

剩余收益＝经营净利润－经营资产×要求的最低报酬率

通过比较我们可以发现，经济增加值的计算公式与剩余收益的计算公式非常相似，但是两者也有很多不同之处。经济增加值计算公式中的“调整后税后净利润”是对公认会计原则的会计利润进行调整后所得到的数值；同样，在对会计准则下的会计利润进行调整的过程中，许多调整项都涉及经营资产的项目，比如研发费用的调整，所以经济增加值中的经营资产亦是调整后的经营资产，它与剩余利润中的经营资产在数值上是不同的。经济增加值计算公式中的“加权平均资本成本”的确定也与剩余收益计算公式中的“要求的最低报酬率”不同，前者是由权益资本和债务资本成本加权平均所得到的数值。

经济增加值具有剩余收益指标的优点，同时克服了剩余收益指标的缺点，尽量剔除了会计信息失真的影响。剩余收益是按照公认会计原则计算得出的，在一定程度上存在信息失真的情况，而经济增加值计算公式中的“调整后税后净利润”是针对公认会计原则中的缺陷进行调整得出的，减少了对企业真实的经营业绩的曲解。

从本质上看，经济增加值扩展了传统的剩余收益评价方法，其核心理念是资本效率，即资本回报与资本成本的差额。这一理念强调对资本成本（包括股权成本）的扣除，是以股东价值为核心且符合经济现实的理念。这里的资本成本是经济学家所说的机会成本，因此经济增加值也是一个经济利润或经济租金的概念。

经济增加值能将公司整体利润与分部业绩紧密联系在一起，避免决策次优化。采用经济增加值，由于考虑了权益资本成本，因此可以避免高估分部利润，真实反映公司财富的增加。由于经济增加值是一个绝对值，因此可以避免采用相对值指标带来的决策次优化问题，但是由于资产基数不同，形成的规模差异会造成不同企业或部门的经济增加值产生差距，不能在不同部门之间进行比较。

除了上述考核评价投资中心的指标外，为了弥补上述指标都基于会计利润计算的缺陷（许多理论与实务界人士认为，一个项目投资是否可行，主要是基于现金流量的分析，这在长期投资决策或者资本预算中已经学习过。如果等投资项目完成后评价它的效果时都用基于利润的指标，前后显然不一致），还有两个现金指标：现金回收率和剩余现金流量。其计算公式如下：

$$\text{现金回收率}=\frac{\text{营业现金流量}}{\text{总资产(部门资产历史成本的平均值)}}$$

$$\text{剩余现金流量}=\text{营业现金净流量}-\text{部门资产}\times\text{资金成本率}$$

3. 投资中心的业绩报告

投资中心不仅需要对成本、收入和利润负责，而且要对所占用的全部资产（包括固定资产和营运资金）承担责任。投资中心的业绩评价指标除了成本、收入和利润外，主要还是投资利润率、剩余收益等。因此，对于投资中心而言，它的业绩报告通常包含上述评价指标。现举例说明。

【例13-6】

假定某公司的A分公司为一投资中心，该公司规定的最低报酬率为12%。现要求根据A分公司的有关原始凭证等资料，编制出该投资中心的业绩报告。

编制完成的该投资中心的业绩报告如表13-6所示。

表13-6 投资中心业绩报告 单位：元

项目	预算	实际	差异
销售收入	573 000	591 000	18 000（F）
变动成本	246 000	251 200	5 200（U）
边际贡献	327 000	339 800	12 800（F）
可控固定成本	140 000	141 400	1 400（U）
部门可控利润	187 000	198 400	11 400（F）
分配的共同成本	12 000	15 000	3 000（U）
经营净利润	175 000	183 400	8 400（F）

续表

项目	预算	实际	差异
经营资产：			
现金	15 500	17 000	1 500
应收账款	110 000	131 000	21 000
存货	90 000	92 500	2 500
固定资产（原值）	450 000	450 000	0
总计	665 500	690 500	25 000
投资利润率（%）	26.3	26.6	0.3（F）
要求的最低报酬率（%）	12	12	0
要求的最低投资收益	79 860	82 860	
剩余收益	95 140	100 540	5 400（F）

由表 13-6 可知，A 分公司的实际投资利润率与剩余收益均超过了预算数，说明该投资中心本年度的经营业绩较好。

13.3 内部转移价格

企业内部各个责任单位在生产经营活动中既相互联系又相互独立地开展各自的经营活动，各责任中心之间经常相互提供中间产品或劳务。为了正确、客观地评价各个责任中心的经营业绩，明确经营责任，使各责任中心的业绩评价与考核建立在客观可比的基础上，从而调动各责任中心的积极性，企业应当为各个责任中心之间交换的中间产品或服务制定具有经济依据的内部转移价格。

13.3.1 内部转移价格的一般原则

内部转移价格是指企业组织内部各责任中心之间相互结算或相互转账所选用的一种内部计价尺度。中间产品的转移价格既是提供方的销售收入，又是接收方的购买成本，将同时影响两个责任中心的经营业绩。因此，合理的转移价格应该达到以下三个标准：（1）对经营业绩的评价提供公平、合理的基准；（2）激励基层经理更好地经营；（3）促进各责任中心与企业整体之间的目标一致性。运用机会成本法制定转移价格，可以使决策结果既对公司整体有利，又促进部门提高其生产经营的成效。转移定价的一般计算公式如下：

$$转移定价=单位实支成本+单位机会成本 \tag{13-10}$$

单位实支成本是指提供中间产品的部门发生的实际成本，包括中间产品的变动成本以及转移过程中发生的成本。单位机会成本是供应方因将中间产品用于内部转移而放弃的将其用于外部销售所能够获得的利润，它是站在将两个部门看作一个整体的角度，衡量因转移而存在的机会成本，故又称影子价格。产生这一机会成本的条件有两个：(1) 中间产品存在竞争性的外部市场，其市场价格可以合理确定；(2) 供应方拥有自由决定产品对内或对外销售的选择权，既可以将中间产品用于外部销售，也可以选择对内销售。在公司各部门有权决定内部交易或外部交易的情况下，各部门均根据这一转移定价选择对各部门及对公司整体都最为有利的方案。

对供应方来说，它可以据此计算一个最低转移价格，其计算公式为：

$$\text{最低转移价格}=\text{截至转让时点承担的单位增量或实支成本}+\text{供应方单位机会成本} \tag{13-11}$$

式中，增量或实支成本是指与中间产品的生产和转让直接相关的现金流出量。机会成本则是指如果中间产品在企业内部转让，供应方会为此而放弃的最大利润。也就是说，根据这一价格，供应方无论是将中间产品对内还是对外销售，其利益都不会受到损失。

对于购买方来说，它也可以计算出一个最高转移价格，其计算公式为：

$$\text{最高转移价格}=\text{最终产品的市场售价}-\text{后续工序加工过程中发生的费用} \tag{13-12}$$

若购买方以该价格向其他部门购买产品而不从外单位购入产品，其利益也不会受到损失，或者说其部门利润至少也不会因这一产品的内部转让而减少。

需要特别指出的是，只要供应方的最低转移价格低于购买方的最高转移价格，就应该进行产品的内部转移。通过这一方法，既能确保双方都不会因产品的内部转移而遭受损失，又能体现目标一致的原则。

企业组织的经理人很少会明确规定内部转移价格，只在一定的基础上制定内部转移价格的规则。在企业组织的经营管理实践中，常见的内部转移价格主要有市场基础转移价格、协议基础转移价格、成本基础转移价格和双重价格四种。与其他管理控制系统一样，内部转移价格的制定应该有助于企业组织战略的有效实施与长远目标的实现。

13.3.2 市场基础转移价格

以市场价格作为内部转移价格，是在假定企业各责任中心都独立自主的基础上，它们可以自由地决定从外界或内部进行购销，而且有一个客观的市场价格可供利用。当产品有完全竞争的市场且卖方无闲置生产能力时，市场价格是理想的内部转移价格，此时买卖双方才能做出与企业目标一致的决策。由于上述假定在现实中往往难以成立，因此在以市场价格作为内部转移价格时还应遵循以下原则：

(1) 除非责任中心有充分理由说明外部交易更为有利，否则各责任中心之间应尽量进行内部转让。具体表现为：1) 买方所需产品或劳务应先从卖方处取得，但如果对方要价高于市场价格或质量不合要求，则可以“舍内求外”。不过，买方向外购入，会造成卖方生产能力闲置。2) 卖方的产品或劳务应首先满足买方的需要，但有权拒绝以低于市场价格的转移价格对内供应。

（2）内部转移应不影响利润中心履行其已经签订的对外供销合同。

（3）内部转移一般不需要包装费用、广告费用、运输费用等各种销售费用和有关税金支出，因此作为内部转移价格的市场价格应进行必要的调整，即内部转移价格应是扣除上述费用后的市场价格。

以市场价格作为内部转移价格的显著优点是：在企业内部引进市场机制，造成一种竞争的气氛和压力，使各利润中心努力加强经营管理，最终可通过利润指标来评价考核它们真正的业绩。另外，与外部交易相比，企业内部交易具有节约交易费用，产品质量、交货期易于控制等优点。以市场价格作为转移价格的主要难点在于常常很难确定各责任中心之间提供的中间产品的市场价格。原因在于市场价格往往变动很大或没有代表性。在市场价格不能合理确定的情况下，各责任中心可能会盈亏失衡。尽管如此，以市场基础转移价格作为内部转移价格仍较适合完全的自然利润中心和投资中心。

13.3.3　协议基础转移价格

企业各责任中心既然要承担转移价格带来的经济责任，就应该拥有相应的权力来确定内部转移价格。买卖双方通过定期协商（谈判）确定的双方都愿意接受的转移价格即为协商价格。从理论上讲，这种协议基础转移价格可以得出任何一种水准的价格，只要它能被双方同时接受，但实际上协商价格总是在一定的基础上制定的。经常用作协商价格制定基础的是成本加成定价和市场价格，其中较理想的是市场价格。

协商价格可以克服单纯以市场价格作为转移价格的缺点，有利于分权管理。但它也存在下列问题：（1）责任中心获利能力大小与谈判人员的谈判技巧有很大关系，往往使协商价格不能真正反映各责任中心的业绩。（2）协商中讨价还价，不可避免地要花费很多时间和精力，有时还会争吵不休而无法取得结果，以致影响部门间的合作。（3）在各责任中心经理协商不成时，往往由企业经理作为仲裁者来决定转移价格，因此可能失去分权的意义，更难以起到激励作用。这时仲裁者应秉公而断，但要适可而止，不可裁决一切问题。尽管如此，协议基础转移价格在中间产品有非竞争性市场且部门经理有讨价还价的自由和拥有完全自主权的情况下，还是行之有效的。

13.3.4　成本基础转移价格

以成本为基础形成转移价格是制定转移价格最简单的方法。由于人们对成本概念的理解不同，成本基础转移价格包括多种类型，其中用途较为广泛的成本基础转移价格有以下三种：

（1）标准成本。它以产品（半成品）或劳务标准成本作为内部转移价格，适用于成本中心之间产品（半成品）转移的结算。其优点是将管理和核算工作结合起来，可以避免供应方成本的高低对购买方的影响，做到责任分明，有利于调动供需双方降低成本的积极性。

（2）标准成本加成。它按产品（半成品）或劳务的标准成本加计一定的合理利润作为计价的基础。当内部交易价格涉及利润中心或投资中心时，可将标准成本加上一定利润作为转移价格。其优点是能分清相关责任中心的责任，有利于成本控制。但加成利润率应由管理层妥善制定，避免主观随意性。

（3）标准变动成本。它以产品（半成品）或劳务的标准变动成本作为内部转移价格，能够明确揭示成本与产量的性态关系，便于考核各责任中心的业绩，也有利于经营决策。不足之处是产品（半成品）或劳务中不包含固定成本，不能反映劳动生产率变化对固定成本的影响，不利于调动各责任中心提高产量的积极性。

使用成本作为内部转移价格之后，各责任中心的内部利润实质上是成本节约额，而不再是完整意义上的内部利润，这样人为利润中心就成了成本中心。总之，以成本为基础形成转移价格是一种较简单但不够完善的方法。它主要适用于成本中心互相提供产品和劳务的内部计价和内部结算以及责任成本的内部结转。

13.3.5 双重价格

双重价格是指买卖双方分别采用不同的转移价格作为结算价格，以利于考核各责任中心的业绩。双重价格通常有两种形式：（1）当某种产品或劳务在市场上出现不同价格时，买方采用最低的市价，卖方则采用最高的市价；（2）卖方按市场价格或协商价格计价，买方则按卖方的单位变动成本计价，由此形成的差额由内部结算中心或会计部门进行调整。

双重价格使企业内部各责任中心在选择内部转移价格时具有一定的灵活性，各相关责任中心所采用的价格并不需要完全一致，可分别选用对责任中心最有利的价格为计价依据，对企业内部各责任中心的业绩进行评价、考核，从而更加公平、合理。

采用双重价格作为内部转移价格仍然有其内在的缺点：实行双重计价将使买卖双方都有较大的边际贡献，而企业整体实际得到的边际贡献要小于各责任中心边际贡献之和。这种边际贡献虚增使各责任中心不易看清它们的经营与企业整体利益的真实联系，从而会放松对成本的严格控制，造成对企业长远利益不利的局面。按双重价格制定内部转移价格，通常在中间产品存在外部市场，卖方有闲置生产能力，且单位变动成本低于市价的情况下采用。

13.4 内部结算方式和内部经济仲裁

本节简要介绍内部结算方式和内部经济仲裁的原理。

13.4.1 内部结算方式

为了分清各责任中心应承担的经济责任和应获取的经济利益，各责任中心相互提供产品或劳务，应按照合理的内部转移价格并采用适当的内部结算方式进行内部结算。为此，企业要有一个结算中心（相当于内部银行）和一套有效的结算制度。为了对企业各责任中心之间发生的经济业务进行结算，企业可以将商业银行的结算方式加以适当改造，引入内部结算，本着既能满足内部往来结算和内部控制的要求，又能简化结算工作的原则，确定适合本企业特点的内部结算方式。一般有以下几种结算方式可供企业选择应用。

（1）内部支票结算方式。内部支票是由企业内部结算中心发行的，在企业内部流通的结算凭证。采用内部支票方式办理结算时，由付款方根据有关原始凭证签发内部支票给收款方，收款方据此填写送款单送交内部结算中心，由结算中心将付款方的存款划转入收款方账户。

采用内部支票结算方式，各责任中心之间的一切往来业务均要通过结算中心，有利于发挥结算中心的监督和控制作用。

内部支票结算方式比较适用于收付款双方直接见面进行往来业务的结算（如车间到仓库领用材料、车间将完工产品交库等），以便收付款双方当时结清款项，避免由于产品质量、价格等原因在结算过程中发生纠纷，影响结算资金的正常周转。

（2）内部托收承付结算方式。内部托收承付结算方式是一种收款方委托结算中心向付款方收取款项并经付款方的承兑才可划转款项的结算方式。这种结算方式只有在付款方承兑后才有效，有利于维护结算双方的权益，协调双方的关系，及时解决结算中的争执。但这种方式的手续较为复杂，一般适用于金额较大的业务往来。

（3）内部委托收款结算方式。内部委托收款结算方式（即内部托收无承付结算方式）是指结算中心收到收款方的内部委托收款结算凭证后不必经过付款方的承兑即可直接划转款项的结算方式。这种方式一般适用于收付款双方不直接见面进行的各项固定业务往来的结算。例如，企业内部供水、供电、维修部门与主要生产部门之间的水费、电费、维修费用的自动委托划转等。

（4）厂币结算方式。厂币是企业的内部货币，可以有多种形式，如流通券、代金券、厂内本票、厂内货币等，只限于在企业内部流通使用。各责任中心有结算业务时，直接用厂币进行结算，而不必通过结算中心。因此，采用这种方式会削弱结算中心对各责任中心的监督、控制作用。另外，厂币的保管不方便，容易丢失、毁损；对大额的经济业务，点票工作量太大，易发生差错。因此，这种结算方式一般只适用于收付款双方零星小额的款项结算，以及层次较低、未开设内部结算账户的责任中心之间的结算。

除了以上几种内部结算方式以外，企业还可以将商业银行的其他结算方式引入内部结算，灵活加以借鉴与运用，以适应企业内部结算的需要。

13.4.2　内部经济仲裁

在贯彻执行企业内部经济责任制的过程中，各责任中心之间难免会产生责、权、利方面的纠纷。例如，内部结算采用哪种价格，产品出现质量问题由谁负责，未履行内部经济合同造成的经济损失应由谁承担，以及损失的价值应如何计量，等等。这时就需要在企业内部建立一个权威部门来进行调解、裁决，妥善解决责任中心之间的争执，以保证责任会计制度的顺利实施。这一过程就是内部经济仲裁，它是实施责任会计不可缺少的一个环节。

企业内部经济仲裁机构是负责对各责任中心之间的经济纠纷进行调解和做出裁决的权力机构，它本身必须具有权威性。通常由企业最高管理层与各部门的负责人组成一个领导与群众相结合的经济仲裁委员会；中小型企业则往往由企业最高领导指派财务副总经理或总会计师负责此项工作。

企业内部经济仲裁机构一般还应吸收各种专业人员参加，如会计人员、质量检验人员、工程技术人员等，以利于仲裁机构从各专业角度对经济纠纷做出判断，提出解决意见，最终做出正确的裁决。另外，仲裁机构在处理经济纠纷时必须保持公正的态度，既要解决问题，又要注意避免挫伤各责任中心的积极性，尤其要注意避免干扰分权管理的执行。

为了便于分清经济责任，尽量减少经济争端，应将企业内部经济责任制中有关责、权、利的关系和要求等核心内容，通过规章制度或内部经济合同的形式予以固定，以便仲裁机构在实际工作中有“法”可依，有章可循，及时合理地解决在生产经营过程中出现的各种经济纠纷。

企业内部经济仲裁机构的主要职责如下：

（1）明确责任界限。企业各责任中心在执行责任预算过程中，可能出现职责不清或责任预算不恰当的现象，应由仲裁机构及时加以解决；当责任中心之间出现相互指责或相互推诿责任等争执不下的情况时，仲裁机构必须通过调查研究判明原委，分清是非，做出裁决，防止不必要的经济损失发生。

（2）控制决策权限。责任中心在实际行使决策权力的过程中，可能会做出超越其决策权限的不利于企业整体利益的决策。为防止此类事件发生，仲裁机构应严格控制各责任中心的决策权限，及时纠正其滥用或超越决策权限的行为。

（3）解决结算纠纷。有关责任中心在相互提供产品或劳务时，可能因内部转移价格问题而产生不同意见、发生争执。为此，仲裁机构应及时做出公正的调解、裁决，以维护争执双方应有的经济利益。

案例

组织创新与管理会计行为优化

1. 背景介绍

中国海洋石油集团有限公司（以下简称中海油）是1982年2月15日经国务院批准成立的特大型国有企业，是中国最大的海上石油生产运营商。公司注册资本为1 138亿元，共有5家控股境内外上市公司。公司主要业务板块包括油气勘探开发、专业技术服务、炼化与销售、天然气及发电、金融服务等，并积极发展海上风电等新能源业务。2020年，中海油在《财富》杂志世界500强企业排行榜中居第64位，在《石油情报周刊》(PIW) 评选的世界最大50家石油公司中居第30位。公司主要经营业绩指标在中央企业中位居前列，连续17年获评国务院国资委中央企业经营业绩考核A级。公司穆迪评级为A1，标普评级为A+。

中海油自成立以来保持良好的发展态势，由一家单纯从事油气开采的上游公司，发展成为主业突出、产业链完整的综合型能源集团，逐步演变成为上游板块（以石油天然气勘探开发为主的中国海洋石油有限公司）、专业公司（为石油天然气开发提供专业服务的中海油田服务股份有限公司、海洋石油工程股份有限公司）、下游板块（以石油天然气开发利用为主的中海石油化学股份有限公司、中海油气开发利用有限公司等）、基地公司（中国海洋石油渤海有限公司、中国海洋石油南海西部公司、中国海洋石油南海东部有限公司、中国海洋石油东海有限公司、中海实业有限责任公司）并列的综合性集团。

在公司蓬勃发展的过程中，企业组织结构日益臃肿，也患上了与其他大型集团公司一样的"恐龙症"，尤其是五大基地公司，由于它们主要为上下游板块和专业公司提供相应服务，专业性不强，人员老化并且整体素质不高，再加上以海域为界限分别设置公司组织，造成它们各自为政、效率低下，难以形成公司核心竞争力，主要问题表现在以下几个方面：

(1) 五大基地公司企业性质、功能基本一致，组织结构基本相同。这些公司为了各自的利益，造成中海油系统内部竞争紊乱无序，生产效率低下。例如，它们均设有物流公司，当上游公司提出需要物流配送服务时，它们纷纷投标，相互压低价格，以各自海域划分势力范围，造成公司内部恶性竞争，缺乏应有的合作协调，严重地影响了工程质量与生产经营效率的提高。

(2) 公司组织臃肿、结构不合理，组织运行成本过高。大多以传统的科层组织为主，中层人员偏多，对外部环境变化反应迟钝。

(3) 各自为政，彼此之间缺乏相应的合作机制与文化融合，严重地阻碍公司生产合力和企业文化的形成与发展。

(4) 基地公司主副业不分，一些应该发展壮大的生产服务没有得到应有的发展，而一些应该淘汰的服务项目也没有及时地淘汰，投资回报率偏低，难以形成公司内部产业调整升级和竞争优势。

2. 中海油的组织创新

为了实现在2008年公司整体上市的战略目标，2004年10月中海油总公司对五大基地公司进行重组改革，取消了五大基地公司，打破其原有的按照板块（海域）设立公司的现状，建立起以线（专业生产服务）为主、以块为辅的基地集团公司。

这次基地公司重组实际上是一次组织创新，它首先将原五大基地公司中的生产、服务性质相同的公司、项目组，不再以区域为界组成新的专业服务线，不分先后地形成了10条左右的专业服务线，并以专业服务线为主干打造基地集团的核心竞争力，然后将原五大基地公司中承担企业办社会性质的医院、教育培训中心、老干部处、保安处、物业管理公司等划归基地机关，在时机成熟时逐步推向社会。这样就解决了原基地公司中存在的系统内部竞争紊乱、彼此缺乏协调合作、主副业不分、难以形成核心竞争力等问题。同时，大大削减冗余的科层组织，组织运行成本大大降低，真正实现了精兵简政，提高效率。重组后组织趋于扁平化、网络化、柔性化和联盟化。

3. 组织创新所带来的管理会计行为优化

中海油组织创新不仅实现了企业内部资源优化配置，更优化了管理会计行为。下面通过责任会计制度介绍组织创新所带来的管理会计行为优化。

(1) 组织创新带来了科学的责任中心划分与业绩考评。责任中心按照其责任权限范围及业务活动的特点不同，分为成本中心、利润中心和投资中心三大类。重组打破原有责任中心的划分格局，形成了按专业服务线为责任中心的新局面。原先的5个投资中心变成了1个（基地集团公司），各专业服务线成为利润中心，基地机关降为成本中心，更加具有科学性和可比性。投资中心和利润中心过多（分别为5个和50多个），主要的弊端是各中心为了各自的利益而不顾甚至损害整个企业的利益，各中心近期目标与整个企业的长期目标相背离，因此10个新设立的人为利润中心将配以新的比较单一的决策权和经济责任制。另外，投资中心与利润中心过多也不利于总公司的责任管理和业绩评价，而且每一个基地公司均有一套自己的业绩考核办法来考评各自的下属公司，标准不统一，难以真正起到考核、比较和奖惩的作用。

(2) 组织创新优化了预算编制。预算不仅是责任会计制度中不可或缺的一个子系统，而且它同时涉及成本会计、业绩计量和报酬制度等多方面，其重要性不言而喻。重组前五大基地公司各编一套预算，由于它们下属企业众多，并且缺乏横向可比性，不能真正评价其下属企业预算的真实性，从而导致各基地公司预算缺乏可靠性，再加上它们为保护各自的经济利益而虚报预算，使总公司无法真正了解基层情况，无法实现公司内部经济资源的优化配置。重组后以专业服务线为基本单位来编制预算。首先，专业线是由相同性质的公司组成的，生产经营业务相同，管理者熟悉业务，具有纵向的可比性；其次，只对一种专业生产或服务编制预算相对简单，易于操作，具有更强的真实性和可靠性。这样的组织创新使得基地集团公司汇总预算相对真实可靠，通过预算真正实现了企业资源较好的生产率和获利率。

(3) 组织创新促使公司制定科学的内部转移价格和内部经济仲裁机制。基地公司为中海油系统内部公司提供的产品与服务具有独特性和不可比性，例如，海上平台设计和建造、海上通信服务与海上物流配送等。因此，内部价格不能以简单的市场价格来制定，协商价格似乎是一个比较合理的定价方法。然而它们相同的产品服务定价各不相同，时高时低，没有统一的定价标准，彼此互相压价造成系统内部恶性竞争，再加上它们各自为政，无法形成有效的谈判机制，更无内部经济仲裁机制可言。重组后，每一条专业服务线制定统一、科学的内部转移价格，同时以基地集团公司为主成立经济仲裁委员会，专门负责协调各种经济纠纷，并指导产品服务定价，权威性、独立性大大提升。这样既提高了专业服务线的生产效率，又可以使上下游公司、专业公司易于接受合理定价的服务，最终实现多赢。

(4) 组织创新优化了责任成本管理控制。重组前每个基地公司下属多个企业，并且彼此之间生产经营性质不尽相同，对于一些专业性质不强或共同发生的成本费用无法科学地落实到责任单位。重组后由于按照专业服务线来设立组织，专用性大大增强，可以跨区域核准可控成本，原先的一些共同发生的成本也因组织的重新设立而变得可落实、可控制，组织创新尽可能科学合理地将成本费用分解落实到各个责任单位，真正实现了成本降低与控制。

资料来源：徐欣. 企业组织创新与会计管理行为优化探讨——中国海洋石油基地集团案例研究. 中国农业银行武汉培训学院学报，2007（3）；中国海洋石油集团有限公司网站公开资料。

复习思考题

1. 企业组织结构模式的类型有哪几种？各自的优缺点是什么？
2. 什么是责任会计？为什么要建立责任会计制度？
3. 简述责任会计制度的主要内容。
4. 简述责任会计的核算原则。这些原则对于指导责任会计工作有何作用？
5. 责任中心有哪几种类型？应当采用何种指标对各责任中心进行评价与考核？
6. 简述内部转移价格一般原则。
7. 简述内部转移价格的制定方法及各自利弊。

练习题

1. 某企业 A 分厂为成本中心，其可控成本及厂部的可控费用如下。

单位：元

成本项目	A 分厂		厂部	
	预算	实际	预算	实际
直接材料	550 000	520 000		
直接人工	60 000	65 000		
制造费用	40 000	46 000		
厂部可控费用：				
管理人员薪金			9 000	17 000
折旧费用			6 000	6 000
其他费用			7 000	9 000

要求：

根据上述资料，编制 A 分厂的成本业绩报告。

2. 某企业的第二车间是一个人为利润中心。本期实现内部销售收入 500 000 元，变动成本为 300 000 元，该中心负责人可控固定成本为 40 000 元，中心负责人不可控但应由该中心负担的固定成本为 60 000 元。

要求：

计算该利润中心的实际考核指标。

3. 某公司的一个投资中心20×1年的有关资料如下。

单位：千元

项目	金额
销售收入	6 000
经营利润	720
经营资产（20×1年1月1日）	2 800
经营资产（20×1年12月31日）	3 200

要求：

根据上述资料，回答下列问题。

(1) 该投资中心20×1年的投资利润率是多少？

(2) 若该投资中心20×2年的销售收入增加15%，其他因素不变。已知20×1年变动成本率为40%。该投资中心20×2年的投资利润率是多少？说明应怎样提高投资利润率。

(3) 若该投资中心20×2年将节约固定成本300 000元，其他因素不变。该投资中心20×2年的投资利润率是多少？说明应怎样提高投资利润率。

(4) 若该投资中心20×2年12月31日的经营资产为1 800 000元，其他因素不变。该投资中心20×2年的投资利润率是多少？说明应怎样提高投资利润率。

4. 某公司投资中心A原投资利润率为20%，营业资产为500 000元，营业利润为100 000元。现有一项业务，需要借入资金200 000元，可获得利润68 000元。

要求：

(1) 若以投资利润率作为评价和考核投资中心A工作成果的依据，做出投资中心A是否愿意投资这项新业务的决策。

(2) 若以剩余收益作为评价和考核投资中心A工作成果的依据，新项目要求的最低收益率为15%，做出投资中心A是否愿意投资这个新项目的决策。

5. 设某企业有两个投资中心A，B，其有关资料如下：

单位：元

项目	A		B	
	20×1年	20×2年	20×1年	20×2年
经营利润	6 000 000	7 200 000	100 000	125 000
经营资产平均占用额	40 000 000	40 000 000	500 000	500 000

假设要求的最低报酬率为14%。

要求：

(1) 分别采用投资利润率和剩余收益两个指标评价投资中心A，B的业绩。

(2) 假设投资中心B 20×1年有一个新项目，其经营资产为300 000元，可取得经营利润 48 000 元，分别使用投资利润率和剩余收益两个指标评价该项目，确定能否得出相反的结论。如果得出相反的结论，试分析为何会出现这种情况。

(3) 假设某企业有投资中心 C，20×2 年其经营利润为 280 000 元，经营资产平均占用额为 1 500 000 元，采用剩余收益指标评价投资中心 B，C 的业绩；然后同时考虑经营资产因素，给出你的结果。

(4) 通过以上两个问题，阐述你的认识。

6. 某公司下面的几个分部是投资中心。其中甲分部专门生产与电脑配套使用的打印机，它的产品既销售给本公司电脑分部，也出售给外部电子公司。计划年度甲分部准备生产 12 000 台打印机，其中 4 800 台销售给外部电子公司，销售单价为 690 元；其余 7 200 台转给本公司电脑分部，作为电脑的配套产品出售。该公司产销打印机发生的单位成本数据如下（按产销 12 000 台为基础预计）。

单位：元

项目	金额
变动制造费用	120
固定制造费用	60
变动销售费用	66
固定销售费用	30
单位成本	276

目前，该公司财务部提出下列三个标准作为制定内部结算价格的基础：变动成本；全部成本加成 50%；市场价格（即 690 元）。

要求：

分别计算三种标准下甲分部的内部销售利润，并确定其全部销售利润。

7. 某公司存在两个利润中心：售出部门与购入部门，售出部门生产并销售一种中间产品（电动机）给购入部门，购入部门利用购入的中间产品来制造玩具汽车。上述部门都是利润中心，都追求部门的利润最大化。下表列出了两个部门有关成本结构的主要指标。

项目	售出部门	购入部门
固定成本	150 元/天	100 元（每天生产的前 100 件产品）
变动成本	0.10 元/件	0.20 元/件（产量超过 100 件时）

购入部门的最终产品（玩具汽车）的产量与销售价格的关系如下：

售出的数量（件）	单位价格（元）	总收入（元）
100	2.00	200
200	1.80	360
300	1.50	450
400	1.30	520
500	1.20	600
600	1.04	624

假设内部结算价格定为每件 0.95 元。

要求：

计算在各种产量水平下售出部门和购入部门的利润以及公司整体的利润，并进行总结。

第 14 章

Chapter 14 业绩评价与管理层激励

学习目标

1. 了解管理激励的目标、内容及发展趋势。
2. 理解财务业绩评价的局限性。
3. 理解关键成功因素与关键业绩指标。
4. 掌握平衡计分卡的含义。
5. 理解管理激励的主要类型。

课程思政点

1. 完善考核评价机制。
2. 建立激励机制。
3. 全体人民共同富裕与人的全面发展。
4. 收入分配更合理、更有序。

引导案例 戴尔公司的业绩评价系统

1999 年，戴尔计算机公司（以下简称戴尔）是世界上最大的直销计算机公司，在 33 个国家雇用 16 000 名员工，顾客遍布 170 个国家和地区。公司总部位于美国得克萨斯州奥斯汀附近的朗德罗克。1984 年，迈克尔·戴尔创立了该公司，由此成为直接向顾客销售定制电脑的先驱。经过短短 15 年的时间，戴尔就超过了 IBM、惠普和康柏，成为美国最大的个人电脑零售商。公司、政府、教育机构和个人消费者通过电话或者互联网向戴尔订购台式电脑、笔记本电脑、工作站和网络服务器。1996 年，戴尔开始网上销售；到 1999 年下半年，公司就已经有超过 40%的销售是通过这个渠道实现的。在位于美国奥斯汀、爱尔兰利默里克、马来西亚槟榔屿和中国厦门的工厂，戴尔计算机系统按照订购要求，一次组装一台。

戴尔在增长率和获利能力两方面都超过了它的竞争者。公司在 1988 年 6 月上市时，市场价值已达约 7 亿美元。到 1999 年，这个数字已经急剧上升并且超过 1 000 亿美元，是 11 年前的 140 多倍——远远大于标准普尔 500 中的这个指数。迈克尔·戴尔在他 34 岁的时候，成为世界上 40 岁以下最富有的人。

IBM、惠普和康柏等传统的计算机制造商按照事先对市场预测的配置来设计与制造产品。产品先被生产出来，储存在库房里，然后分发给代理商、零售商和其他中间商，这些中间商在把产品卖给消费者时一般会有20%～30%的加成。戴尔采用直销的模式：(1) 把所有的部件外包，只负责装配；(2) 取消了零售商，把产品直接从工厂送到最终顾客手中；(3) 通过电话和互联网，接受对于硬件和软件定制化的订单。戴尔成为大规模定制的典范。

戴尔是典型的从后向前的拉动式生产，是在收到订单后才制造机器，而不是先预测订单，再进行生产、库存。因此公司的部件和产成品的库存大幅降低（戴尔的平均库存周转期为7～11天，而其他计算机制造商及中间商为70～100天）。库存的大幅减少带来的是存货资金的大幅缩减。更重要的是，低库存给戴尔带来一个巨大的技术优势。微处理器和其他部件的技术保持了连续的先进性。与IBM或康柏计算机中的部件相比，戴尔的部件可提前更新60天。

戴尔的业绩评价系统支持公司的直销模式。公司的平衡计分卡包括财务指标（销售价格、毛利、制造成本和利润）和非财务指标（库存周转天数、应收账款回收天数、应付账款支付天数、现金回收周期）。戴尔副总裁凯文·罗林斯说："在戴尔，我们每个月利用资产负债表和损益表作为工具进行管理经营。从资产负债表中，我们密切追踪3个现金流量指标。我们每周都要关注存货多少天更新一次，产品部件多少天准备一次。然后就可以与供应商密切合作，这样我们就能够及时得到存货。当这些指标稍微有些不正常时，可以利用直销模式，指导我们的顾客看一下我们拥有的可比较产品。因此我们可以把库存信息同时用于前后两端。

"我们也对应收账款和应付账款进行紧密的追踪与管理。这是基本的业务，但是我们对它高度重视。其结果是我们有5天的现金回收周期——也就是说，我们必须在付给供应商的前5天就得到付款。由于竞争者通常不得不通过提供信用来支持他们的代理商，这样直销模式就给予我们一个固有的成本优势。把现金回收周期缩得越短，我们的优势就越大。

"在损益表的即时业绩指标中，我们认为公司运营良好的最佳指标是毛利、平均销售价格及与销售相关的制造费用。我们按顾客、产品和国家把损益表分割成这些核心要素。这可以使我们紧密关注出现的问题，如在任何一个国家正在销售的产品组合。"①

资料来源：Vijay Govindarajan，Anil K. Gupta. World Wise：Building the Global Corporation of Tomorrow. Boston：Harvard Business School Press，2000.

14.1 组织与管理层激励概述

14.1.1 管理层激励的目标

现代企业制度的基本特征就是所有权与经营权相分离。在两权分离的条件下，股东作为投资者，由于时间、精力和成本等因素往往无法直接参与企业的经营管理，监督企业的日常运营。企业的经营权通常掌握在代理人（即管理者）手中。按照经济学的基本假设，人都是理性的经济人，是为实现自身利益的最大化而行事的。管理者、

① Joan Magretta. The Power of Virtual Integration：An Interview with Dell Computer's Michael Dell. Harvard Business Review (March-April)，1998.

股东也都为实现自身效用最大化行事，而两者的利益是存在冲突的，两者的利益冲突产生了股东和管理者之间的委托-代理问题。

现代企业内部存在的这种委托-代理关系，实际上体现在企业管理的各个层次，包括股东与董事会之间的委托-代理关系，董事会与经理之间、高层经理与中层经理及基层经理之间的委托-代理关系。当委托人（如股东）与代理人（如经理）的利益发生冲突时，出于自身利益的考虑，经理人往往会做出有利于自身而不利于委托人的决策，从而损害委托人的利益，形成代理成本，管理层激励的目标就是激励管理者按照委托人的利益进行决策，尽量降低委托-代理关系中的代理成本。按照代理理论，管理者的代理成本是由于所有权与经营权的分离产生的，管理者掌握更多不利于委托人的信息，出于对自身利益的考虑而做出不利于委托人的行为，从而引起公司价值的损失，由此产生代理成本。

代理问题产生的根源在于经理人员与股东之间的信息不对称。经理人员由于在生产经营管理第一线，对企业生产经营的相关信息掌握得很充分，而股东无法对企业的日常经营过程进行经常性的监控。这种信息不对称会导致经理人的道德风险，例如，通过更多的在职消费、占用更豪华的办公设备、乘坐更高档的轿车等增加自身利益而损害投资者的价值。股东可以通过对管理者的监督和设置合理的激励补偿计划降低这种代理成本。管理层激励的主要目标就是使管理者的目标与股东的目标尽量一致，以激励管理者做出最优的决策。具体来说，管理层激励的目标在于通过对管理层的激励约束机制，使管理层的利益与股东的利益趋于一致，促使管理者能够按照股东的利益，充分发挥自身的能力与创造性，提高企业价值。总之，管理层激励报酬方案是企业管理制度的重要组成部分，它能够促使管理层追求公司和股东利益的最大化。因此，科学合理的管理层激励报酬方案对提升公司的竞争力具有重要的促进作用。

14.1.2　管理层激励的内容

管理层激励约束体系是由相互联系的三个方面组成的，包括市场竞争机制（产品市场的竞争、经理人市场的竞争、企业控制权市场的竞争等）、业绩评价体系和薪酬激励体系，管理层激励逻辑框架如图 14－1 所示。

首先，管理层激励制度受到外部竞争市场环境的影响，包括产品市场、经理人市场、企业控制权市场竞争程度的影响。其中，经理人市场的竞争程度对管理层激励的作用最为直接，一个完善的、充分竞争的经理人竞争市场可以促使管理者更加关注委托人的利益，提高其增加股东价值的动力和压力。另外，企业控制权市场的竞争程度也会对管理层激励产生重要的影响，在一个发达的企业控制权市场中，如果管理者不努力工作，导致公司价值被低估，公司就会面临被并购的危险。一旦公司被并购，往往要对公司原有的管理层进行更换，这种压力会促使管理者更加努力地工作。因此，良好的企业控制权市场对提高管理层的激励效果也具有重要作用。其次，业绩考核方法也是管理层激励的重要内容，通常管理层业绩可以根据财务指标，也可以根据市场指标，或者根据一个指标体系来进行评价。这些业绩评价方法将在第2节中详细介绍。

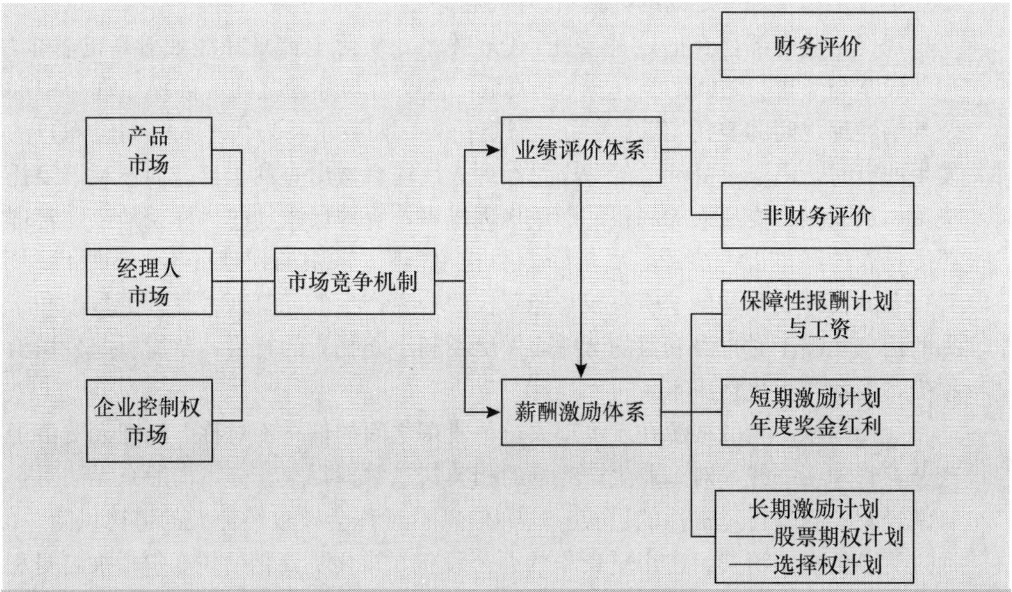

图14-1 管理层激励逻辑框架图

薪酬激励体系是管理层激励的核心内容，薪酬激励体系包括激励的主体、激励的对象和激励的形式三个方面。从激励的主体来看，企业高层管理人员的激励制度主要由企业的权力机构（如股东大会、董事会）决定。按照市场经济的一般规律，应该是由投资人决定管理者的薪酬支付。但是，由于我国国有企业存在投资主体缺位的问题，内部人控制现象比较严重，企业存在管理者自己给自己加薪的情况。美国公司通常的做法是设立独立的薪酬委员会，其主要由独立董事组成，可以独立、公正地对管理者的业绩进行评价和考核，决定管理者的薪酬。主要激励对象是企业的高层管理者。激励的形式是多样化的，通常是通过一个薪酬组合给予管理者各种形式的报酬。这个薪酬组合一方面结合企业的战略需要，另一方面结合企业的短期业绩进行支付。

企业的薪酬组合通常由各种报酬形式组成，主要包括年薪收入、股权收入、职位消费收入和保障收入等方面。年薪收入激励是以年度为单位，视年度经营业绩决定管理者报酬的风险激励形式。股权收入激励是长期激励的重要方式，为了使管理者的利益与股东保持一致，通常会向企业的管理人员支付一定的股权作为奖励。股权收入激励有许多表现形式，如常见的股票期权制度以及虚拟股票制度等。职位消费收入激励是一种对管理者的特殊津贴。它是指在一个组织内担任管理职务的人员凭借制度规定或者职务支配的能力，自身享有并由机构负担的消费特权和额外福利。这种职位消费包括管理者的办公费用（如舒适的办公设施）、招待费用、交通和通信费用、培训费用以及带薪休假和以公司名义进行的各种消费活动。通常管理职位越高，其职位消费的金额就越大，这种职位消费收入也应看作管理层激励的重要组成部分之一。保障收入激励是指管理者通过公司的各种福利计划得到的利益激励，包括养老金、保险金，以及特殊的补偿金的保险保障费用，因此管理者通常也很重视这部分收入。企业在考虑合理的薪酬组合时，要兼顾长期激励与短期激励、现金激励与非现金激励、货币性激励与非货币性激励，结合企业的实际情况和未来的发展需求，通过合理的激励组合使管理者更好地为企业的投资人服务。

科学的激励补偿方案可以为公司高级管理者提供重要的导向和激励。良好的高级管理人员的激励补偿方案应该具有以下性质：

（1）合理的管理层激励方案应该将管理层的薪酬水平与公司的经营状况联系在一起，将管理层的利益与公司和股东的利益联系在一起。

（2）激励方案应该充分考虑管理人员的价值，给予其具有足够吸引力的奖励，以吸引并留住高素质的管理人才。

（3）通过奖励方案，能够在公司内部营造一种重视业绩的氛围，促使企业的管理层重视业绩、注重实效。

14.1.3　管理层激励的前提

管理层激励的前提是构建一套符合企业发展战略的科学的管理业绩评价系统。

我们经常看到，有的公司管理人员缺乏活力，干多干少都一样。管理人员没有积极性，一个重要的原因是企业奖励了无效劳动，严重挫伤了努力工作的管理人员的积极性。许多公司不是没有管理层激励，也不是没有薪酬制度，而是没有一套科学的管理业绩评价系统。什么样的业绩才为好？什么样的业绩才能增加企业价值，符合企业的发展战略？什么样的行为、业绩损害了企业价值，妨碍了企业战略目标的实现？一个具有先进管理层激励的企业，应首先界定清楚，并设计出一套科学的管理关键业绩评价指标，再根据这些指标来设计管理薪酬。只有如此，企业才能建立先进的管理层激励机制，充分调动全体管理者和广大员工的积极性、主动性和创造性，促进企业价值提升，推动企业战略目标的实现。

14.1.4　组织激励的研究成果

激励人们朝着组织战略目标前进的关键在于使组织与个人目标相融的方法。人们会受到正激励与负激励的影响。正激励或者奖赏是提高个人需求满足程度的结果。相反，负激励或者惩罚是减少这些需求满足程度的结果。以下是欧美国家关于激励研究的成果：

（1）与对处罚带来的恐惧相比，个人更容易受到奖励带来利益的影响，这一点表明管理层激励系统应该是奖励导向型的。

（2）个人奖励是相比较而言的，或者要视情境而定。货币性激励是满足需要的重要方式。然而，当货币性激励达到一定程度以后，其效用会下降，提拔和名誉激励等非货币性激励的效用可能上升，对中高层管理者尤其如此。

（3）如果高层管理者用他们的行动表明管理层激励系统非常重要，中层管理者也会把它看得很重要。如果高层管理者不注重管理层激励系统，中层管理者同样会追随。

（4）当个人收到对他们业绩的报告或者反馈时，他们会得到高度的激励。没有这样的反馈，他们不可能有成就感或自我实现感，也不会思考如何改变他们的行为来实现目标。

（5）当激励与行动之间的时间间隔过长时，激励措施会变得没有效果。在组织的较低层次，有效的时间间隔通常不超过几个小时；对于高层管理者来说，则通常不超过几个月。

（6）当人们感到目标不可达到，或者过于容易实现时，激励的作用会非常小。当为达到目标需要付出一些努力，而人们又认为这种目标的实现对其很重要时，激励的作用会很大。

14.1.5 国外企业管理层激励方案的发展趋势

从国外发达国家近年来管理层激励的发展趋势来看，其主要呈现以下四个特点：

（1）高管人员薪酬与普通员工薪酬的差距逐步扩大。从国外发达国家的管理人员薪酬水平来看，近几十年来，高管人员与普通员工的薪酬差距逐渐加大。据调查，20世纪70年代，美国大型公司首席执行官的平均收入大约为普通员工的35倍，到了90年代，由于经理层持股以及股票期权计划的普及，美国大型公司首席执行官的平均收入已经达到普通员工的190倍。

（2）长期激励形式成为主要的激励方式。在激励的薪酬结构方面，随着近几十年来发达国家对股票期权制度的广泛采用，经理人的收入中有很大一部分来自股票、期权等长期激励形式。据统计，美国高管的基本薪酬占其薪酬总额的32%，短期激励（红利）占17%，长期激励（期权）占51%。全球最受赞誉的通用电气公司前总裁杰克·韦尔奇1998年的总收入高达2.7亿美元，其中通过股票期权获得的收益占96%以上。同时，长期激励方式在形式上不断创新，例如股票期权、虚拟股票、股票增值期权、业绩股票等。这种激励形式的变化一方面使高管人员与股东的利益趋于一致，另一方面也增加了高管人员收入的风险，促使其更加努力地工作。

（3）薪酬决策逐步走向专业化。传统的薪酬制度下往往由企业的老板或者人力资源部门进行考核，形式简单，主观性较强。随着薪酬决策日益复杂，企业高管人员的薪酬决策越来越需要更多的专业知识。大多数大型公司开始设立专门的薪酬委员会，甚至聘请专业的外部咨询机构帮助其建立科学合理的激励机制。

（4）高管人员的薪酬信息公开。随着企业高管人员薪酬水平的大幅提高，上市公司尤其是国有上市公司高管人员薪酬成为社会公众所关心的问题，要求高管薪酬信息公开的呼声也越来越高。特别是在一些国有企业高管丑闻频发的情况下，更是加快了高管人员薪酬透明化的步伐。企业高管人员薪酬信息的公开，一定程度上强化了政府和社会公众对上市公司高管人员薪酬水平的监管，有利于上市公司激励机制的良性运作。

管理层激励是企业管理的重要内容，它可以分为高层管理者激励、中层管理者激励和员工激励三个层次。不同层次的激励问题有不同的特点，本章的管理层激励主要是指中高层管理者的激励问题。

14.2　业绩评价与平衡计分卡

14.2.1　业绩评价系统

业绩评价系统的目标是实施战略。在建立这种系统时，高管人员选择一些最能代表公司战略的指标。这些指标可以看作当前与未来的关键成功因素；如果它们得到改善，就证明公司已经实施战略。业绩评价系统只是一个提高企业成功实施其战略的可能性机制。

图 14－2 给出了设计业绩评价系统的框架。战略对关键成功因素做了规定。如果对这些因素进行评估并据此计酬，员工就会受到激励去达到这些目标。

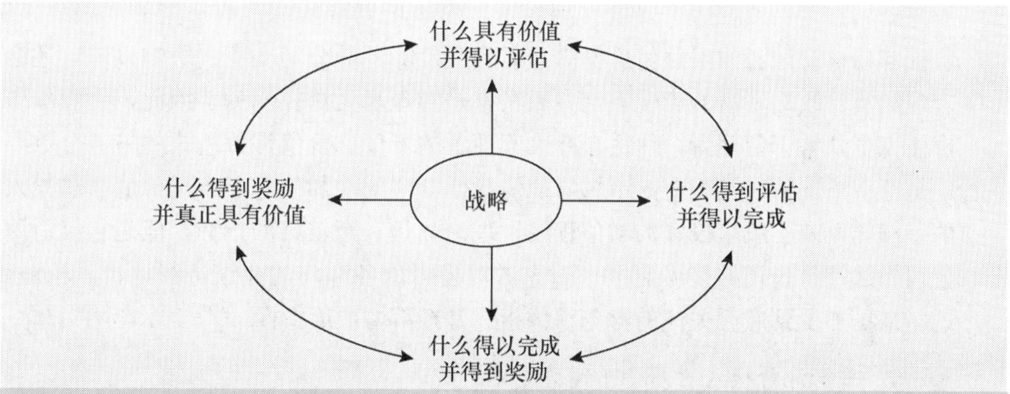

图 14－2　业绩评价系统

资料来源：罗伯特·A. 安东尼，维杰伊·戈文达拉扬. 管理控制系统：第 11 版. 北京：机械工业出版社，2004.

14.2.2　管理层的业绩评价方法

管理人员的业绩评价方法通常可以分为财务评价模式、价值评价模式和平衡评价模式。

1. 财务评价模式

财务评价模式是根据财务信息评价管理者业绩的方法，常见的财务评价指标包括净利润、投资报酬率、剩余收益、净资产收益率、经济增加值等。在责任会计中，我们曾介绍的各类责任中心的业绩评价指标所采用的就是财务评价模式。作为一种传统的评价方法，财务业绩一方面可以反映公司的综合经营成果，另一方面容易从会计系统中获得相应的数据，操作简便，易于理解，因此广泛采用。但财务业绩评价也有其不足之处。首先，财务业绩体现的是企业当期的财务成果，反映的是企业的短期业绩，无法反映管理者在企业长期业绩改善方面所做的努力。其次，财务业绩是一种结果导向，即只注重最终的财务结果，而对达成该结果的改善过程不予考虑。最后，财务业绩通过会计程序产生的会计数据进行考核，而会计数据是根据公认会计原则产生的，受到稳健性原则的影响，因此可能无法公允地反映管理层的真正业绩。

2. 价值评价模式

价值评价模式是以股东财富最大化为导向，采用能够体现股东财富的市场指标、经过调整的财务指标或者根据未来现金流量得到的贴现类指标。公司的财务业绩好，未必会直接增加股东财富。因此，对上市公司而言，通常也将市场评价指标作为管理者业绩评价的重要标准。市场评价指标是根据企业在股票市场上的表现来评价管理者的业绩。常用的指标包括股票价格、股票的托宾Q值、市场增加值（MVA）、股票收益率等。现代公司的理财目标应该是股东财富最大化，股东财富的直接表现就是股票价格和收益率，以公司的股票市场表现作为业绩评价依据，可以促使管理者的目标与股东的利益相一致，适当降低代理成本。但市场评价指标也有一定的局限性，例如，股价容易被管理者的虚假信息操纵，而且股价除了受公司本身的影响以外，还会受到宏观经济、政治环境的影响，这些因素都是管理者无法控制的。因此，将股价变动的责任完全归咎于管理者，往往会夸大管理者的责任。价值评价模式的另一个重要应用就是经济增加值以及相应的市场增加值指标。市场增加值等于市场价值与总投入资本的差额，反映了股东投资的增值程度，理论上是一个较好的指标，但是它仅适用于从公司外部评价公司的整体业绩，而无法对公司内各部门的业绩进行评价。相对而言，近年来更加受到广泛关注的财务评价指标是经济增加值指标。

3. 平衡评价模式（基于平衡计分卡）

平衡评价模式是一种基于平衡计分卡的新型业绩评价模式。平衡计分卡是由一系列体现企业关键成功因素的财务绩效衡量指标与非财务绩效衡量指标组成的综合体，其衡量指标包括财务、顾客、内部业务流程、学习与成长四个维度的内容。

首先，与财务评价模式和价值评价模式相比，平衡计分卡的最大突破是引入了非财务指标，弥补了财务指标考核的缺陷。它是一个整合的源于战略目标的新绩效考评体系，将企业长远发展战略与目前经营绩效相结合，利用非财务指标考量企业长期发展的原动力，摆脱了原有财务绩效考评体系的束缚。其次，平衡计分卡的各个指标并不是毫无逻辑关系的关键指标的堆砌，而是一个相互支持、相互依赖的因果关系链条，通过这种链条的控制使企业产生真正的内部原动力。最后，平衡计分卡是连接绩效考评与战略目标的有效工具，它注重企业的创新与成长，鼓励员工创新与自我发展，有利于企业员工对战略目标的理解并与其自身联系起来。

14.2.3 财务控制系统的局限性

企业的一个主要目标就是提高股东价值。然而，由于股东价值代表的是预计未来收益的净现值，因此提高短期获利能力并不必然会提高股东价值。同时，持续反馈与管理控制的需求也需要公司对事业部的业绩每年至少评估一次。前面我们讨论了在衡量企业各部门财务业绩（成本、收入、利润和经济增加值）时涉及的管理问题。然而，只依赖财务指标是远远不够的，并且出于以下几种原因，只依赖财务指标并不能正确地对业绩进行衡量。

首先，它会促使不利于企业长期利益的短期行为的产生。达到当前利润目标的压力越大，事业部经理就越有可能采取短期行动，而这些行动从长期利益的角度来看是错误的。为达到销售目标，管理者可能会把质量较差的产品销售给消费者，这会对消费者产生负面影响，并且不利于未来的销售。这种现象称为代理过失。

其次，为了获得短期利润，事业部经理可能并不采取有利于企业战略的长期行动。例如，管理者不进行对长期有利的投资，仅仅因为它们有损于短期财务业绩。一个常见的例子是对研发投入不积极，研发投入一般会形成当年支出，但它们带来的收益只有在将来才会实现。又如，管理者可能不愿意进行风险投资，因为那些投资未来的现金流量具有很大的不确定性，现金流量的不确定性降低了达到短期财务目标的可能性。换句话说，管理者可能会建议进行“安全”投资（这种投资可能会产生足够的未来现金流量），而不会建议高风险、高收益的项目。这种现象称为缺省过失。

再次，将短期利润作为单一目标会歪曲事业部经理与高层管理人员之间的沟通。如果对事业部经理按照他们的利润预算进行衡量，他们可能试着设立容易达到的目标，这将导致目标对公司整体不利，因为预算利润会低于真正能够达到的目标。而且，在很可能达不到利润预算目标的年度里，事业部经理可能要等到事实证明他们明显不能达到目标时，才会承认达不到目标，这就贻误了采取纠正行动的时机。

最后，紧张的财务控制会激励管理者操纵数据。这种情况主要有以下两种形式：一是管理者会选择借用将来的收益来满足当前目标的会计方法（例如，不提足坏账准备和资产减值准备）；二是管理者可能会伪造数据，即提供不准确的信息。

总而言之，仅依赖财务指标不足以保证战略得到成功实施。解决方法是采用包括财务指标与非财务指标在内的多种指标来评估经理人员的业绩，即设计支持战略实施的非财务指标是关键成功因素或关键业绩指标。

公司可能同时使用财务指标与非财务指标。然而，它们倾向于在企业底层把非财务指标用于任务控制，在企业高层把财务指标用于管理控制。实际上，企业的所有管理层都需要混合使用财务指标与非财务指标。高层管理人员不仅要追踪财务指标（因为它反映了过去决策的成果），还要追踪非财务指标（因为它是未来业绩的先行性指标）。同理，处于较低层次的员工需要理解他们的经营决策所产生的财务结果。

14.2.4 平衡计分卡

1. 平衡计分卡的框架

平衡计分卡是一种先进的战略业绩评价系统。平衡计分卡从以下四个方面对业绩进行评估：

（1）财务（例如，边际贡献、资产收益率、现金流量）。

（2）顾客（例如，市场份额、顾客满意度指数）。

（3）内部业务流程（例如，向心力、周期时间的降低方法）。

（4）学习与成长（例如，新产品的销售百分比）。

平衡计分卡促使在不同的战略指标之间达到一种平衡，努力实现目标一致，因此会激励员工的行动符合企业的最大利益。它有助于公司关注重点、改善沟通、制定公司目标和提供战略执行中的反馈信息。

平衡计分卡上的每个指标都说明了战略的某一方面。在制定平衡计分卡时，经理必须选择一种指标的组合，其中的指标能准确反映决定公司战略成功的关键要素；表明各指标之间的因果关系，揭示非财务指标如何影响长期财务业绩；为公司当前状态提供一个宽广的视角。

2. 不同指标的平衡

平衡计分卡试图通过综合动因指标与结果指标、财务指标与非财务指标、内部指标与外部指标等多组战略指标，表达企业内不同股东的需要。

（1）动因指标与结果指标的平衡。结果指标指的是战略的成果（如收入提高），一般是财务指标。这些指标一般是滞后指标，它们告诉管理者已经发生的事情。相比而言，顾客指标是动因指标，动因指标一般是先行性指标，它们表明了在执行一项战略时关键区域的进展。周转时间是动因的一个例子。即使结果指标仅仅揭示了最终结果，动因指标也可以用来在低层次上揭示最终影响结果的增量性变化。

通过把管理层的注意力集中于企业的关键方面，动因指标可以影响企业内部的行为。如果事业部希望缩短产品到达市场的时间，加强对周转时间的关注能使管理层追踪与此目标的距离，反过来又会激励员工改善该指标。

结果与动因指标紧密联系。如果结果指标表明存在问题，但是动因指标表明战略执行良好，就很有可能需要对战略进行改变。

（2）财务指标与非财务指标的平衡。企业已经制定非常复杂的系统来对财务业绩进行衡量。遗憾的是，就像许多美国公司发现的那样，20世纪80年代，非财务要素（如质量和顾客满意度）的变动最终影响了公司的财务业绩。

例如，20世纪70年代，按照财务指标衡量，Pan Am航空公司、美国钢铁公司、施乐和IBM都在各自所在的行业领域遥遥领先。但是到了80年代中期，竞争者的高质量产品及较高的顾客满意度、大规模的革新和较好的企业模式严重威胁到它们的市场地位。这些指标不能用财务的方法来衡量，很长时间以后才有了对它们进行衡量的方法。

尽管认识到非财务指标的重要性，许多企业还是没有将其纳入对经理业绩的考核，因为这些指标与财务指标相比过于复杂，高管人员在这些方面都不是很擅长。

（3）内部指标与外部指标的平衡。公司必须在外部指标与内部指标之间达成平衡，前者如顾客满意度，后者如生产的产出量。一些公司经常为了外部业绩而牺牲内部的发展，或者误以为良好的内部业绩已经可以忽略外部业绩。

例如，平衡计分卡的一位早期提倡者发现，尽管所有的内部指标表明公司业绩得到了大幅改善（瑕疵减少 1/10，及时送货率从 50%上升到 90%），它的财务业绩和股票价格仍然停滞不前。该公司没有对两方面的指标都进行改善，而是只继续改善内部指标，这样执行了近 4 年。在此期间，公司外部指标表明战略没有起作用，但他们仍然维持该战略。在他们对迟迟得不到改善的外部指标做出反应而改变公司战略后，公司的财务业绩最终得以好转。

3. 平衡计分卡的内部因果逻辑

业绩衡量系统最重要的一面是它按照企业遵从企业战略的方式对结果与动因进行衡量的能力。低层次的目标可以在企业不同层次上得到观察与影响。企业通过把整体目标和战略与低层次的目标相结合而达到目标一致。利用这些指标，所有的员工都能知道他们的行动将如何影响公司的战略。

由于这些指标与企业战略明确相关联，因此平衡计分卡上的指标必须明确体现企业战略。平衡计分卡中的指标从上到下紧密相连，并且与整个企业内的具体战略相关。目标可以进一步明确为战略，这样企业就能知道它需要做什么以及必须如何来做。

平衡计分卡强调了指标之间因果关系的观点。通过明确提出因果关系，一个企业可以知道非财务指标（如质量）是如何驱动财务指标（如收入）的。图 14-3 表明了这些指标如何通过因果关系互相联系，例如，对生产人员（用生产技术衡量）更好的选择、培训和开发会带来更好的产品质量（用一次通过率来衡量）和更高的及时送货率（用订货周转时间来衡量）。这些改进反过来会导致顾客忠诚度（用顾客满意度调整来衡量）的提高，顾客忠诚度又会导致销售的增长（用销售增长率来衡量）。

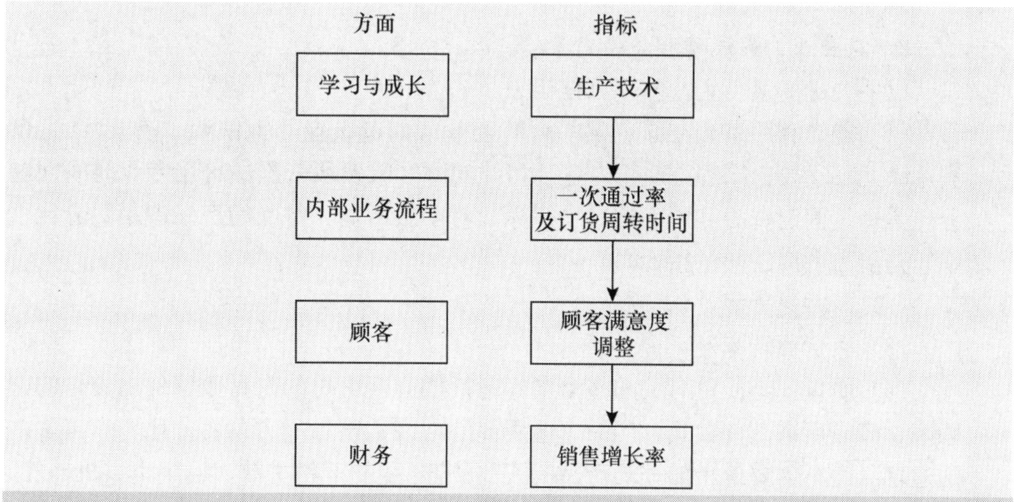

图 14-3　指标间的因果关系

14.2.5　关键成功因素

前面讨论了几种财务指标。这里讨论几种非财务指标，也称为关键成功因素

（CSF）。先强调一点，在具体的事业部所用的关键变量要少于下面所讨论的变量。

1. 以顾客为中心的关键变量

以下关键变量以顾客为中心：

（1）订货量。在大部分事业部里，销量是一个关键变量。订购发生在销售收入实现以前，所以与销售收入相比，这是一个较好的指标。该变量的降低预示着事业部需要对市场活动进行调整，即加强销售或生产作业或二者同时改进来改变经营规模。在实际中，不同行业会有不同的应用。例如，对于杂志社来说，到期续订百分比是一个关键变量，该变量的下降表明促销环节或者杂志的内容质量出现了问题；对于餐饮业，关键变量可以为一周中的一天、一年中的一个季节、因天气调整的就餐次数或其他因素。

（2）退货量。作为衡量销售与生产之间失衡的一个指标，退货量可以表明顾客不满意的程度。

（3）市场份额。如果不能对市场份额严密监控，事业部竞争地位的弱化就会被报告中从整体行业增长中得出的销售量增长掩盖。

（4）关键客户订货量。在以零售商为主要销售对象的事业部中，特定的重要客户（大型百货商场、便利店、超市和邮购公司）的订货量多少会揭示出早期的营销战略成功与否。

（5）顾客满意度。这一点可以通过顾客调查、暗访和意见信来衡量。

（6）顾客维护度。这一点可以通过与顾客保持关系的时间长度来衡量。

（7）顾客忠诚度。这一点可以通过重复购买次数、顾客推荐次数、向顾客销售的产品或服务占顾客对同种产品或服务的总需求的百分比来衡量。

2. 与企业内部流程相关的变量

以下关键变量与企业内部流程相关：

（1）能力利用率。在固定成本高的企业（如造纸业、钢铁业、铝业），生产能力利用率尤其重要。同理，对于专业公司，向顾客收费所依据的可用专业时间问题的百分比是衡量固定资源利用率的一个指标。对于旅店业，每天的房间占用百分比（占用率）是能力利用的衡量指标。

（2）及时送货率。

（3）存货周转率。

（4）质量。与质量有关的多个指标包括供应商交付的次品数、延期交付的次数与频率、产品所需部件数量、产品中通用部件与特别部件所占的百分比、产出率、一次通过率（即不需要返工的完工产品所占比例）、重复下料次数、返工率、机器停工率、未完成生产与交付安排的次数与频率、员工建议数量、顾客抱怨数量、顾客满意度、担保求索权、专业服务费用、退货数与退货频率等。

（5）周转时间。计算周转时间的公式可以作为分析存货需求的工具，其公式为：

周转时间＝加工时间＋储存时间＋转移时间＋检查时间

只有第一个因素（即加工时间）增加了产品价值，另外三个因素没有使产品增值。因此分析要试图确认所有没有直接使产品增值的作业，并剔除或降低这些作业的成本。例如，把加工过程中的部件从一个工作地点运送到另一个工作地点没有产生增值，就要重新安排工作地点的位置，以使运输成本最小化。

准时制生产系统不但使管理者关注传统的成本因素，而且使其关注时间。减少周转时间会带来成本的降低。监控准时制生产系统进展的一个有效方法是计算加工时间与周转时间之比。在理想状况下，该比率应该等于 1，但是不可能在短期内实现这一点。公司可以根据此比率建立目标，按照此目标来监督生产过程的进展。通过强调持续改进此比率向理想目标靠近，将取得好的结果。

14.2.6　关键业绩指标

关键业绩指标（KPI）主要包括以下四个层面。

1. 财务层面的 KPI

常见的指标包括利润率（总资产报酬率、资产报酬率、毛利率、净利率）、员工平均利润、经济增加值、收入（净收入、员工平均收入、新产品收入）、周转率或周转天数（应收账款、存货）、现金流量、信用评级、市场价值等。

对于企业财务方面的评价指标，需要结合企业所处的成长阶段和战略方向进行选择。处于创业期和成长期的企业，产品刚刚进入市场，往往需要大量的投资，此时企业的利润和投资现金流量通常为负值，企业在这个阶段更注重市场推广和顾客的争取，因此通常选择能体现企业成长性的指标（如销售收入的增长率和营业现金流量等）。处于成熟期的企业更注重企业盈利能力的增强，通过提高运营效率，降低成本、改进质量以提高企业利润和现金流量。企业在这个阶段往往更注重利润额、投资报酬率以及现金净流量这些反映盈利能力高低的指标。

2. 顾客层面的 KPI

常见的评价指标包括市场占有率、新客户所占百分比、平均销售额、客户数、满意度、忠诚度、品牌形象或认知、客户投诉回复时间或解决次数、退货率、顾客流失率或延续率、营销费用占销货收入的比例、参展次数、广告次数、每位顾客的服务成本等。

3. 内部业务流程的 KPI

内部业务流程方面的评价方法根据企业的行业特点和经营方式的不同，有很大的区别。一些常见的评价指标包括准时送达率、平均前置时间、安全与环境、生产周期、在途产品和服务、空间利用率、研发费用、专利年限、损益平衡时间、库存量、次品率、停工期、新产品或服务引进时间、可靠度、计划准确度、媒体正面报道的数量等。具体来说，针对研发过程的创新能力评价指标通常包括新产品收入的比例、损益平衡的时间、企业业务流程改善的次数等指标。经营过程改善能力的评价指标包括经营周期、制造周期效率（增值时间/制造周期时间）、准时交货率、质量合格率等。售后服务过程改善能力的评价指标通常包括售后服务响应时间、一定时期内客户的访问次数、产品的返修率、客户抱怨次数等。

4. 学习与成长层面的 KPI

这方面的评价指标通常包括平均训练时间、高学历员工的比例、员工满意度、分红入股计划、授权指数、建议次数、生产力、员工拥有并熟练使用电脑的比例、第二专长人数、专业证照数、领导发展、策略性资讯比例、跨功能任务指派、知识管理、违反道德的行为、缺勤率、流动率等。

平衡计分卡不能只是列示一些指标的清单，相反，平衡计分卡中的各指标必须按照因果关系联系起来，作为一种工具把战略转化为行动。

对这些关系理解得越深入，企业的每个员工就越能够直接地促进企业战略的成功。

14.3 管理层激励计划

14.3.1 管理层激励的主要类型

中高层管理人员的激励补偿方案通常可以按如下方式分类。

（1）短期激励与长期激励。激励方案如果是以当期业绩为基础的报酬形式，这种激励补偿就属于短期激励方式。短期激励主要注重企业的短期绩效，将管理层的报酬与公司的短期业绩（如利润额、经济增加值等）相联系。如果公司的激励方式是以长期业绩表现为基础的，就属于长期激励（如以公司股票的长期市场表现或者公司在5年后的利润额为基础进行评价）。长期激励可以促使管理层从长远发展的角度考虑公司的各项经营决策，避免决策行为的短期化。

（2）货币性激励和非货币性激励。管理人员的补偿方式可以是货币性的，包括现金或者股权形式；也可以是非货币性的，例如各种荣誉和社会地位。高层管理人员根据业绩和工作表现被授予荣誉或得到提拔，然后享有在职消费特别待遇，在有些情况下比货币性激励更重要，例如，更高档的办公设施、更多的休闲度假机会、使用公司的汽车、更高的社会待遇等。另外，高层管理人员还会获得更高的社会地位，更能受到人们的尊敬。这些非货币性激励虽然很难定量刻画，但在企业的激励方案中起着重要的作用。

按照补偿方案的支付形式，货币性激励可进一步分为现金激励与股权激励。现金激励即向管理人员支付现金作为报酬；股权激励包括向管理人员支付股份、购股权、虚拟股份等形式。股权激励通过给予管理层一定的股权使管理层的报酬与股票的价格相衔接，可以有效地使股东与管理者的利益趋于一致，因此股权激励通常与长期激励相联系。实行股权激励方案的对象通常只包括董事长、董事会成员以及高层管理人员，但是也有少数企业会将股权激励方案运用于全体员工。

14.3.2 高管薪酬计划

为了促使激励作用的产生，首席执行官（CEO）向董事会的报酬委员会提出奖励建议，通常把奖励建立在对每个人业绩衡量的基础上。这些评估需要客观公正。一些公司使用目标管理，在年初对具体目标达成一致意见，对 CEO 是否能够实现目标进行评估。

CEO 的报酬通常由报酬委员会在 CEO 提交下属的报酬建议报告后对其进行讨论。CEO 将既定年份奖金的合适比率在报告中体现出来。一般情况下，报酬委员会把相同的比率应用于 CEO 的报酬，有时也会选用高一些或低一些的比率来对 CEO 的业绩进行评估。董事会还需要对 CEO 决策失误原因的清晰解释。

1. 短期激励计划

（1）全部红利奖金。在特定的年份付给具有资格的员工的奖金总量称为奖金总额。在短期激励计划中，红利奖金方案通常与当年公司整体的获利能力相关。在决定奖金总额时，主要问题是要保证付给经理的报酬具有竞争性。

一般有如下几种计算奖金的方法：

1）最简单的方法是使奖金等于利润的一个百分比。例如，如果一年的平均利润为 5 000 万美元，100 万美元的奖金才可以使经理的薪酬具有竞争性，则奖金方案应该是按照净利润的 2%支付红利奖金。

2）红利奖金建立在每股收益达到既定水平后的一定的每股收益率的基础上。

3）把利润与使用资本联系起来，即把资本看作股东权益加上长期负债。红利奖金等于税前利润加上长期负债利息，再减去全部股东权益和长期负债所发生的资本费用后的 1%。（这与经济增加值相似。）因为资本结构政策决定了长期负债与总资本的比率，这个比率不应该影响对经营业绩的考核。

4）把资本看作与股东权益相等。这种方法和上一种方法的问题在于亏损年度股东权益会减少，因此提高了获利年度所支付的红利奖金的数额。这可能会使管理人员操纵利润，将某一年的利润做低，以使未来能够得到更多的红利奖金。

5）一些公司基于相比前一年获利能力的提升来发放红利奖金。但这样做有可能导致糟糕年度后的一个普通年度奖金过高，或者优异年度后的一个良好年度奖金过低。这一问题可以通过将当年的获利能力与前几年的平均水平相比较来解决。

6）一些公司的红利奖金是基于它们的获利能力相对于所在行业的整体水平来发放的。然而，可用于比较的行业数据较难获得，因为很少有公司能够拥有相同的产品组合或使用相同的会计核算系统。这种方法还会因一个或几个竞争者的糟糕业绩而在普通的年份发放较高的红利奖金。

在根据上述方法计算利润和资本成本时，可能需要对净利润与股东权益的报告数据进行调整。某些特定类型的损益以及非经常性损益要排除在外。此外，收购其他公司带来的商誉要排除在外，即使它包括在对外公布的财务报表中。

（2）移后留用额。有时公司可能并不支付全部红利奖金总额，而是把由红利方案决定的奖金总额的一部分结转到下一年。每年由董事会中的一个委员会来确定移后留用额的额度，或者在红利奖金总额过低的情况下，决定使用多少积累的移后留用额。这种方法有两个优点：1）更具有弹性，因为支付额不再由一个方案自动确定，董事会可以实施其判断。2）可以降低当红利奖金严格按照每年计算的方案数量支付所发生的过大变动量。在优异年度，董事会可以决定只支付一部分红利；在经营业绩相对不好的年度，可以使用移后留用额来支付高于当年业绩所决定的红利奖金数额。这种方法的缺点是红利奖金不与当年业绩直接相关。

（3）递延报酬。虽然红利奖金的数额按年计算，但是向收受人的支付有时会跨越几个年度，通常是5年。在此系统下，经理每年只收到红利赚取年度红利奖金总额的1/5。因此，若一位经理在此计划下工作5年，则其红利包括当年红利奖金的1/5，加上前4年每年红利奖金的1/5。该递延支付法有以下优点：

1）经理能够合理估计来年的现金收入。

2）递延支付使经理的现金收入变得平滑，因为利润的周期性波动在现金支付中得以平均化。

3）退休的经理会在退休后几年内继续收到支付，这不仅保证了退休收入，而且通常会带来税收优势，因为退休后的收入所得税的税率要低于工作期间的税率。

4）递延时间会鼓励决策制定者为长远着想。

递延红利计划的一个不足之处是经理当年得不到全部红利，所以有可能起不到应有的激励作用。

当红利支付递延的时候，递延金额也许能够也可能无法获得。例如，如果一位经理在红利支付前离开公司，他将收不到递延红利。这种安排称为“金手铐”，因为它实际上抑制了经理离开公司。

2. *长期激励计划*

长期激励计划的基本假设是公司普通股价值的增长代表了公司的长期业绩。这种计划有多种。它们受喜好的程度受到所得税法的变化、会计处理方法的变化、证券市场的状况以及其他多个因素的影响。因此，在不同的时期会有不同的计划。

（1）股票期权。股票期权是指在未来某一特定日期（行权日）或在此日期之后，按照该期权所确定的价格购买一定数量股票的权利。股票期权计划最主要的作用在于把经理的工作直接与公司长期和短期业绩联系在一起。

例如，温迪斯公司受到了高流动率的困扰，船员的流动率为每年300%。在引进股票期权计划后，温迪斯公司船员的流动率降为每年150%。①

如果拥有期权的经理在股票价格超过其购买价格时出售股票，那么他将获利。与下面所提到的一些方案不同，股票期权计划下的股票购买权给予经理保留股票的权利，即使当他们离开公司时也是如此，他们可以在任何时候卖出股票获利。然而，许多股票期权是有限制的股票认购权，在购买股票后的一定时间内不得出售股票。

例如，在微软、亚马逊、易趣、雅虎、PSINet和思科等互联网或信息科技公司，股票期权是一种很受欢迎的员工奖励形式。其原因主要包括：1）股票期权和股价上涨的趋势会吸引优秀的员工加盟。互联网公司依靠其人力资本的才智来取胜。2）革新是科技公司成功的关键。革新的观念存在于人们的头脑中。员工只有在能够

① Kerry Cappell. Options for Everyone. Business Week，1996-07-22.

从中获利时，才会主动提出自己的观点。所以，股票期权为员工主动提出他们的创新性观点来增加公司市场份额和提高其竞争性地位提供了恰当的激励，这反过来又支持了公司股票的价格，从而使员工受益。3）公司根据股票期权计划向员工支付较低的工资和红利。互联网公司的启动需要资金，股票期权计划有助于筹集资金。4）股票期权的价值不会拉低底线；工资和红利则相反。5）股票期权能够激励员工着眼于长远目标。

2002 年，随着几大财务丑闻相继曝光，把股票期权列为费用的呼声也越来越高。这可以使投资者对公司的财务状况和经营成果获得更加全面、正确的认识。支持把股票期权列为费用的人包括沃伦・巴菲特、艾伦・格林斯潘以及美国财务会计准则委员会（FASB）。在破产的泰科、安然、世通和环球电讯公司，由于员工的收入严重依赖期权，管理者为了达到改善短期股票价格而人为操纵财务数据，这进一步加大了改革的呼声。①

（2）虚拟股票。虚拟股票计划是指奖励给经理一些股票，但只是记在账上，在一定时期（比如 5 年）结束后，经理会收到一定数额的奖励，其奖励额为自奖励日起股票市价的增值。这种奖励可能是现金，也可能是股票，或者同时采取这两种形式。与股票期权不同，虚拟股票计划没有交易成本。一些股票期权计划需要经理在购买后持有一段时间，这就会涉及市价下降的风险以及与持有股票相关的利息成本。这种风险和成本在虚拟股票中不存在。

（3）股票增值期权。股票增值期权是按照从奖励日到未来某一特定日期股票价值的增长，收取一定现金报酬的权利。股票增值期权与虚拟股票是两种递延现金红利，其红利额为公司股票市价的函数。两种计划均具有股票期权计划的优点。与当即支付现金红利相比，它们在最终的支付量上具有不确定性，既可能有利，也可能不利。

（4）业绩股票。业绩股票计划是指当实现特定的长期目标时，奖励给经理一定数量的股票。通常这种目标是每股收益在 3～5 年期间获得一定的增长，因此其不会受到股票价格的影响。与股票期权和虚拟股票相比，这种计划的优点是奖励建立在经理人员能够控制，或者至少能够部分控制的会计业绩的基础上。而且，即使收益的增加很可能导致股票价格的上升，这种奖励也不会根据股票价格的上升而定。这种计划的局限性在于红利是基于业绩的会计指标。在某些情况下，公司经理提高每股收益的行动（比如盈余操纵行为）可能对公司获得经济增加值不利。

14.3.3　中层管理者的激励计划

对中层管理者的激励包括财务激励与心理和社会激励。财务激励包括增加工资、红利、福利和额外津贴（汽车、假期旅游、俱乐部成员资格等）。心理和社会激励包

① Alan Levinsohn. Stock-Option Accounting Battle Heats Up after Seven-Year Détente. Strategic Finance，2002（6）：63.

括增加责任、更高的自主权、更好的地理位置和认知（奖品、参与经理开发计划等）。中层管理者的业绩考核指标和激励设计可选方案如表14－1所示。

表14－1　中层管理者的业绩考核指标和激励设计可选方案

A. 奖励类型	g. 经济增加值
1. 财务奖励	2. 时间间隔
a. 提高工资	a. 年度财务业绩
b. 奖金	b. 多年财务业绩
c. 福利	3. 非财务标准
d. 额外补贴	a. 销售增长率
2. 心理与社会奖励	b. 市场份额
a. 提升的可能性	c. 顾客满意度
b. 更多的责任	d. 质量
c. 更高的自主权	e. 新产品开发
d. 更好的地理位置	f. 个人发展
e. 认知	g. 公共责任
B. 与工资相关的奖金规模	4. 分配给财务标准与非财务标准的权重
1. 较高的限度	5. 比较标准
2. 较低的限度	a. 利润预算
C. 基于以下项目的奖金	b. 过去的业绩
1. 事业部利润	c. 竞争者的业绩
2. 公司利润	E. 奖金确定方法
3. 两者的结合	1. 基于公式
D. 业绩标准	2. 主观判断
1. 财务标准	3. 两者的比较
a. 毛利	F. 奖金支付形式
b. 事业部直接利润	1. 现金
c. 事业部可控利润	2. 股票
d. 税前利润	3. 股票期权
e. 净利润	4. 虚拟股票
f. 投资报酬	5. 业绩股票

例如，除了收到按照由其所监督的销售人员完成的销售额决定的佣金，玫琳凯化妆品公司的主管还会在表彰大会上收到一束粉红色的玫瑰、一块匾和一套定制的服装。如果他们能够把业绩保持在一定的水平，就可以获得粉红色别克车或凯迪拉克车两年的使用权。

案例

东江环保股份有限公司高级管理人员薪酬与考核方案

一、总则

1. 为进一步提高东江环保股份有限公司（下称公司）管理水平，建立和完善激励约束机制，充分调动公司高级管理人员的积极性和创造性，为公司和股东创造更大效益，按照责、权、利对等原则，根据《公司法》、《上市公司治理准则》和《公司章程》的有关规定，根据公司实际和行业特点，制订本方案。

2. 本方案适用于公司高级管理人员（以下简称高管人员），包括总裁、副总裁、财务负责人、董事会秘书等《公司章程》认定的高级管理人员，以及参照高管人员管理的人员。

3. 公司高管人员年度薪酬的确定遵循以下原则：

(1) 坚持按劳分配与责、权、利相结合；

(2) 坚持市场导向，结合行业属性和公司发展情况；

(3) 坚持薪酬水平与公司经营效益及目标挂钩；

(4) 坚持薪酬与公司长远利益相结合的原则，强化激励和约束，促进公司长期稳定发展。

二、年度薪酬的构成、标准和发放

1. 高管人员的年度薪酬由基本薪酬和绩效薪酬构成，即

年度薪酬＝基本薪酬＋绩效薪酬

2. 年度薪酬的核定

年度薪酬是根据公司经营业绩、岗位分配系数及个人绩效考核结果确定的。计算公式如下：

年度薪酬＝基本薪酬＋绩效薪酬×岗位分配系数×个人考核系数

(1) 基本薪酬是指年度固定的基本工资，按深圳市政府公布的上年度职工社会平均工资的4倍确定。一般每年核定一次。

(2) 绩效薪酬根据公司年度考核净利润对应比例来核定，且与年初确定的经营目标（或预算目标）的完成情况相结合，以体现全面预算管理对经营管理的指导作用。对应比例如下：

归母净利润（万元）	基数比例	分段绩效金额最高值（单位：万元）	累计最高值（单位：万元）
0～5 000（不含）	归母净利润的0.4%	20	20
5 000～10 000（含）	归母净利润的0.35%	17.5	37.5

续表

归母净利润（万元）	基数比例	分段绩效金额最高值（单位：万元）	累计最高值（单位：万元）
1 0000～20 000（含）	归母净利润的0.3%	30	67.5
2 0000～30 000（含）	归母净利润的0.25%	25	92.5
3 0000～50 000（含）	归母净利润的0.2%	40	132.5
5 0000～100 000（含）	归母净利润的0.15%	75	207.5
100 000～150 000（含）	归母净利润的0.1%	50	257.5
150 000以上	归母净利润的0.05%	…	…

1）每年初，根据年度考核净利润预算目标确定绩效薪酬目标值；

2）年度结束后，根据实际完成考核净利润值，核算出绩效薪酬实际值；

3）如核算出的绩效薪酬低于上年度深圳市社会平均工资的4倍，按上年度深圳市社会平均工资的4倍确定绩效薪酬实际值；

4）如年度考核净利润为负数，按上年度深圳市社会平均工资的3倍确定绩效薪酬实际值。

（3）岗位分配系数。

1）总裁的岗位分配系数为0.95，其他高管人员的岗位分配系数为0.6～0.85，其中：分管安环副总裁的岗位分配系数为0.85，财务负责人的系数为0.7，董事会秘书的系数为0.6。

2）高管人员具体的岗位分配系数由薪酬与考核委员会根据岗位价值进行核定。

（4）个人考核系数：高管人员个人年度绩效考核分数对应A，B，C，D四个等级，根据对应的等级确定考核系数，即A等级：考核90分及以上，考核系数区间为1.1～1.2；B等级：考核80分及以上，考核系数区间为1～1.09；C等级：考核70分及以上，考核系数区间为0.8～0.99；D等级：考核70分以下，考核系数区间为0.6～0.79。

3. 薪酬发放

（1）基本薪酬：按月度发放。

（2）绩效薪酬：为确保高管人员薪酬发放的均衡性，可依据公司经营目标（或预算目标）的达成进度，对绩效薪酬实施部分预发，但月度预发比例不超过月度绩效薪酬目标值的60%。

（3）年度考核完成后，对年度薪酬予以清算。绩效薪酬原则上在每一会计年度结束后6个月内发放完毕，如遇考核延后或其他特殊情况可适当延长。

（4）对未全年任职或离任的高管人员，其离任薪酬结算应待年度考核后根据考核结果予以清算。

三、奖励及激励

（1）公司净利润的考核值或其他经营性指标超过年度核定的预算目标或基准值时，可额外提取增量奖励。具体方案需报董事会审议通过后执行，且与“激励、约束、容错”试点企业的增量奖励及约束条件保持一致。

(2) 高管人员对公司发展有突出贡献，如技术进步、管理创新等，可给予专项奖励。

(3) 公司可通过实施股权激励计划等方式进一步完善高管人员的长效激励与约束机制。

四、绩效考核

1. 考核指标

(1) 按高管人员的岗位分工和工作职责拟定年度绩效考核指标，并经薪酬与考核委员会审定。

(2) 在经营年度中，如经营环境等外界条件发生重大变化，或遇内部调岗或工作内容调整，应及时调整绩效考核指标。

(3) 新任高管应在任职后 1 个月内确定年度绩效考核指标。

2. 考核程序

(1) 每年初制定高管人员的年度绩效考核指标；年度结束时，高管人员撰写书面报告并进行述职。述职内容主要包括：分管工作完成情况；负责的重点或专项工作推进情况；对公司整体工作的推进作用和贡献度；相互配合、协作支持情况等。

(2) 董事长、总裁、监事会主席、各部门负责人、事业部负责人等参与对高管人员的考核。

3. 考核结果运用

(1) 根据考核结果形成的考核等级作为年度薪酬、增量奖励等核算的依据；

(2) 年度考核结果作为任期考核的依据。

4. 考核年度内，公司出现下列情况的，可酌情扣减相关高管人员当年绩效薪酬的 10%～20%，情节严重的取消当年绩效薪酬：

(1) 高管人员出现重大决策失误，导致公司发生重大经济损失时；

(2) 经营管理不到位，导致公司发生重大安全、环保或质量事故，或其他给公司造成重大不良影响或损失的；

(3) 高管人员被监管部门通报批评、行政处罚或者公开谴责的；

(4) 高管人员违反《国有企业领导人员廉洁从业若干规定》及《广东省贯彻执行〈国有企业领导人员廉洁从业若干规定〉实施细则》有关规定，受到警示谈话、调离岗位、降职、免职处理的。

五、其他

1. 高管人员的社会保险及其他福利待遇按国家有关规定和本公司相关管理制度执行。

2. 高管人员的年度薪酬和奖励为税前收入，不包括公司为高管人员缴纳的社保、公积金等按规定应由公司承担的费用。

3. 高管人员应依法缴纳个人所得税，个人所得税由公司代扣代缴。

4. 高管人员不得参与与自己相关的薪酬与绩效考核决定的过程。

六、附则

1. 董事会为本方案的管理机构，负责审议批准高管人员的年度绩效考核结果、薪酬核定、奖励与激励方案；董事会薪酬与考核委员会负责具体实施。

2. 本方案经董事会批准后生效实施。

3. 自本方案生效之日起，公司《高级管理人员薪酬方案（2016年修订稿）》自动失效。

东江环保股份有限公司

2020年4月10日

资料来源：巨潮资讯网，http://www.cninfo.com.cn/new/disclosure/detail?stockCode=002672&announcementId=1209306408&orgId=gshk0008230&announcementTime=2021-02-26.

武汉锐科光纤激光技术股份有限公司长期股权激励计划（草案）

第一章 释义

本公司、公司、锐科激光	武汉锐科光纤激光技术股份有限公司
本长期激励计划、本激励计划	武汉锐科光纤激光技术股份有限公司长期股权激励计划
限制性股票	激励对象按照本激励计划规定的条件，获得的转让等部分权利受到限制的本公司股票，即第一类限制性股票
股票期权	公司授予激励对象在未来一定期限内以预先确定的条件购买本公司一定数量股票的权利
激励对象	按照本激励计划规定获授权益的人员
授予（权）日	公司向激励对象授予权益的日期，授予（权）日必须为交易日
授予/行权价格	公司向激励对象授予权益时所确定的、激励对象获得/购买公司股份的价格
限售期	本激励计划设定的激励对象行使权益的条件尚未成就，限制性股票不得转让、用于担保或偿还债务的期间，自激励对象获授限制性股票授予完成之日起算
等待期	股票期权授权完成登记之日至股票期权可行权日之间的时间段
解除限售期	本激励计划规定的解除限售条件成就后，激励对象持有的限制性股票解除限售并可上市流通的期间
可行权日	激励对象可以开始行权的日期，可行权日必须为交易日
解除限售/行权条件	根据本激励计划，激励对象所获限制性股票解除限售/股票期权行权所必须满足的条件
有效期	限制性股票的有效期为自授予之日起至所有限制性股票解除限售或回购注销完毕之日止；股票期权的有效期为自股票期权授权之日起至激励对象获授的股票期权全部行权或注销完毕之日止

第二章 本长期激励计划的目的

为进一步完善公司法人治理结构，建立、健全公司长效激励约束机制，稳定并提升核心团队竞争力，有效地将股东、公司和核心团队三方利益结合在一起，使各方共同关注公司的长远发展，确保公司发展战略和经营目标的实现，在充分保障股东利益的前提下，按照收益与贡献对等的原则，根据《公司法》《证券法》《管理办法》《试行办法》《工作指引》等有关法律、行政法规、规范性文件以及《公司章程》的规定，制定本长期股权激励计划。

第三章　本长期股权激励计划的管理机构

一、股东大会作为公司的最高权力机构，负责审议批准本长期激励计划的实施、变更和终止。股东大会可以在其权限范围内将与本长期激励计划相关的部分事宜授权董事会办理。

二、董事会是本激励计划的执行管理机构，负责本长期激励计划的实施。董事会下设薪酬委员会负责拟订和修订本长期激励计划，并报公司董事会审议；董事会对本激励计划审议通过后，报公司股东大会审批，并在股东大会授权范围内办理本长期激励计划的相关事宜。

三、监事会和独立董事是本长期激励计划的监督机构，应就本长期激励计划是否有利于公司的持续发展、是否存在明显损害公司及全体股东利益的情形发表意见。监事会应当对每期激励计划激励对象名单进行审核，并对本长期激励计划的实施是否符合相关法律、行政法规、规范性文件和证券交易所业务规则进行监督。独立董事应当就本长期激励计划向所有股东征集委托投票权。

第四章　激励对象的确定依据和范围

一、激励对象的确定依据

（一）激励对象确定的法律依据

本长期激励计划的激励对象根据《公司法》《证券法》《管理办法》《试行办法》《工作指引》及其他有关法律、法规、规范性文件和《公司章程》的相关规定，结合公司实际情况确定。

（二）激励对象确定的职务依据

本长期激励计划的激励对象包括公司董事、高级管理人员、核心技术研发人员、中层管理人员和骨干员工，于每期激励计划启动时确定，所有激励对象必须在每期激励计划的考核期内与公司或公司子公司签署劳动合同或聘用合同。具体原则如下：

1. 激励对象不含公司监事、独立董事；

2. 对符合以上要求的每期激励对象，需经公司董事会审议，并经公司监事会核实后最终确定。

（三）激励对象确定的考核依据

本长期激励计划涉及的激励对象的考核事宜，董事会已制定《公司考核管理办法》作为考核依据。依据《公司考核管理办法》对激励对象进行考核，激励对象考核合格后方具有获授本长期激励计划项下权益的资格。

二、不能成为本激励计划激励对象的情形

（一）最近 12 个月内被证券交易所认定为不适当人选；

（二）最近 12 个月内被证监会及其派出机构认定为不适当人选；

（三）最近 12 个月内因重大违法违规行为被证监会及其派出机构行政处罚或者采取市场禁入措施；

（四）具有《公司法》规定的不得担任公司董事、高级管理人员情形的；

（五）法律法规规定不得参与上市公司股权激励的；

（六）证监会认定的其他情形。

若在本长期激励计划实施过程中，激励对象出现以上任何情形，公司将终止其参与本长期激励计划的权利。

三、激励对象的核实

（一）公司董事会审议通过当期激励计划后，公司将通过公司网站或者其他途径，在公司内部公示激励对象的姓名和职务，公示期不少于10天。

（二）公司监事会将对激励对象名单进行审核，充分听取公示意见。公司将在股东大会审议每期激励计划前3～5日披露监事会对激励对象名单审核及公示情况的说明。经公司董事会调整的激励对象名单亦应经公司监事会核实。

第五章　激励方式、股票来源及数量

一、本长期激励计划采用的激励方式

公司将根据实施股权激励的目的，按照股票交易上市地监管规定，结合所处行业经营规律、企业改革发展实际、股权激励市场实践等因素科学确定激励方式，优先使用限制性股票，但不限于股票期权、股票增值权以及法律法规允许的其他方式。

二、本长期激励计划的标的股票来源

本长期激励计划的股票来源为公司向激励对象定向发行的本公司A股普通股或回购的本公司A股普通股。

三、每期授予激励对象权益数量的确定原则

（一）本长期激励计划将根据每期激励对象的人数、职级和薪酬确定每期授予的权益数量上限；

（二）每期权益数量的确定原则为：董事、高级管理人员的权益授予价值，根据业绩目标确定情况，不高于授予时薪酬总水平（含股权激励收益）的40%；其他激励对象的权益授予价值，由公司董事会根据市场实践情况及员工薪酬水平合理确定；

（三）每期激励对象获授的权益解除限售/行权后，激励对象实际收益按照国有控股上市公司实施股权激励的相关规定执行；

（四）公司任何一名激励对象通过全部有效的股权激励计划获授权益（包括已行使和未行使的）所涉及的股票数量，累计不得超过公司股本总额的1%，经股东大会特别决议批准的除外。

如果未来相关政策发生变化，经公司董事会、股东大会审议后，前述权益授予原则可予以相应的修改。

四、本长期激励计划涉及股票的总数量

依据本长期激励计划授予的权益总数量及公司其他有效的股权激励计划（如有）累计涉及的公司标的股票总量，不得超过公司股本总额的10%，其中首期授予总量不得超过公司股本总额的1%，第二期授予总量约为公司股本总额的3%。

第六章　时间安排

一、本长期激励计划的有效期

本长期激励计划的有效期为 10 年，自股东大会通过之日起。本长期激励计划分两期实施，每期激励计划的有效期为 5 年。限制性股票激励计划的有效期自激励对象获授限制性股票授予之日起至所有限制性股票解除限售或回购注销完毕之日止；股票期权激励计划的有效期为自股票期权授权之日起至激励对象获授的股票期权全部行权或注销完毕之日止。每期激励计划实施的间隔期不短于 36 个月。每期激励计划均需履行相关审批程序后实施。

二、授予日的确定原则

每期激励计划达到授予条件时，经公司股东大会审议通过后，公司将在 60 日内按相关规定召开董事会向激励对象授予权益，并完成登记、公告等相关程序。公司未能在 60 日内完成上述工作的，应当及时披露不能完成的原因，并宣告终止实施本激励计划。根据《管理办法》《创业板上市公司业务办理指南第 5 号——股权激励》规定不得授出权益的期间不计算在 60 日内。

授予日在本激励计划经公司股东大会审议通过后由公司董事会确定，授予日必须为交易日，且在下列期间内不得向激励对象授予限制性股票：

（一）公司定期报告公告前 30 日内，因特殊原因推迟定期报告公告日的，自原预约公告日前 30 日起算，至公告前 1 日；

（二）公司业绩预告、业绩快报公告前 10 日内；

（三）自可能对公司股票及其衍生品种交易价格产生较大影响的重大事件发生之日或者进入决策程序之日，至依法披露后 2 个交易日内；

（四）证监会及证券交易所规定的其他期间。

如公司董事、高级管理人员及其配偶、父母、子女作为激励对象在限制性股票获授前发生减持股票行为，则按照《证券法》中对短线交易的规定自减持之日起推迟 6 个月授予其限制性股票。

三、限售期/等待期的确定原则

限售期/等待期具体期限自每期授予日起 24 个月为止。在限售期/等待期内不得行使权益。

四、解除限售期/行权期的确定原则

激励对象应在限售期/等待期满后 3 年的解锁期/行权期内匀速分批解除限售/行权，具体安排如下。

解除限售/行权安排	解除限售/行权期间	解除限售/行权比例
第一个解锁期/行权期	自限制性股票上市日/股票期权授予完成日起 24 个月后的首个交易日起至限制性股票上市日/股票期权授予完成日起 36 个月内的最后一个交易日当日止。	33%

续表

解除限售/行权安排	解除限售/行权期间	解除限售/行权比例
第二个解锁期/行权期	自限制性股票上市日/股票期权授予完成日起36个月后的首个交易日起至限制性股票上市日/股票期权授予完成日起48个月内的最后一个交易日当日止。	33%
第三个解锁期/行权期	自限制性股票上市日/股票期权授予完成日起48个月后的首个交易日起至限制性股票上市日/股票期权授予完成日起60个月内的最后一个交易日当日止。	34%

此外，激励对象为公司董事、高级管理人员的，还需要满足如下规定：

（一）在任职期间每年转让的股份不得超过其所持有本公司股份总数的25%；在离职后半年内，不得转让其所持有的本公司股份。

（二）董事、高级管理人员及其配偶、父母、子女将其持有的本公司股票在买入后6个月内卖出，或者在卖出后6个月内又买入，由此所得收益归本公司所有，本公司董事会将收回其所得收益。

（三）在本激励计划的有效期内，如果《公司法》《证券法》等相关法律、行政法规、规范性文件和《公司章程》中对公司董事和高级管理人员持有股份转让的有关规定发生了变化，则这部分激励对象转让其所持有的公司股票应当在转让时符合修改后的《公司法》《证券法》等相关法律、行政法规、规范性文件和《公司章程》的规定。

第七章　授予/行权价格及确定方法

一、授予/行权价格的确定方法

根据《管理办法》及《工作指引》的规定，公司拟授予的限制性股票的授予价格，或者股票期权、股票增值权的行权价格，应当根据公平市场价格原则确定。公平市场价格不得低于下列价格较高者：

（一）每期股权激励计划草案公布前1个交易日公司标的股票交易均价；

（二）每期股权激励计划草案公布前20个交易日、60个交易日或者120个交易日的公司标的股票交易均价之一。限制性股票的授予价格不低于公平市场价格的60%。股票期权、股票增值权的行权价格不低于公平市场价格，以及公司标的股票的单位面值。

二、权益数量和授予/行权价格的调整方法

（一）权益数量的调整方法

在本长期激励计划的实施过程中，每期激励计划自公告当日至激励对象完成股份登记期间，若公司有资本公积转增股本、派送股票红利、股票拆细、配股、缩股等事项，应对权益数量进行相应的调整。调整方法如下。

1. 资本公积转增股本、派送股票红利、股票拆细

$$Q=Q_0\times(1+n)$$

式中，Q_0 为调整前的权益数量；n 为每股的资本公积转增股本、派送股票红利、股票

拆细的比率（即每股股票经转增、送股或拆细后增加的股票数量）；Q 为调整后的权益数量。

2. 配股

$$Q=Q_0\times P_1\times(1+n)/(P_1+P_2\times n)$$

式中，Q_0 为调整前的权益数量；P_1 为股权登记日当日收盘价；P_2 为配股价格；n 为配股的比例（即配股的股数与配股前公司总股本的比例）；Q 为调整后的权益数量。

3. 缩股

$$Q=Q_0\times n$$

式中，Q_0 为调整前的权益数量；n 为缩股比例（即1股公司股票缩为 n 股股票）；Q 为调整后的权益数量。

4. 增发

公司在发生增发新股的情况下，权益数量不做调整。

（二）授予/行权价格的调整方法

在本长期激励计划实施过程中，每期激励计划自公告当日至激励对象完成股份登记期间，若公司有派息、资本公积转增股本、派送股票红利、股份拆细、配股或缩股等事项，应对限制性股票授予价格/股票期权行权价格进行相应的调整。调整方法如下。

1. 资本公积转增股本、派送股票红利、股票拆细

$$P=P_0\div(1+n)$$

式中，P_0 为调整前的授予/行权价格；n 为每股的资本公积转增股本、派送股票红利、股票拆细的比率；P 为调整后的授予/行权价格。

2. 配股

$$P=P_0\times(P_1+P_2\times n)/[P_1\times(1+n)]$$

式中，P_0 为调整前的授予/行权价格；P_1 为股权登记日当日收盘价；P_2 为配股价格；n 为配股的比例（即配股的股数与配股前股份公司总股本的比例）；P 为调整后的授予/行权价格。

3. 缩股

$$P=P_0\div n$$

式中，P_0 为调整前的授予/行权价格；n 为每股缩股比例；P 为调整后的授予/行权价格。

4. 派息

$$P=P_0-V$$

式中，P_0 为调整前的授予/行权价格；V 为每股的派息额；P 为调整后的授予/行权价格。经派息调整后，P 仍须大于1。

5. 增发

公司在发生增发新股的情况下，授予/行权价格不做调整。

（三）本激励计划调整的程序

公司股东大会授权公司董事会依据本长期激励计划所列明的原因调整权益数量和授予/行权价格。董事会根据上述规定调整授予权益数量及授予/行权价格后，应及时公告并通知激励对象。公司应聘请律师事务所就上述调整是否符合《管理办法》《公司章程》和本长期激励计划的规定向公司董事会出具专业意见。

第八章　权益的授予条件和行使条件

一、授予及行使权益的法定条件

（一）公司未发生如下任一情形：

1. 最近一个会计年度财务会计报告被注册会计师出具否定意见或者无法表示意见的审计报告；

2. 最近一个会计年度财务报告内部控制被注册会计师出具否定意见或无法表示意见的审计报告；

3. 上市后最近36个月内出现过未按法律法规、《公司章程》、公开承诺进行利润分配的情形；

4. 法律法规规定不得实行股权激励的；

5. 证监会认定的其他情形。

（二）公司应具备以下条件：

1. 公司治理结构规范，股东大会、董事会、经理层组织健全，职责明确。外部董事（含独立董事，下同）占董事会成员半数以上；

2. 薪酬委员会由外部董事构成，且薪酬委员会制度健全，议事规则完善，运行规范；

3. 内部控制制度和绩效考核体系健全，基础管理制度规范，建立了符合市场经济和现代企业制度要求的劳动用工、薪酬福利制度及绩效考核体系；

4. 发展战略明确，资产质量和财务状况良好，经营业绩稳健；近三年无财务违法违规行为和不良记录；

5. 证券监管部门规定的其他条件。

（三）激励对象未发生以下任一情形：

1. 最近12个月内被证券交易所认定为不适当人选；

2. 最近12个月内被证监会及其派出机构认定为不适当人选；

3. 最近12个月内因重大违法违规行为被证监会及其派出机构行政处罚或者采取市场禁入措施；

4. 具有《公司法》规定的不得担任公司董事、高级管理人员情形的；

5. 法律法规规定不得参与上市公司股权激励的；

6. 证监会认定的其他情形。

二、授予及行使权益时的公司业绩考核要求

公司选取净资产收益率、营业收入/净利润、经济增加值为授予及行使权益的业绩考核指标，每期激励计划具体授予及行使权益业绩条件由董事会根据公司战略、市场环境等相关因素制定，报国有资产监督管理机构审核无异议，并经股东大会通过后确定。

三、授予及行使权益时的激励对象绩效要求

（一）授予时的绩效要求

在授予时，激励对象实际可授予数量与其在公司的绩效评价结果挂钩。

（二）行使权益时的绩效要求

激励对象绩效考核评价机制，切实将权益的生效（行使）与激励对象个人绩效考核评价结果挂钩，根据考核评价结果决定其参与股权激励计划的资格，并分档确定权益生效（行使）比例。激励对象个人考核评价结果分为“优秀”“称职”“基本称职”“不称职”四个等级，对应的解除限售/行权系数如下表所示。

评价结果	优秀	称职	基本称职	不称职
解除限售/行权系数	100%	100%	60%	0%

个人当年可解除限售/行权额度=个人当年计划解除限售/行权额度×解除限售/行权系数

在公司业绩目标达成的前提下，个人当年可解除限售/行权系数根据激励对象上一年度个人绩效考核结果确定。如激励对象绩效考核结果“优秀”或“称职”，则解除限售/行权系数为100%；若激励对象绩效考核结果为“基本称职”，则解除限售系数/行权为60%；若激励对象绩效考核结果为“不称职”，则解除限售/行权系数为0%。其中，激励对象不得解除限售的限制性股票由公司回购注销，回购价格不高于授予价格与股票市价的较低者；激励对象未能行权的股票期权由公司注销。

本激励计划具体考核内容依据《公司考核管理办法》执行。

第九章　股权激励计划实施、授予、解除限售/行权程序

一、股权激励计划的实施程序

每期激励计划的实施程序均相同，具体如下：

（一）薪酬委员会负责拟定各期激励计划草案。

（二）董事会审议薪酬委员会拟定的各期激励计划草案。董事会审议激励计划时，关联董事应当回避表决。

（三）独立董事和监事会应当就激励计划是否有利于公司的持续发展、是否存在明显损害公司及全体股东利益的情形发表明确意见。

（四）公司聘请独立财务顾问，对激励计划的可行性、是否有利于公司的持续发展、是否存在明显损害公司及全体股东利益的情形发表专业意见。公司聘请的律师事务所对激励计划出具法律意见书。

（五）董事会审议通过激励计划草案后的 2 个交易日内，公司公告董事会决议公

告、激励计划草案及摘要、独立董事意见、监事会意见。

（六）激励计划在通过董事会审议并履行公告程序后，将报国有资产监督管理机构审批。在长期激励计划得到国资委批复后，后续依据股权激励计划制定的分期实施方案报中国航天科工集团有限公司审核同意，不再需要国资委审批。

（七）在国有资产监督管理机构审核批准后，公司发出召开股东大会通知，同时公告法律意见书、独立财务顾问意见。

（八）公司对内幕信息知情人在激励计划公告前6个月内买卖本公司股票的情况进行自查。

（九）公司在召开股东大会前，通过公司网站或者其他途径，在公司内部公示激励对象姓名及职务，公示期不少于10天。监事会将对激励对象名单进行审核，充分听取公示意见。公司在股东大会审议激励计划前3～5日披露监事会对激励对象名单审核及公示情况的说明。

（十）公司股东大会在对激励计划及相关议案进行投票表决时，独立董事应当就激励计划及相关议案向所有股东征集委托投票权。股东大会以特别决议审议激励计划及相关议案，关联股东应当回避表决。

（十一）公司披露股东大会决议公告、经股东大会审议通过的股权激励计划，以及内幕信息知情人买卖本公司股票情况的自查报告、股东大会法律意见书。

（十二）激励计划经公司股东大会审议通过后，公司董事会根据股东大会授权，自股东大会审议通过激励计划之日起60日内授出权益并完成登记、公告等相关程序。董事会根据股东大会的授权办理具体的限制性股票/股票期权的解除限售/行权、回购注销/注销等事宜。

二、股权激励计划的授予程序

每期激励计划的授予程序均相同，具体如下：

（一）自公司股东大会审议通过激励计划之日起60日内，公司召开董事会对激励对象进行授予。

（二）公司在向激励对象授出权益前，董事会应当就当期激励计划设定的激励对象获授权益的条件是否成就进行审议并公告。独立董事及监事会应当同时发表明确意见。律师事务所应当对激励对象获授权益的条件是否成就出具法律意见。

公司向激励对象授出权益与股权激励计划的安排存在差异时，独立董事、监事会（当激励对象发生变化时）、律师事务所、独立财务顾问应当同时发表明确意见。

（三）公司与激励对象签订《授予协议书》，约定双方的权利与义务。

（四）公司应当向证券交易所提出向激励对象授予权益申请，经证券交易所确认后，公司向登记结算公司申请办理登记结算事宜。公司董事会应当在授予的权益登记完成后，及时披露相关实施情况的公告。若公司未能在公司股东大会审议通过当期激励计划之日起60日内完成上述工作，激励计划终止实施，董事会应当及时披露未完成的原因且3个月内不得再次审议股权激励计划（不得授出限制性股票的期间不计算在60日内）。

（五）公司董事会根据国务院国资委、证监会、证券交易所、登记结算公司或可能需要的其他适用的监管的有关规定办理实施授予的相关事宜，对授予情况进行相关信息披露，并通过集团将授予情况上报国资委备案。

三、股权激励计划的解除限售/行权程序

激励对象在满足当期激励计划规定的解除限售/行权条件，经公司董事会确认后，由公司统一办理满足条件的限制性股票解除限售/股票期权行权事宜，具体程序如下：

（一）在解除限售/行权前，公司应确认激励对象是否满足解除限售/行权条件。董事会应当就当期激励计划设定的解除限售/行权条件是否成就进行审议，独立董事及监事会应当同时发表明确意见。律师事务所应当对激励对象解除限售/行权的条件是否成立出具法律意见。

（二）对于满足解除限售/行权条件的激励对象，由公司统一向证券交易所提出解除限售/行权申请，经证券交易所确认后，公司向登记结算公司申请办理登记结算事宜。对于未满足条件的激励对象，由公司回购注销/注销其持有的该次解除限售/行权对应的权益。

（三）激励对象可对已解除限售/行权的权益进行转让，但公司董事和高级管理人员所持股份的转让应当符合有关法律、行政法规和规范性文件的规定。

（四）公司将各期权益解除限售/行权情况上报国资委备案。

第十章　公司/激励对象的其他权利义务

一、公司的权利与义务

（一）公司具有对本激励计划的解释和执行权，并对激励对象进行绩效考核，监督和审核激励对象是否仍然具备继续解除限售/行权的资格。若激励对象未达到所确定的解除限售/行权条件，经公司董事会批准，对于激励对象已获授但尚未解除限售的限制性股票不得解除限售，由公司回购注销；已获授但尚未行权的股票期权不得行权，由公司进行注销。

（二）公司有权要求激励对象按其所聘岗位的要求为公司工作，若激励对象不能胜任所聘工作岗位或者考核不合格；或者激励对象触犯法律、违反职业道德、泄露公司机密、违反公司规章制度、失职或渎职等行为严重损害公司利益或声誉的，经公司董事会批准，对于激励对象已获授但尚未解除限售的限制性股票不得解除限售，由公司回购注销；已获授但尚未行权的股票期权不得行权，由公司注销。

（三）公司根据国家税收法律法规的有关规定，代扣代缴激励对象应缴纳的个人所得税及其他税费。

（四）公司承诺不为激励对象依本激励计划获取有关权益提供贷款以及其他任何形式的财务资助，包括为其贷款提供担保。

（五）公司应按照相关法律法规、规范性文件的规定对与本激励计划相关的信息披露文件进行及时、真实、准确、完整披露，保证不存在虚假记载、误导性陈述或者重大遗漏，及时履行本激励计划的相关申报义务。

（六）公司应当根据本激励计划和证监会、证券交易所、登记结算公司的有关规定，为满足解除限售/行权条件的激励对象办理股票期权行权/限制性股票解除限售事宜。但若由于证监会、证券交易所、登记结算公司的原因激励对象未能完成上述事宜并受到损失，公司不承担责任。

（七）法律、行政法规、规范性文件规定的其他相关权利义务。

二、激励对象的权利与义务

（一）激励对象应当按公司所聘岗位的要求，勤勉尽责、恪守职业道德，为公司的发展做出应有贡献。

（二）激励对象有权且应当按照激励计划的规定解除限售/行权，并按规定限售股份。

（三）激励对象的资金来源为激励对象自筹资金。

（四）激励对象获授的限制性股票/股票期权，在限售期/等待期内不得转让、用于担保或偿还债务。

（五）激励对象因本长期激励计划获得的收益，应按国家税收法规缴纳个人所得税及其他税费。

（六）激励对象承诺，若公司信息披露文件中存在虚假记载、误导性陈述或者重大遗漏，导致不符合授予权益安排，激励对象应当按照所做承诺自相关信息披露文件被确认存在虚假记载、误导性陈述或者重大遗漏后，将因股权激励计划所获得的全部利益返还公司。

（七）公司进行现金分红时，激励对象就其获授的限制性股票应取得的现金分红在代扣代缴个人所得税后由激励对象享有，原则上由公司代为收取，待该部分限制性股票解除限售时返还激励对象；若该部分限制性股票未能解除限售，对应的现金分红公司收回，并做相应会计处理。

（八）激励对象在本激励计划实施中出现《管理办法》第八条规定的不得成为激励对象的情形时，其已获授但尚未行使的权益应终止行使。

（九）法律、行政法规、规范性文件及本激励计划规定的其他相关权利义务。

三、其他说明

本激励计划经公司股东大会审议通过后，公司将与每一位激励对象签署《授予协议书》。明确约定各自在本激励计划项下的权利义务及其他相关事项。

公司与激励对象发生争议，按照本激励计划和《授予协议书》的规定解决，规定不明的，双方应按照国家法律和公平合理原则协商解决；协商不成，应提交公司办公地有管辖权的人民法院诉讼解决。

公司确定本股权激励计划的激励对象，并不构成对员工聘用期限的承诺。公司仍按与激励对象签订的《劳动合同》或聘任合同确定对员工的聘用关系。

第十一章　特殊情形的处理

一、公司发生异动的处理

（一）公司出现下列情形之一的，国有控股股东应当依法行使股东权利，提出取消当年度可行使权益，同时终止实施股权激励计划。激励对象根据本激励计划已获授但尚未解除限售的限制性股票应当由公司按授予价格和市场价格孰低原则回购注销；

已获授但尚未行权的股票期权应当由公司进行注销。

1. 未按照规定程序和要求聘请会计师事务所开展审计的；

2. 最近一个会计年度财务报告、内部控制评价报告被注册会计师出具否定意见或者无法表示意见的审计报告；

3. 国有资产监督管理机构、监事会或者审计部门对上市公司业绩或者年度财务报告提出重大异议；

4. 发生重大违规行为，受到证券监督管理机构及其他有关部门处罚；

5. 上市后最近 36 个月内出现过未按法律法规、公司章程、公开承诺进行利润分配的情形；

6. 法律法规规定不得实行股权激励的情形；

7. 证监会认定的其他需要终止激励计划的情形。

（二）公司出现下列情形之一的，公司董事会在情况发生之日起 5 个交易日内决定是否终止实施本激励计划。

1. 公司控制权发生变更；

2. 公司出现合并、分立的情形。

（三）公司信息披露文件有虚假记载、误导性陈述或者重大遗漏，导致不符合权益授予条件或解除限售/行权安排的，未解除限售的限制性股票由公司回购注销处理，其中回购价格不高于授予价格与股票市价的较低者。未行权的股票期权由公司注销处理。

激励对象获授权益已解除限售/行权的，所有激励对象应当返还已获授权益。对上述事宜不负有责任的激励对象因返还权益而遭受损失的，可按照本激励计划相关安排，向公司或负有责任的对象进行追偿。董事会应当按照前款规定和本激励计划相关安排收回激励对象所得收益。

二、激励对象个人情况发生变化的处理

（一）股权激励对象有下列情形之一的，公司国有控股股东应当依法行使股东权利，提出终止授予其新的权益，已获授但尚未解除限售的限制性股票由公司以授予价格与市场价格孰低原则进行回购注销；已获授但尚未行权的股票期权不得行权，由公司注销。同时，追回已获得的本次股权激励收益，并依据法律及有关规定追究其相应责任；

1. 经济责任审计等结果表明未有效履职或者严重失职、渎职的（包括但不限于经营业绩不实、国有资产流失、经营管理失职以及存在重大违法违纪的行为）；

2. 违反国家有关法律法规、上市公司章程规定的；

3. 激励对象在任职期间，有受贿索贿、贪污盗窃、泄露上市公司商业和技术秘密、实施关联交易损害上市公司利益、声誉和对上市公司形象有重大负面影响等违法违纪行为，并受到处分的；

4. 激励对象未履行或者未正确履行职责，给上市公司造成较大资产损失以及其他严重不良后果的；

5. 董事、高级管理人员任期考核不合格。

（二）激励对象发生职务变更

1. 激励对象发生职务变更，但仍在本公司或本公司子公司任职且职级不变的，或者被委派到下属子公司任职的，其已获授的权益仍然按照本激励计划规定的程序进行。

2. 激励对象因组织安排调动至集团以及集团内其他公司的，授予的权益当年已达到可解除限售/行权时间限制和业绩考核条件的，可解除限售/行权的部分可在情况发生之日起的半年内解除限售/行权，尚未达到可解除限售/行权时间限制和业绩考核条件的不再解除限售/行权，未解除限售的限制性股票由公司以授予价格加上中国人民银行同期定期存款利息之和进行回购注销。未行权的股票期权由公司注销处理。

3. 激励对象担任监事或独立董事或其他因组织调动不能持有公司权益的职务，已获授但尚未解除限售的限制性股票不得解除限售，由公司按授予价格加上中国人民银行同期定期存款利息之和进行回购注销；已获授但尚未行权的股票期权不得行权，由公司进行注销。

4. 激励对象因为触犯法律、违反职业道德、泄露公司机密、因失职或渎职等行为损害公司利益或声誉而导致职务变更的，或由于前述原因公司解除与激励对象劳动关系的，其已解除限售/行权的权益不做处理，已获授但尚未解除限售的限制性股票不得解除限售，由公司以授予价格与市场价格孰低原则进行回购注销；已获授但尚未行权的股票期权不得行权，由公司进行注销。

（三）激励对象离职

1. 激励对象合同到期且不再续约或主动辞职的，已获取的股权激励收益按授予方案或股权激励管理办法规定协商解决，已获授但尚未解除限售的限制性股票由公司以授予价格与市场价格孰低原则进行回购注销；已获授但尚未行权的股票期权不得行权，由公司进行注销。

2. 激励对象若由于公司主观理由裁员等原因被动离职且不存在绩效不合格、过失、违法违纪等行为，其已解除限售/行权的权益不做处理，已获授但尚未解除限售的限制性股票不得解除限售，由公司以授予价格加上中国人民银行同期定期存款利息之和进行回购注销；已获授但尚未行权的股票期权不得行权，由公司进行注销。

（四）激励对象退休

激励对象因退休而离职的，授予的权益当年已达到可解除限售/行权时间限制和业绩考核条件的，可解除限售/行权的部分可在情况发生之日起的半年内解除限售/行权，尚未达到可解除限售/行权时间限制和业绩考核条件的不再解除限售/行权，未解除限售的限制性股票由公司以授予价格加上中国人民银行同期定期存款利息之和进行回购注销。未行权的股票期权由公司注销处理。

（五）激励对象丧失劳动能力而离职

1. 激励对象因工受伤丧失劳动能力而离职的，由董事会薪酬与考核委员会决定其已获授的权益将完全按照情况发生前本激励计划规定的程序进行，其个人绩效考核结果不再纳入解除限售/行权条件；或由公司以授予价格加上中国人民银行同期定期存款利息之和回购注销其已获授但尚未解除限售的限制性股票；已获授但尚未行权的股票期权不得行权，由公司进行注销。

2. 激励对象非因工受伤丧失劳动能力而离职的，其已解除限售/行权的权益不做处理，已获授但尚未解除限售的限制性股票不得解除限售，由公司以授予价格与市场价格孰低原则进行回购注销；已获授但尚未行权的股票期权不得行权，由公司进行注销。

（六）激励对象身故

1. 激励对象若因执行职务而身故，由董事会薪酬与考核委员会决定其已获授的权益将由其指定的财产继承人或法定继承人代为享有，并按照身故前本激励计划规定的程序进行，其个人绩效考核结果不再纳入解除限售/行权条件；或由公司以授予价格加上中国人民银行同期定期存款利息之和回购注销其已获授但尚未解除限售的限制性股票，其回购款项由其指定的财产继承人或法定继承人代为接收。已获授但尚未行权的股票期权不得行权，由公司进行注销。

2. 激励对象若因其他原因而身故，其已解除限售/行权的权益不做处理，已获授但尚未解除限售的限制性股票不得解除限售，由公司以授予价格加上中国人民银行同期定期存款利息之和进行回购注销，其回购款项由其指定的财产继承人或法定继承人代为接收。已获授但尚未行权的股票期权不得行权，由公司进行注销。

（七）激励对象所在子公司发生控制权变更

激励对象在公司控股子公司任职的，若公司由于主观原因失去对该子公司控制权，且激励对象未留在公司或者公司其他控股子公司任职，其已解除限售/行权的权益不做处理，已获授但尚未解除限售的限制性股票不得解除限售，由公司以授予价格加上中国人民银行同期定期存款利息之和进行回购注销；已获授但尚未行权的股票期权不得行权，由公司进行注销。

（八）激励对象资格发生变化

激励对象如因出现以下情形之一不再符合激励对象资格，激励对象已解除限售/行权的权益不做处理，已获授但尚未解除限售的限制性股票不得解除限售，由公司以授予价格与市场价格孰低原则进行回购注销；已获授但尚未行权的股票期权不得行权，由公司进行注销。

1. 最近 12 个月内被证券交易所认定为不适当人选；

2. 最近 12 个月内被证监会及其派出机构认定为不适当人选；

3. 最近 12 个月因重大违法违规行为被证监会及其派出机构行政处罚或者采取市场禁入措施；

4. 具有《公司法》规定的不得担任公司董事、高级管理人员情形的；

5. 法律法规规定不得参与上市公司股权激励的；

6. 证监会认定的其他情形。

三、其他情况

其他未说明的情况由薪酬委员会认定，并确定其处理方式。

第十二章 本激励计划的变更、终止程序

一、激励计划变更程序

（一）公司在股东大会审议通过本激励计划之前可对其进行变更的，变更需经董事会审议通过。公司对已通过股东大会审议的本激励计划进行变更的，变更方案应提交股东大会审议，且不得包括导致加速提前解除限售/行权和降低授予/行权价格的情形。

（二）公司应及时披露变更原因、变更内容，公司独立董事、监事会应当就变更后的方案是否有利于公司的持续发展，是否存在明显损害公司及全体股东利益的情形发表明确意见。律师事务所应当就变更后的方案是否符合《管理办法》及相关法律法规的规定、是否存在明显损害公司及全体股东利益的情形发表专业意见。

二、激励计划终止程序

（一）公司在股东大会审议前拟终止本激励计划的，需董事会审议通过并披露。公司在股东大会审议通过本激励计划之后终止实施本激励计划的，应提交董事会、股东大会审议并披露。

（二）公司应当及时披露股东大会决议公告或董事会决议公告。律师事务所应当就公司终止实施激励计划是否符合《管理办法》及相关法律法规的规定、是否存在明显损害公司及全体股东利益的情形发表专业意见。

第十三章 回购注销的原则

一、回购数量及价格调整方法

如出现上述需要回购注销的情况，则公司应按照前款确认回购价格，回购并注销相应股票。

若限制性股票在授予后，公司发生派发现金红利、送红股、公积金转增股本或配股等影响公司总股本数量或公司股票价格应进行除权、除息处理的情况时，公司应对尚未解除限售的限制性股票的回购数量和回购价格做相应的调整，回购价格和回购数量的调整方法同第七章“授予/行权价格及确定方法”。

二、回购数量或回购价格的调整程序

公司董事会根据公司股东大会授权及时召开董事会会议，根据上述已列明的原因制定回购调整方案，董事会根据上述规定调整回购数量或回购价格后，应及时公告。由于其他原因需要调整限制性股票回购数量或回购价格的，应经董事会做出决议并经股东大会审议批准。

三、回购注销的程序

公司按照本激励计划的规定实施回购时，应向证券交易所申请回购该等限制性股票，经证券交易所确认后，由登记结算公司办理登记结算事宜。公司应将回购款项支付给激励对象并于登记结算公司完成相应股份的过户手续；在过户完成后的合理时间内，公司应注销该部分股票。

第十四章　附则

一、本长期激励计划由公司股东大会审议通过后生效；

二、本长期激励计划由公司董事会负责解释。

武汉锐科光纤激光技术股份有限公司董事会

2020 年 12 月 30 日

资料来源：巨潮资讯网（http://www.cninfo.com.cn/new/disclosure/detail?stockCode=300747&announcementId=1209031229&orgId=9900035528&announcementTime=2020-12-31）。

复习思考题

1. 什么是管理层激励？其目标和内容是什么？
2. 什么是短期激励？什么是长期激励？
3. 财务业绩评价有什么局限性？
4. 什么是平衡计分卡？平衡计分卡平衡了哪几个方面的关系？
5. 什么是关键成功因素？
6. 什么是关键业绩指标？
7. 高管长期激励计划的主要形式有哪些？

练习题

1. 某公司设计了如下衡量指标：(1) 产品盈利能力；(2) 员工劳动生产率；(3) 顾客满意度；(4) 新专利申请数量；(5) 单位员工销售收入；(6) 质量成本；(7) 市场份额；(8) 员工离职率；(9) 及时交货率；(10) 从新销售渠道增加的销售百分比；(11) 经济增加值；(12) 剩余收益。

要求：

根据平衡计分卡的四个方面进行重新归类。

2. 简述一般高管薪酬的结构。查找有关上市公司，了解其高管薪酬的设计情况。

要求：

回答下列问题。

(1) 这个公司高管薪酬结构如何？

(2) 这个公司的高管薪酬在行业中的水平情况是怎样的？

(3) 这个公司高管有哪些短期薪酬激励？有哪些长期薪酬激励？具体形式是什么？占薪酬总额的比例各是多少？

(4) 如果这个公司实行了股票期权制度，具体是如何设计的？实施效果如何？还存在哪些主要问题?

3. 通过网络查找有关公司应用平衡计分卡的案例。（推荐的网站：www. sap. com，www. bettermanagement. com.）

要求：

根据查找的有关案例，回答以下问题。

（1）该案例公司的战略是什么?

（2）该案例公司的战略目标有哪些?

（3）该案例公司为实现其战略目标设计了哪些具体衡量指标? 关键业绩指标有哪些?

（4）基于平衡计分卡框架，根据因果关系做出该案例公司的简要战略地图。

（5）如果该案例公司已经应用平衡计分卡，应用效果如何? 还存在哪些问题?

复利终值系数表(FVIF 表)

n\i(%)	1	2	3	4	5	6	7	8	9	10	11	12	13	14	15	16	17	18	19	20	25	30
1	1.010	1.020	1.030	1.040	1.050	1.060	1.070	1.080	1.090	1.100	1.110	1.120	1.130	1.140	1.150	1.160	1.170	1.180	1.190	1.200	1.250	1.300
2	1.020	1.040	1.061	1.082	1.103	1.124	1.145	1.166	1.188	1.210	1.232	1.254	1.277	1.300	1.323	1.346	1.369	1.392	1.416	1.440	1.563	1.690
3	1.030	1.061	1.093	1.125	1.158	1.191	1.225	1.260	1.295	1.331	1.368	1.405	1.443	1.482	1.521	1.561	1.602	1.643	1.685	1.728	1.953	2.197
4	1.041	1.082	1.126	1.170	1.216	1.262	1.311	1.360	1.412	1.464	1.518	1.574	1.630	1.689	1.749	1.811	1.874	1.939	2.005	2.074	2.441	2.856
5	1.051	1.104	1.159	1.217	1.276	1.338	1.403	1.469	1.539	1.611	1.685	1.762	1.842	1.925	2.011	2.100	2.192	2.288	2.386	2.488	3.052	3.713
6	1.062	1.126	1.194	1.265	1.340	1.419	1.501	1.587	1.677	1.772	1.870	1.974	2.082	2.195	2.313	2.436	2.565	2.700	2.840	2.986	3.815	4.827
7	1.072	1.149	1.230	1.316	1.407	1.504	1.606	1.714	1.828	1.949	2.076	2.211	2.353	2.502	2.660	2.826	3.001	3.185	3.379	3.583	4.768	6.276
8	1.083	1.172	1.267	1.369	1.477	1.594	1.718	1.851	1.993	2.144	2.305	2.476	2.658	2.853	3.059	3.278	3.511	3.759	4.021	4.300	5.960	8.157
9	1.094	1.195	1.305	1.423	1.551	1.689	1.838	1.999	2.172	2.358	2.558	2.773	3.004	3.252	3.518	3.803	4.108	4.435	4.785	5.160	7.451	10.604
10	1.105	1.219	1.344	1.480	1.629	1.791	1.967	2.159	2.367	2.594	2.839	3.106	3.395	3.707	4.046	4.411	4.807	5.234	5.696	6.192	9.313	13.786
11	1.116	1.243	1.384	1.539	1.710	1.898	2.105	2.332	2.580	2.853	3.152	3.479	3.836	4.226	4.652	5.117	5.624	6.176	6.777	7.430	11.642	17.922
12	1.127	1.268	1.426	1.601	1.796	2.012	2.252	2.518	2.813	3.138	3.498	3.896	4.335	4.818	5.350	5.936	6.580	7.288	8.064	8.916	14.552	23.298
13	1.138	1.294	1.469	1.665	1.886	2.133	2.410	2.720	3.066	3.452	3.883	4.363	4.898	5.492	6.153	6.886	7.699	8.599	9.596	10.699	18.190	30.288
14	1.149	1.319	1.513	1.732	1.980	2.261	2.579	2.937	3.342	3.797	4.310	4.887	5.535	6.261	7.076	7.988	9.007	10.147	11.420	12.839	22.737	39.374
15	1.161	1.346	1.558	1.801	2.079	2.397	2.759	3.172	3.642	4.177	4.785	5.474	6.254	7.138	8.137	9.266	10.539	11.974	13.590	15.407	28.422	51.186
16	1.173	1.373	1.605	1.873	2.183	2.540	2.952	3.426	3.970	4.595	5.311	6.130	7.067	8.137	9.358	10.748	12.330	14.129	16.172	18.488	35.527	66.542
17	1.184	1.400	1.653	1.948	2.292	2.693	3.159	3.700	4.328	5.054	5.895	6.866	7.986	9.276	10.761	12.468	14.426	16.672	19.244	22.186	44.409	86.504
18	1.196	1.428	1.702	2.206	2.407	2.854	3.380	3.996	4.717	5.560	6.544	7.690	9.024	10.575	12.375	14.463	16.879	19.673	22.091	26.623	55.511	112.46
19	1.208	1.457	1.754	2.107	2.527	3.026	3.617	4.316	5.142	6.116	7.263	8.613	10.197	12.056	14.232	16.777	19.748	23.214	27.252	31.948	69.389	146.19
20	1.220	1.486	1.806	2.191	2.653	3.207	3.870	4.661	5.604	6.727	8.062	9.646	11.523	13.743	16.367	19.461	23.106	27.393	32.429	38.338	86.736	190.05
25	1.282	1.641	2.094	2.666	3.386	4.292	5.427	6.848	8.623	10.835	13.585	17.000	21.231	26.462	32.919	40.874	50.658	62.669	77.388	95.396	264.70	705.64
30	1.348	1.811	2.427	3.243	4.322	5.743	7.612	10.063	13.268	17.449	22.892	29.960	39.116	50.950	66.212	85.850	111.07	143.37	184.68	237.38	807.79	2 620.0
40	1.489	2.208	3.262	4.801	7.040	10.286	14.974	21.725	31.409	45.259	65.001	93.051	132.78	188.88	267.86	378.72	533.87	750.38	1 051.7	1 469.8	7 523.2	36 119.0
50	1.645	2.692	4.384	7.107	11.467	18.420	29.457	46.902	74.358	117.39	184.57	289.00	450.74	700.23	1 083.7	1 670.7	2 566.2	3 927.4	5 988.9	9 100.4	70 065.0	497 929.0

复利现值系数表(PVIF 表)

n\i(%)	1	2	3	4	5	6	7	8	9	10	11	12	13	14	15	16	17	18	19	20	25	30	35	40	50
1	0.990	0.980	0.971	0.962	0.952	0.943	0.935	0.926	0.917	0.909	0.901	0.893	0.885	0.877	0.870	0.862	0.855	0.847	0.840	0.833	0.800	0.769	0.741	0.714	0.667
2	0.980	0.961	0.943	0.925	0.907	0.890	0.873	0.857	0.842	0.826	0.812	0.797	0.783	0.769	0.756	0.743	0.731	0.718	0.706	0.694	0.640	0.592	0.549	0.510	0.444
3	0.971	0.942	0.915	0.889	0.864	0.840	0.816	0.794	0.772	0.751	0.731	0.712	0.693	0.675	0.658	0.641	0.624	0.609	0.593	0.579	0.512	0.455	0.406	0.364	0.296
4	0.961	0.924	0.888	0.855	0.823	0.792	0.763	0.735	0.708	0.683	0.659	0.636	0.613	0.592	0.572	0.552	0.534	0.516	0.499	0.482	0.410	0.350	0.301	0.260	0.198
5	0.951	0.906	0.863	0.822	0.784	0.747	0.713	0.681	0.650	0.621	0.593	0.567	0.543	0.519	0.497	0.476	0.456	0.437	0.419	0.402	0.320	0.269	0.223	0.186	0.132
6	0.942	0.888	0.837	0.790	0.746	0.705	0.666	0.630	0.596	0.564	0.535	0.507	0.480	0.456	0.432	0.410	0.390	0.370	0.352	0.335	0.262	0.207	0.165	0.133	0.088
7	0.933	0.871	0.813	0.760	0.711	0.665	0.623	0.583	0.547	0.513	0.482	0.452	0.425	0.400	0.376	0.354	0.333	0.314	0.296	0.279	0.210	0.159	0.122	0.095	0.059
8	0.923	0.853	0.789	0.731	0.677	0.627	0.582	0.540	0.502	0.467	0.434	0.404	0.376	0.351	0.327	0.305	0.285	0.266	0.249	0.233	0.168	0.123	0.091	0.068	0.039
9	0.914	0.837	0.766	0.703	0.645	0.592	0.544	0.500	0.460	0.424	0.391	0.361	0.333	0.300	0.284	0.263	0.243	0.225	0.209	0.194	0.134	0.094	0.067	0.048	0.026
10	0.905	0.820	0.744	0.676	0.614	0.558	0.508	0.463	0.422	0.386	0.352	0.322	0.295	0.270	0.247	0.227	0.208	0.191	0.176	0.162	0.107	0.073	0.050	0.035	0.017
11	0.896	0.804	0.722	0.650	0.585	0.527	0.475	0.429	0.388	0.350	0.317	0.287	0.261	0.237	0.215	0.195	0.178	0.162	0.148	0.135	0.086	0.056	0.037	0.025	0.012
12	0.887	0.788	0.701	0.625	0.557	0.497	0.444	0.397	0.356	0.319	0.286	0.257	0.231	0.208	0.187	0.168	0.152	0.137	0.124	0.112	0.069	0.043	0.027	0.018	0.008
13	0.879	0.773	0.681	0.601	0.530	0.469	0.415	0.368	0.326	0.290	0.258	0.229	0.204	0.182	0.163	0.145	0.130	0.116	0.104	0.093	0.055	0.033	0.020	0.013	0.005
14	0.870	0.758	0.661	0.577	0.505	0.442	0.388	0.340	0.299	0.263	0.232	0.205	0.181	0.160	0.141	0.125	0.111	0.099	0.088	0.078	0.044	0.025	0.015	0.009	0.003
15	0.861	0.743	0.642	0.555	0.481	0.417	0.362	0.315	0.275	0.239	0.209	0.183	0.160	0.140	0.123	0.108	0.095	0.084	0.074	0.065	0.035	0.020	0.011	0.006	0.002
16	0.853	0.728	0.623	0.534	0.458	0.394	0.339	0.292	0.252	0.218	0.188	0.163	0.141	0.123	0.107	0.093	0.081	0.071	0.062	0.054	0.028	0.015	0.008	0.005	0.002
17	0.844	0.714	0.605	0.513	0.436	0.371	0.317	0.270	0.231	0.198	0.170	0.146	0.125	0.108	0.093	0.080	0.069	0.060	0.052	0.045	0.023	0.012	0.006	0.003	0.001
18	0.836	0.700	0.587	0.494	0.416	0.350	0.296	0.250	0.212	0.180	0.153	0.130	0.111	0.095	0.081	0.069	0.059	0.051	0.044	0.038	0.018	0.009	0.005	0.002	0.001
19	0.828	0.686	0.570	0.475	0.396	0.331	0.277	0.232	0.194	0.164	0.138	0.116	0.098	0.083	0.070	0.060	0.051	0.043	0.037	0.031	0.014	0.007	0.003	0.002	0
20	0.820	0.673	0.554	0.456	0.377	0.312	0.258	0.215	0.178	0.149	0.124	0.104	0.087	0.073	0.061	0.051	0.043	0.037	0.031	0.026	0.012	0.005	0.002	0.001	0
25	0.780	0.610	0.478	0.375	0.295	0.233	0.184	0.146	0.116	0.092	0.074	0.059	0.047	0.038	0.030	0.024	0.020	0.016	0.013	0.010	0.004	0.001	0.001	0	0
30	0.742	0.552	0.412	0.308	0.231	0.174	0.131	0.099	0.075	0.057	0.044	0.033	0.026	0.020	0.015	0.012	0.009	0.007	0.005	0.004	0.001	0	0	0	0
40	0.672	0.453	0.307	0.208	0.142	0.097	0.067	0.046	0.032	0.022	0.015	0.011	0.008	0.005	0.004	0.003	0.002	0.001	0.001	0.001	0	0	0	0	0
50	0.608	0.372	0.228	0.141	0.087	0.054	0.034	0.021	0.013	0.009	0.005	0.003	0.002	0.001	0.001	0.001	0		0	0	0	0	0	0	0

年金终值系数表(FVIFA 表)

n\i(%)	1	2	3	4	5	6	7	8	9	10	11	12	13	14	15	16	17	18	19	20	25	30
1	1.000	1.000	1.000	1.000	1.000	1.000	1.000	1.000	1.000	1.000	1.000	1.000	1.000	1.000	1.000	1.000	1.000	1.000	1.000	1.000	1.000	1.000
2	2.010	2.020	2.030	2.040	2.050	2.060	2.070	2.080	2.090	2.100	2.110	2.120	2.130	2.140	2.150	2.160	2.170	2.180	2.190	2.200	2.250	2.300
3	3.030	3.060	3.091	3.122	3.153	3.184	3.215	3.246	3.278	3.310	3.342	2.374	3.407	3.440	3.473	3.506	3.539	3.572	3.606	3.640	3.813	3.990
4	4.060	4.122	4.184	4.246	4.310	4.375	4.440	4.506	4.573	4.641	4.710	4.779	4.850	4.921	4.993	5.066	5.141	5.215	5.291	5.368	5.766	6.187
5	5.101	5.204	5.309	5.416	5.526	5.637	5.751	5.867	5.985	6.105	6.228	6.353	6.480	6.610	6.742	6.877	7.014	7.154	7.297	7.442	8.207	9.043
6	6.152	6.308	6.468	6.633	6.802	6.975	7.153	7.336	7.523	7.716	7.913	8.115	8.323	8.536	8.754	8.977	9.207	9.442	9.683	9.930	11.259	12.756
7	7.214	7.434	7.662	7.898	8.142	8.394	8.654	8.923	9.200	9.487	9.783	10.089	10.405	10.730	11.067	11.414	11.772	12.142	12.523	12.916	15.073	17.583
8	8.286	8.583	8.892	9.214	9.549	9.897	10.260	10.637	11.028	11.436	11.859	12.300	12.757	13.233	13.727	14.240	14.773	15.327	15.902	16.499	19.842	23.858
9	9.369	9.755	10.159	10.583	11.027	11.491	11.978	12.488	13.021	13.579	14.164	14.776	15.416	16.085	16.786	17.519	18.285	19.086	19.923	20.799	25.802	32.015
10	10.462	10.950	11.464	12.006	12.578	13.181	13.816	14.487	15.193	15.937	16.722	17.549	18.420	19.337	20.304	21.321	22.393	23.521	24.701	25.959	33.253	42.619
11	11.567	12.169	12.808	13.486	14.207	14.972	15.784	16.645	17.560	18.531	19.561	20.655	21.814	23.045	24.349	25.733	27.200	28.755	30.404	32.150	42.566	56.405
12	12.683	13.412	14.192	15.026	15.917	16.870	17.888	18.977	20.141	21.384	22.713	24.133	25.650	27.271	29.002	30.850	32.824	34.931	37.180	39.581	54.208	74.327
13	13.809	14.680	15.618	16.627	17.713	18.882	20.141	21.495	22.953	24.523	26.212	28.029	29.985	32.089	34.352	36.786	39.404	42.219	45.244	48.497	68.760	97.625
14	14.947	15.974	17.086	18.292	19.599	21.015	22.550	24.215	26.019	27.975	30.095	32.393	34.883	37.581	40.505	43.672	47.103	50.818	54.841	59.196	86.949	127.91
15	16.097	17.293	18.599	20.024	21.579	23.276	25.129	27.152	29.361	31.772	34.405	37.280	40.417	43.842	47.580	51.660	56.110	60.965	66.261	72.035	109.69	167.29
16	17.258	18.639	20.157	21.825	23.657	25.673	27.888	30.324	33.003	35.950	39.190	42.753	46.672	50.980	55.717	60.925	66.649	72.939	79.850	87.442	138.11	218.47
17	18.430	20.012	21.762	23.698	25.840	28.213	30.840	33.750	36.974	40.545	44.501	48.884	53.739	59.118	65.075	71.673	78.979	87.068	96.022	105.93	173.64	285.01
18	19.615	21.412	23.414	25.645	28.132	30.906	33.999	37.450	41.301	45.599	50.396	55.750	61.725	68.394	75.836	84.141	93.406	103.74	115.27	128.12	218.05	371.52
19	20.811	22.841	25.117	27.671	30.539	33.760	37.379	41.446	46.018	51.159	56.939	63.440	70.749	78.969	88.212	98.603	110.29	123.41	138.17	154.74	273.56	483.97
20	22.019	24.297	26.870	29.778	33.066	36.786	40.995	45.762	51.160	57.275	64.203	72.052	80.947	91.025	102.44	115.38	130.03	146.63	165.42	186.69	342.95	630.17
25	28.243	32.030	36.459	41.646	47.727	54.865	63.249	73.106	84.701	98.347	114.41	133.33	155.62	181.87	212.79	249.21	292.11	342.60	402.04	471.98	1 054.8	2 348.8
30	34.785	40.588	47.575	56.085	66.439	79.058	94.461	113.28	136.31	164.49	199.02	241.33	293.20	356.79	434.75	530.31	647.44	790.95	966.7	1 181.9	3 227.2	8 730.0
40	48.886	60.402	75.401	95.026	120.80	154.76	199.64	259.06	337.89	442.59	581.83	767.09	1 013.7	1 342.0	1 779.1	2 360.8	3 134.5	4 163.21	5 519.8	7 343.9	30 089.0	120 393.0
50	64.463	84.579	112.80	152.67	209.35	290.34	406.53	573.77	815.08	1 163.9	1 668.8	2 400.0	3 459.5	4 994.5	7 217.7	10 436.0	15 090.0	21 813.0	31 515.0	45 497.0	280 256.0	165 976.0

年金现值系数表(PVIFA 表)

$n\backslash i$(%)	1	2	3	4	5	6	7	8	9	10	11	12	13	14	15	16	17	18	19	20	25	30	35	40	50
1	0.990	0.980	0.971	0.962	0.952	0.943	0.935	0.926	0.917	0.909	0.901	0.893	0.885	0.877	0.870	0.862	0.855	0.847	0.840	0.833	0.800	0.769	0.741	0.714	0.667
2	1.970	1.942	1.913	1.886	1.859	1.833	1.808	1.783	1.759	1.736	1.713	1.690	1.668	1.647	1.626	1.605	1.585	1.566	1.547	1.528	1.440	1.361	1.289	1.224	1.111
3	2.941	2.884	2.829	2.775	2.723	2.673	2.624	2.577	2.531	2.487	2.444	2.402	2.361	2.322	2.283	2.246	2.210	2.174	2.140	2.106	1.952	1.816	1.696	1.589	1.407
4	3.902	3.808	3.717	3.630	3.546	3.465	3.387	3.312	3.240	3.170	3.102	3.037	2.974	2.914	2.855	2.798	2.743	2.690	2.639	2.589	2.362	2.166	1.997	1.849	1.605
5	4.853	4.713	4.580	4.452	4.329	4.212	4.100	3.993	3.890	3.791	3.696	3.605	3.517	3.433	3.352	3.274	3.199	3.127	3.058	2.991	2.689	2.436	2.220	2.035	1.737
6	5.795	5.601	5.417	5.242	5.076	4.917	4.767	4.623	4.486	4.355	4.231	4.111	3.998	3.889	3.784	3.685	3.589	3.498	3.410	3.326	2.951	2.643	2.385	2.168	1.824
7	6.728	6.472	6.230	6.002	5.786	5.582	5.389	5.206	5.033	4.868	4.712	4.564	4.423	4.288	4.160	4.039	3.922	3.812	3.706	3.605	3.161	2.802	2.508	2.263	1.883
8	7.652	7.325	7.020	6.733	6.463	6.210	5.971	5.747	5.535	5.335	5.146	4.968	4.799	4.639	4.487	4.344	4.207	4.078	3.954	3.837	3.329	2.925	2.598	2.331	1.922
9	8.566	8.162	7.786	7.435	7.108	6.802	6.515	6.247	5.995	5.759	5.537	5.328	5.132	4.946	4.472	4.607	4.451	4.303	4.163	4.031	3.463	3.019	2.665	2.379	1.948
10	9.471	8.983	8.530	8.111	7.722	7.360	7.024	6.710	6.418	6.145	5.889	5.650	5.426	5.216	5.019	4.833	4.659	4.494	4.339	4.192	3.571	3.092	2.715	2.414	1.965
11	10.368	9.787	9.253	8.760	8.306	7.887	7.499	7.139	6.805	6.495	6.207	5.938	5.687	5.453	5.234	5.029	4.836	4.656	4.486	4.327	3.656	3.147	2.752	2.438	1.977
12	11.255	10.575	9.954	9.385	8.863	8.384	7.943	7.536	7.161	6.814	6.492	6.194	5.918	5.660	5.421	5.197	4.988	4.793	4.611	4.439	3.725	3.190	2.779	2.456	1.985
13	12.134	11.348	10.635	9.986	9.394	8.853	8.358	7.904	7.487	7.103	6.750	6.424	6.122	5.842	5.583	5.342	5.118	4.910	4.715	4.533	3.780	3.223	2.799	2.469	1.990
14	13.004	12.106	11.296	10.563	9.899	9.295	8.745	8.244	7.786	7.367	6.982	6.628	6.302	6.002	5.724	5.468	5.229	5.008	4.802	4.611	3.824	3.249	2.814	2.478	1.993
15	13.865	12.849	11.938	11.118	10.380	9.712	9.108	8.559	8.061	7.606	7.191	6.811	6.462	6.142	5.847	5.575	5.324	5.092	4.876	4.675	3.859	3.268	2.825	2.484	1.995
16	14.718	13.578	12.561	11.652	10.838	10.106	9.447	8.851	8.313	7.824	7.379	6.974	6.604	6.265	5.954	5.668	5.405	5.162	4.938	4.730	3.887	3.283	2.834	2.489	1.997
17	15.562	14.292	13.166	12.166	11.274	10.477	9.763	9.122	8.544	8.022	7.549	7.102	6.729	6.373	6.047	5.749	5.475	5.222	4.988	4.775	3.910	3.295	2.840	2.492	1.998
18	16.398	14.992	13.754	12.659	11.690	10.828	10.059	9.372	8.756	8.201	7.702	7.250	6.840	6.467	6.128	5.818	5.534	5.273	5.033	4.812	3.928	3.304	2.844	2.494	1.999
19	17.226	15.678	14.324	13.134	12.085	11.158	10.336	9.604	8.950	8.365	7.839	7.366	6.938	6.550	6.198	5.877	5.584	5.316	5.070	4.843	3.942	3.311	2.848	2.496	1.999
20	18.046	16.351	14.877	13.590	12.462	11.470	10.594	9.818	9.129	8.514	7.963	7.469	7.025	6.623	6.259	5.929	5.628	5.353	5.101	4.870	3.954	3.316	2.850	2.497	1.999
25	22.023	19.523	17.413	15.622	14.094	12.783	11.654	10.675	9.823	9.077	8.422	7.843	7.330	6.873	6.464	6.097	5.766	5.467	5.195	4.948	3.985	3.329	2.856	2.499	2.000
30	25.808	22.396	19.600	17.292	15.372	13.765	12.409	11.258	10.274	9.427	8.694	8.055	7.496	7.003	6.566	6.177	5.829	5.517	5.235	4.979	3.995	3.332	2.857	2.500	2.000
40	32.835	27.355	23.115	19.793	17.159	15.046	13.332	11.925	10.757	9.779	8.951	8.244	7.634	7.105	6.642	6.233	5.871	5.548	5.258	4.997	3.999	3.333	2.857	2.500	2.000
50	39.196	31.424	25.730	21.482	18.256	15.762	13.801	12.233	10.962	9.915	9.042	8.304	7.675	7.133	6.661	6.246	5.880	5.554	5.262	4.999	4.000	3.333	2.857	2.500	2.000

参考文献

1. Garrison，Noreen，Brewer. Managerial Accounting. Eleventh Edition. McGraw-Hill，2006.

2. Larry Lapide. New Developments in Business Forecasting. Journal of Business Forecasting，2000.

3. Hansen，Mowen. Cornerstones of Cost Accounting. Instructor's Edition. South-Western Cengage Learning，2009.

4. Robert A. Krueger. Business Forecasting：A Practical，Comprehensive Resource for Managers and Practitioners. BookSurge LLC，2008.

5. J. Shank，V. Govindarajan. Strategic Cost Management and Value Chain. Journal of Cost Management，1992.

6. 罗纳德・W. 希尔顿. 管理会计学——在动态商业环境中创造价值. 北京：机械工业出版社，2009.

7. 安东尼・A. 阿特金森，等. 管理会计：第5版. 北京：清华大学出版社，2009.

8. 格莱・M. 库金斯. 作业成本管理——成本会计制度的创新. 沈阳：辽宁人民出版社，2000.

9. 罗伯特・A. 安东尼，维杰伊・戈文达拉扬. 管理控制系统. 北京：机械工业出版社，2004.

10. 彼得・F. 德鲁克，等. 公司绩效测评. 北京：中国人民大学出版社，1999.

11. 查尔斯・T. 亨格瑞，等. 管理会计：第14版. 北京：北京大学出版社，2011.

12. 雷・H. 加里森，埃里克・W. 诺琳，彼德・C. 布鲁尔. 管理会计. 大连：东北财经大学出版社，2008.

13. 罗纳德・W. 希尔顿，迈克尔・W. 马厄，弗兰克・H. 塞尔托. 成本管理. 北京：机械工业出版社，2010.

14. 杰罗尔德・L. 齐默尔曼. 决策与控制会计：第14版. 大连：东北财经大学出版社，1998.

15. 查尔斯・T. 亨格瑞，斯坎特・M. 达塔，乔治・福斯特. 成本与管理会计. 北京：中国人民大学出版社，2004.

16. 查尔斯・亨格瑞，格里・森登，威廉姆・斯特尔顿. 管理会计教程（第12版）习题册. 北京：人民邮电出版社，2006.

17. 安东尼・A. 阿特金森，等. 管理会计. 北京：北京大学出版社，2003.

18. 邵达伟. 管理会计案例. 北京：机械工业出版社，1999.

19. 小詹姆斯·H. 唐纳利，等. 管理学基础. 北京：机械工业出版社，1998.

20. 雷恩. 管理思想的演变. 北京：中国社会科学出版社，1992.

21. 阿特金森，等. 管理会计. 北京：清华大学出版社，2001.

22. 欧文·拉兹洛，克里斯托弗·拉兹洛. 管理的新思维——第三代管理思想. 北京：社会科学文献出版社，2001.

23. 迈克尔·波特. 竞争优势. 北京：中国财政经济出版社，1988.

24. 迈克尔·波特. 竞争战略. 北京：华夏出版社，1997.

25. 汤姆森，斯迪克兰德. 战略管理：概念与案例：第10版. 北京：北京大学出版社，2000.

26. 冯巧根. 组织结构变迁对管理会计研究的影响. 会计研究，2000（3）.

27. 刘运国. 经验研究方法在现代管理会计研究中的应用. 北京：中国财政经济出版社，2001.

28. 刘运国，等. 管理会计前沿. 北京：清华大学出版社，2003.

29. 孙耀君. 西方管理学名著提要. 3版. 南昌：江西人民出版社，1998.

30. 周三多，等. 管理学——原理与方法. 上海：复旦大学出版社，1999.

31. 王化成. 管理会计. 北京：高等教育出版社，2001.

32. 李天民. 管理会计研究. 上海：立信会计出版社，1994.

33. 李宏健. 现代管理会计. 9版. 北京：中国财政经济出版社，1998.

34. 余绪缨. 管理会计学. 北京：中国人民大学出版社，1999.

35. 潘飞. 管理会计. 上海：上海财经大学出版社，2003.

36. 吴大军. 管理会计. 大连：东北财经大学出版社，2007.

37. 吕长江. 管理会计. 上海：复旦大学出版社，2006.

38. 陆宇建，李冠众. 管理会计学. 大连：东北财经大学出版社，2009.

39. 毛付根. 管理会计. 2版. 北京：高等教育出版社，2007.

40. 林涛. 管理会计. 厦门：厦门大学出版社，2003.

41. 葛家澍，余绪缨. 管理会计. 北京：中国财政经济出版社，1999.

42. 胡玉明. 管理会计. 北京：中国财政经济出版社，2009.

43. 中国注册会计师协会. 财务成本管理. 北京：中国财政经济出版社，2009.

44. 王忠，等. 管理会计学教学案例. 北京：中国审计出版社，2001.

45. 孙茂竹，文光伟，杨万贵. 管理会计学. 4版. 北京：中国人民大学出版社，2006.

46. 吴大军. 管理会计习题与案例. 大连：东北财经大学出版社，2006.

47. 郑雄伟，卢侠巍. 管理会计案例教程. 北京：经济科学出版社，2004.

48. 夏宽云. 战略管理会计——用数字指导战略. 上海：复旦大学出版社，2007.

49. 乐艳芬. 战略成本管理. 上海：复旦大学出版社，2008.

50. 陆正飞. CEO财务报告与分析. 北京：北京大学出版社，2009.

51. 王化成，杨景岩. 试论战略管理会计. 会计研究，1997（10）.

52. 甘亚平. 现代企业战略管理. 北京：经济科学出版社，1999.

53. 吴世农，吴育辉. CEO财务分析与决策. 北京：北京大学出版社，2008.

54. 胡玉明. 高级管理会计. 3版. 厦门：厦门大学出版社，2009.

55. 余绪缨. 余绪缨学术文集. 沈阳：辽宁人民出版社，2000.

56. 王平心. 作业成本计算理论与应用研究. 大连：东北财经大学出版社，2001.

57. 杨天赐. 作业成本法及其应用. 北京：中国财政经济出版社，2000.

58. 屈成鹰，沈艺峰. 作业成本法：厦门三德兴公司应用的实地研究. 财务与会计，2001（4）.

59. 代宏坤. 有效全面预算控制分析. 生产力研究，2004（6）.

60. 徐秋生. 预算差异分析程序与方法探讨. 商业会计，2005（21）.

61. 佟成生. 集团公司实施全面预算管理的实例. 财会通讯，2004（9）.

62. 杨劲松. 浅谈企业全面预算的执行、调整与考核. 交通企业管理，2003（8）.

63. 李文敏. 全面预算管理的有效执行分析. 管理观察，2009（25）.

64. 赵春光，薛许红. 成本与管理会计. 大连：大连出版社，2009.

65. 彭剑锋，等. 高管薪酬：最佳实践标杆. 北京：机械工业出版社，2009.

66. 卢锐. 管理层权力、薪酬激励与绩效——基于中国证券市场的理论与实证研究. 北京：经济科学出版社，2008.

中国人民大学出版社　管理分社

教师教学服务说明

中国人民大学出版社管理分社以出版工商管理和公共管理类精品图书为宗旨。为更好地服务一线教师，我们着力建设了一批数字化、立体化的网络教学资源。教师可以通过以下方式获得免费下载教学资源的权限：

- 在中国人民大学出版社网站 www.crup.com.cn 进行注册，注册后进入“会员中心”，在左侧点击“我的教师认证”，填写相关信息，提交后等待审核。我们将在一个工作日内为您开通相关资源的下载权限。
- 如您急需教学资源或需要其他帮助，请加入教师 QQ 群或在工作时间与我们联络。

中国人民大学出版社　管理分社

教师 QQ 群：648333426(工商管理)　114970332(财会)　648117133(公共管理)
教师群仅限教师加入，入群请备注（学校+姓名）

联系电话：010-62515735，62515987，62515782，82501048，62514760

电子邮箱：glcbfs@crup.com.cn

通讯地址：北京市海淀区中关村大街甲 59 号文化大厦 1501 室（100872）

管理书社　　人大社财会　　公共管理与政治学悦读坊